APAGA
EL CELULAR

Y ENCIENDE
TU CEREBRO

PABLO MUÑOZ ITURRIETA

APAGA EL CELULAR

Y ENCIENDE TU CEREBRO

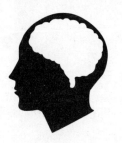

MANIPULACIÓN, CONTROL Y DESTRUCCIÓN DEL SER HUMANO

HarperEnfoque

APAGA EL CELULAR Y ENCIENDE TU CEREBRO
Publicado por Harper Enfoque – 2023
Nashville, Tennessee

Edición: *Juan Carlos Martín Cobano*
Diseño interior: *Setelee*

ISBN: 978-1-40033-705-7
eBook: 978-1-40033-706-4
Audio: 978-1-40033-707-1

El Número de Control de la Biblioteca del Congreso se podrá obtener previa solicitud.

CATEGORÍA: Ciencias sociales / Estudios de Medios

IMPRESO EN ESTADOS UNIDOS DE AMÉRICA
PRINTED IN THE UNITED STATES OF AMERICA

24 25 26 27 28 LBC 12 11 10 9 8

CONTENIDO

A mis padres.
Gracias por regalarme una infancia sin televisión,
con muchos libros y al aire libre,
y por hacer todo lo posible para que encienda el cerebro.

Introducción

La generación que nació inmediatamente después de la Segunda Guerra Mundial es probablemente el grupo humano que más cambios ha experimentado a lo largo de su vida. En esos setenta años, los hogares pasaron de no tener televisor o lavadora a estar totalmente bajo el control del internet de las cosas, sumidos en una realidad virtual, adictos a la tecnología y ya pronto hasta inmersos en un trabajo y una educación virtual que estén dentro del metaverso. Incluso la tecnología nos promete un futuro que puede sonar alarmante: nada más cómodo que la adquisición de un bebé virtual por una oferta mensual de bajo costo, que podemos cancelar en cualquier momento si ese niño pierde el encanto en la etapa terrible de los dos años... ¿No tienes amigos? No importa, la «comunidad virtual» te abrirá los brazos y serás uno más. Pero ¿esto nos hace más humanos?

Esta es la pregunta que rondará detrás de cada planteamiento que hagamos en este libro. Los beneficios que nos ha traído la tecnología son innegables, pero ¿hasta qué punto estamos dispuestos a abandonar nuestras capacidades distintivas como seres humanos? ¿Acaso es positivo perder la memoria a cambio del servicio de una nube virtual que lo recuerda todo y está al alcance de mis dedos? ¿Hasta qué punto es humano perder toda conexión humana real por un mundo virtual donde todo está hecho a la medida de mis sentimientos y necesidades? ¿Cómo sé que esas son mis necesidades reales? O mejor aún, ¿cómo sabrá el algoritmo que eso es lo que psicológicamente necesito para crecer como persona? ¿Y si en realidad estoy siendo objeto de una manipulación total? ¿Y qué decir de cómo la tecnología está afectando nuestra conducta, nuestra psicología, nuestras relaciones afectivas y sociales? ¿Y si la tecnología, en vez de liberarme, me está convirtiendo en prisionero de un mundo imaginario?

Vivimos en un mundo donde es casi imposible escapar a la tecnología. Por eso, es más que necesario reflexionar sobre esta variable que ha irrumpido en nuestras vidas y las está condicionando de una manera única. La tecnología no es algo neutro en sí, por lo que su carácter ético no depende solamente del contenido. Hay algo más profundo aún. «El medio es el mensaje», decía certeramente Marshall McLuhan en 1964, es decir, la clave no está tanto en el contenido, sino en el medio que lo transmite.[1] En ese sentido, la discusión debe ir más allá del contenido o de la «democratización del conocimiento» que nos trajo el internet, por ejemplo, y reflexionar sobre cómo las nuevas tecnologías (los nuevos «medios») están influyendo en la manera de actuar, de pensar y de vivir, en el control y la manipulación, en las emociones y en todo aquello que significa ser humano. ¿Nos ayudan a ser más humanos o existe un riesgo real de deshumanizarnos cada vez más? El celular, por ejemplo, es un aparato tecnológico culmen de décadas de investigación y que nos ha facilitado enormemente las comunicaciones. Pero tiene sus graves peligros, no tanto o solamente por el contenido que pueda transmitir, sino por cómo está modificando las relaciones sociales y aislándonos los unos de los otros: lo que nos comunica, paradójicamente nos desconecta y aísla.

En general, quienes proponen una nueva tecnología están tan enfocados en resolver un problema que muchas veces pasan por alto las implicaciones de su trabajo, así como el hecho de que la tecnología implica de fondo un juicio sobre cómo deberían funcionar las cosas y cómo debería lucir la realidad. Por eso la intención principal de este libro será ir a una pregunta fundamental: si el avance tecnológico es inevitable, o, para ser más precisos, prácticamente imparable, ¿por qué ponerle freno a la tecnología y reflexionar sobre ella? Por ahora ofrecemos tres motivos. El primero, porque seguramente no quieres que te dominen a ti o a tus hijos. El segundo, porque estás llamado a ser el mejor ser humano que puedas, y la tecnología, así como te asiste en muchísimas cosas, tal vez también puede estar frenando tu desarrollo personal. El tercero, porque podemos deducir que hay un claro propósito de «deconstruir» aquello que nos caracteriza como seres humanos para poder así dar una especie de salto evolutivo por medio de la tecnología.

¿Te has puesto alguna vez a pensar en esto? ¿Has hecho en algún momento un alto en tu vida para analizar en qué concretamente te beneficia la tecnología que usas y en qué te puede estar perjudicando como ser humano, tomando en cuenta que afecta tus funciones

---

1. *Cf.* Marshall McLuhan, *Comprender los medios de comunicacion: las extensiones del ser humano* (Barcelona: Paidós, 2009), cap. 1.

cerebrales, tu vida afectiva e incluso tu constitución genética? Si no lo has hecho, no eres el único. Yo tampoco lo había meditado en profundidad hasta que tuve que ponerme a pensar en qué medidas podíamos tomar para proteger a nuestros niños de los peligros del internet y las redes sociales. Esa pausa y esa reflexión me fueron de gran ayuda, tanto porque me hicieron valorar aún más algunos aspectos de mi vida como porque entendí mucho mejor la importancia de establecer ciertos límites que te puedan ayudar a potenciarte como ser humano, además de librarte de la posibilidad de ser manipulado por otros, ya que el avance tecnológico no avanza solo, sino en el contexto de un marco ideológico concreto.

La manipulación y el control constituyen un tema generalmente olvidado por quienes plantean la influencia de la tecnología en nuestras vidas. Abundan las explicaciones simplistas, las que se limitan a denunciar el uso mercantilista de las tecnologías de vigilancia a partir de la minería de datos, o las que nos invitan a adentrarnos en el mundo prometido y aceptar que ya no hay vuelta atrás en la marcha del progreso. Pero hay otra realidad más profunda. Las grandes compañías tecnológicas son en este momento las más ricas y poderosas del planeta (propietarias del 80 % de la riqueza corporativa)[2] gracias a una variedad de factores. Entre estos factores, podemos mencionar la comercialización de innovación que el Estado paga con los impuestos de los ciudadanos (GPS, internet, pantallas táctiles), la practicidad de las aplicaciones (Waze, Kindle), el componente adictivo (videojuegos, TikTok, *reels*), la facilidad de búsqueda de información (Google gestiona el 90 % de las búsquedas),[3] el alcance poblacional (el 74 % de los usuarios mundiales del internet usan algún servicio de Meta),[4] el manejo de publicidad (Google y Facebook gestionan el 90 % en todo el mundo),[5] el empleo de sus sistemas operativos a nivel mundial (el 95 % de las computadoras usan sistemas de Microsoft y Apple,

---

2. *Cf.* Rana Foroohar, «Superstar Companies Also Feel the Threat of Disruption», *Financial Times*, 21 octubre 2018, https://www.ft.com/content/fd2016f4 -d3a5-11e8-a9f2-7574db66bcd5.
3. *Cf.* Jeff Desjardins, «How Google Retains More than 90% of Market Share», *Business Insider*, 23 abril 2018, https://www.businessinsider.com/how-google -retains-more-than-90-of-market-share-2018-4?op=1.
4. *Cf.* Brian Dean, «Facebook Demographic Statistics», *Backlinko*, 5 enero 2022, https://backlinko.com/facebook-users.
5. *Cf.* Sarah Sluis, «Digital Ad Market Soars to $88 Billion, Facebook and Google Contribute 90% of Growth», *AdExchanger*, 10 mayo 2018, https://www .adexchanger.com/online-advertising/digital-ad-market-soars-to-88-billion -facebook-and-google-contribute-90-of-growth/.

mientras que el 99,1 % de los celulares usan sistemas de Apple y Google),[6] el comercio *online* (el 49,1 % de las ventas en Estados Unidos durante el año 2021 se produjeron en Amazon),[7] los servicios computacionales y de nube (Amazon controla el 33 % del mercado mundial, por delante de Microsoft con el 20 % y Google con el 9 %),[8] el internet satelital y el futuro de las comunicaciones (SpaceX), etc. Estos factores han llevado a una concentración de la economía y la desaparición de más de la mitad de las compañías públicas,[9] en parte debido a que las *big tech* han usado su tamaño para absorber o destruir la competencia, han empleado el sistema de anuncios en su propio beneficio (Google, Facebook y Amazon) y han eludido el pago de grandes impuestos mediante la relocalización de fondos en paraísos fiscales.[10] Pero este no es el único problema.

Estos factores no deberían reducir nuestro análisis del Gran Hermano tecnológico como un mero efecto del consumismo cuya ocupación principal es el capitalismo, es decir, generar riquezas por medio del sistema de vigilancia que ha creado e implementado. Tal crítica reduciría el problema a un aspecto meramente mercantilista, pero sería superficial por no considerar algo aún más profundo. La realidad es que estas grandes plataformas tecnológicas se han convertido en herramientas tanto para manipular el tablero geopolítico internacional como para controlar las sociedades a su merced e imponer en cada uno de nosotros conductas específicas, muchas de las cuales son psicológica y fisiológicamente peligrosísimas, como analizaremos más abajo.

Este «capitalismo de la vigilancia», término acuñado por Shoshana Zuboff,[11] se alimenta con la gran cantidad de información y la

---

6. *Cf.* James Vincent, «99.6 Percent of New Smartphones Run Android or iOS», *The Verge*, 16 febrero 2017, https://www.theverge.com/2017/2/16/14634656/android-ios-market-share-blackberry-2016.

7. *Cf.* James Anthony, «74 Amazon Statistics You Must Know: 2021/2022 Market Share Analysis & Data», *Finances Online*, 14 enero 2022, https://finances online.com/amazon-statistics/.

8. *Cf.* Vanessa Page, «What Is Amazon Web Services and Why Is It So Successful?», *Investopedia*, 12 agosto 2021, https://www.investopedia.com/articles/investing/011316/what-amazon-web-services-and-why-it-so-successful.asp.

9. *Cf.* Michael J. Mauboussin, «The Incredible Shrinking Universe of Stocks», *Credit Suisse*, 22 marzo 2017, http://www.shareholderforum.com/access/Library/20170322_Mauboussin-Callahan-Majd.pdf.

10. *Cf.* Kevin Kelleher, «U.S. Companies Are Hoarding More and More Cash Overseas», *Fortune*, 5 agosto 2022, https://fortune.com/2022/08/05/us-companies-cash-overseas-tax-incentives/.

11. *Cf.* Shoshana Zuboff, *The Age of Surveillance Capitalism* (Nueva York: PublicAffairs, 2019) [en español, *La era del capitalismo de la vigilancia* (Barcelona: Paidós, 2022)].

extracción de datos personales que luego analiza por medio de algoritmos (la minería de datos). Estos no solo son capaces de predecir la conducta futura de la persona, sino que también la van transformando y moldeando, tanto para condicionar su consumo como para someterla a un determinado paradigma ideológico, como argumentaremos en este libro. He ahí el peligro del control y la manipulación del ser humano por medio de la tecnología. Zuboff expresa una crítica certera, pero a la vez un tanto superficial, porque reduce el problema a una cuestión mercantilista. Rod Dreher va mucho más allá: «La realidad más profunda del capitalismo de vigilancia, sin embargo, es mucho más siniestra. Quienes controlan esos datos no están simplemente tratando de averiguar lo que te gusta, sino que se esfuerzan en que te guste lo que ellos quieren que te guste, sin que se detecte su manipulación».[12] ¿Y qué es lo que quieren esos genios? ¿Y si el objetivo de la manipulación es la imposición de una ideología o la deconstrucción del ser humano?

La feminista canadiense Shulamith Firestone ya había planteado en *La dialéctica del sexo* (1970) cómo la tecnología tenía un objetivo cultural supremo: construir un mundo ideal dentro de un mundo real.[13] Ahora bien, ¿cuál es ese mundo ideal? ¿Quién establece los términos y características de ese mundo ideal que se debe hacer realidad por medio de la tecnología? ¿Qué tipo de ser humano es el que se adaptaría a ese mundo futuro? ¿Y si en ese mundo futuro ya no hay lugar para el *homo sapiens*? ¿Qué será de nosotros y de nuestros hijos? ¿Y si el marco ideológico en el que se desarrolla actualmente la tecnología apunta a un mundo en el que el ser humano no tenga lugar? Al menos, es indiscutible que la automatización está desplazando al ser humano de la mayoría de los ámbitos laborales. ¿Cómo será una sociedad sin trabajo, con salario básico universal y embobada en el metaverso? ¿Es posible alcanzar la plenitud personal en un contexto así?

Para contextualizar la problemática, es importante conocer el marco teórico en el cual se mueve gran parte del desarrollo tecnológico actual. El problema central hoy en día es el cambio antropológico y la consiguiente destrucción del ser humano, tanto por la ideología de género y el consecuente reseteo cultural —problema que traté en dos obras anteriores— como por la transformación tecnológica del

---

12. Rod Dreher, *Vivir sin mentiras: manual para la disidencia cristiana* (Madrid: Encuentro, 2021), cap. IV.
13. *Cf.* Shulamith Firestone, *La dialéctica del sexo: en defensa de la revolución feminista* (Barcelona: Kairós, 1976), p. 222.

ser humano que plantean el poshumanismo y el transhumanismo.[14] Firestone, en su obra mencionada, planteaba que el feminismo procuraba cambiar una condición biológica fundamental en el ser humano: eliminar la procreación por medio de la gestación artificial.[15] Pero estos cambios tecnológicos, de darse, requieren de un cambio o reseteo cultural. El objetivo es, sin duda, una nueva visión del ser humano que busca destruir al hombre mismo para así trascenderlo. Este es exactamente el planteamiento de Sergey Brin, cofundador de Google, quien en una entrevista en el 2004 planteaba la posibilidad de unir toda la información contenida en la nube al cerebro humano, de tal manera que ya no sea nuestro cerebro quien realice las funciones cognitivas, sino «un cerebro artificial mucho más inteligente que tu cerebro».[16]

Las redes sociales y el internet han irrumpido en nuestras vidas con una apariencia de libertad y espontaneidad, pero debajo de esas cualidades se esconde todo un mecanismo no visible, el algoritmo, que favorece una cierta visión del ser humano. Por eso es fundamental reflexionar tanto sobre las consecuencias negativas del uso desmedido del celular como sobre la posibilidad real de ser objetos de manipulación ideológica. Hoy estamos transitando un proceso de manipulación intelectual a gran escala efectuado mediante la imposición de ciertas mentiras que se presentan como verdades absolutas. Incluso cuando podemos identificar los males o peligros que nos rodean, ¿cómo evitar un nivel de manipulación que la mayoría de las veces es inconsciente? Esta pregunta me llevó a plantear al final de uno de mis libros una serie de consejos dirigidos a padres, jóvenes, adultos y líderes. Entre esas recomendaciones, incluí una frase que terminó viralizándose: «Hay que apagar el televisor y prender el cerebro».[17] La frase explotó en las redes sociales, señal de que no era el único que veía un problema. No pasó mucho tiempo y me comenzaron a llover mensajes

---

14. Para la ideología de género ver Pablo Muñoz Iturrieta, *Atrapado en el cuerpo equivocado: La ideología de género frente a la ciencia y la filosofía* (Ontario: Metanoia Press, 2020). 2.ª ed. El reseteo cultural lo trato en Pablo Muñoz Iturrieta, *Las mentiras que te cuentan, las verdades que te ocultan* (Ontario: Metanoia Press, 2021). La presentación tal vez más completa del problema del transhumanismo y las nuevas tecnologías la hace Miklos Lukacs de Pereny, *Neo entes: Tecnología y cambio antropológico en el siglo 21* (Ciudad de México: Kabod Ediciones, 2022).

15. Firestone señala que la palabra «cambio» quedaba pequeña ante una propuesta tan grande, por lo que «revolución» sería una palabra más apropiada (Firestone, *La dialéctica del sexo*, p. 9).

16. Steven Levy, «All Eyes on Google», *Newsweek*, 4 noviembre 2004, https://www.newsweek.com/all-eyes-google-125003.

17. Muñoz Iturrieta, *Las mentiras que te cuentan*, p. 249.

de estudiantes, padres de familia, profesionales, que habían puesto en práctica el consejo y experimentaron cambios muy positivos en su vida. Algunos tenían más tiempo para estudiar, otros eran más productivos en el trabajo y no se cansaban tanto, otros vieron cambios muy positivos dentro de la familia, más diálogo, menos peleas, más creatividad. Apaga el celular y enciende tu cerebro.

Es interesante señalar que aquellos que conocen la industria de la tecnología desde adentro —porque trabajan en compañías como Microsoft, Google, Facebook, Twitter o Instagram— no permiten que sus hijos usen las redes sociales, además de que limitan el tiempo total de pantalla y recomiendan que los dispositivos digitales no se den a menores de 16 años. Incluso muchos de estos ingenieros ni siquiera tienen estas mismas aplicaciones en sus celulares.[18] Steve Jobs creó el iPad, pero nunca permitió que sus hijos tuviesen uno cuando eran menores de edad, según reveló en una entrevista al *New York Times* en el 2010: «Nosotros limitamos cuánta tecnología pueden usar nuestros hijos en casa».[19] Bill Gates aplica la misma filosofía: rara vez permitió que sus hijos pasasen tiempo con los productos que él mismo ayudó a crear.[20] Mientras miles de niños y adolescentes están enganchados a Snapchat por horas cada día, Evan Spiegel, fundador y CEO de la compañía, solo le permite 90 minutos de pantalla por semana a su hijo.[21] La misma historia se repite en el hogar de Sundar Pichai, CEO de Google: su hijo no tiene celular y el tiempo que pasa frente a la tele es limitado y está condicionado a que haga ejercicio primero.[22] ¿Cómo puede ser esto si Pichai es quien maneja la compañía que está situada en la vanguardia de la revolución tecnológica? ¿Qué es lo que

---

18. *Cf.* Marguerite Ward y Allana Akhtar, «Bill Gates and Steve Jobs Raised Their Kids with Limited Tech — and It Should Have Been a Red Flag about Our Own Smartphone Use», *Insider*, 15 mayo 2020, https://www.businessinsider.com /screen-time-limits-bill-gates-steve-jobs-red-flag-2017-10.

19. *Cf.* Nick Bilton, «Steve Jobs Was a Low-Tech Parent», *The New York Times*, 11 septiembre 2014, https://www.nytimes.com/2014/09/11/fashion/steve-jobs -apple-was-a-low-tech-parent.html?_r=0.

20. *Cf.* Emily Retter, «Billionaire Tech Mogul Bill Gates Reveals He Banned His Children from Mobile Phones until They Turned 14», *Mirror*, 27 junio 2018, https://www.mirror.co.uk/tech/billionaire-tech-mogul-bill-gates-10265298.

21. *Cf.* Tim Bradshaw, «Snap's Chief Evan Spiegel: Taming Tech and Fighting with Facebook», *Financial Times*, 28 diciembre 2018, https://www.ft.com/content /fdfe58ec-03a7-11e9-9d01-cd4d49afbbe3.

22. *Cf.* David Gelles, «Google CEO Sundar Pichai: "Technology Doesn't Solve Humanity's Problems"», *The New York Times*, 8 noviembre 2018, https://www .nytimes.com/2018/11/08/business/sundar-pichai-google-corner-office .html.

ellos saben de sus propios productos tecnológicos que los consumidores desconocen? ¿O qué agenda hay detrás de estos productos que, puesto que la conocen, no quieren que sus hijos sean víctimas de ella? ¿No será que siguen la regla elemental del narcotraficante: «Nunca te enganches a tu propia mercancía»?[23] Hablaremos de esto a lo largo del libro, pero si ya te estás comenzando a preocupar, sé consciente de que los ejecutivos de Silicon Valley tienen los mismos dilemas y preocupaciones cuando se trata de sus hijos.

De fondo debemos cuestionar algo mucho más profundo que la hipocresía de quienes manejan las *big tech* creando productos que saben que dañan a nuestros hijos. La reflexión de nuestra parte debe tomar un criterio central al momento de usar la tecnología: ¿cómo mantenernos humanos?, ¿cómo no perder el sentido común?, ¿cómo no ser manipulados? Ese fue el planteamiento que me llevó a pensar en la importancia de «encender el cerebro» y reflexionar. Es decir, ¿en qué instancias la tecnología busca de hecho «apagar el cerebro»? ¿Existen mecanismos tecnológicos que apuntan no solo a vigilar, sino sobre todo a manipular al ser humano, o es esto una mera teoría de la conspiración? ¿Existe una especie de «tiranía» de los algoritmos y la inteligencia artificial?[24] Es en este contexto en el que te invito a apagar el televisor, apagar el celular, desconectarte conscientemente de toda distracción para poder adentrarte en estas páginas y, por encima de todo, no olvidarte de encender tu cerebro.

Si te apasiona y cautiva la tecnología, no te preocupes, es normal. Este no será un análisis que se quede en lo negativo o que demonice la tecnología y las plataformas sociales y te llame a vivir en un aislamiento de estilita.[25] Pero, desde luego, este libro sí tiene la intención de hacer que te replantees muchas cosas, e incluso te invitará a rediseñar tu vida si es lo mejor para ti, tu familia o tu comunidad. Los beneficios que nos ofrece la tecnología son incalculables. Pero ¿eres consciente de que la tecnología también a veces te quita tiempo valioso? Si eres padre o madre de familia, ¿te parecería bien que tus hijos no solo sean manipulados, sino que tal vez fracasen en el futuro? Obviamente no,

---

23. *Cf.* Adam Alter, *Irresistible: ¿quién nos ha convertido en yonquis tecnológicos?* (Barcelona: Paidós, 2018), p. 10.
24. *Cf.* Miklos Lukacs, «La tiranía de los algoritmos», en *Pandemonium ¿De la pandemia al control total?*, ed. por Carlos Beltramo y Carlos Polo Samaniego (Front Royal: Population Reserach Institute, 2020), pp. 45-56.
25. San Simón el Estilita fue un monje de finales del siglo IV que pasó 37 años en penitencia sobre una columna cerca de Alepo, Siria. «Columna» en griego se dice στυλος (stílos), de ahí el sobrenombre de asceta.

por eso aquí te ofrezco consejos que, si los aplicas, harán que tus hijos tengan la oportunidad de disfrutar de una infancia más feliz y un futuro, en la medida de lo posible, bajo su control.

La pregunta es entonces: ¿somos nosotros quienes le imponemos nuestros términos a la tecnología, o por el contrario los avances tecnológicos se imponen sobre nosotros y nuestros hijos sin que nos cuestionemos absolutamente nada? Lo que vamos a hacer a continuación, por lo tanto, es una reflexión filosófica y psicológica sobre la tecnología, pero también sobre quiénes somos como seres humanos y cómo la tecnología tal vez nos pueda estar afectando en nuestro desarrollo, emociones, racionalidad, control personal y carácter. Estos son algunos de los elementos que nos distinguen como humanos, por lo que es de vital importancia ser conscientes de nuestra humanidad, de la realidad que nos rodea y de las tentaciones y engaños del mundo virtual que muchas veces se muestran como el escape fácil a las dificultades propias de la experiencia humana.

¿Qué te llevarás con este libro? Nos adentraremos en una reflexión filosófica que espero que te alentará a tomar las medidas necesarias para que la tecnología no te domine ni controle. Así podrás experimentar una nueva faceta de la libertad que poco a poco estamos perdiendo como seres humanos.

Apaga el celular, enciende tu cerebro y que lo disfrutes.

Un experimento

Te propongo realizar este experimento mientras lees el libro y te invito a volver a esta página cuantas veces sea necesario para que reflexiones sobre ello.

Primero. Antes de comenzar, haz un contrato contigo mismo: ¿cuánto quieres avanzar cada día? Tal vez te quieras proponer como objetivo un cierto número de páginas diario y terminar el libro en una fecha determinada. Tal vez prefieras leerlo detenidamente sin importar cuánto avanzas. En ese caso, ¿cuánto tiempo quieres leer de corrido cada vez? Piensa en ambas opciones y, sea lo que sea que elijas, anótalo con lápiz aquí mismo y revísalo cada vez que retomes la lectura.

Segundo. Reflexiona cada día y toma nota de cuánto te costó cumplir el objetivo. Incluso puedes llevar un registro de tu lucha interior. Anota cuáles son las cosas que te empujan a dejar la lectura. El internet, las redes sociales y el celular están afectando tus procesos cognitivos, aunque te cueste reconocerlo. Lo notarás en cuanto quieras cumplir el propósito que acabas de plantearte. Tu cerebro experimentará procesos químicos que le exigirán más dosis de dopamina, ese mismo elemento químico que tu cerebro secreta cada vez que estás frente a la pantalla. Esto te forzará a distraerte, a no poder focalizar tu atención, a olvidar lo que acabas de leer porque en realidad tu mente estaba en otro lado. Por eso es importante realizar ese «contrato personal». Será clave en el momento de tu lucha interior por cumplir tus objetivos.

Tercero. Tal vez la única solución a los problemas cognitivos que experimentes sea apagar el celular durante el espacio de tiempo propuesto. No te quieras convencer de que tal vez sea mejor dejarlo prendido para poder «luchar» y vencerte. Debes entender que cuando el cerebro ha sido «formateado» por la tecnología, es necesario desintoxicarlo por medio de su ausencia. Así como un alcohólico no lucha contra su vicio con una botella frente a sus ojos, de la misma manera el mejor modo de luchar contra una inclinación a usar excesivamente el celular es su ausencia. Tampoco creas, si eres adulto, que eres inmune a la transformación causada por la tecnología. Nuestro cerebro tiene una plasticidad tal que no es inmune a ningún cambio.

Cuarto. ¿Tienes hijos? Si es así, también piensa en ellos y su desarrollo humano mientras lees estas páginas. Y aplícalo en tu hogar. Ellos te lo agradecerán en el futuro, así como yo hoy se lo agradezco a mis padres.

Capítulo 1

La tecnología ¿nos deshumaniza?

La tecnología está presente en prácticamente todos los aspectos de nuestras vidas, hasta tal punto que se ha convertido en una variable indiscutible dentro de las dimensiones que se extienden a lo largo del tiempo y el espacio: la economía, la política y la cultura.[1] La tecnología está tan imbuida dentro de la economía que no hay ningún elemento en la cadena productiva que no dependa de ella, hasta el punto de que el cese de la tecnología representaría el colapso financiero de un país.[2] La tecnología juega también hoy un rol importantísimo en la política y la cultura de una nación, como veremos más adelante. Pero a un nivel ya más personal, la tecnología está impactando fuertemente a la persona, tanto que amenaza con destruir elementos característicamente humanos en cada uno de nosotros. Ciertos avances tecnológicos significaron una transición en el modo de pensar del hombre y han tenido un efecto negativo en nuestras funciones cognitivas y volitivas. En esto es en lo que profundizaremos a lo largo de este capítulo.

---

1. La introducción de la variable tecnológica en la discusión pública es mérito de Miklos Lukacs, quien a partir del 2016 comienza a alertar sobre la incidencia cultural y política de la llamada Cuarta Revolución Industrial.
2. En julio del 2022, un fallo en el sistema de comunicaciones de Rogers provocó el colapso no solo de la red del internet y telefonía de la empresa, sino también de todos los servicios digitales del gobierno de Canadá y de compañías como Interac, la red interbancaria que conecta a las instituciones bancarias con todos los cajeros automáticos y todas las empresas y negocios de Canadá que aceptan pagos con tarjetas de débito. *Cf.* Ana Paula Barreto Pereira, «Rogers Apologizes as Network Collapse Paralyzes Canadian Business, Consumers», *Bloomberg,* 8 julio 2022, https://www.bloomberg.com/news/articles/2022-07-08/banks-payments-hit-as-canada-s-rogers-suffers-network-failure.

¿Qué es la tecnología?

Para comenzar, es necesario primero preguntarse: ¿qué es la tecnología? Aunque parezca obvio, la gran mayoría de las personas no sabe definir el término y se limita a apuntar a algún ejemplo concreto. Más de una persona me mostró su celular cuando hice esta pregunta, dando muestras de que jamás había reflexionado sobre la misma.

Los griegos nos legaron la palabra «tecnología», así como la mayoría de los términos técnicos de nuestro idioma, por ese afán filosófico de pensar y reflexionar sobre todo lo que hacían. Ese intento intelectual de aplicar el conocimiento a la producción se tradujo en el lenguaje como «tecnología», que significa el discurso o ciencia sobre el arte, el construir, lo técnico.[3] En ese sentido, la tecnología se entiende como el traspaso del saber a una aplicación concreta por la que se crea algo útil y funcional, un artefacto físico o virtual que facilita la realización de una operación.

El diccionario de la Real Academia define la tecnología como el «conjunto de teorías y de técnicas que permiten el aprovechamiento práctico del conocimiento científico».[4] Esta definición obviamente remarca la aplicación del conocimiento producto del método científico, pero no podemos dejar de lado la aplicación del conocimiento experimental del común de la gente. De hecho, el ejemplo primero y más claro de tecnología son las herramientas, ya que fueron las primeras aplicaciones técnicas del conocimiento. Dichos instrumentos son característicos y distintivos del ser humano que, en un afán de simplificar los procesos y hacer las tareas más fácilmente, inventó artefactos y mecanismos que cumplían funciones específicas.[5] Dentro

---

3. En griego, *téchne* (τέκνη) significa arte, habilidad, el método para hacer algo. De ahí viene la palabra «técnico» (τεκνικος), el que tiene la habilidad para hacer algo, y «arquitectura», en referencia a los principios de la construcción, pero también la palabra «texto», en referencia a la escritura. La segunda parte, «logos» (λογος), hace referencia a discurso, tratado, doctrina, teoría, ciencia. *Cf.* Henry George Liddell y Robert Scott, *Greek-English Lexicon (abridged)* (Oxford: Clarendon Press, 1929), pp. 416-417, 702-703.
4. Real Academia Española, *Diccionario de la lengua española*, 23.ª ed. (Madrid: RAE, 2014), https://dle.rae.es.
5. En la naturaleza podemos observar gran cantidad de especies que «construyen» artefactos con gran pericia: abejas que arman panales, castores que cortan árboles y construyen grandes represas, o golondrinas que elaboran nidos sofisticados, aunque no de la talla del hornero, cuyo nido es de un nivel superior. Sin embargo, ninguna de estas especies ha creado herramientas y sistemas para facilitar la tarea, sino que solo se guían por el instinto natural.

de este campo entra también la escritura, una tecnología que permitió revolucionar el conocimiento, que luego padeció otra revolución por la invención de la imprenta y que está siendo hoy desplazada por la revolución que trajeron el internet y la realidad virtual.

Según Aristóteles, a quien le debemos la invención del término «tecnología», el intelecto humano interactúa con dos tipos de realidades: aquellas que no cambian, porque son verdades inmutables (por ejemplo, los principios de la matemática), y aquellas otras realidades que son cambiantes, tales como las vicisitudes de cada día.[6] No es lo mismo pensar en cosas abstractas y que no cambian (la tabla de multiplicación) que tener que decidir qué comidas preparar para la semana, cómo diseñar el interior de una cocina, o más importante aún, si me caso o no con cierta persona. Debido a que el intelecto humano puede realizar estos dos tipos de operaciones tan distintos entre sí, Aristóteles distingue entre el intelecto especulativo o teorético y el intelecto práctico.[7] La tecnología, según Aristóteles, pertenece a esta segunda actividad del intelecto, la cual tiene que ver con realidades contingentes (cambiantes o que pueden suceder o no). Ahora bien, para perfeccionar su actuación práctica, Aristóteles distingue dos tipos de virtudes o modos de actuar característicos del intelecto que nos ayudarán a entender qué es la «tecnología» y cómo encuadrarla en el modo de acción humano.

La primera virtud del intelecto práctico es la prudencia, es decir, la sabiduría práctica al momento de actuar, de tal manera que por medio de la reflexión y la experiencia elegimos la mejor opción y actuamos de la mejor manera en cada circunstancia.[8] La prudencia tiene que ver con el proceder humano, no con el hacer o construir algo. Esta virtud es esa capacidad que desarrollamos cada vez que discernimos y razonamos y nos damos cuenta de que, por ejemplo, es mejor construir una casa sobre roca que sobre arena. Sin embargo, al momento de levantar esa casa, de hacer los planos, de ingeniar mecanismos para cortar madera, unir vigas, hacer tejas para el techo, también voy a necesitar de otra virtud práctica que tiene que ver con el «fabricar» algo.

Esta otra virtud que plantea Aristóteles es la «técnica», una disposición de la inteligencia que nos lleva a producir algo a partir del razonamiento.[9] Este aplicar la inteligencia y el razonamiento a la

---

6. *Cf.* Aristóteles, *Ética nicomáquea* (Madrid: Gredos, 2011), VI, 1139a5-15.
7. *Cf.* Ibíd., VI, 1145a35-b5.
8. *Cf.* Ibíd., VI, 1144a7-8.
9. *Cf.* Ibíd., VI, 1139-1140.

producción de algo es lo que Aristóteles llama «tecnología», la cual en su producción a veces imita a la naturaleza, mientras que en otras ocasiones perfecciona y lleva a cabo lo que esta no puede realizar por sí misma.[10] Por ejemplo, un carpintero construye una casa siguiendo el ejemplo de las aves que construyen sus nidos, mientras que en otro caso un médico aplica un remedio para acelerar el proceso de sanación en una persona, o elabora un antibiótico para ayudar al cuerpo a eliminar una bacteria y así sanarse más rápidamente. La tecnología, entonces, es conocimiento aplicado al campo de la producción de un «artefacto», y distinto de lo natural o producido por la naturaleza.[11] La técnica, sin embargo, es una virtud o capacidad que en el esquema aristotélico de las virtudes debería estar sometida a la prudencia, de tal manera que sea el ser humano quien use la tecnología para su propio bien, y no sea la tecnología la que lo controle y domine, como profundizaremos más adelante.

A partir de estas distinciones que se fundamentan en la realidad y naturaleza del ser humano, Aristóteles categoriza las tres ramas del aprendizaje, las cuales él llama «ciencias», donde especifica el lugar de la tecnología. La «ciencia teórica» busca el conocimiento por su propio valor, y de acuerdo con el sujeto de estudio se dividen en metafísica, matemática, física y filosofía de la naturaleza: biología, botánica, astrofísica, etc. La «ciencia práctica» tiene que ver con la conducta y las acciones humanas, entre las que encontramos la ética y la política. Finalmente, la «ciencia productiva» tiene que ver con la elaboración y creación de objetos útiles y bellos. Aquí encontramos no solo la construcción de navíos, la agricultura, la medicina y la arquitectura, sino también las artes (música, teatro y danza) y la retórica, la cual estudia los principios del habla y la persuasión.[12]

La tecnología, por lo tanto, es una de las tantas «ciencias prácticas» y productivas por la cual elaboramos métodos para construir artefactos físicos o virtuales y así expandir nuestras capacidades y controlar

---

10. *Cf.* Aristóteles, *Física* (Consejo Superior de Investigaciones Científicas: Madrid, 2022), II, 8, 199a15.

11. *Cf.* Aristóteles, Ibíd., II, 1. En conjunción con esto hay una gran discusión con respecto a la duración y efectividad de lo producido por el hombre y lo producido por la naturaleza; por ejemplo, la inmunidad otorgada por una vacuna termina perdiendo efectividad en comparación con la inmunidad natural.

12. *Cf.* Aristóteles, *Tópicos*, 145a15–16, en *Tratados de lógica* (Madrid: Gredos, 2007); Aristóteles, *Ética nicomáquea*, 1139a26–28; 1141b29–32. Si bien Aristóteles no clasifica a la lógica dentro de ninguna de las ciencias, podemos inferir que, en cuanto arte de pensar, la lógica subyace a todas las ciencias, ya que es la guía en el proceso de argumentación y explicación.

nuestras circunstancias y limitaciones naturales, temporales, geográficas y sociales.

Los tipos de tecnologías

Un análisis de todos los avances tecnológicos de la historia de la humanidad nos lleva a agruparlas en cuatro categorías básicas, según el crítico de la tecnología Nicholas Carr, que tienen como fundamento la pretensión de sobrepasar ciertas limitaciones humanas.[13]

En primer lugar, hay tecnologías que buscan expandir nuestras fuerzas y habilidades físicas y van desde la invención de las herramientas más precarias a las herramientas mecánicas y electromecánicas, de la lavadora y otros electrodomésticos a los vehículos eléctricos, de la industria armamentista a los sistemas de defensa aérea (como el Iron Dome) y la automatización de procesos industriales.

Un segundo grupo de tecnologías nos asiste con respecto a nuestras limitaciones sensoriales, y aquí nos encontramos con los anteojos, el microscopio, los detectores de movimiento, calor y humo, los sistemas infrarrojos y de visión nocturna, la tecnología de imágenes avanzada (escáner corporal en aeropuertos), etc.

Otro grupo de tecnologías pretende modificar la naturaleza, y aquí nos encontramos con las tecnologías que tienen que ver con la reproducción humana, la biotecnología y la bioingeniería, el *biohacking* y la ingeniería genética somática y seminal, etc.

Un cuarto grupo de tecnologías está relacionado con aquellas herramientas que extienden nuestras capacidades intelectuales, las cuales van desde el reloj y el mapa a la escritura, la imprenta, los libros, los diarios, la máquina de escribir y el Kindle,[14] del código morse al reconocimiento de voz de Siri y Alexa, del ábaco a la calculadora, del telégrafo a las ondas de radio, los diarios, el internet y la comunicación satelital.

A esta clasificación podríamos agregar otro grupo de tecnologías llamadas «convergentes», es decir, tecnologías que fueron diseñadas

---

13. La división en cuatro categorías la tomo de Nicholas Carr, *The Shallows: What the Internet Is Doing to Our Brains* (Nueva York: W. W. Norton & Company, 2010), p. 63 [en español, *Superficiales: ¿qué está haciendo Internet con nuestras mentes?* (Barcelona: Debolsillo, 2018)].

14. «Texto» comparte la misma raíz que tecnología. Ver la nota al pie 3.

para cumplir diferentes funciones y propósitos (y, en cuanto tales, pertenecientes a algunos de los cuatro grupos), pero que unidas ofrecen «nuevas aplicaciones para la solución de problemas transversales o comunes que gradualmente las terminan integrando al punto de unificarlas».[15] Estas tecnologías están en el centro de la revolución tecnológica actual y su categorización fue propuesta por William Bainbridge y Mihail Roco en la obra *Converging Technologies for Improving Human Performance* [Tecnologías convergentes para mejorar el rendimiento humano].[16] Las «tecnologías convergentes» se combinan a su vez en cuatro grupos de ciencias y tecnologías: a) nanociencia y nanotecnología; b) biotecnología y biomedicina (ingeniería y edición genética CRISPR); c) tecnología de la información (computación avanzada y comunicaciones); y, finalmente, d) la ciencia y la neurociencia cognitivas.[17] Ejemplos de dichas tecnologías convergentes son la inteligencia artificial y el aprendizaje autónomo (*machine learning*), la biología sintética,[18] la robótica, la computación cuántica, el *blockchain*, el «internet de las cosas», la impresión 3D, el desarrollo de prótesis y el *chip* cerebral, la ingeniería de datos (el *big data*) y la computación en la nube digital, la computación cuántica, las humanidades digitales, etc.

Todos estos ejemplos son parte de esta gran historia que seguramente no culminará con el *metaverso* y la realidad de inmersión virtual, pero cuyos avances podrían significar un retroceso e incluso la tercerización o destrucción de características propias del ser humano.[19] Esto se debe a que la tecnología tradicionalmente se limitó a mejorar el entorno del ser humano, pero un número de tecnologías convergentes ya están teniendo un enorme impacto en la vida del ser

---

15. Lukacs de Pereny, *Neo entes*, pp. 93-94.
16. *Cf.* William Sims Bainbridge y Mihail C. Roco, *Converging Technologies for Improving Human Performance: Nanotechnology, Biotechnology, Information Technology and Cognitive Science* (Dordrecht: Kluwer Academic Publishers, 2003).
17. Esta combinación de tecnologías se denomina NBIC, acrónimo que hace referencia a tecnologías basadas en la unidad de medida nano (en la escala atómica), la biotecnología, la información y la dimensión cognitiva. *Cf.* Bainbridge y Roco, *Converging Technologies*, pp. 1-3.
18. Esta se refiere a la construcción de nuevas entidades biológicas, circuitos genéticos y el rediseño de sistemas biológicos empleando algoritmos evolutivos y combinando diversos tejidos biológicos. *Cf.* Paul Oldham, «Synthetic Biology: Mapping the Scientific Landscape», *PloS One* 7, n. 4 (2012), p. e34368.
19. En ese sentido, Miklos Lukacs plantea los problemas de las tecnologías convergentes con aplicaciones y fines reproductivos. Ver Lukacs de Pereny, *Neo entes*.

humano, cambiando no solo cómo nos comunicamos, producimos, consumimos y reproducimos, sino también transformando nuestra propia identidad, según la visión de Klaus Schwab y su Cuarta Revolución Industrial.[20]

Aportes positivos de la tecnología

A simple vista, parece innegable que el ingreso de la tecnología en la historia de la humanidad nos ha hecho la vida más fácil. Esto es evidente al considerar la industrialización de la producción, las comunicaciones y el transporte, además de haber mejorado notablemente la calidad de vida del ser humano en términos materiales. La tecnología ha hecho que seamos más efectivos, al menos en la medida en que empleemos bien esos avances tecnológicos y estos funcionen (todos recordamos esos momentos en que un sistema operativo o un programa fallaron, consumiendo horas de nuestro tiempo y en muchos casos pérdidas millonarias si se trataba de una compañía o un país entero). Sin embargo, cuando el economista inglés John Maynard Keynes predecía en 1930 que, gracias a los avances tecnológicos, en el siglo XXI trabajaríamos solo 15 horas a la semana, no tuvo en cuenta en ese momento que los mayores cambios significarían un impacto real no tanto en las horas del ambiente laboral, sino principalmente en el doméstico.[21] Quien se vería beneficiada sería la familia, por la introducción de tecnologías en el hogar que, según el economista Ha-Joon Chang, han cambiado al mundo mucho más que el internet.[22]

Más allá de que la observación de Chang pueda sonar exagerada en un primer momento, nadie podrá negar, por ejemplo, que la invención de la lavadora y la introducción de los electrodomésticos, el horno a gas, la aspiradora y la plancha significaron un ahorro de tiempo y energía gigantesco para la familia, sobre todo para las madres,

---

20. Ver Klaus Schwab, *La cuarta revolución industrial* (Barcelona: Debate, 2017); Klaus Schwab y Thierry Malleret, *COVID-19: El gran reinicio* (Nueva York: Forum Publishing, 2020).

21. *Cf.* John Maynard Keynes, *Essays in Persuasion* (Nueva York: W.W.Norton & Co., 1963), pp. 358-373 [en español, *Ensayos de persuasión* (Barcelona: Crítica, 1988)].

22. *Cf.* Ha-Joon Chang, *23 Things They Don't tell You about Capitalism* (Londres: Allen Lane, 2010), pp. 72-82 [en español, *23 cosas que no te cuentan sobre el capitalismo* (Barcelona: Debate, 2012)].

reduciendo los quehaceres del hogar a unas 4-8 horas semanales desde 1965 a la fecha.[23] Basta con notar que en 1930 para mantener el hogar en forma se necesitaban unas 60 horas semanales de trabajo doméstico.[24] Más allá de desmentir la acusación feminista de que la mujer era relegada a los trabajos domésticos por un simple capricho masculino, cuando en verdad era la realidad misma del hogar la que se imponía con todas las tareas que esta requiere, la introducción de las tecnologías del hogar significó una fuerza liberadora para la madre, que ahora podía disponer de más tiempo, ya fuera para estar con sus hijos, ir a trabajar u otras actividades.[25] Y no fue exactamente el feminismo quien introdujo los electrodomésticos, ni su clamor quien dio lugar a estas tecnologías.

El refrigerador es considerado hoy en día como un artículo de necesidad absoluta. Pero pensemos cómo haríamos de no tener a nuestro alcance este gran elemento tecnológico que se introdujo en los hogares de los Estados Unidos a partir de 1920.[26] No muy lejos de mi cabaña en los bosques canadienses tengo un testimonio vivo de esas épocas mucho más duras que tuvieron que sobrellevar nuestros antepasados hace apenas 100 años. Sola y como testimonio del pasado se erige una pequeña cabaña sin ningún tipo de ventana ni sistema de ventilación. Su nombre testifica su pasado: la «casa del hielo». Así funcionaban los refrigeradores del pasado, aunque solo en aquellas regiones donde era posible congelar agua en ciertas épocas del año. Durante el crudo invierno se sacaba el agua de la vertiente y se derramaba dentro de estructuras cuadrangulares de madera para que en el transcurso de la noche se transformaran en bloques de hielo sólido. Una vez completamente congelados, los bloques de hielo se transportaban hacia el interior de la cabaña, donde se los apilaba entre paja y sacos de tela junto a la comida que había que conservar a lo largo del

---

23. *Cf.* Mark Aguiar y Erik Hurst, «Measuring Trends in Leisure: The Allocation of Time over Five Decades», *Federal Reserve Bank of Boston* 6, n. 2 (2006).

24. *Cf.* Peter Williams, *Social Process and the City* (Londres: Allen & Unwin, 1983).

25. El reconocido médico sueco Hans Rosling asegura que el invento más grande de la revolución industrial fue la lavadora, introducida en su hogar cuando tenía apenas 4 años. Esta liberó a su madre de una tarea extenuante, dándole más tiempo para leerle libros a sus hijos. *Cf.* Hans Rosling, «The Magic Washing Machine», *TedTalks*, 2010, https://www.ted.com/talks/hans_rosling _the_magic_washing_machine/transcript?language=en.

26. En Europa la comercialización de refrigeradores eléctricos comienza en 1931, mientras que en Argentina los primeros modelos salen al mercado en 1937 y en México en 1952.

año. El hielo tenía que durar hasta el invierno siguiente, de otra manera se perdía prácticamente todo lo conservado. Esto, sin embargo, era imposible de realizar en lugares cálidos o no lo suficientemente fríos para formar el hielo. Imagina estar de repente desprovisto de todo lo que guardas en tu refrigerador y verás lo difícil que era la vida antes de la invención de otra tecnología que vino a revolucionar nuestras sociedades: la electricidad.

La producción y centralización de la corriente eléctrica, sumadas a la creación y adopción de las «tecnologías domésticas» en la primera mitad del siglo XX, más la irrupción del internet en prácticamente todos los aspectos de nuestras vidas, son sin lugar a duda un testimonio de cómo la tecnología nos puede facilitar inmensamente la vida en muchos aspectos, pero también una alerta de que el progreso en cuestiones tecnológicas no significa necesariamente progreso humano. ¿Es posible que en algunas instancias la tecnología también tenga un lado deshumanizador?

El mito de Tamus

Cuando comencé a plantear la estructura del presente libro, inmediatamente me vino a la memoria un texto que leí por primera vez en la adolescencia y que ahora adquiría más sentido que nunca. Los griegos ya se habían planteado en la antigüedad que los avances tecnológicos también pueden significar un retroceso humano. Es interesante que antes que McLuhan, Platón se había planteado que una tecnología no solo podía ser un medio de comunicación de ideas, sino que, en cuanto medio, podía afectar las capacidades cognitivas del ser humano, en especial la memoria. Todo tiene sus pros y sus contras, la cuestión es reflexionar, discernir y actuar en consecuencia. Esto es lo que Platón ya advertía en su famoso diálogo *Fedro*, donde el filósofo griego intenta sentar los verdaderos principios del arte de la palabra, que los sofistas habían convertido en arte del embuste y en instrumento de codicia y dominación. El relato de Platón, por boca de Sócrates, se refiere al arte del lenguaje y la escritura, pero su reflexión no deja de ser importante para nuestro análisis de la tecnología y el proceso de deshumanización, vigilancia y control del que podemos ser víctimas. Esto nos relata Platón en el diálogo entre Sócrates y Fedro:

SÓCRATES: Puedo referirte una tradición de los antiguos, que conocían la verdad. Si nosotros pudiésemos descubrirla por nosotros mismos, ¿nos inquietaríamos aún de que los hombres hayan pensado antes que nosotros?

FEDRO: ¡Donosa cuestión! Refiéreme, pues, esa antigua tradición.

SÓCRATES: Me contaron que cerca de Naucratis, en Egipto, hubo un Dios, uno de los más antiguos del país, el mismo a que está consagrado el pájaro que los egipcios llaman Ibis. Este Dios se llamaba Teut. Se dice que inventó los números, el cálculo, la geometría, la astronomía, así como los juegos del ajedrez y de los dados, y, en fin, la escritura.

El rey Tamus reinaba entonces en todo aquel país, y habitaba la gran ciudad del alto Egipto, que los griegos llaman Tebas egipcia y que está bajo la protección del Dios que ellos llaman Ammon. Teut se presentó al rey y le manifestó las artes que había inventado, y le dijo lo conveniente que era extenderlas entre los egipcios. El rey le preguntó de qué utilidad sería cada una de ellas y Teut le fue explicando en detalle los usos de cada una. Según que las explicaciones le parecían más o menos satisfactorias, Tamus aprobaba o desaprobaba los inventos. Dícese que el rey alegó al inventor, en cada uno de los inventos, muchas razones en pro y en contra, que sería largo enumerar. Cuando llegaron a la escritura:

—¡Oh rey! —le dijo Teut—, esta invención hará a los egipcios más sabios y servirá a su memoria; he descubierto un remedio contra la dificultad de aprender y retener.

—Ingenioso Teut —respondió el rey—, a unos les es dado crear arte, a otros juzgar qué de daño o provecho aporta a los que pretenden hacer uso de él. Y ahora tú, padre de la escritura y entusiasmado con tu invención, le atribuyes poderes contrarios de sus efectos verdaderos. Ella no producirá sino el olvido en las almas de los que la conozcan, haciéndoles despreciar la memoria; fiándose de lo escrito, llegarán al recuerdo desde fuera, a través de caracteres ajenos, no desde dentro. Tú no has encontrado un medio de cultivar la memoria, sino de despertar reminiscencias; y das a tus discípulos la apariencia de la ciencia y no la ciencia misma. Porque habiendo oído muchas cosas sin aprenderlas, parecerá que tienen muchos conocimientos, siendo, al contrario, en la mayoría de los casos, totalmente ignorantes, y difíciles, además, de tratar porque han acabado por convertirse en sabios aparentes en lugar de sabios de verdad.[27]

¿Te habías planteado alguna vez que la escritura podría significar un retroceso de la memoria o un creerse un sabelotodo después de leer algún dato que se ignoraba? Este diálogo de Platón tiene lugar en un momento en el que la escritura era de hecho una nueva tecnología. Por eso el mito egipcio que relata Platón es en defensa de la filosofía como actividad que solo puede alcanzarse verdaderamente por medio del diálogo y la vida en común, cara a cara. Las obras de Platón están compuestas en forma de diálogo y dejando en evidencia que la filosofía afecta a la persona humana en su totalidad, cultivando la memoria, la capacidad de abstracción, la agilidad mental, moral y política, lo cual solo se logra en el trato directo.[28] Quien aprenda filosofía leyendo no llegará demasiado lejos, según Platón, porque faltará ese elemento esencial que solo se alcanza por medio de la dialéctica.

Además, es claro que alguien solo sabe verdaderamente sobre alguna cuestión particular cuando puede explicarlo con sus propias palabras y de manera clara y convincente. ¿No nos producen gran tedio esas clases o conferencias donde el expositor meramente lee su discurso? ¿Lo sabe realmente? ¿Se lo escribieron? Los discursos políticos en su mayoría son tediosos por el hecho de que los escriben terceras personas y los gobernantes se limitan a leer algo ajeno (o a gritar si no tienen nada que decir).[29] Y peor aún esos académicos vendehúmos que, con un lenguaje intricado y contradictorio, dan apariencia de sabiduría, cuando el único propósito de su oscuridad es esconder el hecho de que no saben nada. Platón nunca entendería cómo tanto unos como otros llegaron a la posición donde se encuentran... De ellos diría el sabio:

SÓCRATES: Este es, mi querido Fedro, el inconveniente así de la escritura como de la pintura; las producciones de este último arte

---

27. Platón, *Fedro*, ed. Patricio de Azcárate, *Obras completas*, vol. 2, (Madrid, 1871), pp. 340-341.

28. *Cf.* Antonio Alegre Gorri, «Platón, el creador de las ideas», en *Platón: Diálogos*, ed. por Carlos García Gual (Madrid: Editorial Gredos, 2018), p. xxxiii. De ahí, por ejemplo, la gran dificultad a la que se enfrentan los programas de educación virtual para niños y adolescentes, para los cuales es imposible desarrollar ciertas cualidades humanas.

29. Algunos incluso, como le ocurrió a Biden, leen las indicaciones dentro del mismo texto, para vergüenza nacional: «[repetir dos veces], [pausa], [repetir nuevamente], [fin del texto]».

parecen vivas, pero interrogadlas, y veréis que guardan un grave silencio. Lo mismo sucede con los discursos escritos; al oírlos o leerlos creéis que piensan; pero pedidles alguna explicación sobre el objeto que contienen y os responden siempre la misma cosa.[30]

Siendo la escritura una nueva tecnología para la época, Platón llega a apodar a Aristóteles como «el lector», tal vez despectivamente, debido a la avidez con la que devoraba los libros de la Academia.[31] En la antigüedad, la escritura asistía a la palabra hablada, pero nunca la sustituía. Las grandes obras de la antigüedad se escribían solo para ser memorizadas. Pensemos en la *Ilíada* y la *Odisea* de Homero, por ejemplo, que eran memorizadas de punta a punta en una cultura donde el conocimiento y los relatos se transmitían de forma oral. Sócrates, por su parte, no necesitaba de la escritura para filosofar y transmitir su pensamiento, ya que sus alumnos memorizaban sus palabras. Por eso se entiende cómo el rey egipcio critica la invención de la escritura como un invento que mejoraría a los hombres. Esta no los hará más sabios, dice el rey, pues quien fija la atención en las palabras no ejercita la memoria y, por lo tanto, solo se lograría el olvido.

La transición tecnológica y el ser humano

Platón (427-347 a. C.) vivió en un momento crucial de transición tecnológica, donde «la relación entre el *logos* hablado y el escrito se convirtió en tema de vivas discusiones».[32] Esa tensión es evidente en el mismo Platón, quien por una parte relata el mito egipcio como crítica a la escritura, mientras que por otra pone sus diálogos y obras filosóficas por escrito, clara muestra de que el filósofo no rechazó la nueva tecnología de la escritura. Pero la realidad es que hasta poco tiempo antes la tradición oral gozaba de cierta prioridad sobre la palabra escrita. La escritura era más bien una técnica para asistir a la palabra, y bastante reciente en la época de Platón, debido a que el

---

30. Platón, *Fedro*, p. 342.
31. *Cf.* Guillermo Fraile, *Grecia y Roma*, vol. 1, Historia de la Filosofía (Madrid: BAC, 1997), p. 414.
32. W. K. C. Guthrie, *Plato, the Man and His Dialogues, Earlier Period*, A History of Greek Philosophy, vol. IV, (Cambridge: Cambridge University Press, 1977), p. 58.

primer alfabeto fonético completo no se desarrolló hasta el 750 a. C. en Grecia.[33] Incluso la transición tecnológica hacia la palabra escrita no se dio hasta muchos siglos después, siendo ese mismo alfabeto griego el modelo para el alfabeto latino y el cirílico, que abarcan todas las lenguas occidentales. Así fue como la escritura entendida como «medio» acabó siendo fundamental en la transformación intelectual de Occidente, pasando de una cultura oral a una cultura escrita.

Para apreciar esto debemos comprender cómo la lengua es natural a la especie humana, pero no así la escritura y la lectura, hechas posibles por el empleo de tecnologías tales como el alfabeto, los jeroglíficos y los caracteres. Y aquí se entiende mejor lo que decía McLuhan con respecto a cómo los efectos de la tecnología afectan la percepción humana de una manera imperceptible y sin resistencia.[34] Nuestra inteligencia ha sido condicionada para traducir las letras y palabras en la lengua que usamos cada día, es decir, hay que aprender a leer y escribir y esto se perfecciona tanto por la lectura como por la escritura. Además, la lectura nos condiciona de tal manera que empíricamente se puede comprobar que los sistemas neurales de una persona analfabeta difieren de otra que sabe leer, como asimismo los circuitos neurales de personas que usan caracteres para la escritura (el mandarín y el cantonés) difieren de los circuitos neurales de quienes usan un alfabeto.[35]

La palabra escrita terminó imponiéndose durante el Medioevo, época en la que la palabra, sea oral o escrita, es concebida como signo, es decir, como un intermediario cognitivo entre el sujeto y el objeto y entre el que narra y su audiencia. Por eso la enseñanza elemental de esta época se centraba sobre todo en disciplinas como la gramática, la retórica y la dialéctica, por medio de las cuales se enseñaba a leer, escribir y pensar en latín siguiendo un orden lógico que tendrá un gran

---

33. Si bien los fenicios habían ya elaborado un alfabeto varios siglos antes, este no contenía todos los sonidos de vocales y consonantes. *Cf.* John K. Papadopoulos, «The Early History of the Greek Alphabet: New Evidence from Eretria and Methone», *Antiquity* 90, n. 353 (2016), pp. 1238-1254; Jean Bottéro, *Ancestor of the West: Writing, Reasoning, and Religion in Mesopotamia, Elam, and Greece* (Chicago: University of Chicago Press, 2000).
34. *Cf.* McLuhan, *Comprender los medios*, p. 43.
35. *Cf.* Michal Ben-Shachar, «The Development of Cortical Sensitivity to Visual Word Forms», *Journal of Cognitive Neuroscience* 23, n. 9 (2011), pp. 2387-2399; A. Castro-Caldas, «The Illiterate Brain: Learning to Read and Write during Childhood Influences the Functional Organization of the Adult Brain», *Brain* 121, n. 6 (1998), pp. 1053-1063; Piers L. Cornelissen, *The Neural Basis of Reading* (Oxford: Oxford University Press, 2010).

impacto en el desarrollo intelectual y cultural de Occidente.[36] Todavía no existía la imprenta, pero en esta época se expande la técnica de escribir en libros y se facilita mucho más la transmisión del conocimiento, de tal manera que la lectura se convierte en un medio de instrucción personal. El impacto de esta tecnología en la corteza visual del lector será notable, pudiendo este reconocer en una milésima de segundo las formas de las letras, las palabras y el sentido de estas.[37]

Esta transformación intelectual en favor de la tradición escrita liberó en cierta manera al ser humano de la dependencia de la memoria individual y de las estructuras lingüísticas necesarias para poder recordar gran cantidad de información. Además perfeccionó la capacidad de prestar atención y concentración. Y es aquí cuando, en un contexto de cambios culturales radicales, entra en escena una de las tecnologías más importantes de la historia: la imprenta.

Johannes Guttenberg (1400-1468) fue el visionario que durante diez años diseñó una máquina para automatizar la producción de hojas escritas, reemplazando para siempre el trabajo milenario de los escribas. Lamentablemente, su negocio fue un fracaso debido a que después de tres años se quedó sin dinero para pagar el interés del préstamo y para entonces solo había impreso 200 copias de la Biblia.[38] Pero su invención abrió la puerta a la posibilidad de la comunicación masiva y a las transformaciones culturales reflejadas en el Renacimiento, la Reforma y la Ilustración, que con el tiempo llevaron a cambiar incluso la manera de pensar y concebir la realidad.[39]

Cinco siglos después, la imprenta dejó de ocupar ese lugar especial y clave dentro de la vida intelectual de Occidente, para darle lugar a la «revolución electrónica»,[40] es decir, a una serie interminable de productos que ya no buscaban sobre todo formar al ser humano, sino meramente entretenerlo y mantenerlo distraído. Fue la combinación de la corriente eléctrica (introducida en 1882), la invención de la máquina fotográfica (1839) y las ondas de radio (1895) las que introdujeron la primera ola de medios electrónicos: el fonógrafo (1877), el cine

---

36. Esto también se manifiesta en la cultura simbólica tan característica del medioevo. Ver Marcia L. Colish, *The Mirror of Language: A Study in the Medieval Theory of Knowledge* (Lincoln: University of Nebraska Press, 1983).

37. *Cf.* Maryanne Wolf, *Proust and the Squid: The Story and Science of the Reading Brain* (Nueva York: Harper Perennial, 2008), pp. 142-146.

38. *Cf.* Frederick G. Kilgour, *The Evolution of the Book* (Nueva York: Oxford University Press, 1998), pp. 84-93.

39. *Cf.* Agustín Laje, *La batalla cultural: Reflexiones críticas para una Nueva Derecha* (Ciudad de México: HarperCollins México, 2022), p. 170.

40. *Cf.* Carr, *The Shallows*, p. 95.

(1895), la radio (1897) y la televisión (1927). Así, bastaron 100 años de bombardeo propagandístico y visual para transformar profundamente no solo la cultura, sino el modo de vivir y de comportarnos como humanos. Sin embargo, cuando esta revolución electrónica creía estar en el apogeo de su esplendor, la introducción del internet vino a transformar absolutamente todo. Es importante notar que la transformación se produce, hablando con propiedad, en el sentido en que el internet terminará desplazando a los medios tradicionales, pero en sí mismo constituirá una continuación de las tendencias intelectuales y sociales que surgieron con los medios electrónicos del siglo XX y vendrá a profundizar la cultura de la distracción y la imagen que surge en la posmodernidad, convirtiéndose en una especie de «hipermedia».[41]

Hoy la transición cultural es totalmente inversa a la experimentada en la época de Platón: de una forma de aprendizaje que supo ser escrita, con sus bibliotecas y gran cantidad de libros que hoy casi nadie lee, hacia las redes sociales y el mundo virtual y de las imágenes, y donde toda una generación parece haber olvidado totalmente el pasado. No estamos volviendo a una cultura oral (con excepción del auge de los pódcast), sino a una cultura centrada en la imagen, es decir, una cultura visual —o mejor todavía, hipervisual— que parece padecer una especie de hipertrofia visual que nos engaña con respecto al significado mismo de la realidad de tal manera de que lo que no exista como imagen parece no existir.[42]

Ciertamente, este problema no es nuevo del internet o las redes sociales (la televisión y el cine hicieron su parte), pero las nuevas aplicaciones, hechas posibles por el aumento de la capacidad del internet, exacerbaron un problema que traía décadas en su andar. De hecho, este libro se iba a llamar originalmente «Apaga la TV y enciende el cerebro», pero un mero repaso de los últimos cambios tecnológicos y los hábitos de la generación del iPhone (nacida después de 1995) nos hicieron cambiar de parecer. La realidad nos hace ver que es casi imposible añorar la capacidad de concentración y memorización de antaño, que Sócrates temía que perdiésemos por la introducción de la tecnología.[43] ¿Estamos perdiendo nuestra condición de humanos?

---

41. *Cf.* Carr, *The Shallows*, p. 129 y p. 146.
42. *Cf.* Laje, *La batalla cultural*, p. 271.
43. Es notable cómo en el paso a la modernidad se perdieron los sistemas técnicos de memorización por los que era posible recordar libros enteros, tales como la famosa técnica del «palacio de la memoria». *Cf.* Jonathan D. Spence, *El palacio de la memoria de Matteo Ricci: un jesuita en la China del siglo XVI* (Barcelona: Tusquets, 2002).

Incluso los libros han padecido una transformación extrema: electrónicos, saturados de hipervínculos que dificultan su lectura, donde es muy fácil distraerse ante la posibilidad de abrir una pestaña y buscar información que, aunque relacionada, lo más seguro es que nos distraerá por gran cantidad de tiempo. El internet ha terminado absorbiendo al libro y recreándolo a su imagen y semejanza. Tal como había notado McLuhan: «Un medio nuevo nunca es un añadido a otro anterior, aunque tampoco lo deja tal cual; no deja de oprimir los medios más antiguos hasta dar con nuevas formas y posiciones para ellos».[44] Así como la introducción de la imprenta terminó eliminando las disputas orales tan características de una universidad medieval imbuida en la cultura del manuscrito, el internet terminó transformando al libro. No sin razón el *Kindle* ha sido considerado un aparato que está marcando una revolución cultural.[45]

La transición al internet no nos está llevando necesariamente a un crecimiento cultural y de conocimiento que no solo nos informe, sino que sobre todo ejercite nuestras capacidades intelectuales para así crecer como personas. Es un hecho que el internet, como veremos en el próximo capítulo, ha venido a significar el último golpe de gracia a una función cerebral característica de culturas de antaño: la memoria. Estamos ante un quiebre en nuestra historia intelectual y cultural, un momento de transición crucial y peligroso por el hecho de que no nos encontramos simplemente ante dos modos de pensar distintos (pensemos en las cultural orales y las escritas), sino ante tecnologías que buscan reemplazar al ser humano. Encender el celular es muchas veces sinónimo de apagar el cerebro, y los efectos ya son comprobables empíricamente, como veremos a continuación.

---

44. McLuhan, *Comprender los medios*, pp. 186-87.
45. *Cf.* Jacob Weisberg, «Weisberg: In Defense of the Kindle», *Newsweek*, 20 marzo 2009.

Capítulo 2

La tecnología y el cerebro humano

Quien haya nacido en el nuevo milenio vino a parar a un mundo que no solo está saturado de tecnología, sino que a su vez atrapa con fuerza a sus víctimas en una especie de nueva esclavitud. Si dejamos de lado el tiempo que un niño o adolescente pasa frente a una computadora en la escuela o haciendo sus tareas, nos encontramos con que, en Estados Unidos, un joven de entre 13 y 18 años pasa casi 9 horas al día frente a la pantalla, mientras que en el grupo de 8 a 12 años el tiempo es de 6 horas diarias. Además, para el año 2019, el 69 % de los niños de 12 años ya tenía un celular.[1] El uso de las redes sociales se ve reflejado acordemente, ya que mientras que en el 2010 el 63 % de los adolescentes estaba en una de estas plataformas, para el 2014 el número se incrementó al 80 % y para el 2022 al 95 %, coincidiendo con el incremento del uso de celulares, mientras que un 36 % declaró estar demasiado tiempo en las redes (sobre todo TikTok) y el 58 % reconoció que sería demasiado difícil para ellos abandonar las redes.[2] Estos números se replican en muchos países. En Chile, Uruguay y Argentina, más del 90 % de la población son usuarios de alguna de las

---

1. *Cf.* Anastasia Kononova y Yi-Hsuan Chiang, «Why Do We Multitask with Media? Predictors of Media Multitasking among Internet Users in the United States and Taiwan», *Computers in Human Behavior* 50 (2015), pp. 31-41; Victoria Rideout y Michael B. Robb, *The Common Sense Census: Media Use by Tweens and Teens* (San Francisco: Common Sense Media, 2019).
2. *Cf.* Jean M. Twenge, «Trends in U.S. Adolescents' Media Use, 1976-2016: The Rise of Digital Media, the Decline of TV, and the (Near) Demise of Print», *Psychology of Popular Media Culture* 8, n. 4 (2019), pp. 329-345; Emily A. Vogels, «Teens, Social Media and Technology 2022», Pew Research (10 agosto 2022), https://www.pewresearch.org/internet/2022/08/10/teens-social-media-and-technology-2022/.

redes sociales, mientras que en México se calcula que para el 2023 el número de usuarios activos en redes sobrepasará los 90 millones.[3]

El problema del uso indiscriminado de las redes, sin embargo, no es exclusivo de niños y adolescentes. Basta con analizar cómo el celular puede estar impactando en la vida y el desempeño de los adultos. Desde el punto de vista financiero, en Estados Unidos, para el año 2017, las pérdidas anuales por falta de productividad debida al uso del internet y el celular en el trabajo eran de alrededor de 54.000 millones de dólares anuales.[4]

La cantidad de tiempo que hoy se pierde en el celular es síntoma de un grave problema cultural. Así como Sócrates temía que la sobreabundancia de libros terminara afectando la memoria y creando un tipo de sabelotodo que en realidad no sabe nada, nuestro problema radica en que el internet y las redes sociales implican un gran peligro, dado que afectan las facultades cognitivas del ser humano. El internet o el celular, entonces, no son meras herramientas bajo nuestro control, sino que están alterando características profundamente humanas. Pongamos un solo ejemplo. El internet pretendía «democratizar» el conocimiento, ahora sin barreras ni límites aparentes, de tal manera que todos pudiésemos leer e informarnos. Sin embargo, la realidad es que cuando comenzamos a leer un artículo en línea y nos encontramos con una frase con hipervínculos, es inevitable distraerse con el dilema de darle clic o no al texto. Nicholas Carr, crítico del efecto de la tecnología en nuestras vidas, lo dice claramente: «La redirección de nuestros recursos mentales, desde la lectura de libros hasta la formación de juicios, [es] imperceptible para nosotros —tenemos un cerebro muy rápido—, pero está demostrado que impide la comprensión y la retención, sobre todo cuando se repite con frecuencia».[5]

¿Hay alguna manera de evitar ese problema? El torrente de información suelta, desconectada y muchas veces sin importancia termina intoxicando al cerebro. De ahí la importancia del control personal y del discernimiento a la hora de buscar conocimiento por medio de las

---

3. El uso de redes sociales en Chile alcanzó al 92,8 % de su población, mientras que en Uruguay un 90,2 % de sus habitantes son usuarios activos de este tipo de plataformas de comunicación *online*. *Cf.* Statista Research Department, «Tasa de penetración de las redes sociales en América Latina y el Caribe en enero de 2023, por país», *Statista*, junio 2023, https://es.statista.com/estadisticas/1073796/alcance-redes-sociales-america-latina/.

4. *Cf.* Barbara Booth, «Internet Addiction Is Sweeping America, Affecting Milllions», *CNBC*, 29 agosto 2017, https://www.cnbc.com/2017/08/29/us-addresses-internet-addiction-with-funded-research.html.

5. Carr, *Superficiales*, cap. 7.

posibilidades del internet y de la novedosa forma de comunicación oral y visual en plataformas como YouTube. Es sorprendente e innegable cómo el conocimiento se está transfiriendo a una nueva modalidad de aprendizaje donde uno puede informarse de temas de lo más variados: desde cambiar el filtro de aceite a instalar un caño de plomería, reemplazar un ladrillo en la pared o hacer un curso de filosofía política o inteligencia artificial. Estamos ante una gran transición tecnológica en el modo de comunicarnos y aprender que nos lleva a cuestionarnos si esto nos hace más sabios o solo es apariencia de conocimiento.

De vivir Sócrates entre nosotros, seguramente su postura sería la misma: así como a algunos les ha sido dado crear tecnología, a otros les ha sido dado juzgar sobre el daño o provecho de esta. Lo interesante es que, en el relato de Platón, el filósofo griego se está refiriendo a algo tan importante como la misma escritura desde una perspectiva tecnológica. ¿Qué diría Sócrates del internet y de la facilidad para encontrar cualquier tipo de información dentro del sistema de escaneo de páginas web armado por Google? A ese dios que ayer prometía la escritura y hoy promete los beneficios del internet, el faraón le respondería con la cantidad de estudios sobre los efectos negativos del celular y el internet en las funciones cognitivas del ser humano y en la estructura del mismo cerebro.

Investigaciones recientes sugieren que el uso excesivo del internet durante períodos prolongados de tiempo puede afectar negativamente algunas funciones cognitivas, en particular la atención, la memoria y el llamado conocimiento social. Al parecer, el rey egipcio tenía razón después de todo, aunque hoy son la psiquiatría y la neurobiología quienes nos dan una pista del porqué. Un estudio de 2019, publicado por la Asociación Mundial de Psiquiatría, analiza el impacto del internet en el cerebro humano y cómo puede estar afectando ciertas funciones cognitivas, tales como la capacidad de prestar atención, los procesos de la memoria y la capacidad de almacenar y valorar el conocimiento, además de los procesos de socialización, algo que veremos más adelante.[6] Los investigadores remarcan cómo el internet está afectando seriamente estas tres áreas cognitivas y cómo se ve reflejado en cambios en el cerebro.

Pero antes de profundizar en estos cambios, es necesario explicar cómo es posible que el internet esté afectando un órgano tan

---

6. *Cf.* J. Firth, «The "Online Brain": How the Internet May Be Changing Our Cognition», *World Psychiatry* 18, n. 2 (2019), pp. 119-129.

importante como el cerebro humano, que, en el caso de las personas adultas, está desarrollado completamente.

La plasticidad cerebral

Ya se ha demostrado convincentemente el fenómeno llamado «neuroplasticidad», que muestra que el cerebro tiene una capacidad de cambio y adaptación constante, sobre todo en relación con el aprendizaje de nuevos procesos.[7] Esta neuroplasticidad no solo es posible, sino que está activa todo el tiempo, de tal manera que bien podríamos decir que es el estado normal del sistema nervioso durante nuestra vida.[8] Hay cambios cerebrales que responden a estímulos positivos y profundizan la capacidad cerebral para realizar tareas como aprender una nueva lengua, desarrollar nuevas habilidades motrices (tocar el piano) o incluso recibir educación formal o prepararse para un examen.[9] Es por eso por lo que casi todos los circuitos neurales pueden adaptarse a nuevas experiencias, ya sea que involucren la vista, el oído, el recuerdo, el pensamiento o el sentido del tacto. Nuestras neuronas están siempre formando nuevas conexiones y deshaciendo otras, de tal manera que el cerebro puede reprogramarse a sí mismo, alterando por completo su funcionamiento.[10] Lo clave a tener en cuenta es que dicha predisposición no es elástica, en el sentido de recuperar su forma anterior, sino que es como una plastilina que toma nueva forma, a veces mejor, a veces peor. Así como permite el aprendizaje de nuevas habilidades y conocimientos, este mecanismo también puede implicar un cambio patológico en el ser humano.[11] Y es en esto en lo

---

7. *Cf.* Arne May, «Neuroplasticity Changes in Grey Matter Induced by Training», *Nature* 427, n. 6972 (2004), pp. 311-312.
8. *Cf.* Mark Hallett, «Neuroplasticity and Rehabilitation», *Journal of Rehabilitation Research and Development* 42, n. 4 (2005), pp. xvii–xxii; Alvaro Pascual-Leone, «The Plastic Human Brain Cortex», *Annual Review of Neuroscience* 28, n. 1 (2005), pp. 377-401.
9. *Cf.* Lee Osterhout, «Second-Language Learning and Changes in the Brain», *Journal of Neurolinguistics* 21, n. 6 (2008), pp. 509-521; Jan Scholz, «Training Induces Changes in White-Matter Architecture», *Nature Neuroscience* 12, n. 11 (2009), pp. 1370-1371; Bogdan Draganski, «Temporal and Spatial Dynamics of Brain Structure Changes during Extensive Learning», *The Journal of Neuroscience* 26, n. 23 (2006), pp. 6314-6317.
10. *Cf.* Joseph E. LeDoux, *Synaptic Self: How Our Brains Become Who We Are* (Nueva York: Viking, 2002), pp. 49-64.
11. *Cf.* Pascual-Leone, «The Plastic Human Brain Cortex», p. 396.

que queremos profundizar aquí en relación con el internet, ya que empíricamente se ha observado cómo el internet está en cierta manera atrofiando distintas capacidades cognitivas.

El proceso de declive cognitivo en la edad adulta se debe en parte a un proceso de atrofiamiento de las distintas funciones cerebrales.[12] Sin embargo, se ha observado que la inmersión en el mundo virtual también induce cambios neurocognitivos similares al proceso de la vejez. Basta con sumergirse por seis semanas en el mundo virtual de un videojuego para causar reducciones significativas en la materia gris del cerebro dentro de la corteza orbitofrontal, algo que es ocasionado también por el uso excesivo del internet.[13] Esto es realmente preocupante, teniendo en cuenta que la función de esa región cerebral tiene que ver con el control de los impulsos y la toma de decisiones. Por lo tanto, «apagar el videojuego» y «encender el cerebro» no es una mera frase figurativa, sino una necesidad real. Desde luego, este déficit cognitivo explicaría los problemas de conducta de muchos niños que tienen problemas con el autocontrol, y que coincidentemente pasan horas en un videojuego. La niñez y la adolescencia son un momento clave en el desarrollo y la maduración del cerebro y, por lo tanto, estas consecuencias afectarían no solo los procesos cognitivos del presente, sino también del futuro.[14] La solución y cómo evitar dichos problemas es más que clara.

A fines del 2022, sin embargo, un titular sensacionalista parecía contradecir lo afirmado más arriba: «Los chicos *gamers* tendrían un mejor rendimiento cognitivo», afirmaba una de estas publicaciones.[15] El estudio en cuestión, dirigido por miembros de la facultad de Psiquiatría

12. *Cf.* Raymond Levy, «Aging-Associated Cognitive Decline», *International Psychogeriatrics* 6, 1 (1994), pp. 63-68.
13. *Cf.* Feng Zhou, «Orbitofrontal Gray Matter Deficits as Marker of Internet Gaming Disorder: Converging Evidence from a Cross-Sectional and Prospective Longitudinal Design», *Addiction Biology* 24, n. 1 (2019), pp. 100-109; Simone Kühn y Jürgen Gallinat, «Brains Online: Structural and Functional Correlates of Habitual Internet Use», *Addiction Biology* 20, n. 2 (2015), pp. 415-422.
14. *Cf.* Tomáš Paus, «Mapping Brain Maturation and Cognitive Development during Adolescence», *Trends in Cognitive Sciences* 9, n. 2 (2005), pp. 60-68; Elizabeth R. Sowell, «In Vivo Evidence for Post-Adolescent Brain Maturation in Frontal and Striatal Regions», *Nature Neuroscience* 2, n. 10 (1999), pp. 859-861; Elizabeth R. Sowell, «Mapping Cortical Change across the Human Life Span», *Nature Neuroscience* 6, n. 3 (2003), pp. 309-315.
15. *Cf.* AFP, «Estudio preliminar: los chicos «gamers» tendrían un mejor rendimiento cognitivo», *La Nación* (Buenos Aires) 24 octubre 2022, https://www.lanacion.com.ar/sociedad/estudio-preliminar-los-chicos-gamers-tendrian-un-mejor-rendimiento-cognitivo-nid24102022/.

de la Universidad de Vermont, analizó la relación entre el uso de videojuegos por parte de 2.217 niños y el rendimiento cognitivo de los mismos.[16] Mientras los medios calmaban a los padres con respecto a los impactos dañinos de los videojuegos en los niños y prometían beneficios cognitivos por su uso, la realidad es que dicho estudio solo evaluó dos tareas sencillas y los mismos autores reconocían una serie de limitaciones. La primera tarea apuntaba a respuestas inmediatas y casi reflejas de acuerdo con la dirección de las flechas que aparecían en una pantalla. Si la flecha apuntaba a la izquierda, debían apretar un botón, si apuntaba a la derecha, el botón a presionar era el opuesto, y si aparecía una imagen de «parar», no debían presionar nada, todo esto para analizar si los niños podían controlar sus reflejos. Obviamente, dicho experimento no analizaba más que respuestas reflejas que poco tienen de «cognitivas», aparte de que es más que evidente que alguien que juega todo el tiempo a los videojuegos desarrolla este tipo de reflejos en la corteza cerebral, pero a costa de otras funciones cognitivas mucho más importantes, como veremos más adelante. La segunda tarea implicaba ver una serie de rostros y reconocer cuáles se repetían, para así probar la «memoria de trabajo». Sin embargo, los autores reconocían que dicho estudio no podía analizar los problemas de conducta o el desarrollo neurocognitivo ni cómo este puede verse afectado por el uso prolongado de videojuegos, o cómo estos afectan la plasticidad del cerebro del niño.[17] En definitiva, lo único que probaron es que en algunos casos el videojuego puede ayudar a alguien a perfeccionar habilidades triviales, pero jamás ayudará a la persona a desarrollarse como tal.

La introducción del internet y su ecosistema tecnológico en todos los aspectos de nuestra vida tiene un riesgo real con respecto a la conducta humana, puesto que afecta el mismo desarrollo cerebral que fuerza a este órgano a adaptarse a esta nueva situación, que en muchos casos se extiende por horas cada día. Los datos analíticos del celular nos revelan mucho acerca de nuestro comportamiento y el uso de estas tecnologías. Basta con revisar el «tiempo de pantalla» para notar cuántas veces abrimos el celular, cuáles fueron las aplicaciones más visitadas y cuántas horas pasamos en total frente a la pantalla, además de indicar en qué específicamente pasamos ese tiempo: redes sociales, productividad, creatividad, lectura, información o mensajes. Según datos de Apple, el usuario promedio abre el celular unas 80 veces al

16. *Cf.* Bader Chaarani, «Association of Video Gaming with Cognitive Performance among Children», *JAMA Network Open* 5, 10 (2022), p. e2235721.
17. *Cf.* Chaarani, «Association of Video Gaming», p. e2235721.

día, aunque los más apegados llegan a abrirlo un total de 130 veces diarias.[18] Con respecto a los videojuegos, un censo a gran escala en Estados Unidos y Canadá, basado en los datos provistos por las mismas consolas y plataformas y publicado en el año 2022, reveló que el 71 % de los niños y adolescentes entre 2 y 17 años de edad pasan un promedio de 10 horas semanales frente a la pantalla.[19] Esto plantea serios problemas de adicción, que reciben el foco de investigaciones en el campo de la conducta humana, como analizaremos en el próximo capítulo.[20]

Muchos de nosotros crecimos con gran libertad y sin esta invasión tecnológica porque simplemente el celular no existía, lo que nos permitió en gran medida desarrollarnos con normalidad y ser espectadores de la transición a una sociedad donde el internet está en todas partes. Hoy la situación es muy distinta para las nuevas generaciones de los que han crecido inmersos en un mundo hiperconectado y son literalmente «nativos digitales»,[21] lo que los hace más propensos a adoptar todos los avances tecnológicos, muchas veces de modo irreflexivo. Es en estos casos cuando la influencia del internet es especialmente preocupante por los daños cognitivos que ocasiona.

Los problemas de atención

Una de las consecuencias más evidentes del internet en el cerebro es la erosión de la capacidad de prestar atención y poder concentrarse en algo por largo tiempo. El flujo constante de información, los mensajes, las imágenes y las notificaciones constantes compiten por nuestra atención y, como solo podemos concentrarnos en una sola

---

18. *Cf.* Ben Bajarin, «Apple's Penchant for Consumer Security», *Vox*, 20 abril 2016, https://www.vox.com/2016/4/20/11586270/apples-penchant-for-consumer -security. Esta cifra de 2016 se repitió en 2018, última fecha de publicación de datos. Ver L. Ceci, «Average Unlocks per Day among Smartphone Users in the United States as of August 2018, by Generation», *Statista*, 18 enero 2022, https://www.statista.com/statistics/1050339/average-unlocks -per-day-us-smartphone-users/#statisticContainer.

19. *Cf.* The NPD Group, «2022 Mobile Gaming Report», *NDP*, 2022, https:// www.npd.com/industry-expertise/video-games.

20. Ver Thomas D. W. Wilcockson, «Determining Typical Smartphone Usage: What Data Do We Need?», *Cyberpsychology, Behavior and Social Networking* 21, n. 6 (2018), pp. 395-398.

21. Frase acuñada por Marc Prensky, «Digital Natives, Digital Immigrants Part 2: Do They Really Think Differently?», *On the Horizon* 9, n. 6 (2001), pp. 1-6.

cosa a la vez, esto fuerza al individuo a desplazar su concentración a través de múltiples flujos de información, con el resultado de que se va debilitando la capacidad de prestar atención y concentrarse en algo de manera constante. El problema es tal que incluso en ambientes universitarios es difícil encontrar estudiantes que puedan terminar de leer un libro completo.[22]

Las redes sociales parecen estar afectando la capacidad de prestar atención debido a que el flujo de videos reduce la habilidad de ignorar distracciones y enfocar la atención en algo concreto. Esto, entre otros efectos perjudiciales que analizaremos más adelante, afecta negativamente nuestras habilidades cognitivas. El mecanismo de TikTok y su algoritmo de base hacen que la experiencia se vuelva más adictiva para el usuario, algo que forzó a los competidores a adaptarse a la situación actual: Instagram introdujo *reels* en el 2020 y rediseñó los algoritmos para que favorezcan a este formato por encima del de las imágenes porque los videos lograban que los usuarios permanecieran más tiempo en la plataforma.[23] SnapChat y YouTube siguieron el mismo rumbo, introduciendo Spotlight en el 2020 y Shorts en el 2021, respectivamente.

Alguien puede objetar que esto es una mera coincidencia. ¿Y si las redes sociales no son la causa de que los jóvenes tengan más problemas de atención? ¿Y si los problemas de atención de los jóvenes ya vienen de antes? A partir de ahí se podría argumentar que TikTok ha sido un éxito en comparación con otras redes sociales por ofrecerle a sus usuarios un sinnúmero de videos diseñados con la duración adecuada para la atención de la audiencia. Pero ¿esto es así realmente?

Los problemas de atención son fácilmente comprobables en nuestra vida diaria. ¿Cuántas veces ocurre que nos ponemos a hacer algo y de repente se nos desvía la atención de lo que estamos haciendo hacia el celular? Nos tratamos de justificar internamente y convencernos a nosotros mismos de que será solo unos segundos, cuando en realidad terminamos envueltos en las redes demasiado tiempo. ¿Por qué esas distracciones constantes? Porque el uso del celular ha introducido una «conducta de chequeo» constante, caracterizada por inspecciones rápidas y frecuentes de la pantalla para ver si tenemos notificaciones de mensajes, además de la información que nos

22. *Cf.* Naomi S. Baron, *Always On: Language in an Online and Mobile World* (Oxford: Oxford University Press, 2008), p. 204.
23. *Cf.* Jillian Warren, «This Is How the Instagram Algorithm Works in 2022», *Later*, 21 junio 2022, https://later.com/blog/how-instagram-algorithm-works/.

ofrecen las noticias y las redes sociales.[24] Esta conducta, a su vez, es una respuesta a una exigencia hormonal creada por la saturación de información y mensajes que activa el flujo de dopamina en el córtex cerebral y nos exige un flujo de información constante para satisfacer la necesidad hormonal.[25] De esa manera, cada vez que chequeamos el celular, la necesidad que experimentamos se calma con un nuevo flujo de dopamina, creando un círculo vicioso y adictivo que analizaremos en el próximo capítulo.

El uso de la computadora implica por sí mismo realizar tareas múltiples entre diferentes configuraciones, pasar de un programa a otro, hacer cambio de pantallas, abrir diferentes «pestañas» en el navegador, escuchar el sonido de las notificaciones que entran sin cesar y responder mensajes desde distintas plataformas. Esto inevitablemente entrena a nuestro cerebro para que desplace el foco de atención rápidamente de una operación a otra y hacia el flujo de información que entra cada minuto, lo que resulta en una nueva «capacidad» para saltar de una cosa a otra en fracciones de segundo. El problema con esta habilidad es que de hecho interfiere en nuestra capacidad de mantener el foco en una sola tarea cognitiva particular durante un período más largo de tiempo porque reduce la importante habilidad de ignorar distracciones. Esto quiere decir que la capacidad de concentración es inversa a la «capacidad» de hacer muchas cosas a la vez en el campo tecnológico. ¿Cuántas veces te pasó que te habías propuesto leer un libro y a los pocos minutos entró un mensaje de WhatsApp que tiró por la borda la intención de leer un capítulo de principio a fin? Pero, además, esta habilidad no es en realidad una nueva «capacidad» para realizar varias tareas a la vez, ya que es algo meramente superficial y no constituye más que un patrón de comportamiento muchas veces adictivo.[26]

En un interesante experimento con 262 estudiantes universitarios acostumbrados a realizar varias tareas a la vez en sus computadoras, con el objetivo de valorar la capacidad de concentrarse cognitivamente en algo, los investigadores no solo observaron un deterioro en el control cognitivo de las personas estudiadas, ya que se distraían

---

24. *Cf.* Wilcockson, «Determining Typical Smartphone Usage», pp. 395-398.
25. *Cf.* Antti Oulasvirta, «Habits Make Smartphone Use More Pervasive», *Personal and Ubiquitous Computing* 16, n. 1 (2012), pp. 105-114; Samuel M. McClure, «Separate Neural Systems Value Immediate and Delayed Monetary Rewards», *Science* 306, n. 5695 (2004), pp. 503-507.
26. *Cf.* Kep Kee Loh y Ryota Kanai, «How Has the Internet Reshaped Human Cognition?», *The Neuroscientist* 22, n. 5 (2016), pp. 506-520.

fácilmente ante estímulos externos e internos (la imaginación), sino que les sorprendió notar que en realidad los estudiantes no tenían una gran habilidad para cambiar de actividades rápidamente, como se suponía en un principio, quizás porque en esta sucesión de actividades en su computadora no están concentrados en varias cosas a la vez, sino que la serie de tareas no constituiría más que una seguidilla de distracciones.[27] Uno creería que el uso del internet al menos fortalecería la capacidad cerebral de cambiar de actividad, pero los estímulos irrelevantes pudieron más en los sujetos estudiados. Otro estudio, lamentablemente limitado por reducirse a 12 estudiantes universitarios, midió el tiempo de concentración de cada sujeto mientras se concentraba en un único contenido en su *laptop*. Los investigadores observaron que en el 75 % de los casos el promedio no lograba pasar de 1 minuto, incluso pasando a un nuevo contenido cada 19 segundos.[28] Esta proclividad a la distracción puede fundamentarse empíricamente al observar cómo el internet está afectando la densidad de materia gris en la corteza cerebral, lo que se traduce en un menor control cognitivo al momento de concentrarse en algo.[29] Esto nos lleva a plantear la necesidad de tomar medidas a fin de resguardar y fortalecer la capacidad para mantener la atención en una sola cosa, sobre todo si tenemos que usar necesariamente el celular o la *laptop*.

¿Y qué decir del flujo constante de imágenes y música que atrapa nuestra atención y nos obliga a percibir nuevas experiencias cada pocos segundos? El algoritmo de TikTok está afectando seriamente la atención de los niños y adolescentes. Los ejecutivos de la compañía china admitieron en el 2021 que los videos que duraban más de 60 segundos causaban estrés en el 50 % de los usuarios de la red social. ¿La razón? Según admitían muchos usuarios, estos no se podían concentrar por más tiempo...[30] Datos internos de la compañía revelaron que el flujo constante de videos estaba afectando la habilidad de concentración, por lo que el algoritmo de 2022 favorecía aquellos videos

27. *Cf.* Eyal Ophir, «Cognitive Control in Media Multitaskers», *Proceedings of the National Academy of Sciences* 106, n. 37 (2009), pp. 15583-15587.
28. *Cf.* Leo Yeykelis, «Multitasking on a Single Device: Arousal and the Frequency, Anticipation, and Prediction of Switching Between Media Content on a Computer», *Journal of Communication* 64, n. 1 (2014), pp. 167-192.
29. *Cf.* Kep Kee Loh y Ryota Kanai, «Higher Media Multi-Tasking Activity Is Associated with Smaller Gray-Matter Density in the Anterior Cingulate Cortex», *PloS One* 9, n. 9 (2014), e106698.
30. *Cf.* Chris Stokel-Walker, «TikTok Wants Longer Videos—Whether You Like It or Not», *Wired*, 21 febrero 2022, https://www.wired.com/story/tiktok-wants-longer-videos-like-not/.

que duraban entre 31 y 40 segundos, aunque, si promocionaban un producto, el algoritmo daba prioridad a los que duraban entre 9 y 15 segundos.[31]

El problema es tal que educadores de todo el mundo son testigos del impacto negativo que la tecnología está teniendo en los estudiantes, hasta el punto de que a la generación de niños y jóvenes nacidos después de la introducción del celular bien podríamos llamarla la «generación distraída».[32] Esto se ha demostrado por medio de imágenes de resonancia magnética funcional en las regiones prefrontales del cerebro, ya que es la zona que se activa en respuesta a una distracción, de tal manera que un niño habituado a manejar el iPad y saltar de una aplicación a otra y enviar mensajes entre medio va a requerir un esfuerzo cognitivo mayor para poder mantener la atención.[33] Pero este no es un problema exclusivo de niños y adolescentes. Si tenemos en cuenta que el grupo demográfico principal de TikTok va desde los 13 a los 40 años,[34] los problemas de atención también afectan a adultos, algo que es totalmente posible, ya que el flujo de información que ofrecen estas plataformas influye en los procesos cognitivos, el comportamiento y la arquitectura neural de cerebros completamente desarrollados.[35]

La pérdida de la memoria

La pérdida de atención no es la única consecuencia negativa. Así como Sócrates advertía con el mito egipcio sobre la pérdida de la memoria por causa de la escritura, numerosos estudios científicos nos confirman que el internet está teniendo un efecto negativo en

31. *Cf.* Noah Landsberg, «The Ultimate TikTok Video Size Guide for 2023», *Influencer Marketing Hub*, 15 diciembre 2022, https://influencermarketinghub .com/tiktok-video-size/.

32. *Cf.* Kristen Purcell, «How Teens Do Research in the Digital World», *Pew Research Center*, 1 noviembre 2012, https://www.pewresearch.org/internet /2012/11/01/how-teens-do-research-in-the-digital-world/.

33. *Cf.* M. Moisala, «Media Multitasking Is Associated with Distractibility and Increased Prefrontal Activity in Adolescents and Young Adults», *NeuroImage* 134 (2016), pp. 113-121.

34. TikTok exige una edad mínima de 13 años para sus usuarios, por lo que millones de niños están mintiendo con respecto a su edad para poder ingresar a la plataforma.

35. *Cf.* Melina R. Uncapher y Anthony D. Wagner, «Minds and Brains of Media Multitaskers: Current Findings and Future Directions», *Proceedings of the National Academy of Sciences* 115, n. 40 (2018), p. 9889.

el proceso de conocimiento y en la memoria. Es sorprendente cómo la persona tiende a aceptar fácilmente cualquier cosa que ve en el internet. Esto se vuelve peligroso dado el nivel de manipulación que puede sufrir cuando el internet se convierte en el principal recurso de información. Pero este proceso también afecta a la memoria, ya que el internet afecta la forma en que procesamos los nuevos recuerdos y valoramos nuestro conocimiento interno. Veamos ambos aspectos.

Uno de los impactos más grandes del internet en nuestras vidas es cómo cambió la manera en que nos informamos.[36] Por primera vez en la historia tenemos a nuestro alcance prácticamente toda la información disponible que se ha producido a lo largo de la historia de la humanidad. El proyecto Google Books es una clara muestra de esto. Pero, si bien es indudable que el acceso a toda esta información tiene grandes ventajas, nos encontramos ante el riesgo factible de que el internet esté reemplazando a ciertas estructuras cognitivas necesarias, como la «memoria semántica», cuya función es recordar palabras, conceptos y números.[37] Es decir, con tanta información disponible, ya no tenemos necesidad de recordar muchas cosas porque siempre podemos volver a buscarlas en nuestro celular, algo que comprobamos con facilidad al notar cómo mucha gente ha perdido la capacidad de recordar números telefónicos de memoria, cuando hasta no hace mucho era común recordar un gran listado de contactos.

Plataformas como Google han tenido como efecto en nuestra memoria que uno recuerde no tanto un hecho concreto, sino dónde se pueden recuperar esos datos, lo que evidentemente significa una pérdida de memoria y una consecuente dependencia del internet.[38] Este es un fenómeno que se ha observado también en tecnologías tales como la fotografía, ya que reduce nuestro recuerdo de los objetos o lugares que fotografiamos porque inconscientemente sabemos que siempre podemos volver a esa imagen.[39] Esta dependencia tiene una

---

36. *Cf.* Ann Colley y John Maltby, «Impact of the Internet on Our Lives: Male and Female Personal Perspectives», *Computers in Human Behavior* 24, n. 5 (2008), pp. 2005-2013.
37. *Cf.* Firth, «The Online Brain», p. 122.
38. *Cf.* Betsy Sparrow, «Google Effects on Memory: Cognitive Consequences of Having Information at Our Fingertips», *Science* 333, n. 6043 (2011), p. 776.
39. *Cf.* Linda A. Henkel, «Point-and-Shoot Memories: The Influence of Taking Photos on Memory for a Museum Tour», *Psychological science* 25, n. 2 (2014), pp. 396-402. En el experimento en cuestión se llevó a los participantes a un museo de arte. Se observó que, si los participantes tomaban una foto de cada

base psicológica, ya que no solo guardamos información dentro de nuestra memoria, sino que tendemos a coleccionar información en dispositivos externos, ya sea el papel donde anotamos las compras, o la biblioteca repleta de libros, la música en el celular, los libros en el Kindle y la cantidad de canciones, películas y pódcast que siempre están accesibles en la «nube» por medio de alguna aplicación. Pero antes de la introducción de estas tecnologías, siempre han existido en las sociedades humanas aquellos individuos dentro de una familia o comunidad que recuerdan y transmiten cierta información y son una especie de «memoria externa». Este es el caso de la maestra, el médico, el historiador, el sacerdote, el anciano de la comunidad. Pero también se da dentro de la familia, cuando el padre olvidadizo requiere la ayuda de ese hijo que siempre recuerda las fechas de nacimiento de sus hermanos, o cuando la narración de una historia familiar se ve enriquecida por datos que distintos miembros aportan a la conversación. En la psicología social, esta especie de memoria ha sido llamada «memoria transactiva».[40]

El internet, sin embargo, afecta a la memoria transactiva debido a que percibimos que, si siempre tenemos a nuestro alcance una especie de «memoria externa» localizada en la red, no hay necesidad de recordar información.[41] Esto produce una especie de irresponsabilidad cognitiva en el usuario. Ningún padre de familia creerá que no hace falta recordar la fecha del cumpleaños de sus hijos porque su esposa siempre se acuerda. El internet, por el contrario, crea esa confianza de que no hace falta recordar nada porque la información siempre estará disponible y por eso ni siquiera hace falta saber dónde voy a encontrarla: Google lo hará por mí, porque sé que la nube lo contiene todo. Esto es lo que se conoce como un «estímulo *sobrenormal*». Es decir, cuando nuestras tendencias cognitivas naturales se encuentran con una nueva tecnología, en este caso el internet, lo

---

objeto, recordaban menos objetos y menos detalles y olvidaban su ubicación dentro del museo, en comparación con aquellas otras personas que solo observaban y no fotografiaban ninguna pieza de arte.

40. *Cf.* Daniel M. Wegner, «Transactive Memory: A Contemporary Analysis of the Group Mind», en *Theories of Group Behavior*, ed. por Brian Mullen y George R. Goethals (Basel: Springer Nature, 1987), pp. 185-208; Kyle Lewis y Benjamin Herndon, «Transactive Memory Systems: Current Issues and Future Research Directions», *Organization Science* 22, n. 5 (2011), pp. 1254-1265.

41. *Cf.* Daniel M. Wegner y Adrian F. Ward, «The Internet Has Become the External Hard Drive for Our Memories», *Scientific American*, 1 diciembre 2013, https://www.scientificamerican.com/article/the-internet-has-become -the-external-hard-drive-for-our-memories/.

que ocurre es que el cerebro es inundado por una cantidad de estímulos intensos y muy superiores a su capacidad cognitiva, que por lo tanto provocan respuestas mucho más intensas que un estímulo normal.[42] El problema inmediato con estos estímulos es que suelen ser producto de manipulación experimental y por lo general hacen que el sujeto caiga presa de dicho proceso manipulativo.[43] Los estímulos informativos son tan fuertes que originan una dependencia del internet, de tal manera que el primer impulso del proceso cognitivo sea no hacer un esfuerzo por memorizar lo visto, debido a que se percibe esa información como algo recordado para siempre por el internet.[44]

Las consecuencias del internet en los procesos cognitivos y la memoria son el «efecto Google», como informa un estudio publicado en *Science* en el 2011.[45] Cuando una persona se encuentra frente a una pregunta difícil, tiende a pensar inmediatamente en la computadora como la solución. Además, cuando una persona calcula que va a tener acceso a cierta información en el futuro, suele olvidar al instante esa información concreta, pero, en cambio, recuerda que la puede obtener en Google. Esta dependencia del internet para obtener nueva información se ha mostrado también en estudios del 2017 que muestran cómo, ante cuestiones que se ignoran, la persona experimenta un impulso hacia el internet, el cual se ve reflejado en las regiones cerebrales requeridas para la conducta y el control de

---

42. *Cf.* Adrian F. Ward, «Supernormal: How the Internet Is Changing Our Memories and Our Minds», *Psychological Inquiry* 24, n. 4 (2013), p. 341.
43. Dos ejemplos claros de cómo la manipulación puede afectar cognitivamente los procesos naturales de percepción de un individuo: los implantes de pechos artificiales imitan cualidades asociadas al valor reproductivo y por lo tanto se prefieren por sobre los pechos naturales, por más que las «señales» de fertilidad sean engañosas; lo mismo pasa con la comida chatarra, que actúa sobre las tendencias naturales al azúcar y la grasa, pero proveen estas sustancias en cantidades excesivas que terminan manipulando el instinto de la persona y volviendo adictivo el consumo de estos productos. *Cf.* Grazyna Jasieska, «Large Breasts and Narrow Waists Indicate High Reproductive Potential in Women», *Proceedings of the Royal Society of Biological Sciences* 271, n. 1545 (2004), pp. 1213-1217; F. Marlowe, «The Nobility Hypothesis: The Human Breast as an Honest Signal of residual Reproductive Value», *Human Nature* 9, n. 3 (1998), pp. 263-271; J. F. Doyle y F. Pazhoohi, «Natural and Augmented Breasts: Is What Is Not Natural Most Attractive?», *Human Ethology Bulletin* 27, n. 4 (2012), pp. 4-14; L. L. Birch, «Development of Food Preferences», *Annual Review of Nutrition* 19, n. 1 (1999), pp. 41-62.
44. *Cf.* Ward, «Supernormal», p. 343.
45. *Cf.* Sparrow, «Google Effects on Memory», pp. 776-778.

los impulsos.[46] Esto nos dice que el ser humano, en cierta manera, se está deshumanizando en este proceso de adaptación a las nuevas tecnologías, en una especie de «simbiosis» con las herramientas virtuales.[47] En cierta manera, como afirma el estudio de *Science*, nos estamos volviendo uno con la máquina y con las herramientas tecnológicas, «convirtiéndonos en sistemas interconectados que recuerdan menos información porque sabemos dónde se puede encontrar la misma».[48]

El efecto deshumanizador del internet se vuelve preocupante en niños y adolescentes, pero también en adultos, cuando su uso imposibilita formar una buena memoria. Tener tantos datos al alcance de la mano y ser consciente de que Google me obtendrá inmediatamente todo lo que necesite saber dificulta la formación de los esquemas cognitivos necesarios para profundizar en el conocimiento de la realidad. Nosotros somos conscientes de que al nacer no conocemos nada, aunque esa capacidad natural se va perfeccionando y cargando de información con cada nueva experiencia. Así, el conocimiento sobre algo particular me provee de una estructura (llamada «esquema») que se va profundizando y acrecentando con cada nueva información.[49] El grave problema para un niño o adolescente es que, si depende del internet para todo, corre el riesgo de perder su capacidad de memoria, de tal manera que es casi inevitable que termine careciendo de los esquemas cognitivos para formar nuevos recuerdos y así profundizar en el conocimiento de la realidad. Esto es algo que se puede incluso observar empíricamente en la estructura cerebral de quien usa el internet con asiduidad.

Los investigadores de un estudio publicado en 2018 reportaron el escaneo cerebral de 42 estudiantes universitarios antes y después de realizar una serie de búsquedas en el internet a lo largo de 6 días. Con estas imágenes cerebrales pudieron comprobar cómo el uso del internet reduce la conectividad funcional de distintas áreas

---

46. *Cf.* Yifan Wang, «Short-term Internet Search Using Makes People Rely on Search Engines When Facing Unknown Issues», *PloS One* 12, n. 4 (2017), p. e0176325; Benjamin C. Storm, «Using the Internet to Access Information Inflates Future Use of the Internet to Access Other Information», *Memory* 25, n. 6 (2017), pp. 717-723.
47. *Cf.* Andy Clark, *Natural-Born Cyborgs: Minds, Technologies, and the Future of Human Intelligence* (Oxford: Oxford University Press, 2003).
48. *Cf.* Sparrow, «Google Effects on Memory», p 778.
49. *Cf.* Joseph W. Alba y Lynn Hasher, «Is Memory Schematic?», *Psychological Bulletin* 93, n. 2 (1983), pp. 203-231.

cerebrales relacionadas con la formación y la recuperación de recuerdos a largo plazo.[50]

Aunque todos estos datos parecen más que suficientes, alguien podría argumentar que los rápidos métodos de adquisición y la constante disponibilidad de información que ofrece el internet superan ampliamente cualquier efecto negativo que este pudiera tener sobre nuestro cerebro. Sin embargo, se ha demostrado que una búsqueda de información en el internet no conduce necesariamente a recordar e integrar los conocimientos adquiridos en línea. Basta con comparar dos grupos de personas concentradas en encontrar la misma información, unas en el internet y las otras en libros físicos, para notar la gran diferencia. Así lo hicieron Guangheng Dong y Marc N. Potenza en un estudio experimental del 2015 que buscaba analizar el efecto del internet en la memoria.[51] El grupo que trabajó en el internet obviamente encontró la información más rápidamente, sin embargo, quienes la recordaron con mayor precisión fueron los que trabajaron con libros. La razón es que, como lo mostraron las imágenes de resonancia magnética funcional, en aquellos que realizaron la búsqueda en el internet, las regiones del cerebro que tienen que ver con el almacenamiento de información específica se activaron mucho menos que en los que trabajaron con libros.[52] Sin embargo, la región que sí se activó en el grupo con el internet es la que ha sido asociada a la ansiedad que experimenta un adicto a las drogas.[53] Esto nos dice mucho, por ejemplo, a la hora de aplicarlo a la educación de los hijos: aprender con libros desarrolla el cerebro, mientras que el uso del internet nos vuelve adictos a ese medio. El «encender el cerebro», entonces, no es una metáfora, sino que es algo que podemos observar en las imágenes que nos devuelve una

---

50. *Cf.* Xiaoyue Liu, «Internet Search Alters Intra- and Inter-regional Synchronization in the Temporal Gyrus», *Frontiers in Psychology* 9 (2018), p. 260.

51. *Cf.* Guangheng Dong y Marc N. Potenza, «Behavioural and Brain Responses related to Internet Search and Memory», *The European Journal of Neuroscience* 42, n. 8 (2015), pp. 2546-2554.

52. La búsqueda en internet mostró menor activación cerebral regional en el torrente ventral izquierdo, el área de asociación de las cortezas temporal-parietal-occipital y la corteza frontal media, mientras que sí se activó la corteza orbitofrontal. Ver Dong y Potenza, «Internet Search and Memory», pp. 2549-2550.

53. *Cf.* Henry W. Chase, «The Neural Basis of Drug Stimulus Processing and Craving: An Activation Likelihood Estimation Meta-Analysis», *Biological Psychiatry* 70, n. 8 (2011), pp. 785-793; Anna B. Konova, «Common and Distinct Neural Targets of Treatment: Changing Brain Function in Substance Addiction», *Neuroscience and Biobehavioral Reviews* 37, n. 10 (2013), pp. 2806-2817.

resonancia magnética. Quien agarra un libro enciende literalmente su cerebro, quien navega en el internet lo apaga.

Otro ejemplo que podemos percibir a diario es la pérdida de memoria espacial, aquel tipo de esquema cognitivo por el cual podemos navegar distintos espacios por donde nos movilizamos.[54] Recuerdo mis viajes de juventud en Europa o a lo largo de Estados Unidos cuando el GPS no estaba disponible al público y Waze era algo inconcebible que tardaría más de una década en aparecer. En esas épocas usábamos mapas enormes y ¡nuestra memoria! En un estudio publicado en el año 2000, un grupo de investigadores escaneó el cerebro de taxistas de Londres y comparó los resultados con un grupo de control.[55] El resultado fue sorprendente: el hipocampo posterior de los taxistas, el cual desempeña un papel clave en el almacenamiento y la manipulación de la memoria espacial, era mucho más grande de lo normal. Ejercitar constantemente el cerebro mientras transportaban clientes había hecho que se potenciaran las funciones cerebrales relacionadas con la memoria espacial, algo que fue confirmado al comprobar que cuanto más tiempo llevaba el taxista en el trabajo, más grande tendía a ser su hipocampo posterior.

Sócrates veía el gran peligro en creer que, solo por haber leído algo, uno ya lo sabe, o es un experto en la materia o, peor, pretende que ese conocimiento procede de la sabiduría propia, convirtiendo a cada lector en un sabelotodo que en realidad no sabe nada. Dicha admonición es más válida que nunca con relación al internet. El internet es no solo el compendio de conocimiento más grande que existe, sino que dicho contenido es actualizado continuamente y, en cierta manera, la información que contiene sobre cualquier tema específico es mayor que la de cualquier experto en ese tema. Por eso tantas personas buscan la respuesta en Google cuando sufren una dolencia, en vez de ir a un médico. Acceder al internet se percibe como entrar «en un campo lleno de expertos»,[56] pero que a la vez puede convertirnos en esa especie de sabelotodo que no sabe nada, sino que solo repite lo que encuentra en Wikipedia, donde, si la información no te gusta, la puedes editar.

---

54. *Cf.* Morris Moscovitch, «Functional Neuroanatomy of Remote Episodic, Semantic and Spatial Memory: A Unified Account based on Multiple Trace Theory», *Journal of Anatomy* 207, n. 1 (2005), pp. 35-66.
55. *Cf.* E. A. Maguire, «Navigation-Related Structural Change in the Hippocampi of Taxi Drivers», *Proceedings of the National Academy of Sciences* 97, n. 8 (2000), pp. 4398-4403.
56. Ward, «Supernormal», p. 343.

¿Cuánto nos deshumaniza esta influencia del internet? ¿Acaso no somos conscientes de que el internet es una entidad externa a nosotros? El problema es que el internet no se presenta como una entidad externa, ya que nos da información de manera simultánea, invisible y sin los componentes externos que caracterizan a la comunicación humana. ¿Cuántas veces te ocurrió que, al comenzar a escribir una frase en Google, bastó con la primera palabra para que el sistema de inteligencia artificial reconociera lo que buscabas, para tu sorpresa? Es más, una serie de estudios y experimentos llevados a cabo en la Universidad de Harvard observó cómo las cualidades «no humanas» del internet pueden causar que una persona no sepa distinguir entre la información guardada en su memoria y la información que se encuentra en la nube. Esto se debe a ese sentimiento de «saber» que acompaña a la búsqueda en plataformas como Google.[57] Estas personas, como indica Adrian Ward, «se hacen uno con la nube, creyendo que ellos mismos son espectacularmente hábiles para pensar, recordar y localizar información y que seguirán poseyendo estos atributos incluso si están desconectados del internet».[58] Si dudábamos de que el internet no solo nos puede deshumanizar, sino también volvernos profundamente idiotas, la evidencia es clara.

Un estudio de 2018 analizó cómo dos grupos de individuos se evaluaban a sí mismos después de responder una serie de preguntas.[59] En el primer experimento, un grupo podía responder el cuestionario copiando las respuestas del internet, mientras que el otro grupo no tenía acceso a ninguna fuente. Curiosamente, los que usaron el internet reportaron evaluaciones cognitivas de sí mismos mucho más elevadas, cuando en realidad no sabían la respuesta y la tenían que buscar en la red y copiar y pegar. En el segundo experimento, un grupo usó su propio celular, mientras que el otro tuvo acceso a una *laptop*. Nuevamente, los que usaron el celular reportaron evaluaciones cognitivas más elevadas que el resto, demostrando una vez más «la ilusión de tener conocimiento por medio del uso de la tecnología».[60] El internet nos ha llevado a interiorizar conocimiento

---

57. *Cf.* Adrian F. Ward, «One with the Cloud: Why People Mistake the Internet's Knowledge for Their Own» (Doctoral Dissertation, Harvard University, 2013), https://dash.harvard.edu/handle/1/11004901.

58. Ibíd., p. 88.

59. *Cf.* Kristy A. Hamilton y Mike Z. Yao, «Blurring Boundaries: Effects of Device Features on Metacognitive Evaluations», *Computers in Human Behavior* 89 (2018), pp. 213-220.

60. Hamilton y Yao, «Blurring Boundaries», p. 216.

externo como si fuese propio, perpetuando la ilusión de sabiduría, cuando ni siquiera se es capaz de distinguir entre conocimiento interno e informaciones externas.[61]

Conclusión

Es indudable que hay una correlación entre el proceso de deshumanización y la tecnología. La tecnología nos ayuda en muchos casos a la realización personal, pero en otros nos deshumaniza. Es claro, como el gran número de investigaciones recientes comprueban empíricamente, que el diseño y el modo de funcionar del internet y las aplicaciones están cambiando tanto la estructura como las capacidades y funciones del cerebro humano. Esto se comprueba con facilidad al notar el flujo ilimitado de mensajes y notificaciones que nos obligan a mantener constantemente una atención dividida. No poder controlar nuestros pensamientos y nuestra atención es un problema relativamente serio. El autocontrol es una característica distintiva del ser humano. Pero si el uso indiscriminado de la *laptop* y el celular nos lleva a deshumanizarnos, esto nos tiene que llevar a reflexionar sobre esta situación.

Incluso saber que tenemos a nuestra disposición en cualquier momento la información que sea podría de hecho estar alterando profundamente la manera en que el cerebro almacena la información. ¿Por qué realizar el esfuerzo de aprender algo y memorizarlo si después de todo tenemos a Google y Wikipedia? El gran problema surge cuando la riqueza de la inteligencia humana depende de una memoria potente y de la capacidad de saber relacionar esta información distinguiendo lo esencial de lo accidental, la causa de sus efectos, y depende también de una aceptación sin dudas de la objetividad de la realidad externa. Si pasar horas en el internet y las redes sociales conlleva de forma inevitable una negativa dispersión de la mente, que disminuye nuestra capacidad de concentración y nuestras aptitudes cognitivas, tarde o temprano lo vamos a pagar. De ahí la importancia de reflexionar sobre el costo que tienen los avances tecnológicos, que nos llevan a perder un elemento humano

---

61. *Cf.* Matthew Fisher, «Searching for Explanations: How the Internet Inflates Estimates of Internal Knowledge», *Journal of Experimental Psychology* 144, n. 3 (2015), pp. 674-687.

en la sociedad, y sobre qué podemos hacer para paliar sus efectos nocivos en nuestra persona. Esto es más que necesario debido a que la velocidad de los cambios tecnológicos es cada vez más alta, por lo que el proceso de descomposición y declive de la humanidad se acelerará. Y qué decir sobre las consecuencias en la conducta, la posible manipulación tanto conductual como ideológica y la variedad de problemas psicológicos que se han exacerbado debido al uso indiscriminado de las redes sociales.

Capítulo 3

Cómo las pantallas están afectando la conducta

Las estadísticas sobre el uso masivo y adictivo de las redes sociales ya son de por sí preocupantes, pero se vuelven aterradoras si tenemos en cuenta el impacto del internet no solo en el cerebro, sino también en la conducta y la psicología de la persona, como veremos en este capítulo.

Las redes sociales, en particular Instagram, Snapchat y TikTok, están desplazando a otras formas de interacción física necesarias entre los adolescentes. La nueva interacción virtual es prácticamente ilimitada y no está circunscripta a ningún lugar geográfico. Por eso, entre los tantos problemas que se pueden vislumbrar para un adolescente, observamos cómo las redes exponen en público el tamaño de su grupo de amigos y someten su apariencia física a las duras mediciones de la cantidad de «me gusta» y al número y la calidad de los comentarios, que la mayoría de las veces son denigrantes. Bien podríamos decir que las redes sociales toman lo peor de la conducta adolescente y lo intensifican. Y esto no puede ser más que catastrófico para la psicología, sobre todo en las adolescentes que están atravesando o acaban de pasar por la pubertad y están experimentando un profundo problema de confianza en sí mismas, que muchas veces tardarán años en regular.[1] Instagram, por ejemplo, es una plataforma tóxica en sí misma porque, como afirma el reconocido psicólogo Jonathan Haidt, una chica publica fotografías en la plataforma simplemente para exponerse al

---

1. *Cf.* Claire Shipman, «How Puberty Kills Girls' Confidence», *The Atlantic*, 20 septiembre 2018, https://www.theatlantic.com/family/archive/2018/09/puberty-girls-confidence/563804/.

«juicio público» de una multitud de otras chicas que no harán más que amplificar su inseguridad personal, de tal manera que no podemos esperar otra cosa que un daño masivo a gran escala.[2]

Una primera dificultad al analizar el impacto de la pantalla en la conducta radica en que es difícil establecer una relación causal entre los altos niveles de uso del internet, en especial las redes sociales, y los problemas de salud mental que se observan en tantos usuarios, especialmente en los adolescentes y los niños. También está la cuestión de si la adicción al internet es concurrente a estos desordenes, o si los mismos son anteriores y el internet exacerba los problemas mentales.[3] Lo más probable es que en realidad exista una interacción compleja entre varios factores causales, tales como la reducción de las horas de sueño, menos interacciones sociales en persona, el aumento del comportamiento sedentario y la sensación de soledad.[4] Sin embargo, como se puede observar, todos estos problemas se pueden reducir al uso excesivo y adictivo del celular como problema causante. Dicho problema se sostiene en el tiempo por la facilidad con que accedemos al mundo virtual desde un pequeño dispositivo que podemos llevar a todos lados y usar en cualquier momento.

Está comprobado que los niños y jóvenes que dedican más tiempo a las redes sociales y pasan largas horas con sus celulares tienen una mayor prevalencia de problemas de salud mental, depresión y suicidio que aquellos que dedican más tiempo a actividades no relacionadas con una pantalla.[5] Un dato clave es que los síntomas de depresión y el número de suicidios se disparó en los adolescentes de Estados Unidos a partir del año 2010, coincidiendo con la introducción del celular inteligente y las redes sociales en sus vidas. En los jóvenes que pasaban más de 5 horas al día en las redes sociales, esta conducta se asoció con

---

2. *Cf.* Jonathan Haidt, «The Dangerous Experiment on Teen Girls», *The Atlantic*, 21 noviembre 2021, https://www.theatlantic.com/ideas/archive/2021/11/facebooks-dangerous-experiment-teen-girls/620767/.

3. *Cf.* D. J. Kuss, «Internet Addiction: A Systematic Review of Epidemiological Research for the Last Decade», *Current Pharmaceutical Design* 20, n. 25 (2014), pp. 4026-4052.

4. *Cf.* Jean M. Twenge, «Amount of Time Online Is Problematic if It Displaces Face-to-Face Social Interaction and Sleep», *Clinical Psychological Science* 6, n. 4 (2018), pp. 456-457.

5. *Cf.* Hugues Sampasa-Kanyinga y Rosamund F. Lewis, «Frequent Use of Social Networking Sites Is Associated with Poor Psychological Functioning among Children and Adolescents», *Cyberpsychology, Behavior and Social Networking* 18, n. 7 (2015), pp. 380-385.

un aumento del 66 % en el riesgo de cometer suicidio, en comparación con jóvenes que no pasaban más que 1 hora al día frente al celular.[6]

¿Y qué decir de las muertes causadas indirectamente por ese hábito de chequear constantemente el celular? Hay personas que no pueden controlar el hábito de mirar la pantalla y no se pueden contener ni cuando manejan su auto, aunque ponen en riesgo su vida, la de sus acompañantes y la de otros transeúntes. En Estados Unidos, el 60 % de los conductores admiten haber usado el celular al volante alguna vez, mientras que el 26 % de los accidentes de tránsito entre los años 2011 y 2020 están relacionados con distracciones causadas por el celular. Solo en el año 2020, dentro del territorio de Estados Unidos fallecieron 3.142 personas en accidentes de tránsito causados por el uso del celular.[7] Cualquier persona con sentido común se daría cuenta del peligro de manejar y enviar mensajes de textos. ¿A qué se debe que no se considere el peligro? ¿Acaso la necesidad de mirar los mensajes puede más?

El problema es muy serio y difícil de dimensionar. También lo es la complejidad de una realidad que trataremos de desmenuzar a lo largo de estas páginas.

El poder adictivo del celular

Si tuviésemos que apuntar a la raíz de todos los problemas que se siguen del uso del internet y, en especial, de las redes sociales, el mejor término sería la esclavitud, también conocida en el campo de la psicología como «adicción». De hecho, la palabra «adicción» surge del ámbito legal en el período de la República romana: esta palabra hacía referencia a un acto judicial por el cual un deudor era hecho esclavo del acreedor. De esa manera se pagaba la deuda por medio de la «pertenencia» o servitud a otra persona por orden judicial, es decir, se era

---

6. *Cf.* Jean M. Twenge, «Increases in Depressive Symptoms, Suicide-Related Outcomes, and Suicide Rates among U.S. Adolescents After 2010 and Links to Increased New Media Screen Time», *Clinical Psychological Science* 6, n. 1 (2018), pp. 3-17; Jean M. Twenge, «Digital Media May Explain a Substantial Portion of the Rise in Depressive Symptoms among Adolescent Girls: Response to Daly», *Clinical Psychological Science* 6, n. 3 (2018), pp. 296-297.

7. *Cf.* National Safety Council, «Distracted Driving», *NSC Injury Facts*, 2022, https://injuryfacts.nsc.org/motor-vehicle/motor-vehicle-safety-issues/distracted-driving/.

esclavo porque lo dijo o sentenció un juez (*addictio*: «decirle a», «adjudicar»). Los adictos (*addicti*), entonces, eran los condenados a la esclavitud, que era temporal o de por vida según la gravedad de la deuda.[8]

La aplicación específica del término al alcohol o las drogas data del siglo XIX, cuando Benjamin Rush y Thomas Trotter establecen un significado médico de la adicción.[9] Pero no fue hasta 1998 cuando la psicóloga Kimberly Young notó el surgimiento de un nuevo desorden clínico: la adicción al internet.[10] Al año siguiente, el doctor David Greenfield, fundador del *Center for Internet and Technology Addiction* [Centro para las Adicciones al Internet y la Tecnología] y profesor de Psiquiatría en la Universidad de Connecticut, profundizó en el problema con su libro *Virtual Addiction*.[11] Así como las drogas y el alcohol causan un momento de éxtasis y placer, el internet produce algo similar en los mecanismos hormonales del cerebro, haciendo que la persona se vuelva adicta a la experiencia. Greenfield notó que, de hecho, los efectos del internet se asimilaban a una especie de «heroína virtual». Si bien allá por 1999 las conexiones eran muy lentas, no había redes 5G ni wifi en los hogares, como tampoco celulares inteligentes ni iPads, el internet ya significaba un problema serio para muchas personas. Hoy en día, con la facilidad de acceso y aparatos tecnológicos potentes, el problema se ha agravado.

Martha Shaw y Donald Black, profesores del Departamento de Psiquiatría de la Universidad de Iowa, caracterizan la adicción al internet como preocupaciones, impulsos o comportamientos excesivos o mal controlados en relación con el uso de la computadora y el acceso a la red, que conducen al deterioro o la angustia de la persona.[12] La

---

8. *Cf.* Richard J. Rosenthal y Suzanne B. Faris, «The Etymology and Early History of "Addiction"», *Addiction Research & Theory* 27, n. 5 (2019), pp. 437-449.

9. *Cf.* Stanton Peele, «Addiction as a Cultural Concept», *Annals of the New York Academy of Sciences* 602, n. 1 (1990), pp. 205-220; Virginia Berridge y Griffith Edwards, *Opium and the People: Opiate Use in Nineteenth-Century England* (Londres: A. Lane, 1981); Harry Gene Levine, «The Discovery of Addiction: Changing Conceptions of Habitual Drunkenness in America», *Journal of Substance Abuse Treatment* 2, n. 1 (1985), pp. 43-57.

10. *Cf.* Kimberly S. Young, «Internet Addiction: The Emergence of a New Clinical Disorder», *Cyberpsychology & Behavior* 1, n. 3 (1998), pp. 237-244.

11. Ver David N. Greenfield, *Virtual Addiction: Help for Netheads, Cyberfreaks, and Those Who Love Them* (Oakland: New Harbinger Publications, 1999). El instituto es el Center for Internet and Technology Addiction en West Hartford, Connecticut. https://virtual-addiction.com/.

12. *Cf.* Martha Shaw y Donald W. Black, «Internet Addiction: Definition, Assessment, Epidemiology and Clinical Management», *CNS Drugs* 22, n. 5 (2008), p. 353.

adicción propiamente dicha se manifiesta cuando la persona ya no puede resistirse a una conducta determinada que le proporciona una sensación de calma inmediata, pero que a la larga produce un daño significativo. En el caso de la adicción al internet, esta se caracteriza por causar complicaciones neurológicas, trastornos psicológicos y problemas sociales en la persona afectada, además de cambios en el comportamiento, conflictos, síndrome de abstinencia y recaídas.[13]

Si tenemos en cuenta la extensión del problema, este es alarmante, ya que para el 2010 el porcentaje de personas adictas rondaba entre el 1,5 % y el 8,2 % de la población en los Estados Unidos y Europa,[14] pero para el 2015 se calculaba que hasta el 40 % de la población padecía algún tipo de adicción al internet (incluidos los videojuegos, las aplicaciones y la pornografía).[15] La mayor prevalencia de adicción al celular se encontró en jóvenes de 16 a 25 años en España (20,5 %) y jóvenes de entre 18 y 34 años en el Líbano (27 %).[16] En los últimos 20 años, el número de personas que fueron derivadas a tratamiento clínico ha aumentado en un 1.000 %, mientras que en China existen 300 clínicas especializadas y se calcula que hay unos 24 millones de adictos a la tecnología, 10 millones de los cuales son adolescentes.[17]

La adicción o esclavitud a la tecnología es algo real y constituye un problema que no conoce fronteras, que ciertamente fue exacerbado por las cuarentenas y la transferencia masiva de nuestras actividades

13. *Cf.* H. Cash, «Internet Addiction: A Brief Summary of Research and Practice», Current Psychiatry Reviews 8, 4 (2012), pp. 292-298; Kimberly S. Young, «Prevalence Estimates and Etiologic Models of Internet Addiction», en Internet Addiction: A Handbook and Guide to Evaluation and Treatment, ed. por Kimberly S. Young y Cristiano Nabuco de Abreu (Hoboken: John Wiley & Sons, 2011), pp. 3-17.

14. *Cf.* Aviv Weinstein y Michel Lejoyeux, «Internet Addiction or Excessive Internet Use», *The American Journal of Drug and Alcohol Abuse* 36, n. 5 (2010), pp. 277-283; Megan A. Moreno, «Problematic Internet Use among US Youth: A Systematic Review», *Archives of Pediatrics & Adolescent Medicine* 165, n. 9 (2011), pp. 797-805.

15. *Cf.* Susan M. Snyder, «The Effect of U.S. University Students' Problematic Internet Use on Family Relationships: A Mixed-Methods Investigation», *PloS One* 10, n. 12 (2015), p. e0144005.

16. *Cf.* José de-Sola, «Prevalence of Problematic Cell Phone Use in an Adult Population in Spain as assessed by the Mobile Phone Problem Use Scale (MPPUS)», *PloS One* 12, n. 8 (2017), p. e0181184; Marc Nahas, «Problematic Smartphone Use among Lebanese Adults Aged 18–65 Years Using MPPUS-10», *Computers in Human Behavior* 87 (2018), pp. 348-353.

17. *Cf.* Booth, «Internet Addiction».

al mundo virtual.[18] Tal vez no estamos acostumbrados a considerar el uso del celular dentro de la categoría de las adicciones, pero las consecuencias del uso abusivo de la tecnología son similares a muchas de las características de la adicción a sustancias peligrosas: síndromes de abstinencia, emociones negativas (como ocurre después de pasar varias horas en Instagram o TikTok, por ejemplo), cambios cerebrales, liberación de dopamina que busca repetirse en cada ocasión, empeoramiento en otras áreas de la vida, dificultades para cumplir obligaciones personales (distracciones en el trabajo, estudios, clases), empeoramiento de la conducta, y consecuencias en el aprendizaje y las relaciones familiares.

Las conductas adictivas producen las mismas respuestas hormonales y cerebrales que el abuso de drogas debido a que en ambos casos el cerebro libera dopamina y los receptores producen una sensación intensa de placer. El problema es que, con la repetición de experiencias, el cerebro interpreta la saturación de dopamina como un error y comienza a secretar cada vez menos la hormona del placer.[19] La única manera de alcanzar una experiencia pasada es aumentando la droga o intensificando la experiencia (pasando más tiempo en TikTok o Instagram, o jugando más al videojuego). Esto también lleva a la persona a experimentar bajones muy grandes entre cada experiencia porque las regiones que producen dopamina se retraen cada vez más cuando no están siendo motivadas por drogas o experiencias, y porque cada vez producen menos dopamina con cada experiencia, lo que genera un ciclo adictivo que, de no mediar un cambio radical, pondrá a la persona en una situación lamentable.[20]

Esto nos tendría que llevar a reflexionar. ¿Cómo responde el niño cuando se le retira el iPad? ¿Cómo está afectando el uso del celular la convivencia familiar a la hora de comer? Basta con observar atentamente a las familias en el restaurante para notar que durante la comida la mayoría están sumidas en las pantallas sin ningún tipo de contacto real. ¿Cuánto tiempo pasan realmente juntos? ¿Se conocen de

18. Cf. Jay A. Olson, «Smartphone Addiction Is Increasing across the World: A Meta-Analysis of 24 Countries», *Computers in Human Behavior* 129 (2022), 107138; Raquel Lozano-Blasco, «Internet Addiction in Young Adults: A Meta-Analysis and Systematic Review», *Computers in Human Behavior* 130 (2022), 107201.

19. Cf. Barry J. Everitt, «Dopaminergic Mechanisms in Drug-Seeking Habits and the Vulnerability to Drug Addiction», en *Dopamine Handbook*, ed. por Leslie Iversen (Oxford: Oxford University Press, 2010), pp. 389-406.

20. *Cf.* Alter, *Irresistible*, pp. 55-56.

verdad? ¿Cómo madurarán psicoafectivamente esos niños cuyo punto de referencia es una niñera digital? ¿Cómo te sientes después de más de una hora viendo una sucesión interminable de *reels* y videos de Tik-Tok? Pero esta adicción a las pantallas es a su vez la puerta a muchos otros problemas psicológicos preocupantes, trastornos alimentarios, trastornos de identidad, ansiedad, depresión y suicidio, como veremos más abajo, e incluso al abuso de alcohol y drogas, fobias, esquizofrenia, trastorno obsesivo compulsivo, trastornos del sueño y problemas de agresividad.[21]

Cuando la Asociación Americana de Psiquiatría publicó en el año 2013 la última versión de su manual para el diagnóstico de trastornos psicológicos, todavía no se habían realizado muchos estudios científicos sobre los efectos nocivos del internet en la persona.[22] Las redes sociales eran bastante recientes, el iPhone acaba de irrumpir en el mercado recién en el 2007 y, por lo tanto, no había transcurrido un número suficiente de años como para corroborar empíricamente lo que se veía venir. Sin embargo, y a pesar de la corta edad del fenómeno, había motivos para que los especialistas incluyeran en el apéndice una sección sobre la «adicción al internet» y las conductas adictivas en general.[23]

Ante estos casos, ¿estamos hablando de una consecuencia impensada de la tecnología? Las principales empresas tecnológicas han sido acusadas de obtener intencionadamente beneficios gracias al componente adictivo del internet.[24] El documental *El dilema de las redes sociales* puso sobre el tapete la responsabilidad de las compañías tecnológicas en el control y la manipulación de los usuarios.[25] Según

---

21. *Cf.* Kuss, «Internet Addiction», pp. 4026-4052.
22. *Cf.* American Psychiatric Association DSM-5 Task Force, *Diagnostic and Statistical Manual of Mental Disorders: DSM-5*, 5.ª ed. (Arlington, VA: American Psychiatric Association, 2013). Desde entonces se han publicado miles de estudios científicos en relación a la «adicción al internet». Una búsqueda del término en estudios académicos daba más de 10.700 resultados a fines del 2022.
23. *Cf.* Kenneth Paul Rosenberg y Laura Curtiss Feder, «An Introduction to Behavioral Addictions», en *Behavioral Addictions: Criteria, Evidence, and Treatment*, ed. por Kenneth Paul Rosenberg y Laura Curtiss Feder (Nueva York: Academic Press, 2014), pp. 1-17.
24. *Cf.* Aiswarya Baskaran, «The Role of Technology Companies in Technology Addiction», *Sustainalytics*, 16 julio 2019, https://www.sustainalytics.com/esg-research/resource/investors-esg-blog/the-role-of-technology-companies-in-technology-addiction.
25. Jeff Orlowski, *El dilema de las redes sociales* (Estados Unidos: Netflix, 2020), https://www.thesocialdilemma.com/.

dicha investigación, nuestros cerebros están siendo manipulados e incluso reprogramados por algoritmos diseñados para captar nuestra atención. Su función es no solo hacernos comprar cosas, sino también transformar la manera de pensar y generar ideas distorsionadas sobre la realidad, nosotros mismos y los demás. De esa manera, la tecnología que nos conecta también nos controla, nos manipula, nos monetiza, nos divide, nos polariza y nos distrae.

La adicción al internet no es fruto de la casualidad, sino que ha sido estudiada, probada y refinada en tiempo real y en millones de personas de manera que el producto, las fuentes, el color, el audio y el algoritmo sean cada vez más aptos para captar la atención de los usuarios que navegan por un sitio web o emplean las aplicaciones del celular. El objetivo es lograr niveles extremadamente altos de participación, sin importarles absolutamente nada el bienestar de los usuarios. Como afirma Tristan Harris, especialista en ética de la tecnología, el problema no está en la fuerza de voluntad del usuario, sino en el hecho de que detrás de la pantalla «hay 1.000 personas cuyo trabajo es quebrar el autocontrol que uno tenga».[26] Esto hace que el entorno y las circunstancias de nuestra era digital sean mucho más conducentes a la adicción que cualquier otra cosa que haya experimentado el ser humano en el pasado.

La configuración predeterminada de las redes sociales consiste en el flujo infinito de entretenimiento, de tal manera que la vida digital nos mantenga enganchados, de ser posible, para siempre. Uno podría pasarse toda una vida en Instagram, Facebook y TikTok porque estas plataformas nunca dejarían de ofrecernos contenido. Netflix pasa automáticamente al siguiente episodio y Tinder activa mecanismos biológicos que llevan a la persona a seguir buscando con quién reproducirse. Si el número de veces que puede deslizar la pantalla no tuviese un límite, el usuario quedaría atrapado por horas, aunque también se pueden aumentar las posibilidades de *match* mediante un pago.[27] YouTube produce 500 horas de video por minuto, por lo que mirar todo el contenido subido en un solo día llevaría alrededor de 82 años

26. *Cf.* Natasha Singer, «Can't Put Down Your Device? That's by Design», *The New York Times* (Nueva York) 5 diciembre 2015, Technology, https://www.nytimes.com/2015/12/06/technology/personaltech/cant-put-down-your-device-thats-by-design.html.

27. *Cf.* William Antonelli, «Tinder Is Free, but You Can Pay for Extra Features», *Business Insider*, 5 noviembre 2021, https://www.businessinsider.com/guides/tech/is-tinder-free.

ininterrumpidos.[28] No es casualidad que los ejecutivos e ingenieros de las compañías tecnológicas promuevan la abstinencia tecnológica dentro de sus propios hogares, conscientes del peligro que esto significa para sus hijos.[29]

Más arriba explicábamos cómo el hábito de chequear constantemente el celular tiene una base biológica en el hecho de que el internet está moldeando nuestro cerebro y el flujo hormonal, y cómo ello se debe a la saturación de información y mensajes que activan el flujo de dopamina en el córtex cerebral cada vez que miramos la pantalla.[30] Este flujo de dopamina acostumbra al cerebro a recibir un «premio» como consecuencia de ese acto, lo que luego redunda en un mecanismo de refuerzo que lleva a perpetuar una conducta compulsiva.[31] Este sería un primer nivel de adicción, en el que el usuario encuentra satisfacción con el solo hecho de revisar su celular. Sin embargo, hay otros tipos de adicciones más profundas que se forman a partir de la primera, tales como la adicción al cibersexo y la pornografía, las adicciones compulsivas (apuestas por el internet, compras *online*, *stock trading* y criptomonedas), adicción a las relaciones virtuales (redes sociales, citas *online* y búsqueda compulsiva de parejas sexuales), adicción a los videojuegos y, finalmente, adicción a la búsqueda compulsiva de información en el internet.[32]

¿Cómo saber si tengo una adicción al internet y necesito buscar ayuda para mí o un ser querido? Si estás de acuerdo con las afirmaciones que aparecen en el recuadro, posiblemente es hora de pedir ayuda.[33]

- Alguna aplicación del celular me distrae constantemente.
  Si no estoy conectado, estoy pensando en la próxima vez que pueda estarlo o en la última vez que lo estuve.

---

28. *Cf.* Maryam Mohsin, «10 YouTube Stats Every Marketer Should Know in 2022», *Oberlo*, 17 mayo 2022, https://www.oberlo.com/blog/youtube-statistics.
29. Ver los testimonios en la Introducción.
30. *Cf.* Oulasvirta, «Habits Make Smartphone Use More Pervasive», pp. 105-114; McClure, «Separate Neural Systems», pp. 503-507.
31. *Cf.* B. F. Skinner, «Operant Behavior», *The American Psychologist* 18, n. 8 (1963), pp. 503-515.
32. *Cf.* Kimberly S. Young, «The Research and Controversy Surrounding Internet Addiction», *Cyberpsychology & Behavior* 2, n. 5 (1999), pp. 381-383.
33. *Cf.* Keith W. Beard, «Internet Addiction: A Review of Current Assessment Techniques and Potential Assessment Questions», *Cyberpsychology & Behavior* 8, n. 1 (2005), pp. 7-14; Min Kwon, «The Smartphone Addiction Scale: Development and Validation of a Short Version for Adolescents», *PloS One* 8, n. 12 (2013), p. e83558.

-    Necesito estar conectado cada vez más tiempo para satis-
     facer el deseo.
-    He intentado controlar, reducir o detener mi uso del inter-
     net, pero no lo he conseguido.
-    Me siento irritable o deprimido cuando trato de reducir la
     cantidad de tiempo que estoy en el internet o cuando no
     puedo conectarme.
-    Mi uso del internet ha amenazado la relación con alguien
     que me importa, ha afectado mi trabajo o el desempeño
     escolar.
-    Pierdo la noción del tiempo cuando estoy en el internet (en
     TikTok o *reels*, por ejemplo).
-    A veces miento a personas importantes en mi vida sobre la
     cantidad de tiempo que paso en el celular, o sobre los tipos
     de actividades que hago en el internet.
-    Estar conectado es una especie de escapatoria que me ayu-
     da a olvidarme de mis problemas o a mejorar mi estado de
     ánimo cuando me siento triste, ansioso o solo.

Hay un debate con respeto a la adicción al internet, ya que algunos especialistas la consideran como un tipo de obsesión compulsiva,
mientras que otros la encuadran dentro de un trastorno de control de
los impulsos.[34] La obsesión y la conducta compulsiva están emparen-
tadas con la conducta adictiva.[35] Sin embargo, la gran diferencia se da
en que la adicción trae consigo la promesa de satisfacción inmediata,
mientras que en la obsesión compulsiva lo que trae un gran malestar
es no actuar. Otra categoría emparentada con la adicción es la pasión
obsesiva, la cual puede producir una conducta adictiva, tal como la
pasión por los videojuegos que, en muchos casos, controla y causa graves conflictos con otras actividades importantes de la persona, tales

---

34. *Cf.* Alexander Winkler, «Treatment of Internet Addiction: A Meta-Analysis»,
    Clinical Psychology Review 33, n. 2 (2013), pp. 317-329.
35. Las obsesiones son pensamientos que una persona no puede evitar, mientras
    que una compulsión es una conducta que una persona no puede controlar
    y que tiene como objetivo neutralizar la obsesión. Una persona obsesionada
    con la posibilidad de contagiarse con un virus respiratorio va a manifestar
    una serie de conductas compulsivas e irracionales, como evitar todo contac-
    to social, ver a sus seres queridos con un plástico protector de por medio,
    usar tres máscaras, guantes y protector facial, etc. *Cf.* David A. Clark y Adam
    S. Radomsky, «Introduction: A Global Perspective on Unwanted Intrusive
    Thoughts», *Journal of Obsessive-Compulsive and Related Disorders* 3, n. 3
    (2014), pp. 265-268.

como dormir, estudiar o trabajar.[36] Pero más allá de eso, lo importante es saber distinguir entre actividades totalmente superfluas en el internet y que pueden conducir a una adicción y aquellas otras actividades que implican necesariamente su uso (pagar la cuenta del banco, etc.), pero no tienen un componente adictivo.

El punto clave con la tecnología es no perder jamás el control personal. Si las grandes plataformas tecnológicas dependen de la cantidad masiva de datos que extraen de todo aparato conectado al internet, es importante ver por qué generar un comportamiento adictivo significa una mayor ganancia financiera y por qué entonces no hay una motivación real para ponerle un freno a este problema. Por eso, para quien sea adicto al internet, apagar el celular y, en algunos casos, cambiar totalmente el entorno y recibir terapia serán la única solución drástica que funcione. Cuando se trata de una aplicación particular a la que uno es adicto o es la causa de serios problemas, el mejor consejo es directamente eliminar el perfil y la aplicación, y alejarse totalmente de esa trampa virtual y buscar ayuda en caso de que la adicción sea profunda y afecte la vida personal.[37] Curiosamente, el deporte es un gran remedio natural, ya que se ha probado que calma la necesidad experimentada por la falta de dopamina en el cerebro una vez que se restringe el uso del celular.[38]

Sin embargo, con respecto al deporte, es importante aclarar también aquí el efecto adictivo que han tenido los relojes y sensores corporales que monitorean nuestro cuerpo las 24 horas del día, que miden el ritmo cardíaco, cuentan los pasos diarios, el número de escaleras subidas, las calorías, cuánto falta para llegar al objetivo diario y dan alertas constantes para moverte después de unos minutos sin actividad. Este fenómeno se ha clasificado como adicción al ejercicio, muchas veces unido a trastornos alimentarios, y es consecuencia directa del uso de la tecnología que alienta al monitoreo excesivo y atrapa a la persona en un ciclo que aumenta cada día y que puede llegar a ser perjudicial para la salud y producir lesiones severas por la sobresaturación de ejercicio.[39]

---

36. *Cf.* Robert J. Vallerand, *The Psychology of Passion: A Dualistic Model* (Nueva York: Oxford University Press, 2015).

37. *Cf.* K. U. Petersen, «Pathological Internet Use - Epidemiology, Diagnostics, Co-Occurring Disorders and Treatment», *Fortschritte Der Neurologie Psychiatrie* 77, n. 5 (2009), pp. 263-271.

38. *Cf.* Lanjun Z., «The Applications of Group Mental Therapy and Sports Exercise Prescriptions in the Intervention of Internet Addiction Disorder», *Psychological Science* 32, n. 3 (2009), pp. 738-741.

39. *Cf.* Katherine Schreiber y Heather A. Hausenblas, *The Truth about Exercise Addiction: Understanding the Dark Side of Thinspiration* (Nueva York: Rowman & Littlefield Publishers, 2015).

El problema del sueño

Una consecuencia directa del exceso y la persistencia del uso de celulares, lectores electrónicos, iPads y otros dispositivos emisores de luz es la privación crónica del sueño. Este es un problema mundial que afecta a dos tercios de los adultos. Entre sus síntomas están dificultad para pensar y razonar, tendencia a enfermarse, aumento de peso, problemas cardíacos, enfermedades pulmonares, enfermedades renales, supresión del apetito, mal control del peso, un funcionamiento inmunológico debilitado y, en consecuencia, menor resistencia a enfermedades, mayor sensibilidad al dolor, fluctuaciones del estado de ánimo, funcionamiento cerebral deprimido, depresión, obesidad, diabetes y ciertas formas de cáncer.[40]

En su obra *La revolución del sueño* (2016), Arianna Huffington denuncia una crisis de privación del sueño que está teniendo consecuencias profundas en nuestra salud, nuestras obligaciones laborales, nuestras relaciones sociales y familiares y nuestra estabilidad emocional.[41] El solo dato de que la gente hoy en día pasa más tiempo ante su celular que durmiendo es motivo suficiente para hacer sonar la alarma, en especial cuando se trata de niños y adolescentes. Según un estudio publicado en el 2016 por investigadores de la Universidad de Pittsburg, entre todos los factores que están contribuyendo a los problemas de sueño, el uso excesivo de las redes sociales es uno de los principales.[42] El celular es la razón principal por la que hay adolescentes que están durmiendo menos de 7 horas, cuando deberían dormir un promedio de unas 9 horas cada noche.[43]

40. *Cf.* Judith Owens, «Insufficient Sleep in Adolescents and Young adults: An Update on Causes and Consequences», *Pediatrics* 134, n. 3 (2014), pp. 921-932; Anne-Marie Chang, «Evening Use of Light-emitting eReaders Negatively Affects Sleep, Circadian Timing, and Next-morning Alertness», *Proceedings of the National Academy of Sciences* 112, n. 4 (2015), pp. 1232-1237.
41. *Cf.* Arianna Stassinopoulos Huffington, *The Sleep Revolution: Transforming Your Life, One Night at a Time* (Nueva York: Harmony Books, 2016).
42. *Cf.* Jessica C. Levenson, «The Association between Social Media Use and Sleep Disturbance among Young Adults», *Preventive Medicine* 85 (2016), pp. 36-41. Ver también Ben Carter, «Association Between Portable Screen-Based Media Device Access or Use and Sleep Outcomes: A Systematic Review and Meta-analysis», *JAMA Pediatrics* 170, n. 12 (2016), pp. 1202-1208.
43. *Cf.* Jean M. Twenge, «Decreases in Self-Reported Sleep Duration among U.S. Adolescents 2009–2015 and Association with New Media Screen Time», *Sleep Medicine* 39 (2017), pp. 47-53.

Además, hay una razón biológica detrás de por qué no deberíamos mirar una pantalla que emita luz azul en las 2 o 3 horas previas a dormir. Esta luz no resulta dañina en sí para la vista, ya que es una luz que el sol emite de forma natural y constituye uno de los diversos factores que ayudan a regular nuestro reloj biológico (el ciclo circadiano).[44] El problema radica en que la luz azul es una señal del amanecer, por lo que el cerebro percibe que es momento de levantarse, cuando en realidad es hora de ir a dormir. La luz azul interacciona con los fotorreceptores, que son los que nos permiten ver, pero también con otras células fotosensibles de nuestra retina, las células ganglionares, que permiten regular el ciclo circadiano. Lo normal, por lo tanto, es que al oscurecerse el día la glándula pineal secrete una hormona llamada melatonina, la hormona del sueño, gracias a la cual nos dormimos. He ahí el problema con la luz azul de las pantallas, ya que impide que el cerebro secrete melatonina, produciendo una desregulación del ciclo circadiano y afectando el sueño en la persona.[45] Quien duerme poco no solo se siente cansado, sino que, debido al uso excesivo de la tecnología, tarde o temprano esa situación afectará su salud. Cuando se supone que el cerebro debe encender una función clave para el descanso, el celular la apaga.

El celular y la autoestima

No hace muchos años fuimos testigos de una transformación tecnológica que tendría un gran impacto psicológico en el ser humano, sobre todo en los adolescentes: de solo enviar mensajes de textos a nuestros amigos, un día pasamos a poder publicar fotografías cuidadosamente editadas, esperando comentarios y una gran cantidad de «me gusta» a cada *post*. Al comienzo nadie era consciente de que sin

44. *Cf.* Celia Vimont, «Should You Be Worried About Blue Light?», *American Academy of Ophthalmology*, 2021, https://www.aao.org/eye-health/tips -prevention/should-you-be-worried-about-blue-light.

45. *Cf.* Akula Ramakrishna y Gokare A. Ravishankar, *Serotonin and Melatonin: Their Functional Role in Plants, Food, Phytomedicine, and Human Health* (Boca Raton: CRC Press, 2017); Reed M. Stein, «Virtual Discovery of Melatonin Receptor Ligands to Modulate Circadian Rhythms», *Nature* 579, n. 7800 (2020), pp. 609-614; Brittany Wood, «Light Level and Duration of Exposure Determine the Impact of Selfluminous. Tablets on Melatonin Suppression», *Applied Ergonomics* 44, n. 2 (2013), pp. 237-240.

querer nos estábamos exponiendo a un juicio público que para muchos podría ser devastador. El problema ha sido tal que a partir del 2014 dicha transición había alterado la configuración de la vida social en casi todos los rincones del planeta. Lo que al principio fue visto como una oportunidad para reconectar con viejos amigos y compañeros perdidos (Facebook), terminó degenerando en muchos casos en hacer bailes y coreografías estúpidas para otros (TikTok). Pero hay otro elemento que puede ser psicológicamente devastador. Hay casos en que un *post* ha llevado a una adolescente a padecer un escarnio no solo en su escuela, sino a veces también a nivel nacional, sufriendo el ciberacoso de extraños y una marca que parece que durará toda la vida (en realidad, la gente se olvida bastante rápido, pero la impresión que dan estas vivencias son la de una especie de recuerdo permanente). Estas experiencias pueden causar un gran daño no solo a la reputación de la persona, sino también al bienestar emocional y las relaciones sociales de la víctima de estos ataques.

El sentido común tal vez nos dice que, si estas plataformas son dañinas para uno, lo mejor es salir de ahí. Sin embargo, las redes sociales implican una especie de «actuación pública» que pone a las adolescentes en un dilema y una especie de trampa: quien elija no participar es inmediatamente separado del resto. Esto es así porque la transición hacia el mundo virtual ha sido tan radical que ha hecho que el espacio de juego y sociabilización para un niño y un adolescente sea mayoritariamente digital. Como afirma Haidt, tanto Instagram como TikTok se han vuelto un engranaje necesario en la manera de interactuar de los adolescentes.[46] Y podríamos agregar que son el mecanismo por el que un joven hoy mide su estatus social y su popularidad.

Esa exposición al juicio público tiene una base psicológica en el ser humano y es parte del proceso de sociabilización y adaptación. Además, tiene mucho que ver con la autoestima. El problema con las redes sociales es que, al intentar mantener o aumentar la autoestima por medio de la búsqueda de oportunidades para la autovalidación, se puede perder el control sobre ella.[47] ¿A qué nos referimos con autoestima? La autoestima es un rasgo de la personalidad que se desarrolla en la primera infancia y comienza a estabilizarse durante la adolescencia. Se la entiende como una evaluación global del valor personal, es decir,

---

46. *Cf.* Haidt, «The Dangerous Experiment on Teen Girls».
47. *Cf.* V. B. Swann, «Self-Verification: Bringing Social Reality into Harmony», en *Psychological Perspectives on the Self*, ed. por J. Suls y A. Greenwald (Hillsdale: Lawrence Erlbaum, 1983), pp. 33-66.

tiene que ver con la autoconfianza y el aprecio o consideración que uno tiene de sí mismo.[48] Sin embargo, la valoración personal de uno mismo no se puede medir como se mide una cantidad de dinero o la altura o el peso de alguien. Tal vez es por eso por lo que, en ese intento de medirse y compararse con otros, la generación que creció con un iPhone y un iPad vive obsesionada por la respuesta social que recibe en las redes. Entonces, si unimos esta necesidad de validación social a la exposición y el juicio público al que se somete una persona, el resultado puede ser potencialmente desastroso. Esa es la conclusión que alcanzó un grupo de investigadores que en el 2022 publicó un metaanálisis de 31 estudios y más de 27.000 participantes sobre la relación entre los problemas de autoestima y el uso desmedido del celular.[49]

Es prácticamente inevitable que una adolescente tienda a buscar en el espacio virtual que ofrecen las redes sociales y el internet los mecanismos para evaluarse a sí misma, con todos los peligros que esto significa. Esto explica en parte el porqué de la necesidad de validación externa, que puede llevar a una joven a actitudes extremas con tal de ganar atención y validación por medio de la viralización. Los comentarios a *posts* forman también parte de este mecanismo, aunque en el caso de menciones negativas pueden no solo resultar hirientes, sino también reforzar tanto la evaluación negativa de sí misma («no soy lo suficientemente atractiva») como las suposiciones disfuncionales («a menos que tenga éxito en todo lo que hago, soy un fracaso total»). De esa manera, la evaluación negativa que la joven hace de sí misma se refuerza en cada episodio crítico en el que los estándares personales no se cumplen.[50]

Si las redes sociales afectan seriamente la autoestima, podemos ver con claridad cómo el internet está dañando a niños y jóvenes. Un alto número de problemas de salud mental y de diagnosis psiquiátrica se caracterizan por una baja autoestima.[51] La baja autoestima, por

---

48. *Cf.* Morris Rosenberg, *Society and the Adolescent Self-Image* (Princeton: Princeton University Press, 1965); S. Harter, «The Development of Self-Representations», en *Handbook of Child Psychology*, ed. por W. Damon y N. Eisenberg (Nueva York: Wiley, 1998), pp. 553-617.
49. *Cf.* Silvia Casale, «A Meta-Analysis on the Association between Self-Esteem and Problematic Smartphone Use», *Computers in Human Behavior* 134 (2022), 107302.
50. *Cf.* M. J. Fennell, «Low Self-Esteem: A Cognitive Perspective», *Behavioural and Cognitive Psychotherapy* 25, n. 1 (1997), pp. 1-26.
51. *Cf.* Peter H. Silverstone y Mahnaz Salsali, «Low Self-Esteem and Psychiatric Patients: Part 1-The Relationship between Low Self-Esteem and Psychiatric Diagnosis», *Annals of General Hospital Psychiatry* 2, n. 1 (2003), pp. 1-9.

ejemplo, es un factor relacionado con la depresión,[52] con la ansiedad,[53] con los trastornos de la alimentación,[54] con el trastorno dismórfico corporal,[55] con el trastorno obsesivo-compulsivo[56] y con el abuso de sustancias y alcohol.[57] La baja autoestima también está relacionada con un mayor estrés académico,[58] con un menor bienestar psicológico,[59] con mayor soledad y menos habilidades para establecer relaciones con otros individuos.[60] No es de sorprender, entonces, que las redes sociales le hayan abierto la puerta a una epidemia de problemas emocionales que se han exacerbado profundamente, sobre todo por redes como Instagram y TikTok. Y la autoestima, en chicas adolescentes, está muy relacionada con la imagen corporal, por lo que no hay que sorprenderse por la epidemia de trastornos alimentarios que ha suscitado.

Los trastornos alimentarios

Cuando un niño o adolescente entra a una red social como TikTok, ante sus ojos se suceden imágenes y videos siguiendo un algoritmo que busca atraparlo la mayor cantidad de tiempo posible. Las cosas

---

52. *Cf.* G. W. Brown, «Self-Esteem and Depression. IV. Effect on Course and Recovery», *Social Psychiatry and Psychiatric Epidemiology* 25, n. 5 (1990), pp. 244-249.
53. *Cf.* Morris Rosenberg, «The Association between Self-Esteem and Anxiety», *Journal of Psychiatric Research* 1 (1962), pp. 135-152.
54. *Cf.* Pilar Gual, «Self-Esteem, Personality and Eating Disorders: Baseline Assessment of a Prospective Population-Based Cohort», *The International Journal of Eating Disorders* 31, n. 3 (2002), pp. 261-273.
55. *Cf.* Nora Kuck, «Body Dysmorphic Disorder and Self-Esteem: A Meta-Analysis», *BMC Psychiatry* 21, n. 1 (2021), pp. 1-16.
56. *Cf.* Kimberly A. Ehntholt, «Obsessive-Compulsive Disorder, Anxiety Disorders and Self-Esteem: An Exploratory Study», *Behaviour Research and Therapy* 37, n. 8 (1999), pp. 771-781.
57. *Cf.* M. Brehm y W. Back, «Self-Image and Attitudes towards Drugs», *Journal of Personality* 36 (1968), pp. 299-314.
58. *Cf.* Seto Mulyadi, «The Role of Parent-Child Relationship, Self-esteem, Academic Self-Efficacy to Academic Stress», *Procedia, Social and Behavioral Sciences* 217 (2016), pp. 603-608.
59. *Cf.* Andrew W. Paradise y Michael H. Kernis, «Self-Esteem and Psychological Well-Being: Implications of Fragile Self-Esteem», *Journal of Social and Clinical Psychology* 21, n. 4 (2002), pp. 345-361.
60. *Cf.* A. Dembińska, «Ability to Initiate Relationships and Sense of Loneliness Mediate the Relationship between Low Self-Esteem and Excessive Internet Use», *Current Psychology* 41 (2022), pp. 6577-6583.

que ve suscitan inevitablemente en la persona un proceso propio del comportamiento social humano: compararse con otros. Al mirar esas imágenes, ese niño o joven se va a comparar con quienes ve en pantalla en términos de imagen corporal, belleza física, habilidad o destreza, riquezas materiales, cuánto viaja, etc. Estas comparaciones siempre son ascendentes: ver a alguien que es mediocre en lo que hace no causa interés y esto se traduce en una «penalización» por parte del algoritmo.[61] Sin embargo, un varón o una mujer no van a ejecutar de la misma manera esta tendencia a hacer comparaciones sociales ascendentes. Cuando un varón ve a un hombre con un cuerpo musculoso o realizando pruebas que requieren de mucha destreza y habilidad, lo celebra y tal vez se motive a imitarlo y pase largas horas pateando una pelota para ser otro Messi. Pero con respecto a una adolescente, si contempla a alguien que es percibida como «superior», fácilmente puede verse en una situación de envidia y celos. Es decir, cuando una niña o adolescente es expuesta a alguien cuyas características parecen inalcanzables, hay una tendencia a sufrir en la autoestima y la visión de sí misma. Este tipo de comparaciones sociales ascendentes, que están ampliamente estudiadas en contextos reales, se ha exacerbado con la introducción de las redes sociales y afecta de manera especial a la mujer más que al varón.[62]

Este problema se potencia, además, por el hecho de que la mayoría de las veces la imagen que un *influencer* da de sí mismo en las redes sociales es totalmente irreal y ficticia, nada más que un producto de *marketing* y Photoshop. Estos engaños artificiales terminan secuestrando el proceso cognitivo de comparación social del adolescente, que acaba deslumbrado por un entorno artificial y fabricado que muestra a individuos hiperexitosos en su supuesta vida personal. El resultado lamentable es un uso muchas veces patológico de las redes sociales no solo por parte de niños y adolescentes, sino también de adultos, el cual resulta en exigencias y expectativas poco realistas de uno mismo, lo que a su vez conduce a una mala imagen corporal y un concepto negativo de sí mismo.[63]

---

61. *Cf.* Rebecca L. Collins, «For Better or Worse: The Impact of Upward Social Comparison on Self-Evaluations», *Psychological Bulletin* 119, n. 1 (1996), pp. 51-69.
62. *Cf.* Philippe Verduyn, «Do Social Network Sites Enhance or Undermine Subjective Well-Being? A Critical Review», *Social Issues and Policy Review* 11, n. 1 (2017), pp. 274-302; Twenge, «Response to Daly», pp. 296-297.
63. *Cf.* Twenge, «Increases in Depressive Symptoms», pp. 3-17; Hailey G. Holmgren y Sarah M. Coyne, «Can't Stop Scrolling!: Pathological Use of Social

En un artículo aparecido en *The Wall Street Journal* en septiembre de 2021, se relata la historia de Anastasia Vlasova, una adolescente que estaba en tratamiento por haber desarrollado un trastorno alimentario el año anterior.[64] Este tipo de trastornos son un conjunto de afecciones de la salud mental caracterizados por comportamientos alimentarios inadaptados y preocupaciones por la imagen corporal que afectan gravemente el peso y se dan con más frecuencia entre mujeres de 15 a 24 años de edad.[65] Lo interesante en el caso de Anastasia es que ella tenía una idea clara de dónde provenía su problema: Instagram. Anastasia se unió a la plataforma a los 13 años, y en ella pasaba tres horas al día fascinada por las vidas y los cuerpos aparentemente perfectos y cincelados de los *influencers* de *fitness* que aparecían en su muro. Pero esto le estaba destruyendo su autoestima y lo peor, como denuncia el artículo en cuestión, es que Facebook lo sabía.

Investigaciones lideradas por la misma compañía mostraban problemas significativos en la salud mental de los adolescentes que tomaban parte en Instagram. En una presentación interna a la compañía de marzo de 2020, los investigadores declaraban que «el 32 % de las adolescentes dijo que cuando se sentían mal por sus cuerpos, Instagram las hacía sentir peor».[66] Y luego hacían referencia a la comparación social que mencionábamos más arriba: «Las comparaciones en Instagram pueden cambiar la manera en que las jóvenes se ven y describen a sí mismas».[67] En otra investigación interna a Facebook en el 2019, los documentos revelaron que eran conscientes del problema: «Empeoramos los problemas de imagen corporal en una de cada tres adolescentes»; «Las adolescentes culpan a Instagram por los aumentos en la tasa de ansiedad y depresión».[68] Es más, las investigaciones internas

Networking Sites in Emerging Adulthood», *Addiction Research & Theory* 25, n. 5 (2017), pp. 375-382; Royal Society of Public Health, *Status of Mind: Social Media and Young People's Mental Health* (Londres: Royal Society for Public Health, 2017).

64. *Cf.* Georgia Wells, «Facebook Knows Instagram Is Toxic for Teen Girls, Company Documents Show», *The Wall Street Journal* (Nueva York), 14 septiembre 2021, https://www.wsj.com/articles/facebook-knows-instagram-is-toxic-for-teen -girls-company-documents-show-11631620739.

65. *Cf.* Phillipa Hay, «Burden and Health-Related Quality of Life of Eating Disorders, Including Avoidant/Restrictive Food Intake Disorder (ARFID), in the Australian Population», *Journal of Eating Disorders* 5, n. 1 (2017), p. 21; Ulrike Schmidt, «Eating Disorders: The Big Issue», *The Lancet Psychiatry* 3, n. 4 (2016), pp. 313-315.

66. Wells, «Facebook Knows Instagram Is Toxic».

67. Ibíd.

68. Ibíd.

de Facebook que fueron filtradas incluso mencionaban la «comparación social ascendente» como un problema específico de Instagram, debido a que esta plataforma pone el foco mucho más que las otras en el cuerpo y el estilo de vida.

La doctora Angela Guarda, directora del programa de trastornos de la alimentación en el Hospital Johns Hopkins y profesora de Psiquiatría en la Facultad de Medicina de la Johns Hopkins University, afirmó en una entrevista para *The Wall Street Journal* que es común que sus pacientes aprendan en las redes sociales los mecanismos para restringir la ingesta de alimentos. Según ella, Instagram y otras redes sociales tienen un papel fundamental en la mitad de los pacientes que atiende.[69] Y es aquí donde el algoritmo es fundamental para entender este problema.

Facebook compró Instagram por 1.000 millones de dólares en el año 2012, en parte debido a que por primera vez la compañía observó un declive de usuarios adolescentes en la plataforma. Inmediatamente la compañía, que solo contaba con 13 empleados al momento de la adquisición, resultó ser la mejor apuesta de Facebook para el crecimiento entre adolescentes. Una vez que fue propiedad de Mark Zuckerberg, Instagram puso el foco de atención en las fotos, con filtros que facilitaban a los usuarios la edición de imágenes. Más tarde agregó videos y *reels*, sobre todo por la irrupción de TikTok, cuyo contenido se mostraba siguiendo algoritmos que tenían como objetivo prolongar la estancia del usuario y hacerlo volver una y otra vez en una especie de juego adictivo, como vimos más arriba. Y aquí se entiende el problema de fondo. Cuando una joven comienza a indagar en maneras de adelgazar o cómo controlar su alimentación y a ejercitarse desmedidamente para parecer una princesa de Instagram, el algoritmo se encargará de adentrarla en un mundo virtual donde abundarán videos sobre cómo perder peso, el cuerpo ideal, qué debería comer y qué evitar, cómo perder peso rápidamente, etc. Y así, de a poco y sin darse cuenta, la joven comenzará a desarrollar un trastorno alimentario a partir de conductas que va incorporando sin hacerse una idea del drama que está comenzando a vivir.

Un desafío que surgió en TikTok e Instagram consistía en rodearse al menos dos veces la cintura con el cable del audífono para ver si los extremos se tocaban.[70] El «desafío de la cintura», como se le

---

69. Wells, «Facebook Knows Instagram Is Toxic».
70. *Cf.* Redacción, «El absurdo reto viral pide que te rodees la cintura con un cable de auriculares para mostrar tu delgadez», *La Vanguardia* (Madrid) 27 febrero

llamó, terminó exaltando cuerpos enfermos, pero que eran presentados como la imagen corporal deseable, lo que llevaba a cantidad de adolescentes a compararse enfermizamente y adentrarse en el mundo de las dietas extremas y el ejercicio físico compulsivo, ya que percibían que según la cantidad de vueltas que diera el cable alrededor de la cintura, mayor o menor sería su «éxito» social. Recordemos que un desafío (*challenge*) solo se da cuando el algoritmo lo promueve, por lo que es técnicamente imposible que las plataformas no sepan qué está pasando. Por esta razón nos animamos a denunciar este nivel de manipulación con que se provoca la adicción a la plataforma, incluso cuando esto pueda ser mortal para un adolescente. TikTok e Instagram están plagados de contenidos que se viralizan y que promueven conductas de riesgo vinculadas a dietas extremas y al ejercicio físico compulsivo. Basta con ver los *hashtags* que promueven la delgadez extrema (#thinspiration; #thinbody) y ver que han logrado más de 2.500 millones de visualizaciones.[71]

Las consultas por trastornos alimentarios han aumentado exponencialmente y ya son un fenómeno global que va en aumento.[72] En Estados Unidos, se calcula que 24 millones de personas padecen alguno de estos trastornos y son la segunda causa de muerte por enfermedad mental, después de la adicción a los opioides: 10.200 muertes anuales.[73] En la Argentina, estos trastornos han aumentado un 100 % y llevan aparejados la depresión, la ansiedad, las autolesiones y los intentos de suicidio incluso en menores de 12 años.[74] Las redes sociales tienen gran responsabilidad en esto. En un estudio publicado en el *Italian Journal of Pediatrics* en el 2022, los investigadores estudiaron

---

2020,   https://www.lavanguardia.com/cribeo/viral/20200227/473805883951 /nuevo-reto-viral-pide-rodees-cintura-cable-auriculares-mostrar-delgadez -extrema-china-weibo.html.

71. *Cf.* María Ayuso, «Del "chicle y agua" al "desafío de la cintura"», *La Nación* (Buenos Aires), 11 octubre 2022, https://www.lanacion.com.ar/comunidad /del-chicle-y-agua-al-desafio-de-la-cintura-asi-operan-tiktok-y-otras-redes -en-los-trastornos-de-la-nid11102022/#/.

72. *Cf.* Marie Galmiche, «Prevalence of Eating Disorders over the 2000-2018 Period: A Systematic Literature Review», *The American Journal of Clinical Nutrition* 109, n. 5 (2019), pp. 1402-1413.

73. *Cf.* ANAD, «Eating Disorder Statistics», *National Association of Anorexia Nervosa and Associated Disorders*, 2021, https://anad.org/eating-disorders -statistics/.

74. *Cf.* María Ayuso, «La devastadora ola de trastornos psíquicos en adolescentes», *La Nación* (Buenos Aires) 10 Julio, 2022, https://www.lanacion.com.ar /comunidad/jamas-pense-que-mi-hija-podia-querer-morirse-la-devastadora -ola-de-trastornos-psiquicos-en-nid08072022/#/.

la asociación entre el uso de TikTok y el desarrollo de trastornos alimentarios en adolescentes con un promedio de edad de 14 años.[75] La temática más buscada en el 21 % de los participantes tenía que ver con dietas y giraba alrededor de contenidos que conducían a trastornos alimentarios. Además, el 59 % de las adolescentes manifestaron una muy baja autoestima debido al uso de la red social y el 26,9 % informó que había cambiado su alimentación como consecuencia de los videos que veían.

Los trastornos alimentarios son fenómenos complejos y multicausales, pero no podemos dejar de lado el factor tecnológico y la función del algoritmo en el desarrollo de estas psicopatías. Por supuesto, las cuarentenas y los encierros influyeron tremendamente en esta explosión de casos, pero las redes, en vez de paliar la situación, exacerbaron negativamente el problema y son de hecho un riesgo a considerar.[76]

Depresión y suicidio

Una revisión de los estudios más importantes que se han publicado sobre la salud mental de los adolescentes en las últimas décadas nos da un panorama aterrador de la situación actual.[77] Es normal que las tasas de depresión y ansiedad adolescente aumenten y disminuyan con el tiempo. Lo que no se ha observado jamás, sin embargo, es un punto de inflexión a partir del año 2010 con respecto a la depresión en adolescentes nacidos después de 1996 y, por lo general, mucho más grave para las chicas. Un ejemplo concreto es cómo entre los años 2010 y 2014 las tasas de admisión en hospitales de Estados Unidos por autolesiones no aumentaron para las mujeres de más de 20 años, ni para los niños y adolescentes varones, pero se duplicaron para las

75. *Cf.* Jacopo Pruccoli, «The Use of TikTok among Children and Adolescents with Eating Disorders: Experience in a Third-Level Public Italian Center during the SARS-CoV-2 Pandemic», *Italian Journal of Pediatrics* 48, n. 1 (2022), pp. 1-9.
76. *Cf.* Alexandra R. Lonergan, «Protect Me from My Selfie: Examining the Association between Photo-Based Social Media Behaviors and Self-Reported Eating Disorders in Adolescence», *The International Journal of Eating Disorders* 53, n. 5 (2020), pp. 485-496.
77. La recopilación de estudios más completa que conozco es la realizada por Jonathan Haidt y Jean M. Twenge, «Adolescent Mood Disorders since 2010: A Collaborative Review», septiembre 2022, New York University, inédito, https://tinyurl.com/TeenMentalHealthReview.

niñas de 10 a 14 años.[78] Además, a partir del 2010 los síntomas depresivos, las hospitalizaciones por intento de suicidio y las muertes por suicidio entre los adolescentes aumentaron de forma exponencial después de un período en el que los problemas de salud mental disminuyeron o se mantuvieron estables. Entre el 2009 y el 2015, un 33 % más de adolescentes presentaron niveles elevados de síntomas depresivos, un 12 % más notificó al menos un problema relacionado con el suicidio y un 3 % más falleció a causa de suicidio.[79]

En el gráfico 1 observamos cómo hay un quiebre a partir del año 2010, sobre todo en las adolescentes de 14 a 17 años, entre las cuales, para el 2020, el 25 % habían padecido episodios depresivos serios y con duración de más de 2 semanas.[80] También ha habido un aumento correspondiente de suicidios para ambos sexos en ese grupo etario.[81] Datos similares se han observado en Canadá, donde se da un salto significativo a partir del 2010 con respecto a desórdenes psicológicos y hospitalizaciones por autolesiones en chicas de 14 a 17 años, seguida por las niñas entre 10 y 13 años, y en menor medida en varones de la misma edad (ver gráfico 2).[82] En Inglaterra, los datos arrojan un panorama igualmente grave: un aumento exponencial de desórdenes psiquiátricos, depresión y autolesiones en niños y adolescentes a partir del 2010, especialmente en chicas de 10 a 19 años de edad.[83] Con relación a las autolesiones por cada 10.000 habitantes, se nota un gran aumento de casos en las adolescentes de 13 a 16 años (gráfico 3).

---

78. *Cf.* Melissa C. Mercado, «Trends in Emergency Department Visits for Non-fatal Self-inflicted Injuries among Youth Aged 10 to 24 Years in the United States, 2001-2015», *JAMA* 318, n. 19 (2017), pp. 1931-1933.

79. *Cf.* Twenge, «Increases in Depressive Symptoms», pp. 3-17.

80. *Cf.* Center for Behavioral Health Statistics and Quality, National Survey on Drug Use and Health (Washington D. C., 2021), https://www.childstats.gov/americaschildren/health_fig.asp.

81. *Cf.* Oren Miron, «Suicide Rates among Adolescents and Young Adults in the United States, 2000-2017», *JAMA* 321, n. 23 (2019), pp. 2362-2364.

82. *Cf.* Statistics Canada, «Prevalente of Fair/Poor Mental Health and Mood Disorders, Female Population Aged 12 to 19, Canada, 2003 to 2014», *The Health of Girls and Women in Canada*, 2016, https://www150.statcan.gc.ca/n1/pub/89-503-x/2015001/article/14324/c-g/c-g10-eng.htm; Statistics Canada, «Percentage of Injury Hospitalizations Due to Intentional Self-Harm, by Sex and Age Group, Canada, 2009-2010 to 2013-2014», *The Health of Girls and Women in Canada*, 2016, https://www150.statcan.gc.ca/n1/pub/89-503-x/2015001/article/14324/c-g/c-g13-eng.htm.

83. *Cf.* Lukasz Cybulski, «Temporal Trends in Annual Incidence Rates for Psychiatric Disorders and Self-Harm among Children and Adolescents in the UK, 2003–2018», *BMC Psychiatry* 21, n. 1 (2021), p. 229.

Gráfico 1: Porcentaje de hospitalizaciones por lesiones debidas a autolesiones intencionadas, por sexo y grupo de edad, Canadá, (excluido Quebec), 2009-2010, 2013-2014

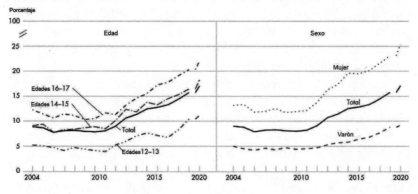

Gráfico 2: Porcentaje de hospitalizaciones por daños debidos a autolesiones intencionadas, por sexo y grupo de edad, Canadá (excluido Quebec), 2009-2010, 2013-2014

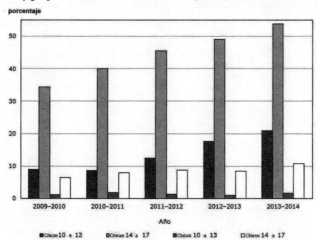

Fuente: Canadian Institute for Health Information. Data Tables: Intentional Assault and Self-Harm Among Children and Youth in Canada, 2009-2010 to 2013-2014 - Overview hospitalizations.

Gráfico 3:

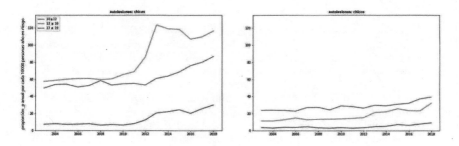

¿Qué variables explican este salto terrible en los problemas de depresión, suicidio y autolesiones en la población adolescente a partir del año 2010? Un dato notable es que a partir del 2010 se dio una migración masiva al mundo digital por parte de los adolescentes, pero con diferencias dependiendo del sexo. Las chicas adolescentes desde entonces han estado mucho más inclinadas a las plataformas visuales. En su primer momento, la primacía fue de Instagram y Snapchat, pero ya para el 2022 el lugar primordial era de TikTok. Los varones, por otra parte, aunque pasan mucho tiempo frente a las pantallas, no es tanto en redes sociales, sino en videojuegos o en plataformas como YouTube, Twitch y Reddit.[84] Estas diferencias entre ambos sexos podrían explicar la relación que se ha establecido entre un uso excesivo de las redes sociales y unos resultados preocupantes con respecto a la salud mental, sobre todo en relación con la depresión y el suicidio en chicas adolescentes.[85] Y aquí hay un elemento importante en la repercusión psicológica del usuario. Si un joven termina de jugar un videojuego, no va a estar pensando todo el tiempo en qué piensan otros varones sobre su desempeño. Instagram o TikTok, sin embargo, pueden torturar psicológicamente a una adolescente, aunque esta ni siquiera esté con el celular en la mano, por el simple hecho de que cada *post* es una especie de «juicio público» donde el qué dirán los demás la persigue como un fantasma. ¿Por qué? Porque la adolescente les otorga una importancia mucho más grande a sus relaciones sociales y a lo que piensan los demás sobre ella, lo que muchas veces la conduce a pensamientos obsesivos, preocupación y vergüenza sobre sí misma.[86]

El uso de las redes sociales fue asociado significativamente al aumento de depresión en la población adulta joven (19-32 años) en un estudio publicado en el 2016 y patrocinado por el Instituto de Salud Mental de Estados Unidos.[87] En otro reporte publicado en el 2017, investigadores británicos pidieron a 1.500 adolescentes que calificaran cómo cada una de las redes sociales los afectaba en relación con la

84. *Cf.* Vogels, «Teens, Social Media and Technology», 2022.
85. *Cf.* Jean M. Twenge y Gabrielle N. Martin, «Gender Differences in Associations between Digital Media Use and Psychological Well-Being: Evidence from Three Large Datasets», *Journal of Adolescence* 79, n. 1 (2020), pp. 91-102.
86. *Cf.* Kathryn M. LaFontana y Antonius H. N. Cillessen, «Developmental Changes in the Priority of Perceived Status in Childhood and Adolescence», *Social Development* 19, n. 1 (2010), pp. 130-147.
87. *Cf.* Liu yi Lin, «Association between Social Media Use and Depression among U.S. Young Adults», *Depression and Anxiety* 33, n. 4 (2016), pp. 323-331.

ansiedad, la soledad, la imagen corporal y el sueño. Instagram obtuvo la calificación más perjudicial, seguido por Snapchat y luego Facebook.[88]

La propia investigación interna hecha por Facebook y filtrada a la prensa en el 2021 reveló que «los adolescentes culpan a Instagram por los aumentos en la tasa de ansiedad y depresión».[89] Además, los investigadores señalaron que «la comparación social es peor» en Instagram debido al foco en el cuerpo y el estilo de vida, lo que apunta a la responsabilidad de la plataforma en relación con el daño psicológico en tantos adolescentes. TikTok tiene efectos similares, hasta el punto de que investigadores en China ya manejan el concepto de «trastorno por el uso de TikTok». Un estudio publicado en el 2021, en cuya investigación participaron 3.036 adolescentes chinos, concluyó que el uso de TikTok está sin duda relacionado con la pérdida de memoria, la depresión, la ansiedad y el estrés.[90] Las adolescentes manifestaron en mayor número el trastorno por el uso de TikTok; los varones, sin embargo, presentaron más depresión, ansiedad y estrés que las mujeres.

El sueño es también otro factor importante para considerar. Más arriba mencionábamos cómo las redes sociales y el uso del celular en general están afectando la calidad del sueño cada noche. La depresión y el sueño tienen una relación complicada y bidireccional, en el sentido de que pueden influirse significativamente entre sí. Las personas con depresión a menudo tienen problemas para dormir, y viceversa, las personas con problemas de sueño son más vulnerables a la depresión.[91] Según Jean Twenge, la «generación iPhone» es más susceptible de sufrir depresión y posiblemente una de las causas sea la falta de sueño motivada por el uso excesivo del celular. Los adolescentes que no duermen lo suficiente tienen un 31 % más de probabilidades de mostrar síntomas depresivos; y en los jóvenes que duermen menos de

---

88. *Cf.* Royal Society of Public Health, «Instagram Ranked Worst for Young People's Mental Health», *Royal Society for Public Health*, 19 mayo 2017, https://www.rsph.org.uk/about-us/news/instagram-ranked-worst-for-young-people-s-mental-health.html.
89. *Cf.* Wells, «Facebook Knows Instagram Is Toxic».
90. *Cf.* Peng Sha y Xiaoyu Dong, «Research on Adolescents Regarding the Indirect Effect of Depression, Anxiety, and Stress between TikTok Use Disorder and Memory Loss», *International Journal of Environmental Research and Public Health* 18, n. 16 (2021), p. 8820.
91. *Cf.* Mi-Mi Zhang, «Sleep Disorders and Non-Sleep Circadian Disorders predict Depression: A Systematic Review and Meta-Analysis of Longitudinal Studies», *Neuroscience and Biobehavioral Reviews* 134 (2022), p. 104532.

7 horas diarias, la probabilidad se tener un factor de riesgo con relación al suicidio se eleva al 68 %.[92]

Conclusión

Es notable el paralelismo entre el incremento del uso del celular con la consiguiente migración masiva al mundo digital, en especial a las redes sociales, y la cantidad de problemas psicológicos serios en la población adolescente. Si bien, como reza el dicho, la correlación no prueba la causalidad, Jonathan Haidt es muy certero al afirmar que nadie ha encontrado todavía una explicación alternativa para el deterioro masivo, repentino y multinacional de la salud mental de los adolescentes a partir del 2010.[93] Estos problemas en la conducta y la salud mental son tan generalizados que no se pueden reducir a causas locales (tiroteos escolares en Estados Unidos), presión escolar (hoy las exigencias son mucho menores) o cuestiones culturales, debido a que estos problemas se manifiestan en la población adolescente a lo largo y ancho del planeta en la medida en que se incrementa el uso del celular.

Además, el uso del celular y las redes sociales es la única actividad que ha aumentado de manera significativa a partir del 2010, por lo que difícilmente podríamos atribuirle a otra cosa la falta de sueño, la depresión, la ansiedad, los problemas de autoestima y los trastornos alimentarios. La única explicación racional hasta el momento es que las causas de gran cantidad de estos problemas se pueden reducir al uso excesivo y adictivo de un teléfono celular que podemos llevar a todos lados y usar en cualquier momento. Y lo peor es que estos problemas no solo no mermarán en los siguientes años, sino que todavía desconocemos el alcance y el daño que están produciendo las redes sociales y el uso excesivo del celular, pues los últimos miembros de la «generación iPhone» cumplirán 18 años alrededor del 2030. Seguramente en ese entonces los padres reflexionarán y se preguntarán en qué estaban pensando cuando renunciaron a sus responsabilidades parentales en favor de la tecnología.

---

92. *Cf.* Jean M. Twenge, *iGen: Why Today's Super-Connected Kids Are Growing Up Less Rebellious, More Tolerant, Less Happy–and Completely Unprepared for Adulthood–and What That Means for the Rest of Us* (Nueva York: Atria Books, 2018), p. 168.
93. *Cf.* Haidt, «The Dangerous Experiment on Teen Girls».

En el estudio sobre síntomas depresivos publicado en el 2018 por Jean Twenge y sus colegas es claro cómo las únicas actividades en adolescentes que predijeron mayores síntomas depresivos o resultados relacionados con el suicidio y aumentaron desde el año 2011 son el uso de dispositivos electrónicos, el uso de las redes sociales y la lectura de noticias del internet.[94] Por otra parte, las únicas actividades que predijeron síntomas depresivos más bajos y disminuyeron desde el año 2011 fueron la interacción social en persona, el uso de medios impresos y los deportes y el ejercicio. Por tanto, es más que evidente el problema de sociabilidad generado por las redes, además de que los jóvenes ya no leen libros como antaño y han dejado de hacer deporte. La respuesta y solución a estos problemas, entonces, es más que obvia.

---

94. *Cf.* Twenge, «Increases in Depressive Symptoms», pp. 12-13.

CAPÍTULO 4

HACIA UNA SOCIEDAD SOLITARIA: EL METAVERSO COMO ESCAPATORIA

La epidemia del siglo XXI es la soledad, problema que afecta ya no solo a los ancianos, sino también a los más jóvenes, hasta tal punto que en países como Estados Unidos se ha convertido en un verdadero problema de salud pública.[1] En los países industrializados, esta condición afecta a la tercera parte de los ciudadanos, y de manera severa a 1 de cada 12 personas.[2] Jamás en la historia de la humanidad han existido ciudades con poblaciones tan grandes, hiperconectadas y con redes de comunicación de último nivel. Sin embargo, el problema de la soledad se ha profundizado como nunca antes, sobre todo a partir de la introducción de las redes sociales y cuando la mayoría de los adolescentes tuvieron acceso a un celular en casi todos los rincones del mundo.[3] ¿Esto es a pesar de tantas herramientas tecnológicas que nos «unen» o en gran parte por culpa de ellas?

Un aspecto esencial de la soledad es que el individuo se percibe a sí mismo como socialmente aislado incluso cuando se encuentra entre otras personas o hiperconectado en las redes sociales.[4] Pero es

---

1. *Cf.* Wendy S. Salkin, «Loneliness as Epidemic», *Harvard Law*, 14 octubre 2016, https://blog.petrieflom.law.harvard.edu/2016/10/14/loneliness-as-epidemic/.
2. *Cf.* John T. Cacioppo y Stephanie Cacioppo, «The Growing Problem of Loneliness», *The Lancet* 391, n. 10119 (2018), p. 426.
3. *Cf.* Jean M. Twenge, «Worldwide Increases in Adolescent Loneliness», *Journal of Adolescence* 93, n. 1 (2021), p. 257.
4. Este elemento es lo que distingue la soledad del aislamiento social. *Cf.* Cacioppo y Cacioppo, «The Growing Problem of Loneliness», p. 426; Christopher M. Masi, «A Meta-Analysis of Interventions to Reduce Loneliness», *Personality and Social Psychology Review* 15, n. 3 (2011), pp. 219-266.

importante considerar que la soledad, en cuanto tal, es un mecanismo de supervivencia. Así como el dolor nos alerta de un daño físico, la soledad nos ayuda a identificar cuándo nuestras conexiones con otros para la ayuda mutua y la protección están siendo amenazadas o ausentes.[5] En ese sentido, la soledad es una señal que debemos saber escuchar, pero nunca encubrir, ya que es el equivalente social al dolor físico y, al igual que este, funciona como motivador para aliviar el dolor social mediante la búsqueda de las conexiones necesarias para sentirnos seguros, protegidos y satisfechos con nuestras vidas.[6] Quien se siente solo está frente a un problema de sociabilidad que debe ser remediado.

Muchos optimistas esperaban que el internet primero y el surgimiento de las redes sociales después pudiesen satisfacer la necesidad humana de conexión social. La evidencia nos muestra lo contrario. Las redes sociales y las comunidades virtuales no solo no han satisfecho esa necesidad innata de conexión humana, sino que han empeorado la situación al ofrecer un escape fácil de la realidad. La soledad se ha convertido en una epidemia y el internet, en su escapatoria. Y cuando la tecnología y las redes sociales se utilizan para escapar de la sociedad y evitar el «dolor social» que implican las interacciones humanas, los sentimientos de soledad se incrementan.[7]

Esto se comprende mejor cuando entendemos que la soledad es un mecanismo esencial para la supervivencia y la reproducción de nuestra especie, es decir, la sensación de soledad es una señal de que algo no va bien en nosotros.[8] El internet, las redes sociales, los videojuegos y el mundo virtual están funcionando como una especie de anestesia que nos engaña al eliminar momentáneamente el sentimiento temporal de soledad. Y aquí retomamos uno de los problemas centrales al que nos enfrentamos con el uso de la tecnología. Su uso no es solo adictivo por causar liberación de dopamina, sino que a la vez puede funcionar como anestesia ante la realidad de problemas de inserción social que luego se exacerban aún más.

---

5. *Cf.* John T. Cacioppo, «The Profound Power of Loneliness», *National Science Foundation*, 3 febrero 2016, https://beta.nsf.gov/news/profound-power-loneliness; Naomi I. Eisenberger, «Does Rejection Hurt? An fMRI Study of Social Exclusion», *Science* 302, n. 5643 (2003), p. 291.

6. *Cf.* Masi, «Interventions to Reduce Loneliness», p. 266.

7. *Cf.* Rebecca Nowland, «Loneliness and Social Internet Use: Pathways to Reconnection in a Digital World?», *Perspectives on Psychological Science* 13, n. 1 (2018), pp. 70-87.

8. *Cf.* John T. Cacioppo, «Loneliness within a Nomological Net: An Evolutionary Perspective», *Journal of Research in Personality* 40, n. 6 (2006), pp. 1054-1085.

Paradójicamente, este huir de la soledad provoca un sentimiento de soledad aún más profundo, en un ciclo de destrucción psicológica para el ser humano.

Sin embargo, la tecnología no es la única culpable, sino que ha venido a exacerbar un problema anterior. En el fondo de este problema está el individualismo craso de las sociedades liberales y seculares, por haber transformado en la conciencia pública el concepto del ser humano como ser social y haber perdido de vista el sentido trascendente de la vida. Ser adulto se ha convertido en sinónimo de ser «independiente». Pero la realidad es otra, y esto es algo que compartimos con el resto de los mamíferos, ya que, así como de niños dependemos de los adultos (nuestros padres, maestros, etc.), el paso a la adultez está caracterizado por el hecho de que otros puedan depender de nosotros. Por eso el adulto que todavía depende de sus padres o de su esposa para la supervivencia es profundamente inmaduro. Uno madurará y logrará la adultez no cuando se independice, sino cuando otros puedan depender de uno. Lograr esa pretendida «independencia» por la que ya no se depende de nadie más termina exacerbando el sentimiento de soledad. Y no es coincidencia que la soledad sea una epidemia especialmente en esos países donde el individualismo y el secularismo se terminaron imponiendo.[9]

La transición al mundo digital ha agudizado el individualismo, acarreando consigo problemas fundamentales en el desarrollo del ser humano, que han implicado una transformación en el modo de validarse socialmente. El ser humano es un ser social y, por lo tanto, es muy sensible a las experiencias de ostracismo y rechazo, de tal manera que la exclusión y el ser ignorado pueden amenazar sus necesidades fundamentales y el estado de ánimo.[10] Pero ¿qué pasa entonces cuando ese entorno físico para socializar no existe? ¿Qué ocurre cuando la realidad que se le muestra no es más que la de un mundo virtual donde la pertenencia está condicionada al impacto en las redes?

---

9. Ver los datos que ofrecen Christina R. Victor y Keming Yang, «The Prevalence of Loneliness among Adults: A Case Study of the United Kingdom», *The Journal of Psychology* 146, n. 1-2 (2012), pp. 85-104; Laurie A. Theeke, «Predictors of Loneliness in U.S. Adults Over Age Sixty-Five», *Archives of Psychiatric Nursing* 23, n. 5 (2009), pp. 387-396.

10. *Cf.* K. D. Williams, «Ostracism: A Temporal Need-Threat Model», *Advances in Experimental Social Psychology* 41 (2009), pp. 275-314.

El problema de la soledad

La tecnología que supuestamente nos conecta en realidad nos está dividiendo y aislando, creando un verdadero dilema social: quien escapa de la realidad de los otros se esconde en el mundo virtual. Este dilema social no es un problema limitado solo a las redes sociales, sino que comprende a todas las tecnologías que han invadido nuestras vidas. El celular ha acelerado el proceso de fragmentación social derivado del consumo de productos «personalizados», de tal manera que la desconexión familiar es hoy mucho mayor. Basta con ir a un lugar de comidas y observar el nivel de comunicación entre los comensales que comparten mesa. En muchos casos es completamente nulo, y se da sobre todo en las familias. Si así actúan en público, ¿podemos suponer que sea diferente en el hogar?

Cuando Mark Zuckerberg introdujo la opción de «me gusta» (*like*) en el 2010, Facebook no solo estaba explotando un mecanismo psicológico profundamente adictivo, sino que también estaba introduciendo una nueva forma, básica e interactiva, de apoyo social.[11] Con ese simple botón, el usuario se estaba exponiendo a una especie de juicio público cada vez que compartía una foto o un *link*. Una imagen con pocos o ningún «me gusta» no solamente podía ser algo psicológicamente devastador, sino también una forma de condena pública: si un posteo no tenía suficientes me gusta, era sinónimo de que no tenías suficientes amigos (impopularidad), o peor aún, no impresionabas a nadie... Esto incluso ha llevado a conductas tales como la de borrar todo posteo que tenga menos de 100 «me gusta», según documenta la psicóloga Jean Twenge.[12]

Ser popular en las redes no significa en sí un problema, pero sí es un problema serio no tener conexiones reales en la vida real. Es la interacción y la compañía física con otros amigos lo que hace que

---

11. En 1979, el psicólogo Michel Zeiler desarrolló una serie de experimentos con palomas que consistían en apretar un botón y recibir comida a cambio. Resulta que en vez de frustrarse y perder el interés cuando no recibían nada, Zeiler descubrió que las palomas picoteaban intensamente el botón cuando respondía entre el 50 % y 70 % de las veces. Este es básicamente el experimento que aplicaron los ingenieros de Facebook, salvo que esta vez sus sujetos eran cientos de millones de seres humanos. Ver Michael D. Zeiler, «Fixed and Variable Schedules of Response-Independent Reinforcement», *Journal of the Experimental Analysis of Behavior* 11, n. 4 (1968), pp. 405-414; Michael D. Zeiler, «Fixed-Interval Behavior: Effects of Percentage Reinforcement», *Journal of the Experimental Analysis of Behavior* 17, n. 2 (1972), pp. 177-189.
12. *Cf.* Twenge, *iGen*, p. 77.

liberemos neuroquímicos que nos ayudarán a regularnos emocional y psicológicamente como seres sociales que somos.[13] Y aquí es donde vemos cómo las redes sociales y el uso desmedido del internet significan un problema grave, ya que a partir del año 2010 se aprecia una correlación entre el uso desmedido del internet y la caída estrepitosa en el promedio de las actividades sociales de la persona, especialmente los adolescentes.[14] Esto luego se ve reflejado en la ansiedad, el ostracismo y otros problemas psicológicos debidos tan solo a no ser tenido en cuenta o no ser etiquetado en una fotografía.

En un estudio sobre la exclusión social en Instagram publicado en el año 2022, psicólogos de Alemania y Suiza encontraron que, para quienes viven inmersos en el mundo virtual, el no ser etiquetado (con arroba junto al nombre) se percibe como una nueva forma de ostracismo y rechazo social.[15] Lo mismo se ha observado en otros entornos virtuales, tales como el dejar de ser «amigos» en Facebook o no ser seguido en una red social por algún conocido, el no recibir una respuesta por WhatsApp después de que la plataforma indicó que se había leído un mensaje o el no recibir la cantidad habitual de «me gusta» en respuesta a una publicación en las redes sociales.[16] En todos estos casos, los sujetos estudiados lo interpretaron como una forma de ostracismo y experimentaron consecuencias negativas similares a las de quedar excluidos en la vida real.[17] Lo mismo ocurre cuando se padece algún tipo de rechazo en el mundo virtual: se incrementa la actividad cerebral en las regiones asociadas

---

13. *Cf.* Alter, *Irresistible*, p. 165.

14. *Cf.* Twenge, *iGen*, pp. 104-105.

15. *Cf.* Christiane M. Büttner y Selma C. Rudert, «Why Didn't You Tag Me?! Social Exclusion from Instagram Posts Hurts, Especially Those with a High Need to Belong», *Computers in Human Behavior* 127 (2022), p. 107062.

16. *Cf.* Jennifer L. Bevan, «Negative Emotional and Cognitive Responses to Being Unfriended on Facebook: An Exploratory Study», *Computers in Human Behavior* 28, n. 4 (2012), pp. 1458-1464; Lisa M. Mai, «"I Know You've seen It!" Individual and Social Factors for Users' Chatting Behavior on Facebook», *Computers in Human Behavior* 49 (2015), pp. 296-302; Sabine Reich, «Zero Likes – Symbolic Interactions and Need Satisfaction Online», *Computers in Human Behavior* 80 (2018), pp. 97-102; Stephanie J. Tobin, «Threats to Belonging on Facebook: Lurking and Ostracism», *Social Influence* 10, n. 1 (2015), pp. 31-42.

17. *Cf.* Wouter Wolf, «Ostracism Online: A Social Media Ostracism Paradigm», *Behavior Research Methods* 47, n. 2 (2015), pp. 361-373; Frank M. Schneider, «Social Media Ostracism: The Effects of Being Excluded Online», *Computers in Human Behavior* 73 (2017), pp. 385-393; Rebecca Smith, «Students' Perceptions of the Effect of Social Media Ostracism on Well-Being», *Computers in Human Behavior* 68 (2017), pp. 276-285.

con el conocimiento social y el rechazo en la vida real (la corteza prefrontal medial).[18] Lo peor de todo es que ahora el sentimiento de rechazo puede ser cuantificado, a diferencia de la vida real, donde las relaciones sociales son ambiguas y abiertas a interpretación («tal vez lo entendí mal», «no me comprendiste», etc.). Las redes sociales cuantifican directamente nuestro éxito o fracaso en cada imagen y comentario, proporcionando métricas claras en forma de «amigos», «seguidores» y «me gusta» o «no me gusta» a cada posteo, profundizando aún más el juicio público al que la persona se expone voluntariamente.[19] Este elemento cuantificador es parte también del proceso adictivo de las redes que mencionábamos más arriba y que lleva a la persona a chequear constantemente las métricas de cada posteo.

Es un hecho que el celular está afectando el desarrollo de las habilidades sociales de toda una generación al trasladar toda interacción al mundo virtual e imposibilitar en este entorno el tipo de conexiones reales y cara a cara que son parte del proceso de maduración no solo psicológica, sino también cerebral de la persona. ¿Cómo aprenderán a persuadir a otros, a escuchar con apertura de mente, a comunicar un mensaje de modo convincente, a negociar y resolver problemas y desacuerdos, a trabajar y colaborar con otros en vistas a un objetivo común? Según el neurocientífico Andy Doan, de la John Hopkins University, el cerebro que crece sobre todo con amistades virtuales posiblemente nunca se ajustará a las interacciones sociales de la vida real.[20] Y esto es algo sumamente serio si tenemos en cuenta la importancia del desarrollo del cerebro humano en la infancia y la adolescencia.

Entre 1950 y 1970, Colin Blakemore y Grahame Cooper realizaron una serie de experimentos con gatos para estudiar cómo el desarrollo del cerebro en la infancia afecta el resto de la vida.[21] El experimento consistió en mantener encerrados a los gatitos hasta los 5 meses de edad en una habitación totalmente oscura. Una vez al día

---

18. *Cf.* Michelle Achterberg, «The Neural and Behavioral Correlates of Social Evaluation in Childhood», *Developmental Cognitive Neuroscience* 24 (2017), pp. 107-117; Tobias Grossmann, «The Role of Medial Prefrontal Cortex in Early Social Cognition», *Frontiers in Human Neuroscience* 7 (2013), p. 340.
19. *Cf.* E. A. M. Crone y E. A. Konijn, «Media Use and Brain Development during Adolescence», *Nature Communications* 9, n. 1 (2018), pp. 1-10.
20. Citado en Alter, *Irresistible*, p. 166.
21. *Cf.* Colin Blakemore y Grahame F. Cooper, «Development of the Brain Depends on the Visual Environment», *Nature* 228, n. 5270 (1970), pp. 477-478.

sacaban a la mitad de ellos de la oscuridad y los ponían en un cilindro recubierto con líneas blancas y negras horizontales. Lo mismo
hacían con la otra mitad, excepto que estos otros gatos eran puestos
en un cilindro con líneas blancas y negras verticales. Lo interesante
ocurrió cuando después de 5 meses los liberaron del ambiente de
encierro: los gatos estaban totalmente confundidos con el entorno y
les era casi imposible juzgar cuán lejos estaba un objeto físico. Una
vez libres para merodear, resulta que se chocaban con todo, no podían saltar, ni tampoco seguir objetos en movimiento. Es decir, la
corteza visual había sido afectada durante el período clave de maduración, de tal manera que los gatos expuestos a líneas verticales no
mostraban actividad alguna en respuesta a las líneas horizontales,
mientras que los expuestos a líneas horizontales no respondían a las
líneas verticales. En cierta manera, sus cerebros estaban incapacitados para ver aquello a lo que no habían sido expuestos durante sus
primeros meses de vida.

Si esto es grave en sí, pensemos en cómo la tecnología puede afectar de manera parecida a un bebé criado con un iPad, o al niño de
4 años que desde muy pequeña edad tuvo una niñera digital que lo
entretuviera. Tenemos que darnos cuenta de que el período de la niñez y la adolescencia es un momento clave en el desarrollo humano,
donde el cerebro experimenta cambios estructurales y funcionales
extensivos que pueden ser afectados profundamente por la tecnología.[22] Dado que las regiones cerebrales que tienen que ver con distintos aspectos sociales experimentan cambios extensos durante la
niñez y la adolescencia, es probable que la influencia de las redes
sociales sea particularmente fuerte en el desarrollo cerebral.[23] El
problema potencial que enfrentan estos niños es el mismo que el de
los gatos: si no desarrollan ciertas habilidades sociales que les ayudarán a navegar en la complejidad de estas relaciones, hay una gran
probabilidad de que nunca las desarrollen en la adultez, por una im-
posibilidad neurobiológica.[24] Esto mismo afectará su capacidad de

22. *Cf.* Sarah-Jayne Blakemore y Kathryn L. Mills, «Is Adolescence a Sensitive
Period for Sociocultural Processing?», *Annual Review of Psychology* 65, n. 1
(2014), pp. 187-207; Anne-Lise Goddings, «The Influence of Puberty on Subcortical Brain Development», *NeuroImage* 88 (2014), pp. 242-251.
23. *Cf.* Crone y Konijn, «Media Use and Brain Development», p. 2.
24. *Cf.* Alter, *Irresistible*, pp. 167-168; Andrew K. Przybylski, «Electronic Gaming
and Psychosocial Adjustment», *Pediatrics* 134, n. 3 (2014), pp. e716-e722. Ver
también Lisa Feldman Barrett, «Amygdala Volume and Social Network Size in
Humans», *Nature Neuroscience* 14, n. 2 (2011), pp. 163-164.

relacionarse afectivamente con otra persona. Por eso no es de extrañarse que los miembros de la «generación iPhone» sean tan proclives a volcarse en la pornografía, pues se ven incapacitados para establecer una relación basada en el amor y la intimidad y tienen un acceso muy fácil a esta en el dispositivo que sus padres les dieron para que se «entretengan». Y la pornografía, a su vez, agudiza el problema al insensibilizar al niño y al adolescente, que llegan a preferir estas imágenes a una relación real en el futuro.[25]

En el capítulo 2 hicimos referencia a un importante estudio del 2019 publicado por la Asociación Mundial de Psiquiatría sobre el impacto del internet en el cerebro humano y las distintas funciones cognitivas. Un elemento de dicho estudio que dejamos para este capítulo es cómo el internet está afectando los procesos de socialización y la capacidad para lo que se conoce como «conocimiento social».[26] El internet, y en especial las redes sociales, evocan e imitan procesos de socialización del mundo real. Sin embargo, hay una gran cantidad de estudios que apuntan a cómo el mundo virtual puede afectar nuestra vida social, el concepto de uno mismo, la autoestima, las interacciones con otras personas y el estatus dentro de esas plataformas virtuales. Además, los problemas psicológicos que notamos en el capítulo anterior son producto de una interacción compleja entre varios factores. Entre ellos, mencionábamos las dificultades en el sueño por el uso excesivo del celular (a lo que le sigue la adicción, los problemas de autoestima, la depresión y los daños autoinfligidos), a lo que debemos sumar el desplazamiento de las interacciones sociales al mundo virtual, la conducta sedentaria (quedarse en el cuarto todo el día) y la percepción de soledad.[27]

Quienes veían en las redes sociales un destello de esperanza ante el problema de la soledad se equivocaron por una cuestión neurobiológica. Hay una diferencia enorme entre las relaciones sociales personales y las conexiones virtuales en las redes sociales debido a que para navegar en el entorno real y en el virtual se emplean funciones cognitivas completamente diferentes.[28] Si bien podemos

---

25. El problema de la pornografía y sus consecuencias fue tratado en el capítulo «Pornografía y revolución cultural», en Muñoz Iturrieta, *Las mentiras que te cuentan*, pp. 66-79.

26. *Cf.* Firth, «The Online Brain», pp. 123-126.

27. *Cf.* Twenge, «Increases in Depressive Symptoms», pp. 3-17; Twenge, «Amount of Time Online», pp. 456-457.

28. *Cf.* Emily B. Falk y Danielle S. Bassett, «Brain and Social Networks: Fundamental Building Blocks of Human Experience», *Trends in Cognitive Sciences*

ver similitudes entre las amistades virtuales y las reales, a nivel biológico las diferencias son fundamentales debido a que hay un límite
en el número de amigos con los que podemos interactuar a la vez,
mientras que el internet da la ilusión de poder interactuar con millones de «amigos» de forma simultánea.[29] Pretender que una red
social pueda ayudar a un joven a salir de sí mismo no es más que
una ilusión y termina siendo un mecanismo de escape de la realidad.
Esto es preocupante, teniendo en cuenta que las relaciones sociales
y la sensación de conexión con otras personas son determinantes
importantísimos para el alivio del estrés y para el bienestar físico y
mental.[30]

Las amistades reales, no las virtuales, juegan un papel vital en el
desarrollo psicológico del niño y el adolescente. Asimismo, la calidad
y cantidad de amistades moderan muchos problemas de conducta.[31]
Las redes sociales, sin embargo, favorecen lazos totalmente superficiales, y contribuyen a que el joven perciba una sensación profunda
de soledad.[32] Además, desde la infancia, los amigos desempeñan un
papel que será cada vez más prominente en la adaptación individual
y el desarrollo, llegando a su punto máximo durante la adolescencia.

21, n. 9 (2017), pp. 674-690; R. Kanai, «Online Social Network Size Is Reflected in Human Brain Structure», *Proceedings of Biological sciences* 279, n. 1732
(2012), pp. 1327-1334.

29. *Cf.* R. I. M. Dunbar, «The Anatomy of Friendship», *Trends in Cognitive Sciences* 22, n. 1 (2018), pp. 32-51; Kevin Lewis, «Tastes, Ties, and Time: A New
Social Network Dataset Using Facebook.com», *Social Networks* 30, n. 4 (2008),
pp. 330-342; Michael Szell, «Multirelational Organization of Large-Scale Social Networks in an Online World», *Proceedings of the National Academy of
Sciences* 107, n. 31 (2010), p. 13636.

30. *Cf.* Kirsten P. Smith y Nicholas A. Christakis, «Social Networks and Health»,
Annual Review of Sociology 34, n. 1 (2008), pp. 405-429; J. S. House, «Social
Relationships and Health», *Science* 241, n. 4865 (1988), pp. 540-545. Es más,
se ha relacionado la sensación de aislamiento con un incremento en el riesgo
de la mortalidad. *Cf.* Holt-Lunstad Julianne, «Loneliness and Social Isolation
as Risk Factors for Mortality: A Meta-Analytic Review», *Perspectives on Psychological Science* 10, n. 2 (2015), pp. 227-237; Yang Claire Yang, «Social Relationships and Physiological Determinants of Longevity across the Human
Life Span», *Proceedings of the National Academy of Sciences* 113, n. 3 (2016),
pp. 578-583; Julianne Holt-Lunstad, «Social Relationships and Mortality Risk:
A Meta-Analytic Review», *PLoS Medicine* 7, n. 7 (2010), p. e1000316.

31. *Cf.* J. R. Harris, «Where Is the Child's Environment? A Group Socialization
Theory of Development», *Psychological Review* 102, n. 3 (1995), pp. 458-489;
W. M. Bukowski y B. Hoza, «Popularity and Friendship: Issues in Theory, Mea-
surement, and Outcome», en *Peer Relationships in Child Development*, ed. por
T. J. Berndt y G.W. Ladd (Nueva York: Wiley, 1989), pp. 15-45.

32. *Cf.* Lauren E. Sherman, «The Effects of Text, Audio, Video, and In-Person
Communication on Bonding between Friends», *Cyberpsychology* 7, n. 2 (2013).

Ese papel de los amigos llega incluso a superar la relación padre-hijo.[33] La buena influencia de los amigos ayuda a que el adolescente se desarrolle de manera armoniosa y evite cualquier disfunción social, aunque ocurre lo contrario cuando las influencias son negativas.[34] Por eso, en esta etapa de desarrollo personal es clave forjar amistades tanto en cantidad como, o lo que es más importante, en calidad. Son estas amistades las que se convierten en una fuente vital de apoyo social para el adolescente y ejercen una influencia crítica en el proceso de maduración.[35] Es el saberse apoyado por un grupo de amigos lo que le permite al adolescente hacer frente a los acontecimientos estresantes de su vida con mayor facilidad (por ejemplo, la adicción al internet, los síntomas de depresión o el comportamiento agresivo), protegiéndolo contra los efectos nocivos de los trastornos y las disfunciones psicológicas.[36]

El internet y las redes sociales están perjudicando el desarrollo emocional y social de toda una generación, especialmente al no poder desarrollar habilidades sociales que solo se logran por el contacto personal en experiencias sociales auténticas. Pero estas experiencias son ahora desplazadas por la virtualidad, a lo que se suman tanto el hecho de que las redes facilitan los sentimientos de exclusión

---

33. *Cf.* Harris, «Where Is the Child's Environment?», pp. 458-489; R. L. Matsueda y K. Anderson, «The Dynamics of Delinquent Peers and Delinquent Behavior», *Criminology* 36, n. 2 (1998), pp. 269-308; Ian Hay y Adrian F. Ashman, «The Development of Adolescents' Emotional Stability and General Self-Concept: The Interplay of Parents, Peers, and Gender», *International Journal of Disability, Development, and Education* 50, n. 1 (2003), pp. 77-91; LaFontana y Cillessen, «Developmental Changes», pp. 130-147.

34. Ver Urie Bronfenbrenner, *La ecología del desarrollo humano: experimentos en entornos naturales y diseñados* (Barcelona: Paidós, 1987).

35. *Cf.* S. Choukas-Bradley y M. J. Prinstein, «Peer Relationships and the Development of Psychopathology», en *Handbook of Developmental Psychopathology*, ed. por M. Lewis y K. D. Rudolph (Nueva York: Springer, 2014), pp. 185-204; Hay y Ashman, «The Development of Adolescents' Emotional Stability», pp. 77-91.

36. *Cf.* Sheldon Cohen y Thomas Ashby Wills, «Stress, Social Support, and the Buffering Hypothesis», *Psychological Bulletin* 98, n. 2 (1985), pp. 310-357. Sin embargo, el apoyo de las amistades parece no ser suficiente cuando la adicción al internet ha sobrepasado un límite, el cual va siempre marcado por el aislamiento de la persona y la consiguiente percepción de soledad. Ver Sandra Yu Rueger, «A Meta-Analytic Review of the Association between Perceived Social Support and Depression in Childhood and Adolescence», *Psychological Bulletin* 142, n. 10 (2016), pp. 1017-1067; Ella Vanderbilt-Adriance y Daniel S. Shaw, «Conceptualizing and Re-Evaluating Resilience Across Levels of Risk, Time, and Domains of Competence», *Clinical Child and Family Psychology Review* 11, n. 1-2 (2008), pp. 30-58.

(cuando un adolescente no es invitado a un evento) como la presión que se padece cuando se presentan representaciones idealizadas y ficticias que facilitan la envidia y la creencia de que el resto tiene una vida mejor. Todo esto compromete el desarrollo de habilidades sociales y lleva a experimentar soledad y una serie de problemas psicológicos.[37] Apagar el celular debería ser un imperativo de sentido común para aquellos que tienen a su cargo la educación y la dirección de las futuras generaciones, sobre todo si somos conscientes de que las redes sociales no reducen el sentimiento de soledad, sino que lo profundizan y agravan.[38]

El mito de la caverna digital

En su obra más conocida, *La República* (380 a. C.), Platón plantea la ilusión de vivir en un mundo ficticio e imaginario en su conocido «mito de la caverna».[39] El relato se encuentra enmarcado en un diálogo entre Sócrates y su hermano Glaucón mientras conversan sobre el conocimiento y la ignorancia.[40] Más allá de que Platón plantea aquí su teoría del conocimiento y la diferencia entre el conocimiento intelectual y el sensible, esta alegoría es más que apropiada para pensar sobre el mundo virtual y el encanto de las plataformas digitales donde el ser humano solitario vuelca su atención.

Sócrates le pide a Glaucón que se imagine una caverna subterránea con apenas una apertura en su extremidad superior que da paso a la luz. En el fondo de esta caverna, un grupo de prisioneros se encuentran encadenados desde su infancia, de tal manera que no pueden voltearse ni mirar a otro lado por las cadenas que llevan. A sus espaldas arde un fuego, y entre el fuego y los prisioneros hay un muro bajo, como los que se encuentran en un teatro y detrás del cual los

---

37. *Cf.* Chris Segrin, «Indirect Effects of Social Skills on Health Through Stress and Loneliness», *Health Communication* 34, n. 1 (2019), pp. 118-124.
38. *Cf.* Scott E. Caplan, «Relations among Loneliness, Social Anxiety, and Problematic Internet Use», *Cyberpsychology & Behavior* 10, n. 2 (2006), pp. 234-242.
39. *Cf.* Platón, *La República*, 15.ª ed., *Diálogos* (Ciudad de México: Editorial Porrúa, 2019), pp. 859-862.
40. Según Platón, el conocimiento sensible se basa en un mundo ficticio que se contrapone al «mundo inteligible» o «mundo de las ideas», de cuya experiencia obtenemos el verdadero conocimiento.

actores se esconden y mueven un títere o distintos objetos en una representación. Pero los prisioneros tampoco ven esto, sino solo las sombras de los objetos manipulados por quienes se encuentran detrás y que se proyectan en el muro hacia el cual se dirigen sus miradas. Los prisioneros ven figuras de animales y hombres, creyendo que lo que observan es el mundo real, sin darse cuenta de que son solo las sombras de esos objetos. Y cuando esos hombres/actores hablan, el eco retumba en la pared, haciéndoles creer a los prisioneros que escuchan las voces de las sombras, en una especie de engaño intelectual. Esta caverna está de hecho imaginada como un «teatro de las sombras»,[41] pero sus espectadores no son conscientes de vivir en un mundo ficticio, hecho posible por la tecnología de un fuego cuya luz artificial proyecta ilusiones escénicas en la pared de cada uno de los artefactos que marchan en procesión.

Un día, uno de los prisioneros es finalmente liberado y obligado a levantarse, darse vuelta y mirar hacia la luz del fuego, cuyo resplandor lo ciega y no le hace posible ver los objetos en su realidad hasta que de a poco se acomoda su vista. «¿Qué crees que respondería si le dijesen que hasta entonces no ha visto más que fantasmas, que ahora tiene ante los ojos objetos más reales y próximos a la verdad?», pregunta Sócrates.[42] ¿Acaso no creerá que «lo que antes veía era más real que lo que ahora se le muestra?».[43] Este es un primer paso del conocimiento. Y una vez liberado de la caverna y frente a la claridad del sol, después de un tiempo para acostumbrarse a la luz, distinguiría «primero, las sombras; luego, las imágenes de los hombres y de los demás objetos, pintadas en las superficies de las aguas; finalmente, los objetos mismos».[44] Pero el conocimiento no será tal hasta que pueda ya no observar el reflejo de las cosas y las personas, sino mirarlas directamente y «contemplar al sol en verdadero lugar [...] Después de esto, dándose a razonar, llegará a concluir que el sol es quien hace las estaciones y los años, quien lo rige todo en el mundo visible, y que es en cierto modo causa de lo que se veía en la caverna».[45]

Luego viene una reflexión más que interesante para el mundo de hoy. Sócrates plantea que este hombre no solo sentiría compasión por sus compañeros de esclavitud en aquella caverna, sino que ya no

---

41. Byung-Chul Han, *La sociedad de la transparencia*, trad. Raúl Gabás (Barcelona: Herder, 2013), p. 74.
42. Platón, *La República*, p. 860.
43. Ibíd.
44. Ibíd.
45. Ibíd., p. 861.

sentiría celos «de los honores, de las alabanzas y recompensas allí otorgados al que más rápidamente captase las sombras a su paso» en aquel mundo ficticio. Pensemos en la falsa gloria del mundo virtual y las redes sociales, o de quienes se jactan por avanzar en un videojuego aunque esto signifique no dormir un mes o perder todo contacto con la realidad, a pesar de que su existencia no tenga sentido fuera de una pantalla... «No dudo que estaría dispuesto a soportar todos los males del mundo, mejor que vivir de tal suerte», le responde Glauco a Sócrates.[46] Y si volviese a su antigua prisión a despertar a sus compañeros de letargo, dice Sócrates: «¿no daría que reír a los demás, que dirían de él que, por haber subido a lo alto, ha perdido la vista, añadiendo que sería una locura que ellos quisiesen salir del lugar en el que se hayan, y que si a alguien se le ocurriese querer sacarlos de allí y llevarlos a la región superior, habría que apoderarse de él y darle muerte?».[47] Paradójicamente, quien vive en el engaño preferirá matar a quien se atreva a liberarlo, antes que reconocer que vive en una mentira.

Platón emplea así el mito de la caverna para explicar que nuestro conocimiento sensible es como el de los hombres encadenados que solo ven sombras alumbradas por un fuego. Solo quienes se elevan hasta la esfera de lo inteligible y captan la idea del bien, «causa primera de cuanto hay de bueno y bello en el universo», conocerán de verdad la realidad.[48] Quienes son encadenados, por tanto, son despojados de toda referencia a la verdad, el bien y la belleza; son, por el contrario, testigos de un engaño que se proyecta a lo largo y ancho de una pared, cual pantalla que atrapa, pero en la cual ya no somos meros espectadores, lo que implica un peligro tal vez mucho mayor. Platón no lo plantea, pero posiblemente en esa alegoría podríamos considerar que los encadenados también producían sombras, aunque ellos no tenían manera de saberlo, de modo que el engaño era mucho mayor. Aquí el mito de la caverna se convierte en algo que Platón jamás se hubiera imaginado: en una alegoría del mundo virtual, una verdadera caverna digital donde viven atrapados aquellos en los que la ilusión se ha superpuesto a la realidad y, como

---

46. Platón, *La República*.
47. Ibíd., p. 862.
48. Ibíd. De esa manera, Platón emplea la metáfora de los prisioneros para referirse a quienes están atados a sus percepciones sensoriales y las imágenes que se les presentan por medio de los sentidos. Solo cuando nos liberamos de los sentidos, según Platón, y nos adentramos en el mundo de lo inteligible, adquirimos el conocimiento verdadero.

consecuencia de esas ilusiones, su adicción es una realidad, pero su vida, una apariencia. ¿Acaso no notamos el impacto real del celular en aquellos niños que patalean cuando sus padres los desencadenan del teléfono inteligente, como añorando esa condición de esclavitud? Adictos, en el mundo romano, eran los esclavos. Hoy adictos son también los esclavos del mundo digital, esclavos no solo de una pantalla, sino también del relativismo que es consecuencia lógica de negar un mundo trascendente. Curiosamente, aunque el relativismo se enmarque como libertad, termina siendo prisión, manipulación y dominio, ya que el ser humano termina siendo esclavo de sus apariencias, sentimientos y caprichos.[49] Y una sociedad relativista es una sociedad totalmente manipulable, ya que el primer paso de dominación e ingeniería social consiste en «despojarla de los valores trascendentales que la dotan de estabilidad moral y ontológica», como señala Laje.[50]

En las redes sociales podemos ver a la multitud como representada en los esclavos encadenados que en una especie de encanto se entretienen con las sombras. El *influencer*, aquel cuyas sombras prevalecen, no es una sombra, sino un esclavo más. Solo que en este acto teatral se convierte en una especie de títere dispuesto a cualquier insensatez con tal de que su sombra sobresalga y así atrapar más a la masa en esa ilusión vana de viralizar sus locuras y conquistar la atención de los encadenados. De lo que no es consciente es de que su «viralización» es manipulación, propia y ajena, ya que las redes necesitan de bufones que capten la atención, y cuanto más tiempo puedan entretener a los usuarios mucho mejor. El *influencer* cree que es viral por mérito propio, inconsciente de que quien lo hace viral es un algoritmo que no tiene como intención primera premiarlo a él (veremos más sobre esto en el próximo capítulo). Él es tan esclavo como el resto, o aún más, ya que si deja de coreografiar y producir sombras el algoritmo de la caverna digital lo castigará: para mantener su estatus debe publicar sin cesar, de otra manera el fuego dejará de alumbrar y será un espectador más del montón. Y no se trata de publicar cualquier cosa, sino lo que el algoritmo impone como «viral». Son las métricas y los *likes* quienes de a poco irán moldeando su conducta e incluso su identidad. Pero todo es sombra (aunque «avatar» suena mejor) en el mundo digital y son las sombras, no las ideas, las que tienen gran capacidad de viralización. Tal vez porque en las

---

49. *Cf.* Muñoz Iturrieta, *Las mentiras que te cuentan*, pp. 26-28.
50. Laje, *La batalla cultural*, p. 323.

sombras los prisioneros encuentran un lenguaje común: no importa desde dónde estén encadenados, todos las entenderán.[51]

Podríamos hacer una analogía entre el mito de la caverna y las distintas tecnologías de la comunicación que han surgido en el último siglo. Sin embargo, la comparación entre la caverna y el mundo virtual es mucho más apropiada que la que podríamos hacer con la radio o la televisión. Las sombras ya no son solo de estrellas del espectáculo y el ocasional colado que saluda a su mamá en un relámpago detrás de cámara. Ahora todos tienen la oportunidad de ser sombras fugaces en la era digital, sombras que rápidamente se desvanecen y son olvidadas por la multitud. Y, como las sombras, dichas imágenes requieren ser vistas con celeridad por el mismo hecho de ser fugaces. Lo que pasó ya pierde sentido. Pero eso también significa que, si se reduce la propia identidad a una sombra fugaz y cambiante, la propia identidad se percibe como fugaz, fluida y totalmente inconsistente. Tal vez no deberíamos sorprendernos, entonces, con la proliferación de adolescentes de la generación iPhone que reclaman para sí un estatus «no binario» y un «género fluido», empeñados en diseñar y rediseñar su imagen, sin importar que esto implique bloqueadores hormonales, hormonas sintéticas de por vida y la carnicería de amputarse órganos totalmente sanos, en unas decisiones de consecuencias no solo irreversibles, sino también mortales.[52] No es de extrañar tampoco la permeabilidad de propuestas ideológicas que prometen una total transformación del ser humano: ideología de género, posthumanismo y transhumanismo, apoyadas en avances técnicos sin ningún criterio bioético.

Obviamente, detrás de estas transformaciones personales hay toda una complejidad de causales y psicopatologías graves (nunca de verdadera libertad), pero esta actitud cultural de la imagen autoconstruida también se manifiesta en el engaño del *catfish*, o en los intentos «estéticos» de rediseñar la imagen.[53] Hoy todos compiten

51. «Las imágenes son menos dependientes que las palabras de la territorialidad del idioma nacional», dice Franco «Bifo» Berardi, *Fenomenología del fin. Sensibilidad y mutación conectiva* (Buenos Aires: Caja Negra, 2020), p. 154. Citado por Laje, *La batalla cultural*, p. 306.
52. Sobre las nefastas consecuencias de la ideología de género, ver Muñoz Iturrieta, *Atrapado en el cuerpo equivocado*, cap. 4.
53. *Catfish* hace referencia al engaño de un usuario a otro, sobre todo en aplicaciones de citas, usando una identidad robada (fotos) o creada (falsas biografías) con el propósito de comenzar una relación sentimental engañosa. La motivación varía, y va desde la intención de estafar financieramente (el caso del famoso *Tinder Swindler*) hasta la de tener la oportunidad de atraer

por ser sombras en el teatro de la caverna digital. Y no se trata solo de Photoshop e imágenes cuidadosamente modificadas después de horas de intentos para lograr la foto deseada,[54] sino que incluso hay quienes en su locura quieren parecerse a la sombra si esta no refleja su realidad corporal. Este es el caso de las cirugías estéticas motivadas por filtros de Instagram y TikTok que transforman el rostro (inteligencia artificial mediante) para que este parezca retocado con bótox, labios que parecen pico de pato y pómulos agrandados.[55] El filtro *Pillow Face* ha animado a muchas usuarias a realizarse una intervención quirúrgica al ver en el celular no solo cómo lucirían ellas, sino cómo lucen algunas famosas al postear imágenes con el filtro...[56] Prefirieron la sombra a la realidad, como manifestó una usuaria: «Instagram me dio el rostro que siempre quise».[57] Es decir, las sombras están ejerciendo una influencia impensada en la realidad de la persona, hasta el extremo de patologizar la conducta.[58] Según el decir de Facebook: «El metaverso será virtual, pero el impacto será real».[59]

---

a alguien debido a la baja percepción que la persona (el *catfish*) tiene de sí misma. *Cf.* Krystal D'Costa, «Catfishing: The Truth About Deception Online», *Scientific American*, 25 abril 2014, https://blogs.scientificamerican.com /anthropology-in-practice/catfishing-the-truth-about-deception-online/; Felicity Morris, *The Tinder Swindler* (Netflix, 2022), https://www.netflix.com /dk-en/title/81254340.

54. *Instagrammers* revelan, por ejemplo, que llegan a tomar más de 300 capturas para obtener finalmente la foto deseada. Julia Brucculieri, «4 Instagrammers Show Us How Many Photos They Took Before Nailing "The Shot"», *HuffPost*, 6 abril 2018, https://www.huffpost.com/entry/instagram-photo-camera -rolls_n_5ac4ed48e4b063ce2e58131f.

55. *Cf.* Jason Murdock, «How to Do the Pillow Face Botox Filter on TikTok and Instagram», *Newsweek*, 3 marzo 2021, https://www.newsweek.com/tiktok -instagram-how-use-pillow-face-filter-cosmetic-surgery-botox-1579502.

56. *Cf.* Kerry Justich, «Ashley Benson, Sophie Turner and More Call Out Plastic Surgery Trends Popularized on Social Media with Instagram Filter», *Yahoo Life*, 31 marzo 2021, https://www.yahoo.com/lifestyle/pillow-face-filter -plastic-surgery-trends-194308774.html.

57. *Cf.* Stephanie Yeboah, «Instagram Plastic Surgery Filters Gave Me the Face I'd Always Coveted – and That's Worrying», *Metro*, 9 febrero 2020, https://metro .co.uk/2020/02/09/instagram-plastic-surgery-filters-gave-me-the-face-id -always-coveted-and-thats-worrying-12165750/.

58. El trastorno dismórfico corporal lleva a la persona a no dejar de pensar en uno o más defectos que percibe en su apariencia, los cuales son menores o totalmente inexistentes e imaginados. *Cf.* American Psychiatric Association DSM-5 Task Force, *DSM-5*, 300.7.

59. Meta, «The Impact Will Be Real», *YouTube*, 15 junio 2022. https://www. youtube.com/watch?v=80IIEnSNwQc.

El metaverso

En octubre del 2021, Mark Zuckerberg, en un intento de transformar Facebook en una plataforma de inmersión virtual y tomar la delantera en la próxima fase del internet, rebautizó la fusión entre Facebook e Instagram bajo el nombre de «Meta» y presentó Oculus, unas gafas de inmersión virtual para adentrarse en esta caverna digital.[60] El mensaje era claro: Facebook dejaría de ser una mera red social y se convertiría en una compañía del «metaverso» en la nueva era del internet. Los otros gigantes tecnológicos no se quedaron con los brazos cruzados en la conquista del espacio virtual. Microsoft, por ejemplo, adquirió la compañía de videojuegos Activision Blizzard (creadora de *Call of Duty*) en el 2022 por 75.000 millones de dólares y en mayo del mismo año Satya Nadella, CEO de Microsoft, anunció la creación de un metaverso liderado por la compañía.[61] Jensen Huang, CEO de Nvidia, la creadora de semiconductores, anunció que su compañía estaría en el corazón de la economía del metaverso, la cual «será más grande que la economía del mundo físico».[62] Tencent, la principal compañía tecnológica china, presentó su metaverso en mayo del 2021, al cual bautizó como «Realidad Hiperdigital».[63] Este anuncio probablemente apuró a Corea del Sur, ya que al día siguiente el Ministerio de Ciencia y Tecnologías de la Información y Comunicación anunció la creación de la «Alianza del Metaverso Surcoreano», que involucra a más de 450 compañías tecnológicas, bancarias, automotrices (Hyundai) y de telecomunicaciones.[64] Los otros gigantes tecnológicos chinos, Alibaba y ByteDance (creador de TikTok), registraron

60. *Cf.* Sheera Frenkel, «How Facebook Is Morphing Into Meta», *The New York Times* (Nueva York), 31 enero 2022, https://www.nytimes.com/2022/01/31 /technology/facebook-meta-change.html.
61. *Cf.* Microsoft, «Microsoft to Acquire Activision Blizzard to Bring the Joy and Community of Gaming to Everyone, across Every Device», *Microsoft News Center*, 18 enero 2022, https://news.microsoft.com/2022/01/18 /microsoft-to-acquire-activision-blizzard-to-bring-the-joy-and-community -of-gaming-to-everyone-across-every-device/.
62. *Cf.* Dean Takahashi, «Nvidia CEO Jensen Huang Weighs In on the Metaverse, Blockchain, and Chip Shortage», *Venture Beat*, 12 junio 2021, https ://venturebeat.com/games/nvidia-ceo-jensen-huang-weighs-in-on-the -metaverse-blockchain-chip-shortage-arm-deal-and-competition/.
63. *Cf.* Steven Ma, «The Infinite Possibilities of Video Games», *Tencent*, 17 mayo 2021, https://www.tencent.com/en-us/articles/2201154.html.
64. *Cf.* Oh Young-jin, «Korea launches "Metaverse" Alliance», *The Korea Times* (Seoul), 18 mayo 2021, https://www.koreatimes.co.kr/www/tech /2021/05/133_308975.html.

sus respectivas patentes del metaverso y compraron varias compañías tecnológicas enfocadas en el desarrollo de realidad virtual y 3D.[65] Ya para los primeros cinco meses del año 2022, la inversión global en el metaverso había sobrepasado los 120.000 millones de dólares.[66]

Al parecer, ninguna de las grandes compañías tecnológicas quiere quedar atrás, a pesar de que, como veremos más abajo, la idea del metaverso es todavía más ciencia ficción que realidad, con el consiguiente peligro de exponerse al fracaso público si no cumplen lo prometido. Sin embargo, todas estas compañías coinciden en ver el metaverso como la plataforma virtual del futuro. Y el metaverso promete no solo ser el internet del futuro, sino que también aspira a suplantar la realidad tal como la conocemos y vivimos cada día por medio de la virtualidad y la «realidad aumentada», de tal manera que generaciones futuras se «moverán» y vivirán dentro de este mundo virtual, alterando por completo el modo como vivimos, trabajamos e incluso pensamos.

El término «metaverso» apareció por primera vez en 1992 en una novela de Neal Stephenson.[67] La idea misma del metaverso, sin embargo, por ahora es principalmente una teoría, una proyección hacia lo que se podría lograr en caso de sobrepasar serios obstáculos tecnológicos y financieros. Entonces, ¿qué es el metaverso?, ¿cómo podemos tener una idea más o menos completa del mismo? El término «metaverso» describe la combinación de los mundos de realidad virtual tridimensional y realidad mixta a los que se puede acceder simultáneamente a través de un navegador o auricular y visor, y que permite a un número ilimitado de usuarios tener interacciones y experiencias en tiempo real a distancia.[68] Pero el metaverso no es en sí un mundo meramente digital, sino que es un mundo que incluye otros mundos

65. *Cf.* Nina Xiang, «TikTok Parent ByteDance Follows Meta's Footsteps Down Risky Path Toward the Metaverse», *Forbes*, 26 abril 2022, https://www.forbes.com/sites/ninaxiang/2022/04/26/tiktok-parent-bytedance-follows-metas-footsteps-down-risky-path-toward-the-metaverse/?sh=7470a18b395e.

66. *Cf.* Matthew Ball, «What the Metaverse Will Mean», *The Wall Street Journal* (Nueva York), 11 agosto 2022, https://www.wsj.com/articles/what-the-metaverse-will-mean-11660233462.

67. *Cf.* Neal Stephenson, *Snow Crash* (Barcelona: Gilgamesh, 2017). En la novela, el metaverso era un mundo virtual que afectaba completamente la vida humana, un lugar para el trabajo y el placer, para el arte y el comercio. Este mundo virtual era más del doble de grande que el planeta Tierra y en él convivían 15 millones de avatares controlados por seres humanos.

68. *Cf.* Deborah Lovich, «What Is the Metaverse and Why Should You Care?», *Forbes*, 11 mayo 2022, https://www.forbes.com/sites/deborahlovich/2022/05/11/what-is-the-metaverse-and-why-should-you-care/?sh=2a dbccf02704.

digitales que a su vez se superponen a la realidad física a través de la realidad aumentada y donde las personas podrían moverse sin problemas, conservando su apariencia y sus posesiones digitales dondequiera que vayan.

Una definición más completa del metaverso, sin embargo, es la que ofrece Matthew Ball, uno de sus grandes promotores, autor del libro más completo sobre el mismo y ejecutivo de Amazon. Según Ball, el metaverso es «una red interoperable y de gran escala de mundos virtuales tridimensionales procesados (gráficamente) en tiempo real y que pueden ser experimentados de forma sincrónica y persistente por un número ilimitado de usuarios con un sentido individual de presencia y con continuidad de datos, tales como la identidad, el historial, los derechos, objetos, comunicaciones y pagos».[69] Expliquemos un poco los conceptos incluidos en la definición.

Los mundos virtuales se crearon originalmente para los videojuegos. Un mundo virtual es cualquier simulación del entorno generada por computadoras, ya sea en 3D, con inmersión 3D, 2.5D (3D isométrico), 2D, superpuesta a lo que vemos por medio de la realidad aumentada (*PokemonGo*) o puramente basadas en texto, como los primeros videojuegos de la década de 1970.[70] Pero para el metaverso es crítico que sea un entorno tridimensional, porque eso permitiría la transición del mundo físico al digital (de otra manera no se diferenciaría del internet actual), y con modelos digitales que incluyan audio y video, especialmente por los cambios en la experiencia virtual que generó la introducción de las redes sociales.[71] Además, esta simulación de la realidad puede ser una reproducción exacta (un gemelo digital, como en *Flight Simulator*), o una versión ficticia (de una ciudad), o directamente una invención ficticia (un mundo imaginario). Esta tecnología hoy se usa también para reproducir virtualmente ciudades o aeropuertos y así medir el impacto del tráfico, cantidad de pasajeros, posibles construcciones, impacto en el viento o el sol, la respuesta ante una emergencia por parte de la policía o los bomberos, etc. El problema técnico es que la mayoría de estos mundos virtuales han sido creados para una plataforma y dispositivos específicos. Microsoft

---

69. *Cf.* Matthew Ball, *The Metaverse: And How It Will Revolutionize Everything* (Nueva York: Liveright Publishing Corporation, 2022), p. 29 [en español, *El metaverso: y cómo lo revolucionará todo* (Barcelona: Deusto, 2022)].
70. A su vez estos mundos pueden ser «inhabitados» (las películas de Pixar o una biósfera simulada para una clase de biología), estar limitados a un solo usuario (*Legend of Zelda*) o ser compartidos con muchos otros (*Call of Duty*).
71. *Cf.* Ball, *The Metaverse*, pp. 33-34.

ha desarrollado el por ahora metaverso más completo que existe con su simulador de vuelos (*Flight Simulator*), pero el código de este simulador es solo legible en aparatos desarrollados por Microsoft, no en los de Apple o Google, ya que de esa manera se aseguran la comercialización no solo del *software*, sino también del *hardware*.[72]

La renderización y el procesamiento gráfico en tiempo real dentro del metaverso es otro obstáculo tecnológico que por el momento lo hace imposible. Por ejemplo, para poder procesar los gráficos de sus producciones, Pixar tuvo que construir un centro de datos con 2.000 computadoras industriales conectadas entre sí y 24.000 núcleos (*cores*), lo que significó un gasto millonario e imposible no solo para un individuo que quiera tener una experiencia única del mundo virtual, sino también para la mayoría de las productoras cinematográficas. De no haberlos usado, Pixar demoraría 50 horas en procesar cada uno de los 120.000 fotogramas promedio de una producción como *Monsters, Inc.*, tiempo que pudo reducir a 7 segundos por imagen.[73] Y aquí estamos hablando de imágenes prediseñadas que no requieren ninguna alteración en tiempo real. Imaginemos un metaverso diseñado por FIFA para que personas de todo el mundo puedan experimentar un mundial en tiempo real sentados en una butaca específica dentro de la réplica del estadio en el mundo virtual y junto a aficionados de todo el mundo. Incluso suponiendo que cada jugador esté cubierto de sensores y que haya cámaras de reconocimiento facial y corporal analizando miles de puntos del cuerpo para replicar exactamente cada movimiento, hoy en día los procesadores más potentes tardarían horas en darnos cada fotograma, y se necesitarían decenas de miles para replicar un partido de fútbol, el ambiente del estadio, los movimientos de los jugadores, los cantos y movimientos de los aficionados, todo esto en tiempo real. Hoy por hoy, esto es solo ciencia ficción.

Ahora vayamos más allá y supongamos que ese fan salga de su butaca y se dirija debajo de las gradas hacia el área de la comida o donde venden productos y recuerdos del mundial, o que después del

---

72. *Flight Simulator* es el videojuego con mayor vida, lanzado en 1979 y adquirido por Microsoft en 1982, la última edición del juego, cuyo objetivo es volar un avión virtual es de 2022. https://www.flightsimulator.com/.
73. *Cf.* Chris O'Brian, «How Pixar Uses AI and GANs to Create High Resolution Content», *Venture Beat*, 17 julio 2020, https://venturebeat.com/business/how-pixar-uses-ai-and-gans-to-create-high-resolution-content/; Dean Takahashi, «How Pixar Made Monsters University, Its Latest Technological Marvel», *Venture Beat*, 24 abril 2013, https://venturebeat.com/2013/04/24/the-making-of-pixars-latest-technological-marvel-monsters-university/.

encuentro decida juntarse con amigos virtuales o compañeros de la escuela para conversar del partido en un bar o parque virtual. Ahí se entiende mejor por qué el metaverso implica una red interoperable de gran escala, y para lograrlo se necesitaría una reestructuración total de cómo funcionan las redes y el internet. La idea del metaverso exige que sea donde sea que un usuario quiera ir, todo su «historial» dentro del metaverso sea reconocido a lo largo de los mundos virtuales, como ocurriría en el real. Volvamos al ejemplo del partido: Messi está jugando su última copa mundial y decide lanzar su camiseta al público, lo cual es replicado en el partido virtual, y un espectador que participaba desde Costa Rica es quien tiene la suerte de manotearla entre tantos otros avatares que se peleaban por el recuerdo del 10. El metaverso debe posibilitarle al usuario que se pueda llevar ese recuerdo donde quiera que vaya, incluso ponerse la camiseta para cualquier otro partido o situación futura. Para lograrlo, el metaverso debe ser «interoperable», es decir, los sistemas de *software* deberán poder intercambiar y usar información que se envía desde un mundo virtual a otro, tal como ocurre hoy en día con el internet gracias a los protocolos de comunicación establecidos en 1986 (IPS), que fueron adoptados por prácticamente todas las redes, los proveedores de internet y las compañías de *software* y *hardware*, o como pasó con el establecimiento del formato JPG para imágenes digitales y el MP3 para el audio digital.[74]

El problema para la interoperabilidad es que prácticamente todos los mundos virtuales que existen usan formatos y sistemas totalmente distintos, lo que hace imposible por el momento compartir cualquier tipo de información con otro mundo virtual. Si entreno para el Tour de Francia dentro del mundo virtual de *Zwift*, por ejemplo, y logro adquirir una determinada indumentaria deportiva, no podré llevármela a *Peloton*, otro de los mundos virtuales que lideran en el ámbito del ciclismo.[75] Para que pueda haber un metaverso, se deberán también

---

74. *Cf.* Ball, *The Metaverse*, pp. 38-39.
75. Las sesiones en *Zwift* se realizan con la propia bicicleta montada a un aparato de entrenamiento que se conecta al mundo virtual y, por ahora, se sigue el recorrido en una pantalla, aunque la compañía avisó que está desarrollando sus propias gafas de realidad virtual. El sistema es tan real que hay ciclistas profesionales que lo usan para entrenar, además de haber sido anfitrión de varios campeonatos mundiales virtuales y patrocinador del *Tour de France Femme* 2022. *Cf.* Shane Stokes, «Zwift's Future Direction: A Doubling-Down on Project Innovation and, Eventually, VR Headsets and AR», *VeloNews*, 11 agosto 2022, https://www.velonews.com/gear/tech-wearables/zwifts-future-direction-a-doubling-down-on-project-innovation-and-eventually-vr-headsets-and-ar/.

reescribir los códigos de todos los mundos virtuales de acuerdo con un estándar común, además de desarrollar códigos que puedan interpretar y modificar los «bienes virtuales» que se reciban de otras plataformas (por ejemplo, si esa camiseta de Messi es luego autografiada por el mismo jugador en otra ocasión y dentro de otro mundo virtual). Pero, como nota Ball, más que un problema técnico gigantesco, el problema de la estandarización es principalmente humano, ya que hay demasiados intereses financieros, con miles de millones de dólares en juego, y si se adopta un formato común habrá grandes perdedores. Tal vez esta sea la causa de que no llegue a concretarse un metaverso único, sino que más bien tengamos muchas redes virtuales compitiendo por la mayor cantidad de audiencia posible.[76]

Como mencionamos más arriba, la palabra «metaverso» es un neologismo creado por Stephenson. Su etimología hace referencia a «meta» (más allá de, por encima de) y «verso» (una contracción de universo). Es decir, «metaverso» se refiere a una realidad virtual que se encuentra por encima y a lo largo de todos los «universos» virtuales individuales, así como del mismo mundo real.[77] Pero esto supone que dicha red no solo sea interoperable, sino que también funcione a una gran escala, con acceso ilimitado de usuarios (en la actualidad, los videojuegos limitan las salas a un número determinado de usuarios ubicados en distintas regiones para que la red y los servidores no colapsen). Además, debe contar con datos sincronizados de tal manera que todos los usuarios experimenten lo mismo y los gráficos de todos se rendericen en tiempo real para todos los que participen en esa experiencia. Sin embargo, la realidad es que esto va mucho más allá de lo que la tecnología actual permite, sobre todo en cuanto a experimentar todos lo mismo y de manera sincrónica. Esta es, según Ball, la dificultad más grande a la que se enfrenta el metaverso y la más difícil de resolver, ya que el internet no está diseñado para experiencias sincrónicas, sino para compartir copias estáticas de mensajes y archivos.[78] Según Raja Koduri, vicepresidente de Intel, para que el metaverso sea posible se necesitará aumentar 1.000 veces la eficiencia computacional con respecto a su estado actual.[79]

---

76. *Cf.* Ball, *The Metaverse*, p. 41.
77. *Cf.* Ibíd., p. 43.
78. *Cf.* Ibíd., p. 49.
79. *Cf.* Raja Koduri, «Powering the Metaverse», *Intel*, 14 diciembre 2021, https://www.intel.com/content/www/us/en/newsroom/opinion/powering-metaverse.html.

En la actualidad, lo que tenemos es una serie de metaversos separados y desconectados, con sus propios accesos, avatares, interacciones y dinero digital. Incluso cuando hayan quedado atrás las limitaciones tecnológicas (placas gráficas, banda de internet, etc.), siempre subsistirá el problema de que plataformas del mundo virtual integrado tales como *Meta* (Facebook), *Roblox*, *Fornite* y *Minecraft* (Microsoft) no querrán fusionarse por el simple hecho de que no tienen ningún incentivo financiero, sino todo lo contrario, para compartir la base de datos. Pero para Facebook el metaverso debería ser único y operado por una sola compañía, ya que de tener una serie de metaversos ya no tendríamos propiamente un metaverso. Básicamente, Zuckerberg plantea que el metaverso debería funcionar unificado a la manera como funciona el internet hoy en día, pero detrás de esta concepción hay un deseo de que Meta sea quien controle el internet del futuro. Sin embargo, compañías como Microsoft y Roblox no parecen estar de acuerdo y hablan por el contrario de un conjunto de «metaversos», con una clara intención de no querer cambiar la situación actual y no arriesgarse a perder la base de millones de usuarios que juegan en sus plataformas virtuales cada día.[80]

Los proponentes del metaverso prometen reconstruir la economía, la educación (por medio de la inmersión virtual), los conciertos, las convenciones, el turismo y la estructura de países enteros en el mundo de realidad virtual. Incluso Match Group (empresa matriz de *Tinder*) anunció sus planes para un «metaverso» de citas y experiencias virtuales basadas en avatares.[81] Varias de las empresas tecnológicas más poderosas y los emprendedores más ambiciosos del mundo están en una especie de carrera virtual para construir el internet del futuro, un mundo virtual paralelo destinado a hacernos sentir una inmersión que nos lleve a un mundo mucho más «real». El mismo Bill Gates «predice» que en los próximos dos o tres años las reuniones virtuales se trasladarán del 2D (Zoom) al metaverso.[82]

---

80. *Cf.* Ball, *The Metaverse*, p. 21.
81. *Cf.* Sarah Perez, «Match Group Details Plans for a Dating "Metaverse", Tinder's virtual goods-based economy», *TechCrunch*, 3 noviembre 2021, https://techcrunch.com/2021/11/03/match-group-details-plans-for-a-dating-metaverse-tinders-virtual-goods-based-economy/.
82. *Cf.* Tom Huddleston Jr., «Bill Gates Says the Metaverse Will Host Most of Your Office Meetings within "Two Or Three Years"— Here's What It Will Look Like», *CNBC*, 9 diciembre 2021, https://www.cnbc.com/2021/12/09/bill-gates-metaverse-will-host-most-virtual-meetings-in-a-few-years.html.

En el metaverso se podrán «poseer» objetos virtuales e incluso propiedades y parcelas de «tierra». Los metaversos de *Decentraland* y *Sandbox*, por ejemplo, venden terrenos virtuales a empresas que construyen edificios virtuales. Sotheby's, la famosa casa de subastas, tiene un edificio en *Decentraland* que se puede recorrer con el avatar y donde se puede ver lo que se está subastando. Republic Realm, una empresa que desarrolla terrenos en el metaverso, pagó recientemente 4,3 millones de dólares por un terreno virtual en el metaverso de *Sandbox*.[83] Pero ¿somos dueños realmente de esos objetos virtuales cuando están bajo el poder de las compañías que crearon ese mundo virtual y pueden sacarlos de sus servidores o eliminar nuestro avatar si así lo quisieran?

Lo más cercano al metaverso que tenemos y tendremos en los próximos años serán los videojuegos, los cuales conformarán una especie de «metagalaxia» virtual. La principal razón de la vanguardia de estas plataformas es que detrás de la innovación hay un aspecto comercial que las motiva de manera especial. Según Jensen Huang, CEO de Nvidia, es muy raro el caso en el que hay una demanda tecnológica enorme que a la vez tenga un mercado gigante, como es el caso de los videojuegos.[84] Huan fundó Nvidia no con los videojuegos en mente, sino para resolver por medio de la informática gráfica ciertos problemas que no se podían resolver por medio de la informática general. Pero encontraron en los videojuegos un mercado gigante, con un valor que se calcula que para el 2026 sobrepasará los 321.000 millones de dólares y que durante las cuarentenas vio un crecimiento del 26 %.[85] Por eso los que tienen más experiencia en mundos virtuales son los desarrolladores de videojuegos y, por lo tanto, están en la vanguardia del metaverso. «Si la humanidad alguna vez va a trasladarse a una red interoperable de escala masiva de mundos virtuales en 3D procesados en tiempo real», afirma Ball, «es la habilidad de ellos [los desarrolladores de videojuegos] la que nos va a llevar allí».[86]

---

83. *Cf.* Lovich, «What Is The Metaverse?».
84. *Cf.* Even Shapiro, «The Metaverse Is Coming. Nvidia CEO Jensen Huang on the Fusion of Virtual and Physical Worlds», *TIME*, 18 abril 2021, https://time .com/5955412/artificial-intelligence-nvidia-jensen-huang.
85. *Cf.* Simon Read, «Gaming Is Booming and Is Expected to Keep Growing. This Chart Tells You All You Need to Know», *World Economic Forum*, 28 julio 2022, https://www.weforum.org/agenda/2022/07/gaming-pandemic-lockdowns -pwc-growth/.
86. *Cf.* Ball, *The Metaverse*, pp. 67-68.

Sin embargo, para que el metaverso se haga realidad, depende no solo de la resolución de un obstáculo tecnológico, sino de una serie enorme de innovaciones y cambios orgánicos, de una legislación que fuerce a las grandes compañías tecnológicas a cambiar cómo operan (especialmente Google y Apple), o de la adopción de un estándar común para objetos 3D. Todo ello hace que sea muy difícil predecir cómo funcionará este universo virtual en caso de hacerse realidad. La verdad es que, aunque las grandes compañías tecnológicas nos prometen un mundo virtual determinado, por el momento están generalmente ideando algo que en la mayoría de los casos no es posible materializar con la tecnología disponible.

La gran pregunta con respecto a todas las posibilidades y experiencias que ofrece el metaverso es: ¿esto nos hace más humanos? ¿Para qué liberarnos de la realidad? ¿Acaso está relacionado con la transferencia de la mente humana a la nube virtual, tan buscada por los tecnócratas propulsores del transhumanismo, de tal manera que incluso después de la muerte persistamos en un holograma dentro del metaverso?[87] ¿Existe acaso un riesgo existencial de ser completamente manipulados? Desde luego que sí, sobre todo cuando tenemos en cuenta que a través del metaverso la minería de datos será mucho mayor y mucho más fácil, además de que, debido a las complicaciones que implicaría una red global para entregar el mundo virtual en tiempo real, tal vez sea imposible tener un metaverso descentralizado.[88] Los peligros son reales, ya que el metaverso puede hacer que la vigilancia y el rastreo de las personas a través de su actividad digital sea aún más fácil y, cuanto más se conoce a alguien, más grande es la posibilidad de manipularlo.

El *Project Starline* de Google, por ejemplo, es una especie de metaverso diseñado para lograr que las conversaciones por videoconferencia parezcan totalmente reales.[89] Esto requiere, sin embargo, emplear una docena de sensores de profundidad y cámaras que en conjunto producen siete transmisiones de video desde cuatro puntos de vista

---

87. Para Larry Page, cofundador de Google, el cerebro humano es una computadora con sus propios algoritmos que, según él, pueden ser replicados por la inteligencia artificial. Esta IA sería anexada al cerebro humano, según vimos más arriba que lo proponía Sergey Brin, el otro cofundador de la empresa. *Cf.* Larry Page, «AAAS 2007 Annual Meeting Plenary Lecture: Larry Page», *Google TechTalks*, 16 febrero 2007, https://www.youtube.com/watch?v=69Rri8Bpz0o.
88. *Cf.* Ball, *The Metaverse*, p. 230.
89. *Cf.* Andrew Nartker, «How We're Testing Project Starline at Google», *The Keyword*, 30 noviembre 2021, https://blog.google/technology/research/how-were-testing-project-starline-google/.

y tres mapas de profundidad.[90] ¿Qué harán con la gran cantidad de datos que registrarán cada segundo, incluyendo la conversación, el rostro, las expresiones faciales y las consiguientes emociones, etc.? Un caso similar es el de Amazon, compañía que ya utiliza cámaras de seguimiento y reconocimiento facial en tiempo real en su cadena de supermercados automatizados *Amazon Go* y *WholeFoods*, donde no hay necesidad de tener un cajero para pagar, ya que los sistemas de seguimiento registran absolutamente todo. Es decir, las cámaras analizan el rostro y todos los movimientos del cliente, de tal manera que sea lo que sea que tome o deje en las estanterías, todo queda registrado, pagando automáticamente con la cuenta de Amazon por cada producto que se lleva del establecimiento.[91] Sin ir más lejos, Apple lanzó en el 2017 un iPhone con sensores infrarrojos que reconocen 30.000 puntos faciales en el usuario, función que la compañía emplea como sistema de autenticación, pero que también se usa para reproducir el rostro en un avatar y en la realidad virtual aumentada.[92] Desde entonces, toda nueva edición del famoso celular viene con dicha tecnología.

Si la minería de datos es ya una realidad de la cual nos tenemos que proteger (hablaremos más sobre esto en el próximo capítulo), imaginemos la cantidad de datos que estarán disponibles en el mundo virtual, desde las dimensiones de tu casa hasta el detalle de tus retinas, las expresiones faciales de cada uno de tus hijos, cómo te está yendo en el trabajo hasta el mínimo detalle (piensa cómo esto puede afectar un futuro empleo), dónde has estado, durante cuánto tiempo, por qué, con quién y de qué hablaron. Y a todo esto podrán acceder otros: todo lo que dices y haces será capturado por decenas de cámaras, micrófonos y sensores y luego colocado en un mundo virtual gemelo,

---

90. Estas características permiten a los participantes ser capturados y luego procesados utilizando datos volumétricos, en vez de un video en 2D.

91. *Cf.* Dan Berthiaume, «Amazon Opens First Whole Foods Store with Cashierless Technology», *CSA*, 23 febrero 2022, https://chainstoreage.com /amazon-opens-first-whole-foods-store-cashierless-technology?utm _source=omeda&utm_medium=email&utm_campaign=NL_CSA+Day +Breaker&utm_keyword=&oly_enc_id=0917D8539489J0E; Chris Walton, «5 Reasons Why Amazon Go Is Already the Greatest Retail Innovation of the Next 30 Years», *Forbes*, 1 marzo 2022, https://www.forbes.com/sites /christopherwalton/2022/03/01/5-reasons-why-amazon-go-is-already-the -greatest-retail-innovation-of-the-next-30-years/?sh=28cfc2ea1abc.

92. *Cf.* Michael de Agonia, «Apple's Face ID [The iPhone X's Facial Recognition Tech] explained», *Computerworld*, 1 noviembre 2017, https://www.computerworld .com/article/3235140/apples-face-id-the-iphone-xs-facial-recognition -tech-explained.html#:~:text=Face%20ID%20analyzes%20your%20featu res,won%27t%20defeat%20the%20system.

propiedad de una empresa privada que lo podrá compartir con muchas otras y hasta con el gobierno.

Estos planteamientos no son teorías de la conspiración, sino preocupaciones legítimas y compartidas por grandes expertos en el tema.[93] Todos estos datos e información que se registrarán en el mundo virtual tienen gran valor y su uso es esencial para perfeccionar los algoritmos, como veremos más adelante. ¿Quién será el dueño de todos esos datos? ¿Qué pasa cuando se venden o se comparten con otros grupos interesados? ¿Acaso las compañías que están gastando miles de millones de dólares en el metaverso tendrán un derecho sobre todo lo que ocurre dentro del mismo? ¿Quién será el responsable en caso de pérdida, o peor aún, de robo de datos e identidad digital?

El Foro Económico Mundial (WEF por sus siglas en inglés) ya ha manifestado su interés en administrar y regular la identidad digital del metaverso y así controlar esta tecnología por medio de un sistema centralizado y coordinado con la identidad del mundo real (pasaporte, licencia de conducir, DNI, datos biométricos, etc.), todo parte de su proyecto de Identidad Digital.[94] El WEF plantea que necesariamente alguien debe ser el dueño del primer eslabón de la cadena de autenticación y coordinar todas las identidades creadas por una misma persona (pensemos en cómo podemos tener varios *e-mails* o usar la cuenta de distintas plataformas para entrar a un sitio: Facebook, Google, etc.). Esa identidad digital será necesariamente administrada por una corporación (como ocurre ahora con las redes sociales, por ejemplo) o por el gobierno, pero ¿cómo saber que están seguras o que no serán usadas contra nosotros? ¿Quién administrará toda la historia y el rastro digital de la persona? Como solución, el WEF propone crear una identidad digital única que represente a través del metaverso tanto la identidad de la vida real de la persona (una especie de «gemelo digital») como todas las otras identidades digitales que ese usuario pueda crear. Pero esto solo servirá al proyecto de vigilancia y control que hay detrás de la propuesta. El problema de las identidades ficticias seguirá subsistiendo e incluso empeorará con la introducción de tecnologías como el *deep fake*, videos (o avatares) en los cuales la imagen y la voz han sido alteradas digitalmente para parecerse a una

---

93. Ver Ball, *The Metaverse*, pp. 295-301.
94. *Cf.* Marcus Bonner, «Why We Need to Regulate Digital Identity in the Metaverse», *World Economic Forum*, 5 diciembre 2022, https://www.weforum.org/agenda/2022/12/digital-identity-metaverse-why-we-need-to-regulate-it-and-how/.

persona determinada y que fácilmente se puede usar de forma maliciosa o para desinformar.[95]

Matthew Ball, sin embargo, defiende una especie de neutralidad de la plataforma virtual en la que los usuarios serán los autores de su propio futuro.[96] El metaverso promete un tipo de interacción que sería imposible por Zoom, ya que dentro de la realidad virtual y aumentada se podrá interactuar de una manera que imita los encuentros reales. Un diseñador o un arquitecto podrán dibujar en un pedazo de papel para mostrarles a sus clientes la idea a crear; se podrán usar gestos con las manos, viajar a distintos «lugares» juntos, asistir a una ceremonia religiosa; los cirujanos podrán colaborar durante una intervención quirúrgica, de tal manera que un experto en el tema no necesitará viajar grandes distancias, sino que podrá guiar todo el proceso desde el metaverso. El impedimento de la distancia será eliminado con la posibilidad de realizar actividades colaborativas.

Más allá de las ventajas que promete el metaverso, Ball yerra cuando defiende la «neutralidad» del metaverso, sobre todo si tenemos en cuenta que cada uno será el «autor» de su propio futuro. Es decir, si ya las redes sociales implican el peligro de falsificar la propia realidad para un público embobado con la falsa imagen del *influencer*, el metaverso solo intensificará este problema. Si mi avatar y cada aspecto personal que presento a los demás en el metaverso es la consecuencia de una elección, entonces es inevitable que todas mis relaciones en ese mundo virtual sean objeto de manipulación. El mundo virtual implica por sí mismo la falta de una conexión concreta y personal con quienes me relaciono, y por lo tanto voy a estar inevitablemente desconectado de la realidad, ya que la interacción se dará entre el avatar ficticio de uno mismo y un conjunto de avatares ficticios y prediseñados que corresponden superficialmente a otras personas. ¿Qué tipo de relación es la que se da entre dos personas que se encuentran en el metaverso por medio de un intermediario (el avatar)? Si nunca he estado en persona con otro individuo, sino con su avatar en un mundo virtual, ¿puedo decir realmente que conozco a esa persona? La respuesta es evidentemente «no». Si puedo convertirme en un monstruo o un guerrero, cambiar mi voz o controlar la personalidad de mi avatar de acuerdo con mis deseos y cualquier otro avatar puede hacer lo mismo, es obvio que en realidad jamás estaremos presentes el uno para el otro

---

95. Más sobre el *deep fake* en el próximo capítulo.
96. *Cf.* Ball, «What the Metaverse Will Mean».

en ningún sentido profundo. Todo encuentro será virtual y diseñado a gusto, lo que significa que será ficticio.

¿Esposas y bebés virtuales?

El metaverso no solo implica la construcción de una «identidad digital», sino que hace del mismo sujeto un «sujeto digital» o incluso varios sujetos digitales, de acuerdo con las identidades que vaya creando o tenga en simultáneo. El sujeto ya no es concebido en su realidad ontológica (como sustancia), sino que se reduce a algo que ni siquiera es accidental. El problema filosófico de las distintas teorías de la identidad (género, orientación sexual, raza, condición de refugiado, indígena) es que reducen al sujeto a una característica secundaria, y a veces ficticia, de su ser (su autopercepción, peso, color de piel, condición migratoria, etc.). Pero el metaverso lleva este problema filosófico aún más lejos porque implica de por sí alejar al sujeto de toda su realidad, sea sustancial o accidental, y lo reduce a un avatar ficticio y totalmente extraño a su ser, es decir, a un conjunto de códigos y algoritmos que se reproducen gráfica y vocalmente de acuerdo con los deseos del usuario. El avatar se presenta como la salvación para quienes ya no quieren ser ellos mismos. El avatar es la proyección de la sombra sobre el muro de la caverna, aunque ahora en un mundo virtual.

El holograma es otro ejemplo del engaño virtual al que se someten los prisioneros de la nueva caverna digital. El holograma es percibido con subjetividad y existencia propia hasta el punto de que un japonés, Akihiko Kondo, se casó con uno en el 2018 en una ceremonia oficial.[97] Lamentablemente para el novio, la luna de miel se le acabó pronto por culpa de una actualización de *software* que nunca ocurrió porque Gatebox, la compañía que proveía la inteligencia artificial sobre la que se sustentaba el holograma, descontinuó el servicio en el 2020. En Japón, una de las voces del pop más escuchadas es la de Hatsune Miku, holograma que se presenta como una adolescente de 16 años y que, combinado con un sintetizador de voz, ha generado más de 100.000 canciones producidas con inteligencia artificial, se ha presentado en

---

97. *Cf.* Emiko Jozuka, «Beyond Dimensions: The Man Who Married a Hologram», *CNN Health*, 29 diciembre 2018, https://edition.cnn.com/2018/12/28/health/rise-of-digisexuals-intl/index.html.

conciertos en Los Ángeles, Hong Kong y Tokio, además de contar con casi un millón de seguidores en las redes sociales.[98]

El mundo digital revela una nueva dualidad entre el mundo real, el mundo del ser y el mundo virtual (el de los datos e imágenes), abriendo nuevas posibilidades para lo que es solo una apariencia de socialización y realización personal como sujetos, no ya humanos, sino digitales. Se trata de una dicotomía no tanto entre la realidad y la llamada «hiperrealidad», sino entre el ser y lo ficticio, entre el conocimiento y la ilusión, entre lo humano y su sombra o imitación digital. Dicha imitación, como veremos, depende de gran cantidad de datos, de la inteligencia artificial y de la manipulación de quien genera el algoritmo.

Un ejemplo que puede captarse como extremadamente deshumanizador es el de la maternidad virtual. Si el ser humano puede convertirse en sujeto digital, incluso aspectos tan humanos como la maternidad y la paternidad pueden ser digitalizados. Esta es la propuesta de los «bebés digitales» de Catriona Campbell, experta en inteligencia artificial y autora de un libro donde plantea las distintas posibilidades de su disciplina.[99] Su predicción suena escalofriante: «Dentro de 50 años, la tecnología habrá avanzado hasta tal punto que los bebés que existan en el metaverso serán indistinguibles de los del mundo real».[100] Es decir, en el metaverso existirán bebés y niños virtuales y será un modo muy «común» de tener hijos, según plantea la autora inglesa.

Esta propuesta posiblemente encuentre respuesta en el miedo a tener hijos, que es un síntoma de la «generación iPhone», la cual ha crecido bajo el terror apocalíptico del inminente cataclismo del cambio climático y las falsas profecías de Greta Thunberg.[101] «Una charla

---

98. *Cf.* Claire Shaffer, «Hatsune Miku, Holographic Japanese Idol, Makes Her Coachella Debut», *Rolling Stone*, 3 enero 2020, https://www.rollingstone.com /music/music-news/hatsune-miku-coachella-933263/.

99. *Cf.* Catriona Campbell, *AI by Design: A Plan for Living with Artificial Intelligence* (Boca Raton: CRC Press, 2022).

100. Catriona Campbell, «Tamagotchi Kids: Could the Future of Parenthood Be Having Virtual Children in the Metaverse?», *The Guardian* (Londres) 31 mayo 2022, https://www.theguardian.com/technology/2022/may/31 /tamagotchi-kids-future-parenthood-virutal-children-metaverse.

101. *Cf.* Angélica María Gallón Salazar, «No tener hijos para no contribuir a la debacle ambiental», *El País* (Madrid) 25 septiembre 2022, https://elpais.com /america-futura/2022-09-25/no-tener-hijos-para-no-contribuir-a-la-debacle-ambiental.html. Un informe de 2017 recomendaba cuatro acciones de alto impacto y con capacidad de reducir sustancialmente las emisiones personales por año, entre las que se encontraba en primer lugar el no tener hijos: «Tener un hijo menos significaría una reducción en promedio para los países

escolar sobre el medio ambiente me hizo clic la cabeza. No pensaba traer una vida al mundo para sufrir estas carencias», revelaba una joven argentina totalmente manipulada por el falso relato medioambientalista.[102] Esta generación que creció totalmente manipulada y bajo el control del algoritmo desde una tierna edad, muchas veces por culpa de padres irresponsables que prefirieron una niñera virtual en vez de pasar tiempo con sus hijos, probablemente sea la primera camada de la llamada «generación Tamagotchi», es decir, la de los que preferirán una maternidad virtual a una real. En un mundo donde todo debe ser *eco-friendly* (respetuoso con el medio ambiente), la maternidad virtual se presenta como la solución que salvará al planeta...

En el metaverso, según se nos promete, los niños virtuales se parecerán a su «progenitor» gracias a las maravillas de la inteligencia artificial y la realidad aumentada, podrás jugar con ellos y abrazarlos y acariciarlos gracias a guantes sensibles al tacto, y estos bebés serán capaces de simular respuestas emocionales y de voz que irán desde un balbuceo hasta una conversación coherente a medida que vayan creciendo. Y si crecen demasiado y te molestan, los podrás desconectar para siempre, bastará con que canceles la suscripción... No tendrás que pasar el suplicio de vivir con un adolescente en el mundo virtual. O tal vez te guste una etapa particular de su vida y lo dejarás estancado en ella... Las ventajas, nos quiere convencer Campbell, son enormes: desde el impacto medioambiental hasta el bajo costo de tener un niño así.[103] Si el costo de criar a un hijo hasta los 18 años ronda los 217.000 dólares en Estados Unidos, la propuesta virtual tiene un costo de 25 dólares mensuales y ciertamente parecerá tentadora...[104]

---

desarrollados de 58,6 toneladas de emisiones de CO2 al año». Seth Wynes y Kimberly A. Nicholas, «The Climate Mitigation Gap: Education and Government Recommendations Miss the Most Effective Individual Actions», *Environmental Research Letters* 12, n. 7 (2017), p. 74024.

102. *Cf.* Delfina Celichini, «Vivía con miedo de quedar embarazada. La intervención quirúrgica anticonceptiva que eligen cada vez más mujeres jóvenes sin hijos», *La Nación* (Buenos Aires), 6 diciembre 2022, https://www.lanacion.com.ar/sociedad/vivia-con-miedo-de-quedar-embarazada-la-intervencion-quirurgica-anticonceptiva-que-eligen-cada-vez-nid06122022/. Ciertamente, hay otras razones que se suman a este miedo a tener hijos. En especial hay que tener en cuenta el hecho de que nunca tantos miembros de una generación habían sido criados por padres solteros o divorciados, a lo que se suman los problemas económicos. *Cf.* Twenge, *iGen*, pp. 309-312.

103. *Cf.* Campbell, «Tamagotchi Kids».

104. *Cf.* June Sham, «Cost of Raising a Child», *Bankrate*, 4 agosto 2022, https://www.bankrate.com/insurance/life-insurance/cost-of-raising-a-child/.

Por supuesto, generar un avatar virtual que se asemeje a lo que sería un hijo real implicará una gigantesca minería de datos sobre los aspectos biológicos, genéricos, psicológicos, emocionales e intelectuales del «progenitor» virtual. Todo esto implica de por sí, como veremos en el próximo capítulo, un conocimiento sin precedentes del usuario (el progenitor virtual) y, por lo tanto, una posibilidad aún mayor de manipulación y control.

El ser humano necesita el contacto cara a cara para desarrollar las relaciones íntimas y profundas que le ayudan a preservar su calidad de vida psicológica y física. Es más, está demostrado que quienes hacen un esfuerzo por conectarse regularmente con familiares y amigos en persona tienen menos probabilidades de mostrar síntomas depresivos.[105] Si el metaverso nos parece un riesgo para el desarrollo social del ser humano, ¿qué decir de esas propuestas que nos prometen incluso poder tener una familia virtual? ¿Cómo deberíamos llamar a este fenómeno? ¿Será un caso de «hiperhumanidad», en el sentido de que se pretende sustraer al ser humano de su naturaleza y lo característicamente humano? Porque dicha propuesta de bebés virtuales no apunta a nada más que «liberar» al ser humano de la maternidad y la paternidad, pero a su vez tiene como consecuencia inevitable el adormecimiento del ser humano con una especie de experiencia virtual de la maternidad o la paternidad. El esclavo engañado mirará la sombra y creerá ser «padre» o «madre» de un engendro artificial de códigos, datos, algoritmos y tridimensionalidad gráfica. Paternidad, maternidad y filiación reducidas a datos. Podemos imaginar cómo aquí la manipulación será total. ¿Y si el algoritmo solo responde ante ciertas motivaciones y tipo de educación? Ya no será el sistema quien adoctrine a un hijo, sino el hijo virtual quien adoctrine a sus «padres». Así, finalmente, la inteligencia artificial manipulará los sentimientos y la ideología de quienes se sometieron voluntariamente a la caverna digital.

No faltan, sin embargo, quienes prometen beneficios sociales y emocionales en el metaverso. Un «humano virtual» podrá suplir la falta de compañía y podremos compartir nuestras emociones y nuestros miedos con él. Pero esto no dejará de ser una ilusión, sobre todo si

---

105. *Cf.* Brian A. M. D. Primack, «Social Media Use and Perceived Social Isolation among Young Adults in the U.S», *American Journal of Preventive Medicine* 53, n. 1 (2017), pp. 1-8; Alan R. Teo, «Does Mode of Contact with Different Types of Social Relationships Predict Depression in Older Adults? Evidence from a Nationally Representative Survey», *Journal of the American Geriatrics Society* 63, n. 10 (2015), pp. 2014-2022.

tenemos en cuenta que en el mundo virtual todo es codificado y siempre queda un registro, por lo que jamás se puede plantear el metaverso como un «espacio seguro» donde el humano virtual sea «capaz de establecer una conexión emocional y al mismo tiempo fomentar el anonimato».[106]

La soledad y el control social

Vivimos en una sociedad donde la estandarización del pensamiento es uno de los grandes objetivos de los programas políticos, educativos y culturales. Bien que se habla de multiculturalidad, diversidad, inclusión, tolerancia, pero estas palabras no son más que máscaras que detrás de un sonido vacío esconden una uniformidad ideológica que busca imponerse tanto por la fuerza política y legal (Agenda 2030) como por cualquier otro medio que afecte a la masa inculta e ingenua. Basta con observar cómo en su gran mayoría los medios de comunicación, compañías, instituciones financieras, universidades, gobiernos y partidos políticos se pliegan a los nuevos principios básicos del discurso globalista y progresista: diversidad, inclusión e igualdad.[107] Uniformidad ideológica absoluta.

La realidad del ser humano homogeneizado, vacío, sin historia y totalmente manipulable no es nueva. Ese es el «hombre masa», aquel de quien Ortega y Gasset decía en 1930: «cree que solo tiene derechos y no cree que tiene obligaciones: es el hombre sin la nobleza que obliga».[108] Este es el hombre masa que degeneró en lo que en otra obra llamábamos el «hombre idiota».[109] Es el producto del «empoderamiento» y del individualismo craso y sentimental, el «hombre metido en sí mismo, sin ningún límite moral en la concepción de su propia vida,

---

106. Lisanne S. Pauw, «The Avatar Will See You Now: Support from a Virtual Human Provides Socio-Emotional Benefits», *Computers in Human Behavior* 136 (2022), p. 107368. En nuestra opinión el único dato de valor de dicho estudio es demostrar que el ser humano de hecho está dispuesto a revelar información personal y hablar de sus emociones con un humano virtual.

107. *Cf.* Lukacs de Pereny, *Neo entes*, p. 140.

108. José Ortega y Gasset, *La rebelión de las masas* (Barcelona: Planeta-Agostini, 1993), p. 17.

109. *Cf.* Muñoz Iturrieta, *Las mentiras que te cuentan*, pp. 19, 26-28. En esta obra desarrollo el concepto griego del «idiota», la persona metida en sí misma y cuya actividad jamás trascendía lo personal, sin involucrarse políticamente en su sociedad.

es el hacer y dejar hacer, con una vida enfocada en la búsqueda de la satisfacción individual cueste lo que cueste, especialmente en el plano genital, negando a la vez la estructura biológica del ser humano y que ahora puede ser transformada, si no se acomoda a los sentimientos de la persona, por medio de una solución meramente técnica».[110] Este hombre de masas es producto del lineamiento ideológico impuesto desde los medios de comunicación masivos (en especial los diarios, radios y televisión), por medio de los cuales se crea y reformula la opinión pública.

La sociedad moderna es una sociedad de masas que fue precedida por la atomización social y la individualización extrema que llevaron a estos individuos a la soledad que antaño había sido mantenida bajo control por los lazos sociales. No en vano Hanna Arendt sostiene que la característica principal del hombre masa es su aislamiento y la falta de relaciones sociales normales.[111] Tal como podemos observar hoy en día en una generación consumida por las redes sociales, hiperconectada, pero a la vez tremendamente solitaria, reunidos todos en un mismo espacio virtual, pero esperando que esas redes llenen un vacío existencial. Así como en la sociedad de masas de principios siglo XX fueron las nuevas tecnologías la que permitieron reunirlos a todos en un mismo espacio y tiempo para que se les dé una forma, es decir, se informe a la masa, según nota Laje,[112] hoy dicha «forma» viene predeterminada por un algoritmo que busca moldear lo más profundo del pensamiento y la conducta del ser humano.

El problema que queremos señalar, estableciendo un paralelismo con nuestros días, es que fueron el individualismo y la atomización social los que prepararon el camino para los totalitarismos del siglo XX. Dichos movimientos e ideologías en realidad no fueron más que organizaciones masivas de personas solitarias.[113] Como afirma Arendt: «Lo que prepara a los hombres para la dominación totalitaria en un mundo no totalitario es el hecho de que la soledad, una experiencia límite generalmente sufrida en ciertas condiciones sociales marginales como la vejez, se ha convertido en una experiencia cotidiana de las masas siempre crecientes de nuestro siglo».[114] Esta atomización y

---

110. Muñoz Iturrieta, *Las mentiras que te cuentan*, p. 26.
111. *Cf.* Hannah Arendt, *The Origins of Totalitarianism* (Nueva York: Harcourt, 1985), pp. 316-317 [en español, *Los orígenes del totalitarismo* (Taurus: Madrid 1998)].
112. *Cf.* Laje, *La batalla cultural*, p. 184.
113. *Cf.* Arendt, *The Origins of Totalitarianism*, p. 308.
114. Ibíd., p. 478.

soledad a la que se refería Arendt en 1951 y que preparó el camino a los gobiernos totalitarios no es un hecho del pasado, sino que es una verdadera epidemia y un problema social crítico, como mencionamos más arriba, exacerbado por la introducción del internet, las redes sociales y el mundo virtual. La soledad y la falta de sentido de pertenencia está llevando a cantidad de jóvenes a caer en las garras de comunidades virtuales donde terminan siendo víctimas de las consecuencias más radicales de una ideología. Y el problema en cuestión, entonces, es que tarde o temprano la soledad tendrá un efecto político, como señala Rob Dreher.[115] ¿Qué tipo de totalitarismo se impondrá? ¿O acaso el totalitarismo del siglo XXI, que es de carácter ideológico y empoderado con tecnologías de control, ya está entre nosotros bajo la apariencia de una nueva normalidad, donde «no tendrás nada, ni privacidad, pero serás feliz»?[116]

Conclusión

El incremento de problemas psicológicos clínicos como la depresión va de la mano de un aumento exponencial de la percepción de la soledad en los adolescentes después del año 2012, y esto es un fenómeno mundial, como lo demuestra la amplia literatura científica.[117] Un dato interesantísimo es que la soledad en la población estudiantil aumenta más cuando más estudiantes tienen acceso a celulares

---

115. *Cf.* Dreher, *Live not by Lies*, p. 31.

116. Ida Auken, «Welcome to 2030: I Own Nothing, Have No Privacy and Life Has Never Been Better», *Forbes*, 10 noviembre 2016, https://www.forbes.com/sites/worldeconomicforum/2016/11/10/shopping-i-cant-really-remember-what-that-is-or-how-differently-well-live-in-2030/?sh=684f0ed31735.

117. *Cf.* Ramin Mojtabai, «National Trends in the Prevalence and Treatment of Depression in Adolescents and Young Adults», *Pediatrics* 138, n. 6 (2016), p. 1; Nowland, «Loneliness and Social Internet Use: Pathways to Reconnection in a Digital World?», pp. 70-87; Amy Orben y Andrew K. Przybylski, «The Association between Adolescent Well-Being and Digital Technology Use», *Nature Human Behaviour* 3, n. 2 (2019), pp. 173-182; Praveetha Patalay y Suzanne H. Gage, «Changes in Millennial Adolescent Mental Health and Health-Related Behaviours over 10 Years: A Population Cohort Comparison Study», *International Journal of Epidemiology* 48, n. 5 (2019), pp. 1650-1664; Jean M. Twenge, «Age, Period, and Cohort Trends in Mood Disorder Indicators and Suicide-Related Outcomes in a Nationally Representative Dataset, 2005-2017», *Journal of Abnormal Psychology* 128, n. 3 (2019), pp. 185-199.

inteligentes y usan el internet durante más horas por día entre sema-na.[118] Este dato desmiente entonces la falsa promesa de que el mundo virtual nos conectaría como nunca antes y sería una solución al problema de la soledad. De otra manera, los adolescentes inmersos en las redes sociales serían los que menos soledad percibirían, cuando sucede exactamente todo lo contrario.[119] Esto no es mera casualidad cuando la interacción virtual y por redes se ha vuelto la norma y los encuentros sociales han bajado estrepitosamente, incluso antes de los encierros del 2020,[120] que, como era de esperar, solo lograron empeorar la situación.[121] Al parecer, las redes sociales están propiciando una «cultura de la exclusión» que incrementa el sentimiento de soledad, sobre todo en chicas adolescentes.[122]

Los seres humanos somos criaturas sociales por naturaleza. Gran cantidad de estudios nos recuerdan una y otra vez que para crecer y desarrollar un bienestar físico y psicológico debemos mantener conexiones sociales cara a cara. Los encierros de los sanos en el 2020 fueron un crimen revestido de remedio y terminaron siendo peor que la enfermedad, pues atentaban contra nuestra naturaleza social (numerosos estudios prueban el retraso en el habla y la sociabilidad en los niños confinados). Lo peor de todo es que sumieron a millones de personas en un mundo virtual que puede ser destructivo: más de la tercera parte de los menores de 35 años padecieron soledad durante los encierros.[123] Pero la solución a este problema que trae consigo el celular no se dará solamente a un nivel individual, sino que debe enfocarse en el grupo, ya que, si bien el uso personal de la tecnología impacta en el bienestar del adolescente, el uso del celular y las redes

---

118. *Cf.* Twenge, «Worldwide Increases in Adolescent Loneliness», p. 267.

119. *Cf.* Twenge, *iGen*, p. 111.

120. *Cf.* Jean M. Twenge y Brian H. Spitzberg, «Declines in Non-Digital Social Interaction among Americans, 2003-2017», *Journal of Applied Social Psychology* 50, n. 6 (2020), pp. 363-367; Jean M. Twenge, «Less In-Person Social Interaction with Peers among U.S. Adolescents in the 21st Century and Links to Loneliness», *Journal of Social and Personal Relationships* 36, n. 6 (2019), pp. 1892-1913.

121. *Cf.* Maria Elizabeth Loades, «Rapid Systematic Review: The Impact of Social Isolation and Loneliness on the Mental Health of Children and Adolescents in the Context of COVID-19», *Journal of the American Academy of Child and Adolescent Psychiatry* 59, n. 11 (2020), pp. 1218-1239.

122. *Cf.* J. Luby y S. Kertz, «Increasing Suicide Rates in Early Adolescent Girls in the United States and the Equalization of Sex Disparity in Suicide: The Need to Investigate the Role of Social Media», *JAMA* 2, n. 5 (2019), p. e193916.

123. *Cf.* Feifei Bu, «Loneliness during a Strict Lockdown: Trajectories and Predictors during the COVID-19 Pandemic in 38,217 United Kingdom Adults», *Social Science & Medicine* 265 (2020), p. 113521.

sociales es tan generalizado que pueden tener un efecto nocivo independientemente de su nivel personal de uso. Por ejemplo, si a una joven le hacen una campaña en contra por las redes, este hecho la va a afectar sea cual sea el tiempo que dedique al celular. Si una familia impone límites a la tecnología, los padres deben liderar con el ejemplo. Una solución real debe ser grupal, no solo individual, y debe llevarnos a rediseñar el modo de interactuar en nuestras familias, en la escuela, con los grupos de amigos, etc., como veremos más adelante.

Parece inevitable, por otra parte, que el metaverso empeorará la preocupante tendencia del mundo actual hacia la desconexión y la soledad. Transformar y trasladar a la virtualidad casi todos los aspectos no solo de nuestras vidas, sino también de nuestra personalidad, solo exacerbará los graves y preocupantes problemas en la salud mental de los usuarios, como mencionamos en los capítulos 2 y 3. Una sociedad solitaria, sumergida en el engaño de la caverna digital, donde no existe la trascendencia y todo es relativo, y donde toda comunicación, acción, estado actual y relación es traducible a datos es una sociedad completamente dominable. Esto es así por el simple hecho de que esos datos alimentarán un algoritmo, esas «armas de destrucción matemática» diseñadas por sujetos con claros intereses financieros, políticos e ideológicos.[124] La masa esclava y encadenada a su celular apaga su cerebro y enciende su dispositivo para cada día alimentar a la misma maquinaria inhumana de vigilancia y control con toda clase de datos posibles que a su vez retroalimentarán el algoritmo y la inteligencia artificial que dominarán su conducta, sus emociones, su consumo, su pensamiento y, en definitiva, su vida.

---

124. Frase acuñada por Cathy O'Neil, *Weapons of Math Destruction: How Big Data Increases Inequality and Threatens Democracy* (Nueva York: Crown Publishers, 2016) [en español, *Armas de destrucción matemática: cómo el big data aumenta la desigualdad y amenaza la democracia* (Madrid: Capitán Swing, 2018)].

CAPÍTULO 5

UN FUTURO CONDICIONADO POR LA TECNOLOGÍA: EL ALGORITMO COMO HERRAMIENTA DE DOMINACIÓN

Cuando la OMS anunció una pandemia mundial por COVID-19, previa redefinición de qué significaba ahora una pandemia, se sucedieron una serie de encierros motivados por proyecciones que resultaron ser exageradas y carentes de cualquier fundamento científico, y que más bien terminaron afectando seriamente a poblaciones vulnerables.[1] Detrás de esas decisiones más políticas que médicas se encontraban voces que llamaban a aprovechar la situación para resetear el sistema, así como gobiernos que vieron la oportunidad que esperaban para implementar sistemas de control y vigilancia.[2] Las farmacéuticas no fueron las únicas beneficiadas por un negocio multimillonario que estaba detrás de una tragedia que parecía prediseñada.[3] Las compañías tecnológicas salieron inmediatamente a ofrecer una solución a los encierros acompañadas por grandes campañas de propaganda: un

---

1. Uno de los mejores estudios al respecto es el del médico Aaron Kheriaty, *The New Abnormal: The Rise of the Biomedical Security State* (Washington D. C.: Regnery Publishing, 2022).
2. Ver, por ejemplo, Schwab y Malleret, *COVID-19: El Gran Reinicio.*
3. Basta con repasar la serie de ejercicios de pandemia en las últimas décadas, los cuales funcionaron como manual de instrucciones: los simulacros de ataques terroristas con viruela (1999), Dark Winter (2001), Atlantic Storm (2003, 2005), Global Mercury (2003), Lockstep (2010), Mars (2017), SPARS (2017), Clade X (2018), Crimson Contagion (2019), Event 201 (2019). *Cf.* Kheriaty, *The New Abnormal*, pp. 36-38.

mundo virtual, con un nivel de conexión que imitaría y perfeccionaría la vida real y que era, sobre todo, seguro (aunque no faltaron quienes incluso portaban una mascarilla KN95 en transmisiones de Zoom, ejemplo claro de la manipulación psicológica que padecieron tantas personas).[4] Estos anuncios fueron secundados por una serie de estudios, tales como el liderado por un grupo de investigadores de la Universidad de Oxford, que sugería que la tecnología digital nos ayudaría a manejar la soledad de las cuarentenas.[5] Pero ¿por qué los encierros fueron una oportunidad gigantesca para las compañías tecnológicas?

El principal interés de las grandes compañías tecnológicas radicó en que tenían una oportunidad única otorgada por la «conveniencia» de los encierros para asegurarse aún más la atención de sus usuarios, lo que redundaría en una mayor cantidad de datos que se podían extraer. La estratagema funcionó: el 75 % de los adolescentes pasaron muchísimo más tiempo que antes en las redes sociales,[6] y el uso de las redes aumentó un 61 % a nivel mundial.[7] ¿El resultado? Ahora disponían de una cantidad mucho más grande de datos, el *big data*, a partir del cual podrían perfeccionar los algoritmos y la inteligencia artificial aún más. Pero esto tuvo también consecuencias devastadoras para la salud mental de la población, especialmente en relación con dos factores psicológicos mencionados más arriba: la ansiedad y la soledad.[8]

Es más que obvio el efecto deshumanizador del uso de ciertas tecnologías, sobre todo en las circunstancias de sometimiento y encierro y ausencia de contacto presencial y real. Los estudios serios han mostrado una realidad totalmente distinta a la promesa tecnológica de

---

4. *Cf.* Rebecca Stewart, «Facebook Spends on Ads to Celebrate the Role of Its Communities in Lockdown», *The Drum*, 29 abril 2020, https://www.thedrum .com/news/2020/04/29/facebook-spends-ads-celebrate-the-role-its-communities-lockdown.

5. *Cf.* Syed Ghulam Sarwar Shah, «The COVID-19 Pandemic: A Pandemic of Lockdown Loneliness and the Role of Digital Technology», *Journal of Medical Internet Research* 22, n. 11 (2020), p. e22287.

6. *Cf.* Verolien Cauberghe, «How Adolescents Use Social Media to Cope with Feelings of Loneliness and Anxiety During COVID-19 Lockdown», *Cyberpsychology, Behavior and Social Networking* 24, n. 4 (2021), pp. 25-257.

7. *Cf.* Kantar, «COVID-19 Barometer: Consumer Attitudes, Media Habits and Expectations», *Kantar*, 3 abril 2020, https://www.kantar.com/Inspiration /Coronavirus/COVID-19-Barometer-Consumer-attitudes-media-habits-and -expectations.

8. Ver, por ejemplo, los estudios de Valentina Boursier, «Facing Loneliness and Anxiety During the COVID-19 Isolation: The Role of Excessive Social Media Use in a Sample of Italian Adults», *Frontiers in Psychiatry* 11 (2020), p. 586222; Cauberghe, «How Adolescents Use Social Media», pp. 25-257.

un mundo más conectado, pero el poder financiero que otorga el *big data* y las posibilidades que se abren son demasiado grandes para que estas compañías se detengan a reflexionar sobre las consecuencias en la vida de tantas personas.

Cuando hablamos de algoritmos, hablamos de fórmulas matemáticas que funcionan como modelos, ya sea predictivos o directivos, que a su vez dependen de gran información para su desarrollo y perfeccionamiento.[9] Por eso quienes diseñan estos algoritmos necesitan que pasemos gran cantidad de tiempo conectados a la tecnología. Esto tiene su razón de ser, que se basa en una especie de ecuación tecnológica: para poder perfeccionar los algoritmos y la inteligencia artificial se necesitan datos, muchísimos datos. Y para poder obtener la mayor cantidad de datos posibles se necesitan no solo gran cantidad de medios (dispositivos y aplicaciones en el celular), sino que por sobre todo se necesitan redes enormes con gran cantidad de usuarios. Entonces, cuanto más grande sea una red social, por ejemplo, más acrecienta su valor. Pero la red no solo debe ser gigante, sino que además sus usuarios deben pasar la mayor cantidad posible de tiempo en ella. Cuanto más tiempo pasas en ella, más datos te extraen: esto es lo que conforma lo que se conoce como el *big data* y que está sujeto a operaciones de «minería de datos», es decir, análisis de toda esta información. Y cuantos más datos, más se perfecciona el algoritmo y la inteligencia artificial por medio de lo que se conoce como *machine learning* (aprendizaje de máquina o aprendizaje automático).[10]

En este capítulo vamos a hablar de la manipulación y el condicionamiento de la conducta y el modo de pensar por medio de las tecnologías de vigilancia, lo que nos llevará a hablar de datos y *big data*, tráfico de datos, inteligencia artificial y distintos ejemplos de manipulación por los algoritmos. Esto último no es fácil de demostrar, ya que el algoritmo de las redes sociales es «*software* con propietario»,

---

9. Un algoritmo puede ser diseñado para «predecir» quien va a comprar un BMW y así mostrarle un anuncio sobre el último modelo a esa persona y no a quien no tiene capacidad económica. Los algoritmos que «dirigen» van a mostrarle a una persona indecisa, por ejemplo, distintas noticias que lo motiven a no votar por un candidato determinado y así disuadirlo de votar o que apoye al candidato contrario.

10. Amazon, por ejemplo, tiene «laboratorios de datos», es decir, centros de investigación donde científicos de datos analizan hasta el mínimo detalle los patrones de conducta de sus usuarios y toda la experiencia de compra (desde cuánto tardó el paquete hasta qué comentario dejó el usuario) para así ir perfeccionando el sistema con todo nuevo dato que aporte algo que luego se vea reflejado en mayores compras.

es decir, nadie, aparte de ciertas personas dentro de una compañía, puede acceder y entender cómo funciona. Pero gracias a ciertos resultados que se repiten de modo masivo —por ejemplo, los cambios de conducta y la adicción a las redes sociales—, o a los mismos resultados publicados por los científicos de datos que trabajan tras estos algoritmos, podemos entender el mecanismo matemático que hay detrás de una aplicación. Y no solo eso, sino también qué intención y objetivos tienen quienes manejan los algoritmos de una plataforma determinada o por qué de repente un algoritmo se convierte en una cuestión de seguridad nacional, como ocurrió con el algoritmo de TikTok, patrimonio del gobierno comunista chino.[11]

Big data: extracción y minería de datos

El internet ha significado una época de innovación sin parangón debido a la cantidad de aplicaciones a distintos campos, especialmente desde la propagación de la web en la década de 1990.[12] En consecuencia, el internet y la tecnología han tenido un impacto enorme en todos los aspectos de nuestras vidas y nuestra sociedad debido a que los necesitamos para prácticamente toda actividad humana: transacciones financieras, campañas políticas, comunicaciones personales, amistades (redes sociales), aprendizaje, entretenimiento, movilidad, etc. Pero movernos en el mundo digital tiene una implicación muchas veces ignorada: con cada uso específico, siempre dejamos una huella o registro digital. Y no solo eso, sino que con el advenimiento del celular inteligente y los aparatos del hogar y dispositivos corporales conectados al internet y provistos de sensores, ahora es posible registrar la conducta, los rostros, la voz, cada movimiento, los estados de ánimo, las conversaciones, las reacciones, y todo ello se traduce en datos. Todo este registro de datos de nuestra vida diaria, sumado a los registros que dejamos en nuestras interacciones digitales, conforma la llamada «identidad digital». Cuando toda esta información se agrega a los registros y bases de datos existentes (historial crediticio, registros

---

11. Analizaremos este caso en el próximo capítulo.
12. Una de las razones de este rápido crecimiento innovador es que las aplicaciones del internet pueden ser desarrolladas desde cualquier parte del mundo y en paralelo.

de compra, historial médico, material genético), puede ofrecer un panorama completo sobre cada persona.

La minería de datos es un término que se presta a confusión, porque no hace referencia al proceso de extracción o recolección de datos, sino que trabaja a partir de la gran cantidad de datos que ya se han obtenido y recopilado por distintos medios, que han sido almacenados digitalmente y a partir de los cuales —aquí entra la minería de datos— se «extrae» conocimientos que pueden ser de gran utilidad, como los hábitos de la persona, patrones de conducta, de consumo, sus relaciones personales, etc.[13] De esa manera, la minería de datos es una técnica asistida por computadora y que se utiliza en los análisis con el fin de procesar y explorar grandes conjuntos de datos por medio de complejos programas de *software* y algoritmos, para así descubrir patrones, relaciones posibles que pasan desapercibidas sin estos análisis, etc. Cuando hablamos de minería de datos, inevitablemente estamos incluyendo los algoritmos, la inteligencia artificial, el proceso de aprendizaje de máquina (*machine learning*) y las redes neuronales que van asimilando todo este conocimiento y perfeccionando sus funciones específicas. Este es el caso de Google, que comenzó a usar el flujo de información continua que provenía de los millones de búsquedas diarias para transformar el sistema en una máquina que pueda aprender continuamente (*machine learning*) y de esa manera mejorar los sistemas de inteligencia artificial que luego comenzó a aplicar a cantidad de innovaciones que usamos cada día, tales como el corrector de ortografía, el reconocimiento de voz o la traducción de textos. Ya en el 2009, Google había desarrollado un sistema de búsqueda visual (Google Goggles) que en lugar de texto usaba imágenes o la cámara del celular (Nexus One) y que identificaba y ofrecía resultados de objetos, lugares o incluso el reconocimiento facial de las personas que aparecían en pantalla.[14]

En definitiva, debido a la complejidad y la coordinación operativa de estas funciones, tanto la extracción como la recopilación de datos

---

13. *Cf.* https://aws.amazon.com/es/what-is/data-mining/. Mark Coeckelbergh coincide en que el término «minería de datos» es engañoso. *Cf.* Mark Coeckelbergh, *AI Ethics* (Cambridge: MIT Press, 2020), p. 85 [en español, *Ética de la inteligencia artificial* (Madrid: Cátedra, 2021)].

14. Esta última función no se terminó incluyendo debido al impacto que esto tendría: con solo apuntar la cámara del celular a un desconocido, el buscador ofrecía toda una serie de resultados sobre esa persona (nombre, ocupación y cualquier otra información disponible en el internet) si, por ejemplo, estaba en una plataforma como Facebook. *Cf.* Steven Levy, *In the Plex: How Google Thinks, Works, and Shapes Our Lives* (Nueva York: Simon & Schuster), p. 232.

por medio de aparatos tecnológicos (cámaras, celular, aplicaciones, internet de las cosas) se dan muchas veces en simultáneo con el análisis algorítmico y la inteligencia artificial, lo que a su vez exige que la transmisión de datos sea simultánea para, por ejemplo, realizar análisis de reconocimiento facial o de patentes de vehículos en vivo y en directo. Esta transmisión de datos en simultáneo se hace posible solo mediante el mejoramiento de las redes de transmisión, razón principal por la que se comenzó a instalar antenas de 5G en todo el mundo (aunque ya existen el 6G y 7G y pronto veremos sistemas de 8G).[15]

Hal Varian, el economista de Google, nos da una buena idea del porqué de la minería de datos y lo que esta implica. Lo hace al describir cuatro maneras posibles en que las transacciones financieras mediadas por computadoras impactarán la economía del futuro.[16] Según Varian, la importancia de trabajar sobre la huella digital que dejamos con cada actividad radica en que su análisis facilitará nuevas formas de contrato, posibilitará la extracción y el análisis de datos, la experimentación controlada y, finalmente, la personalización. Procedamos a explicar cada una de estas posibilidades.

En primer lugar, con la minería de datos, las compañías de seguros podrán ahora establecer un contrato mucho más preciso y que dependa de las variables que aportan la gran cantidad de información que se extrae de la persona (datos biométricos), del vehículo (aparatos de monitoreo), del hogar (extraído del internet de las cosas), etc. El monitoreo constante ofrece posibilidades impensadas, tales como el posible bloqueo de un vehículo si no se realiza el pago mensual del seguro o si la persona excedió las emisiones de CO_2 permitidas por mes,[17] o como la penalización o premio a la persona dependiendo de cuánto ejercita por día, o el cálculo del costo mensual, por medio de un algoritmo que analiza el riesgo al entrecruzar los datos de miles de otras personas que viven con nosotros o con las que nos cruzamos cada día. Si detecta que un usuario convive con un fumador o se cruza diariamente con otra persona que tiene un historial de manejar

---

15. *Cf.* Marzook Khatri, «Network Amelioration, AI Automation and Future Integration in Wireless Networks», *International Journal for Research in Applied Science and Engineering Technology* 9, n. 8 (2021), pp. 2607-2613.

16. *Cf.* Hal R. Varian, «Computer Mediated Transactions», *The American Economic Review* 100, n. 2 (2010), pp. 1-10; Hal R. Varian, «Beyond Big Data», *Business Economics* 49 (2014), pp. 27-31.

17. En un futuro próximo veremos cómo en ciertos países, por ejemplo en Canadá, se impondrán límites, implementados por medio del dinero digital y el control tecnológico, ya que así será posible bloquear la compra de pasajes de avión o la circulación de un vehículo si se emitió más CO_2 de lo permitido.

alcoholizada, el algoritmo del seguro médico o el vehículo lo podrá penalizar por el riesgo que esto implica.

En segundo lugar, la huella digital le abre la puerta al *big data*, es decir, a la extracción y el análisis de datos, que ciertamente «se utiliza para mejorar el rendimiento de transacciones futuras»[18] o mejorar un producto, pero que en realidad tienen un objetivo comercial más profundo, como la venta de datos al mejor postor, además de alimentar los algoritmos y así por medio del aprendizaje de máquina mejorar la inteligencia artificial.[19] Será esta, la IA, como veremos más abajo, la que analizará la gran cantidad y complejidad de datos en un proceso de retroalimentación llamado «aprendizaje de máquina» (*machine learning*), por el cual el sistema o algoritmo se va perfeccionando cada vez y puede predecir cada vez mejor un resultado. Esto ya se da en China, por ejemplo, donde el algoritmo y la IA manejan el tráfico de una ciudad. Cada vehículo emite una señal, de tal manera que el algoritmo puede ir activando los semáforos de una ciudad para que el movimiento de tráfico sea cada vez más rápido. A la vez, los datos le permiten ir descubriendo nuevos patrones de manejo en distintas horas del día. En caso de emergencia, una señal hace entrar en acción otro algoritmo que facilitará el recorrido de una ambulancia hacia el hospital.[20]

En tercer lugar, la extracción y análisis de datos le abre la puerta a la experimentación controlada y en gran escala. Cuando una red social va a introducir una nueva función o cambio gráfico (el color de un botón), lo que hace es primero introducir distintas opciones que presenta a grupos conformados por millones de usuarios distintos y se termina eligiendo la más satisfactoria. Varian cuenta cómo Google condujo alrededor de 6.000 experimentos de esa naturaleza tanto en el buscador como en *Ads* durante el año 2008, lo que llevó a 500 modificaciones del sistema, del color de los anuncios, del espacio entre los resultados de búsqueda, del algoritmo de búsqueda, etc.[21] Más abajo veremos cómo Facebook realizó experimentos

---

18. Varian, «Computer Mediated Transactions», p. 4.
19. Esta es la excusa que generalmente ofrecen los contratos de cualquier aparato tecnológico que compramos cuando nos obligan a aceptar los términos del contrato como condición de uso, pero es obvio que esos datos no benefician principalmente al usuario con la mejora del producto, sino que son parte del mecanismo de datificación y comercialización de la conducta humana.
20. *Cf.* Josh Chin y Liza Lin, *Surveillance State: China's Quest to Launch a New Era of Social Control* (Nueva York: St Martin's Press, 2022), pp. 125-127.
21. *Cf.* Varian, «Computer Mediated Transactions», p. 5.

similares durante elecciones políticas y campañas de vacunación. Un tipo de experimento que nos interesa aquí es el de los que llevan a comprender una relación causal que luego puede ser modelada en el sistema o algoritmo. Como es difícil establecer una relación causal a partir de un análisis retrospectivo de datos, una manera de lograrlo es experimentando en vivo y en directo con millones de usuarios para ver qué imagen, qué video, qué secuencia, es la que logra con más efectividad un propósito. Una vez que se logra establecer una relación causal, se la introduce en el algoritmo. Es por esta razón, como veremos más abajo, por la que sostenemos que el análisis de la IA no solo es predictivo, sino que también debe ser considerado como directivo de la conducta humana.

En cuarto lugar, la mediación de la computadora permite la personalización de interacciones hechas a medida del usuario. Por ejemplo, cuando compramos en Amazon, el sistema conoce todas las compras que hemos hecho en el pasado y, si a esto se le suma el conocimiento de nuestros intereses actuales (búsquedas, videos que vemos, conversaciones), podrá ofrecernos lo que buscamos sin que se lo pidamos al sistema. ¿Cuántas veces no te has sorprendido de abrir una red social o entrar a una página web y ver que el anuncio es sobre exactamente lo que estabas hablando con un amigo? O tal vez te encuentras con el producto que te paraste a ver en Walmart el día anterior, mientras te captaban cámaras cuyos datos fueron analizados por un sistema de reconocimiento facial que detectó no solo tu identidad, sino también tu interés por el producto, y que luego comercializó los datos, razón por la que el anuncio apareció en tu celular.[22] Personalización hasta en el mínimo detalle.

En un primer momento, los datos que dejaba la huella digital se empleaban nada más que para analizar y mejorar un sistema. Pensemos en la cantidad enorme de datos que se recolectan de un vehículo de Fórmula 1 durante una competencia y que la escudería analiza a fin de mejorar el bólido para la próxima prueba. De esa manera, los datos del comportamiento de los usuarios (materia prima para la minería de datos) eran recolectados para analizarlos y mejorar la velocidad y la calidad del buscador (Google), la traducción de textos, etc. Google necesitaba de nosotros para mejorar el aprendizaje de máquina y los

---

22. *Cf.* Caroline Haskins, «Walmart Is Facing a Class Action Suit for Allegedly Violating an Illinois Privacy Law by Using Surveillance Cameras and Clearview AI's Facial Recognition Database», *Insider*, 6 septiembre 2022, https://www.businessinsider.com/walmart-is-facing-a-class-action-over-its-alleged-use-of-surveillance-cameras-and-clearview-ais-facial-recognition-database-2022-9.

algoritmos, y nosotros necesitábamos de Google para acceder a cantidad de información disponible en el internet.[23]

La recolección y análisis de datos para la «reinversión» y la mejora de un producto o servicios fue la primera aplicación práctica del *big data*, pero luego dio lugar a un nuevo uso: el análisis predictivo, es decir, a partir de los patrones de conducta, movimiento, carácter de la persona, etc., se comienzan a utilizar algoritmos que pretenden predecir cómo actuará dicha persona. El usuario deja de ser un fin en sí mismo y su conducta se convierte en la materia prima que luego será analizada para determinar predicciones que serán comercializadas en lo que Zuboff llama el «mercado de las conductas futuras» del capitalismo de la vigilancia.[24] Según nuestra opinión, sin embargo, el proceso de minería de datos no culmina con el análisis predictivo, sino que es necesario considerar luego una tercera etapa o uso que nos parece importantísimo agregar a la discusión: la del «análisis directivo», es decir, la utilización de algoritmos para dirigir a la persona a un objetivo predeterminado, o al menos impuesto por la IA y no por el libre albedrío del usuario, que inconscientemente es guiado en una dirección concreta. Profundizaremos sobre este aspecto más adelante.

La etapa del «análisis predictivo» le abre la puerta a la minería de datos con fines comerciales. Al abrirse las puertas del hogar y de nuestras vidas a la tecnología, contribuimos de manera involuntaria y constante a la extracción de datos sobre absolutamente todo lo que hacemos a diario, nuestras voces, nuestro rostro, nuestras emociones y personalidad, nuestras necesidades y anhelos. Toda esta información es codificada y transformada en datos que, una vez acumulados y analizados, se venden a anunciantes y compañías de *marketing*. Para estos, el resultado del análisis de datos es una herramienta que les permite conocer nuestros patrones de conducta, gustos, emociones, necesidades, etc., de tal manera que pueden dirigir nuestra atención en el momento justo hacia el producto indicado.[25] No es casualidad que Google y Facebook controlen el 90 % del mercado mundial de

---

23. Zuboff llama a esta simbiosis el «ciclo de reinversión de valor conductual», ya que en esta etapa todos los datos de comportamiento se reinvierten en la mejora de un producto o servicio y no se emplean para la comercialización. *Cf.* Zuboff, *The Age of Surveillance Capitalism*, pp. 68-69 [en español, *La era del capitalismo de la vigilancia* (Barcelona: Paidós, 2022)].

24. *Cf.* Ibíd., p. 8.

25. Ciertamente, en muchos casos se trata de campañas comerciales legítimas, pero en otros casos pueden tener efectos predatorios que se aprovechan de la situación personal, la condición psicológica, la edad, etc.

los anuncios, ya que conocen a sus usuarios hasta en los detalles más meticulosos.[26]

Google es el pionero en las tecnologías de la vigilancia por haber encontrado en la información provista en cada búsqueda una puerta sin precedentes a la conducta humana. Douglas Edwards, en un libro que es una especie de confesión como uno de los primeros empleados de Google, relata que Larry Page, cofundador de la compañía, admitió en una reunión de 2001 que el objetivo de la empresa es «la información personal [...]. Los lugares que has visto. Comunicaciones. Añadiremos funciones de personalización para que Google sea más útil. La gente tiene que confiar en nosotros con su información personal, porque tenemos una gran cantidad de datos y tendremos muchos más pronto [...]. La gente generará enormes cantidades de datos. Todo lo que hayas escuchado, visto o experimentado se podrá buscar. Toda tu vida se podrá buscar».[27] Esta es una de las razones que motivó a Google a comprar en el 2006, por la exorbitante cifra de 1.650 millones de dólares, una compañía que nunca había generado un centavo y estaba quebrada de entrada debido a sus muchas demandas por violación a la propiedad intelectual, pero que sin embargo tenía el potencial de ofrecer un volumen de datos gigante para el perfeccionamiento de la inteligencia artificial y el aprendizaje de máquina. Esa compañía era YouTube.[28]

Esta búsqueda de la información personal motivó también una serie de innovaciones en Google que apuntaban a recolectar y traducir en datos todo tipo de experiencia humana por medio de una serie de servicios innovadores (Gmail) a los que se siguió un sistema operativo (Android) y toda una serie de aparatos del hogar (Nest). Mucha gente ignora, por ejemplo, que Google lanzó Gmail en el 2004 con el propósito de escanear y alimentar los sistemas de inteligencia artificial con todo *email* que circulara por su red y que su programa de «espionaje» recién culminó a fines de 2017.[29] Si Google es una compañía de búsquedas en el internet, se pregunta Zuboff, ¿por qué está invirtiendo en aparatos del hogar, relojes, celulares, libros digitales, mapas, imágenes

26. *Cf.* Sluis, «Digital Ad Market Soars».
27. Douglas Edwards, *I'm Feeling Lucky: The Confessions of Google Employee Number 59* (Nueva York: Houghton Mifflin Harcourt, 2011), p. 291.
28. *Cf.* The Associated Press., «Google Buys YouTube for $1.65 billion», *NBC News*, 9 octubre 2006, https://www.nbcnews.com/id/wbna15196982.
29. *Cf.* Daisuke Wakabayashi, «Google Will No Longer Scan Gmail for Ad Targeting», *The New York Times* (Nueva York), 23 junio 2017, https://www.nytimes .com/2017/06/23/technology/gmail-ads.html.

satelitales y vehículos autónomos? La respuesta hoy es evidente: porque quieren captar tu conducta y traducirla a datos para luego comercializarlos.[30] Es lo que ella llama el «imperativo de la extracción», es decir, los bienes y servicios que de antaño ofrecía una compañía ahora se han convertido en medios de vigilancia para la extracción de datos sobre la conducta humana.

Incluso el proyecto de Street View, camuflado como una adición a Google Maps, fue y posiblemente todavía es un proyecto de vigilancia y hackeo de información privada, algo que confirmó la Comisión Federal de Protección de Datos de Alemania cuando denunció que los vehículos de Google extraían todo tipo de información de las redes de wifi de los hogares por donde pasaban, incluidos correos electrónicos, claves y el historial del internet de cada aparato conectado a esa red.[31] Esto motivó a expertos de Canadá, Francia y Holanda a investigar la capacidad de un vehículo que parecía simplemente fotografiar las calles por donde pasaba, para descubrir que los datos extraídos en su recorrido incluían nombres, números de teléfono, tarjetas de crédito, claves, mensajes en el celular, *emails*, transcripción de chats, información sobre aplicaciones de citas, historiales del internet, datos de geolocalización, e incluso las fotos, videos y audios que guardaba cada celular o computadora conectada a la red.[32] La Comisión Federal de Comunicaciones inició una investigación en el 2012, pidiendo al gobierno de Obama que demandara a Google, pero, por razones que se entenderán bien en el próximo capítulo, la administración del momento terminó retirando todos los cargos y el caso se cerró sin mayores consecuencias.[33] La compañía solo recibió una multa de 25.000 dólares por obstruir la investigación, es decir, un regalo a cambio de los millones de datos que extrajeron de cada hogar por donde pasaban.

---

30. *Cf.* Zuboff, *The Age of Surveillance Capitalism*, p. 129.
31. *Cf.* Kevin J. O'Brien y Claire Cain Miller, «Germany's Complicated Relationship with Google Street View», *The New York Times* (Nueva York), 23 abril 2013, https://archive.nytimes.com/bits.blogs.nytimes.com/2013/04/23/germanys -complicated-relationship-with-google-street-view/.
32. *Cf.* Federal Communications Commission, «In the Matter of Google, Inc.: Notice of Apparent Liability for Forfeiture», File No.: EB-10-IH-4055, NAL/ Acct. No.: 201232080020, FRNs: 0010119691, 0014720239, 13 abril 2012, pp. 12-13.
33. *Cf.* Katie Paul, «Eric Schmidt: Obama's Chief Corporate Ally», *Tech Transparency Project*, 26 abril 2016, https://www.techtransparencyproject.org/articles /eric-schmidt-obamas-chief-corporate-ally.

Un proyecto similar es el de Sidewalk Labs, la rama de innovación urbana de Google.[34] En la ciudad de Nueva York han instalado más de 4.500 estaciones de wifi gratuito para combatir el problema de la «desigualdad».[35] La realidad es que con solo pasar por una de esas áreas, incluso sin conectarse a la red, el sistema puede obtener datos de los celulares que luego emplea para vender anuncios localizados, además de medir las vibraciones, niveles de sonido y grabar las inmediaciones.[36] Por esta razón, los proyectos «filantrópicos» de Google y Facebook que prometen llevar el internet gratuito a ciudades del mundo entero deben ser vistos desde esta perspectiva de vigilancia y extracción de datos.

En octubre de 2017, Sidewalk Labs anunció junto a Justin Trudeau, primer ministro de Canadá, un proyecto a gran escala que prometía digitalizar y convertir a la ciudad de Toronto en una ciudad «inteligente», es decir, en una ciudad de la vigilancia, con sensores que registrarían absolutamente todo movimiento, desde por dónde camina cada habitante, cuán rápido lo hace, qué calles cruza y hacia dónde se dirige.[37] El nivel de vigilancia propuesto era tal que Google anunció la instalación de sensores y cámaras en prácticamente todo lugar, incluidos el asfalto, las alcantarillas, los basureros y los bancos de los parques.[38] Sidewalk Labs prometía una mejor manera de gobernar, pero lo que realmente buscaba era monetizar cada uno de los datos que iba a extraer de la ciudad inteligente. Según Zuboff, el experimento de Toronto significaba la nueva fase del capitalismo de la vigilancia, convirtiendo a la ciudad más grande de Canadá en un laboratorio experimental donde toda experiencia pública y privada dentro de su

---

34. https://www.sidewalklabs.com/.

35. https://www.link.nyc/.

36. *Cf.* Nick Pinto, «Google Is Transforming NYC's Payphones into a "Personalized Propaganda Engine"», *The Village Voice*, 6 julio 2016, https://www.villagevoice.com/2016/07/06/google-is-transforming-nycs-payphones-into-a-personalized-propaganda-engine/; Mark Harris, «Inside Alphabet's Money-spinning, Terrorist-Foiling, Gigabit Wi-Fi Kiosks», *Vox*, 1 julio 2016, https://www.vox.com/2016/7/1/12072122/alphabet-sidewalk-labs-city-wifi-sidewalk-kiosks.

37. *Cf.* Aarian Marshall, «Alphabet's Plan for Toronto Depends on Huge Amounts of Data», *Wired*, 24 junio 2019, https://www.wired.com/story/alphabets-plan-toronto-depends-huge-amounts-data/.

38. *Cf.* Jason McBride, «How the Sidewalk Labs Proposal Landed in Toronto: The Backstory», *Toronto Life*, 4 septiembre 2019, https://torontolife.com/city/how-the-sidewalk-labs-proposal-landed-in-toronto-the-backstory/.

territorio se considera «datos urbanos».[39] Es decir, el espacio público se termina confundiendo con el privado y lo privado se vuelve público, porque el «espacio digital» no discrimina: todo es visto como datos y solo datos. El proyecto, como era de sospechar, generó un debate intenso en la ciudad que hizo salir a la luz los problemas éticos, políticos y legales subyacentes en lo que en realidad era un experimento de vigilancia y extracción de datos de magnitud inusitada, en el cual los algoritmos reemplazarían a toda decisión humana.[40] Esto llevó a Google a finalizar el proyecto en mayo de 2020, a pesar de que Larry Page iba finalmente a cumplir uno de sus sueños: convertir a una parte del mundo en un laboratorio experimental.[41]

Con o sin ciudad inteligente, Google tiene acceso por medio del sistema operativo Android a más del 70 % de los celulares del planeta, según datos de 2022.[42] En un experimento realizado en el 2015, un grupo de investigadores entregaron 36 celulares que operaban con Android, previa instalación de un *software* que registraba toda actividad del sistema operativo y otorgaba acceso a funciones protegidas y reguladas por permisos otorgados en la sección de privacidad. Lo que descubrieron ilustra perfectamente el nivel de vigilancia de Google: los celulares con Android extraen datos más de 100.000 veces al día por celular, incluso cuando el aparato está «durmiendo», incluidos 6.000 datos de geolocalización al día.[43] Esto nos muestra que Google ya dejó hace tiempo la etapa de extracción de datos de comportamiento del usuario para mejorar el servicio y ahora se enfoca en vigilar cada aspecto de su vida, sus movimientos, qué piensa, qué lee, cómo y con quién interactúa, con el fin de presentar anuncios que coincidan

39. *Cf.* Shoshana Zuboff, «Toronto Is Surveillance Capitalism's New Frontier», *Toronto Life*, 4 septiembre 2019, https://torontolife.com/city/toronto-is-surveillance-capitalisms-new-frontier/.
40. *Cf.* Alex Bozikovic, «The End of Sidewalk Labs», *Architectural Records*, 22 marzo 2022, https://www.architecturalrecord.com/articles/15573-the-end-of-sidewalk-labs.
41. *Cf.* Andrew Hawkins, «Alphabet's Sidewalk Labs Shuts Down Toronto Smart City Project», *The Verge*, 7 mayo 2020, https://www.theverge.com/2020/5/7/21250594/alphabet-sidewalk-labs-toronto-quayside-shutting-down.
42. *Cf.* Federica Laricchia, «Mobile Operating Systems' Market Share Worldwide from 1st Quarter 2009 to 4th Quarter», *Statista*, 17 enero 2023, https://www.statista.com/statistics/272698/global-market-share-held-by-mobile-operating-systems-since-2009/#:~:text=Android%20maintained%20its%20position%20as,the%20mobile%20operating%20system%20market.
43. *Cf.* Primal Wijesekera, «Android Permissions Remystified: A Field Study on Contextual Integrity» (ponencia presentada en el 24 USENIX Security Symposium, Washington, D. C., 12-14 agosto 2015), pp. 499-514.

con sus intereses y necesidades. Y este modelo se ha impuesto como el mercado de las conductas futuras del capitalismo de la vigilancia que tan bien denuncia Zuboff.

Las compañías de venta de datos (*data brokers*) se han convertido en un negocio multimillonario que vive de la vigilancia y la extracción de información a partir de cualquier tipo de aparato tecnológico. Google y Facebook son sin duda los principales y más grandes jugadores en el mercado de datos, pero no son los únicos.[44] Acxiom, por ejemplo, es una empresa de *marketing* con sede en Arkansas, Estados Unidos, que recopila, analiza y vende información de clientes y negocios para ser utilizados luego en campañas de publicidad dirigidas.[45] Estas compañías compran información a los creadores de aplicaciones para celulares (que a su vez recolectan prácticamente todo lo que se hace con un celular) a minoristas, anunciantes y empresas que realizan sorteos u operan en redes sociales con el fin de reunir una gran cantidad de datos sobre cada usuario. Todos los puntos de datos se van acumulando para dar con un perfil acabado de cada persona, por ejemplo, si un consumidor tiene diabetes o artritis, si ejercita, si hay un fumador en la casa donde vive, qué tipo de vehículo conduce, qué compró con su tarjeta de crédito el último mes, cuánto paga mensualmente por su hipoteca, si tiene mascotas, con quién se relaciona, qué páginas sigue, qué mira en Netflix, todo su recorrido (GPS), qué aplicaciones usa y dónde las activa, etc. A esos datos, producto del espionaje digital, se le suman todo tipo de datos públicos del gobierno, tales como el registro de votación, arrestos y compra de vivienda. Ese perfil luego se vende a quien quiera pagar por esa información.

La facilidad con que las personas instalan nuevas aplicaciones en su celular sin revisar las condiciones es indicativa de que en general se ignora que la mayoría de las aplicaciones de nuestros celulares rastrean todos nuestros movimientos, localización, llamadas, actividades, contactos, expresiones faciales y reacciones emocionales, etc., con gran precisión y frecuencia. Las compañías de venta de datos recogen toda esa información de quienes desarrollan aplicaciones y luego venden los paquetes de datos tanto para campañas de *marketing*

---

44. *Cf.* Chris Hoofnagle, «Facebook and Google Are the New Data Brokers», *Cornell Tech*, 5 enero 2021, https://www.dli.tech.cornell.edu/post/facebook -and-google-are-the-new-data-brokers.

45. En su página principal anuncian: «Ayudamos a los mejores expertos de *marketing* del mundo a comprender mejor a sus clientes. Nuestras soluciones de inteligencia de clientes basadas en datos ofrecen mejores experiencias para las personas y más crecimiento para las marcas». Ver https://www.acxiom.com/.

como para el uso por parte de agencias gubernamentales, servicios de inteligencia y cuerpos de policía, como veremos más a fondo en el próximo capítulo. La gran pregunta es: ¿cómo recogen toda esa información de tu celular?

Las compañías de análisis y comercialización de datos adquieren un acceso directo al celular por medio de una especie de «puerta trasera» en las aplicaciones, previo acuerdo monetario con los desarrolladores. Esta es la razón por la que la mayoría de las aplicaciones de Play Store (Android) y App Store (OS) son gratuitas; si no, no se entiende que equipos de ingenieros desarrollen una aplicación solo para disfrutar del éxito de millones de descargas. El modelo comercial sería insostenible si no hubiera interesados en acceder a cada celular para obtener datos. La «puerta trasera» son códigos provistos ya sea directamente por la compañía de *marketing* (*data brokers*) o por Google, Facebook y Amazon (que conectan a desarrolladores pequeños con grandes compañías). Esos códigos son agregados por los mismos desarrolladores de la aplicación, que en términos técnicos se llaman «*kits* de desarrollo de *software*» (KDS).[46] Una vez que se descarga e instala la aplicación en un celular, quien creó el código (KDS) tiene acceso directo a una cantidad enorme de información, dependiendo de qué aplicación se trate. A veces puede entrar mientras la aplicación esté abierta, mientras que en otros casos basta con que el celular esté encendido. Y la mayoría de las aplicaciones pueden tener decenas de KDS instalados en el sistema; Google y Facebook incorporan hasta 26 KDS en Period Tracker, una aplicación muy popular entre mujeres para seguir el ciclo ovulatorio.[47] Estos KDS no solo entran en el celular por medio de aplicaciones, sino que también están en las *Smart* TV y los vehículos.[48] Aunque seguramente no lo sabías, consentiste a que te espiaran y vendiesen toda la información posible cuando aceptaste los términos de uso sin leer las alrededor de sesenta páginas de los términos de uso de cada aplicación.

La compañía SafeGraph, por ejemplo, ofrece paquetes de datos agregados con toda la información pertinente de cada persona que

---

46. SDK en inglés: «software development kits».
47. *Cf.* Charlie Warzel, «The Loophole That Turns Your Apps Into Spies», *The New York Times* (Nueva York) 24 septiembre 2019, https://www.nytimes .com/2019/09/24/opinion/facebook-google-apps-data.html.
48. *Cf.* Kyle Russell, «Automatic Launches Its SDK, Turning the Car into an App Platform», *TechCrunch+*, 19 mayo 2015, https://techcrunch.com/2015/05/19 /automatic-launches-its-sdk-turning-the-car-into-an-app-platform/.

vive dentro de un área geográfica determinada, de tal manera que las compañías de *marketing* puedan ofrecer productos de acuerdo con los intereses o necesidades específicas de la persona.[49] Las ganancias para los desarrolladores de aplicaciones que le abren la puerta trasera a SafeGraph son de entre $1 y $4 dólares al año por usuario que descargue la aplicación.[50] También hay compañías que pagan por cantidad de usuarios, como X-Mode (ahora rebautizada como Outlogic),[51] compañía que vigila a 65 millones de celulares y ofrece 1.500 dólares al mes por 50.000 descargas de alguna de las 400 aplicaciones «infectadas» con KDS.[52] El mercado de venta de datos se calculaba en 200.000 millones de dólares para el 2020.[53]

Si una aplicación es gratuita, lo más seguro es que te estén espiando. Y esto puede tener consecuencias que afecten la vida de una persona. La compañía *X-Mode* insertó KDS dentro de una aplicación del Corán para recolectar datos que luego vendía a agencias de inteligencia,[54] mientras que *Venntel* recolecta datos de aplicaciones para detectar inmigrantes ilegales en Estados Unidos y luego vender esa información a agencias federales.[55] En otro caso que desató un escándalo eclesiástico, una compañía de venta de datos tuvo acceso a la aplicación de citas homosexuales Grindr y luego vendió esos datos a una agencia católica de noticias que por medio del análisis de geolocalización pudo

---

49. Si ofrezco un servicio de tutoría en matemáticas, en vez de gastar dinero en grandes campañas, ahora puedo apuntar específicamente solo a los hogares que tienen hijos estudiantes, e incluso solo a aquellos hogares donde hay búsquedas en el internet para resolver problemas matemáticos o donde las conversaciones que capta una aplicación proveen datos al respecto.

50. *Cf.* Bennett Cyphers, «How the Federal Government Buys Our Cell Phone Location Data», *Electronic Frontier Foundation*, 13 junio 2022, https://www.eff.org/deeplinks/2022/06/how-federal-government-buys-our-cell-phone-location-data.

51. https://outlogic.io/.

52. *Cf.* Joseph Cox, «How the U.S. Military Buys Location Data from Ordinary Apps», *Motherboard*, 16 noviembre 2020, https://www.vice.com/en/article/jgqm5x/us-military-location-data-xmode-locate-x.

53. *Cf.* David Lazarus, «Shadowy Data Brokers Make The Most of their Invisibility Cloak», *Los Angeles Times* (Los Angeles), 5 noviembre 2019, https://www.latimes.com/business/story/2019-11-05/column-data-brokers.

54. *Cf.* Joseph Cox, «More Muslim Apps Worked with X-Mode, Which Sold Data to Military Contractors», *Motherboard*, 28 enero 2021, https://www.vice.com/en/article/epdkze/muslim-apps-location-data-military-xmode.

55. *Cf.* Byron Tau y Michelle Hackman, «https://www.wsj.com/articles/federal-agencies-use-cellphone-location-data-for-immigration-enforcement-11581078600», *Wall Street Journal* (Nueva York), 7 febrero 2020, https://www.wsj.com/articles/federal-agencies-use-cellphone-location-data-for-immigration-enforcement-11581078600.

determinar qué sacerdotes, con nombre y apellido, tenían encuentros homosexuales secretos, frecuentaban bares gais, en qué direcciones precisas vivían y qué lugares y personas habían visitado entre 2018 y 2020.[56] Esto sirve para comprender que, aunque estas compañías argumenten que los datos no van unidos a identificadores personales, una vez que los datos se agregan es fácil descubrir a quién pertenecen. Un estudio publicado en el 2013 analizó los datos anónimos de movilización de 500.000 personas y concluyó que los recorridos son tan particulares que es fácil identificar al 95 % de las personas.[57]

El alcance de estas compañías de recolección y venta de datos es abismal. Para dar solo algunos ejemplos, Near se presenta como la compañía de inteligencia de datos más grande del mundo, «conectando el mundo físico y el digital, abarcando a 1.600 millones de personas en 44 países»;[58] Mobilewalla cuenta con acceso a celulares en «más de 40 países, más de 1.900 millones de dispositivos, 50.000 millones de señales móviles al día y más de 5 años de datos»;[59] mientras que X-Mode tiene acceso a 100 millones de celulares en Estados Unidos por medio de los KDS instalados en distintas aplicaciones.[60] Los millones de datos extraídos y analizados no solo se usan para campañas propias o la venta a clientes, sino que a su vez se comercializan con otras compañías de venta de datos, en una cadena de reventa que desnuda nuestra privacidad cada vez más.[61]

Uno de los KDS tal vez más sorprendentes es el empleado por Affectiva, una compañía de reconocimiento facial y ocular que por medio del código de *software* infiltrado en una aplicación mide las emociones y reacciones de un usuario a una imagen, un comercial,

---

56. *Cf.* Michelle Boorstein, «Top U.S. Catholic Church Official Resigns after Cellphone Data Used to Track Him on Frindr and to Gay Bars», *The Washington Post* (Washington, D. C.), 21 julio 2021, https://www.washingtonpost.com/religion/2021/07/20/bishop-misconduct-resign-burrill/.

57. *Cf.* Yves-Alexandre de Montjoye, «Unique in the Crowd: The Privacy Bounds of Human Mobility», *Scientific Reports* 3, n. 1376 (2013).

58. https://near.com/.

59. https://www.mobilewalla.com/mobile-data.

60. https://xmode.io/.

61. La compañía de venta de datos Babel Street compra todos sus datos a Venntel. Venntel, a su vez, adquiere gran parte de sus datos de su empresa matriz, Gravy Analytics, que a su vez ha adquirido datos de Complementics, Prediccio y Mobilewalla. Esto genera un mercado anual de 12.000 millones de dólares. *Cf.* Jon Keegan y Alfred Ng, «There's a Multibillion-Dollar Market for Your Phone's Location Data», *The Markup*, 30 septiembre 2021, https://themarkup.org/privacy/2021/09/30/theres-a-multibillion-dollar-market-for-your-phones-location-data.

un video, una serie en Netflix, etc.[62] Es decir, la cámara frontal del celular está activada y grabando y enviando información constantemente a un centro de datos, donde un sistema de inteligencia artificial analiza las reacciones para medir el éxito de un producto y a su vez alimenta el algoritmo para perfeccionarlo. Según Affectiva, su base de datos emocionales es la más completa del mundo, con más de 11,5 millones de respuestas de los consumidores a más de 60.000 anuncios en 90 países en el año 2022. El 70 % de las compañías de *marketing* más grandes del planeta usan este sistema para entender las reacciones emocionales de los consumidores a distintos contenidos y experiencias. De esa manera, por ejemplo, se pueden realizar distintas versiones de un producto, estudiar las reacciones faciales en miles de personas y luego optar por, o modificar, el producto que tenga más éxito según la emoción que se quiera causar en la persona. Quienes tapan la cámara de sus *laptops* y celulares no son conspiranoicos...

El gran desafío es descubrir qué aplicaciones usan los datos simplemente para cumplir su función (navegación, estado del clima, etc.) y cuáles son en realidad aplicaciones que tienen como objetivo el espionaje y la venta de datos.[63] Las compañías de venta de datos (*data brokers*) no revelan qué aplicaciones han infiltrado por medio de un KDS, con la excusa de tener ventajas competitivas.[64] Pero se calcula que alrededor del 30 % de las aplicaciones están «infiltradas» para transmitir datos.[65] Facebook desarrolló un KDS que, según se reportó, operaba dentro de *apps* para embarazadas, aplicaciones para la lectura de la Biblia, e incluso Grindr y Tinder.[66] Cada vez que un usuario abre una aplicación infiltrada por este KDS, estas aplicaciones establecen una conexión inmediata con Facebook, transmiten una cantidad enorme de información y Facebook la agrega al perfil personal que tienen de esa persona (tanto si es usuaria de Facebook como si no).[67]

62. *Cf.* https://www.affectiva.com/news-item/affectiva-introduces-new-function ality-to-enhance-media-analytics-insight/.
63. *Cf.* Joel Reardon, «50 Ways to Leak Your Data: An Exploration of Apps' Circumvention of the Android Permissions System» (USENIX Security Symposium, Santa Clara, 2019).
64. *Cf.* Keegan y Ng, «Multibillion-Dollar Market».
65. *Cf.* Miriam Ruhenstroth, «How Facebook Knows Which Apps You Use – and Why This Matters», *Mobilisicher*, 1 junio 2022, https://mobilsicher.de/ratgeber /how-facebook-knows-which-apps-you-use-and-why-this-matters.
66. *Cf.* Charlie Warzel, «Apps Are Revealing Your Private Information to Facebook and You Probably Don't Know It», *BuzzFeed*, 19 diciembre 2018, https ://www.buzzfeednews.com/article/charliewarzel/apps-are-revealing-your -private-information-to-facebook-and.
67. *Cf.* Ruhenstroth, «Facebook Knows Which Apps You Use».

Hay aplicaciones para el período menstrual, por ejemplo, que envían toda la información a Facebook, informando de cuestiones sensibles como en qué días y lugares una mujer tuvo relaciones, sobre sus períodos, cómo se siente, etc.[68] Esta información luego se comercializa y puede llegar a cualquier mano. No es de extrañarse que, si un evento coincidió con el ciclo ovulatorio, comiencen a llegar anuncios de ropa de bebé... Es así como muchos padres se enteran de que sus hijas adolescentes están embarazadas: Target compraba información de datos y sabía cuándo una adolescente tenía relaciones y no le venía la regla, por lo que inmediatamente comenzaba a enviar información y catálogos de productos de bebés a la dirección donde vivía.[69]

En el caso de Grindr, esos datos no solo son transmitidos a Facebook, sino que hasta el año 2020 la aplicación era propiedad de una compañía china y todos los datos eran registrados en los servidores del Partido Comunista, con todas las implicaciones políticas y de chantaje que eso puede tener.[70] Como ejemplo de extracción de datos, si solo nos atenemos a lo que revela oficialmente Tinder, un vistazo en febrero de 2023 a los términos y condiciones en App Store nos muestra que la aplicación recolectaba la siguiente información vinculada a la identidad del usuario: fecha de nacimiento, número de teléfono, dirección de email, tarjeta de crédito, posición geográfica, contactos, fotografías y videos en el dispositivo, información de todos los contactos, información de compras, uso de datos, integración de datos para anuncios, información sensible (gustos sexuales, creencias religiosas, estado de salud, como VIH, etc.), redes sociales (contenido de Spotify, Facebook e Instagram), contenido de los mensajes, además de una serie de KDS incluidos en la aplicación que no sabemos qué más extraen (explícitamente dice que se usarán esos datos para el *marketing*).[71] Tinder luego comercializa todos estos datos con cientos de

---

68. *Cf.* Megha Rajagopalan, «Period Tracker Apps Used by Millions of Women Are Sharing Incredibly Sensitive Data with Facebook», *BuzzFeed*, 9 septiembre 2019, https://www.buzzfeednews.com/article/meghara/period-tracker-apps -facebook-maya-mia-fem.

69. *Cf.* Kashmir Hill, «How Target Figured Out a Teen Girl Was Pregnant Before Her Father Did», *Forbes*, 16 febrero 2012, https://www.forbes.com/sites /kashmirhill/2012/02/16/how-target-figured-out-a-teen-girl-was-pregnant -before-her-father-did/.

70. *Cf.* Shai Oster, «Chinese Gaming Billionaire Buys U.S. Gay Dating App Grindr», *Bloomberg*, 11 enero 2016, https://www.bloomberg.com/news /articles/2016-01-12/china-tech-billionaire-buys-control-of-us-gay-dating -app-grindr#xj4y7vzkg.

71. *Cf.* https://apps.apple.com/us/app/tinder-dating-new-people/id547702041.

compañías, como reveló una investigación del Norwegian Consumer Council en el 2020.[72] En caso de eliminar el perfil, Tinder mantiene los datos por 10 años.[73]

El celular y las aplicaciones no son los únicos métodos de espionaje. No debemos olvidar todo el juego de electrodomésticos y aparatos, enchufes, utensilios «inteligentes», cámaras de seguridad, televisores, parlantes, termostatos, sensores de movimiento y aspiradoras que hacen de nuestra casa un hogar inteligente (*smart home*) y que son parte del internet de las cosas o, mejor dicho, «el internet en todo».[74] El impacto de estas tecnologías es difícil de medir, ya que hasta antes de la aparición de los dispositivos inteligentes cada aparato operaba de manera independiente (un enchufe era solo un enchufe, lo mismo con el televisor, el vehículo, el refrigerador, etc.). Las redes digitales han alterado todo al integrar cada dispositivo dentro de un ecosistema mucho más grande.[75] De todas las consecuencias, solo me quiero referir rápidamente a cómo se invirtió el objetivo de cada producto: ofrecer un determinado servicio ahora pasó a ser algo secundario para darle lugar al espionaje digital, objetivo principal del internet de las cosas, lo cual también acelerará las redes de 6G para lograr la integración digital de toda la información que se está generando. Alguien pensará que afirmar esto es conspiranoia, pero queda descartada en cuanto nos damos cuenta de que el precio de venta de muchos de esos productos prácticamente no tiene margen de ganancia y en algunos casos incluso significan una pérdida, como pasa con gran cantidad de productos procedentes de China: el margen de ganancia es tan escaso que estas corporaciones comercializan los datos o incluso el gobierno chino subsidia los productos a cambio de los datos y para ser más competitivos en el mercado internacional.[76] La ganancia está en los

---

72. *Cf.* Norwegian Consumer Council, «Out of Control: How Consumers Are Exploited by the Online Advertising Industry», Forbruker Rådet (Oslo, 2020), https://fil.forbrukerradet.no/wp-content/uploads/2020/01/2020-01-14-out-of-control-final-version.pdf.

73. *Cf.* https://policies.tinder.com/privacy/intl/en#information-we-collect.

74. *Cf.* Laura DeNardis, *The Internet in Everything: Freedom and Security in a World with No Off Switch* (Yale University Press: New Haven, 2020).

75. *Cf.* Samuel Greengard, *The Internet of Things* (Cambridge: MIT Press, 2015), pp. ix-xi.

76. *Cf.* Research and Markets, «China Home Appliances Markets, 2020–2026: Subsidy by the Chinese Government, Initiatives of Chinese Companies, COVID-19 Impact», *PR Newswire*, 13 noviembre 2020, https://www.prnewswire.com/news-releases/china-home-appliances-markets-2020-2026-subsidy-by-the-chinese-government--initiatives-of-chinese-companies-covid-19-impact-301172898.html.

datos que recolectan las veinticuatro horas al día y que son enviados constantemente a centros de datos (la nube) para ser analizados y perfeccionar los algoritmos y la inteligencia artificial.

Durante una investigación sobre el tráfico de datos a China, Aynne Kokas, experta en transacciones comerciales y de datos con ese país, descubrió una cantidad enorme de dispositivos que transmiten información hacia los servidores del Partido Comunista. Entre estos productos había monitores de bebés, aspiradoras automáticas que escanean y graban absolutamente todo en su camino, e incluso vibradores sexuales que extraen información sobre la temperatura corporal y el audio del ambiente.[77] La nueva economía está basada en los datos. Quien tenga los datos controlará toda iniciativa y desarrollo tecnológico, como afirmaba el presidente de China, Xi Jinping, en un discurso de 2013.[78] Por eso es clave para este cometido la introducción del concepto de «hogar inteligente» y la promoción de sus productos. Haier, la compañía china de electrodomésticos más grande del mundo, adquirió GE Appliances en el año 2016 por 5.400 millones de dólares, convirtiéndose así en la líder del internet de las cosas en la línea de electrodomésticos inteligentes, los cuales extraen datos de cada hogar y los envían constantemente a servidores chinos para alimentar el sistema de datos nacional.[79]

Ya para el 2022, el mercado global estaba valuado en casi 80.000 millones de dólares y se calcula que para el 2030 ascienda a los 537.000 millones de dólares.[80] Pero si algo está claro, es que una casa inteligente es una casa vigilada. Todos los asistentes de voz (Alexa, Google Assistant, Siri, Bixby, Cortana) recopilan tu nombre, número de teléfono, ubicación del dispositivo y dirección IP, los nombres y números de tus contactos, todo el historial de interacción y las aplicaciones que utilizas en el celular. Pero el espionaje no queda ahí. Alexa (de Amazon), por ejemplo, recopila más datos que cualquier otro sistema,

---

77. *Cf.* Aynne Kokas, *Trafficking Data: How China Is Winning the Battle for Digital Sovereignty* (Nueva York: Oxford University Press, 2023), p. 172.

78. Citado por Chin y Lin, *Surveillance State*, p. 92.

79. *Cf.* Xie Yu, «Haier Bought GE Appliances for US$5.6 Billion. Now It's Working on Fixing it», *South China Morning Post* (Hong Kong) 23 octubre 2017, https://www.scmp.com/business/companies/article/2116486/chinas-haier-has-plan-help-continue-turnaround-ge-appliances.

80. *Cf.* Grand View Research, «Smart Home Market Size, Share & Trends Analysis Report by Product, by Protocol (Wireless Protocols, Wired Protocols), by Application (New Construction, Retrofit), by Region, and Segment Forecasts, 2022-2030», https://www.grandviewresearch.com/industry-analysis/smart-homes-industry/segmentation.

incluyendo todas las conversaciones, imágenes y videos, todas tus compras, tu historial de navegación en el internet, los demás aparatos conectados en la red de wifi, incluidos los celulares conectados, etc.[81]

Otra serie de productos que se han popularizado son los dispositivos Nest (de Google), que recolectan información sobre el hogar, videos y conversaciones, sensores que detectan movimiento (y por lo tanto pueden detectar quién es quién en el hogar), pero además tienen la capacidad de recolectar datos de otros aparatos de la familia, tales como el vehículo, la cocina, los monitores de *fitness* e incluso los colchones provistos de sensores.[82] Google ya recolectaba una cantidad enorme de información detallada sobre millones de personas de todo el mundo que se conectan a la red, pero ahora, con la propuesta del hogar inteligente, Google se ha metido en casa, o mejor dicho, ha sido invitado por usuarios que desconocen qué hay detrás... De esa manera, toda experiencia humana se convierte en datos que alimentan el algoritmo por medio del aprendizaje de máquina para así predecir la conducta del usuario.

Si piensas que esta información solo la usan quienes la recolectan, debes saber que todas las predicciones y datos son comercializados en lo que Zuboff llama el «mercado de las conductas futuras» del capitalismo de la vigilancia,[83] e incluso se entrega a gobiernos que la soliciten, como veremos en el próximo capítulo.[84] Y algo sumamente preocupante es que, aunque se argumente que los datos están anonimizados, esto es solo parcialmente verdadero, ya que en cuanto se agrega toda la información disponible es muy fácil saber a quién pertenece. Esto conlleva riesgos enormes ya que, como lo demuestra la «teoría de la compilación» o «teoría del mosaico», un dato o cierta información que por sí sola parece inofensiva, una vez que se agrega a una gran cantidad de datos provenientes de otras fuentes, puede dar una imagen del todo distinta o revelar una imagen que puede ser totalmente dañina para una persona, sobre todo teniendo en cuenta

---

81. *Cf.* Jason Cohen, «Amazon's Alexa Collects More of Your Data Than Any Other Smart Assistant», *PG Mag*, 30 marzo 2022, https://www.pcmag.com/news/amazons-alexa-collects-more-of-your-data-than-any-other-smart-assistant.
82. *Cf.* Leo Kelion, «Google-Nest Merger Raises Privacy Issues», *BBC News* (Londres), 8 febrero 2018, https://www.bbc.com/news/technology-42989073.
83. *Cf.* Zuboff, *The Age of Surveillance Capitalism*, p. 8.
84. *Cf.* Thomas Brewster, «Smart Home Surveillance: Governments Tell Google's Nest to Hand Over Data 300 Times», *Forbes*, 13 octubre 2018, https://www.forbes.com/sites/thomasbrewster/2018/10/13/smart-home-surveillance-governments-tell-googles-nest-to-hand-over-data-300-times/.

que los datos son atemporales y no discriminan entre cosas que ocurrieron hace años y eventos actuales.[85] El hackeo de bases de datos de corporaciones y gobiernos solo evidencia un riesgo ya presente.

Las distintas maneras en que se pueden emplear todos esos datos combinados son enormes, pero, para dar algunos ejemplos, en Estados Unidos las universidades compran perfiles digitales con gran cantidad de datos de jóvenes que aplican para estudiar en esas instituciones. Una compañía que se especializa en la comercialización de esos datos es RightStudent, que recopila y vende datos a las universidades para que puedan seleccionar a los candidatos más prometedores.[86] Cada estudiante supone ventajas y desventajas: puede ser un gran atleta, pero con un promedio escolar mediocre o con necesidad de ayuda financiera; o ser un gran estudiante, pero que se iría a otra universidad a mitad de camino. Esto ha generado toda una industria para optimizar el reclutamiento de estudiantes, como ForecastPlus, un paquete de análisis predictivo que permite a los administradores de la universidad clasificar a quienes aplican por geografía, género, etnia, campo de estudio, posición académica o cualquier otra característica.[87] A partir de gran cantidad de datos, se emplea un algoritmo que funciona como modelo predictivo y que elimina a aquellos estudiantes que no cumplan con un determinado perfil sin ni siquiera tener que entrevistarlos.

Los algoritmos

Los algoritmos son fórmulas matemáticas diseñadas para realizar un proceso determinado y aplicadas al funcionamiento de la tecnología. Es decir, son herramientas alimentadas por una cantidad gigante de información y datos extraídos de las redes sociales, aplicaciones del celular, sitios web, *emails* (ahora entenderás por qué los servicios de Google son gratuitos), vehículos (sistemas de seguimiento exigidos por el seguro), relojes (Garmin), electrodomésticos

---

85. *Cf.* David E. Pozen, «The Mosaic Theory, National Security, and the Freedom of Information Act», *The Yale Law Journal* 115, n. 3 (2005), p. 628.
86. https://www.rightstudent.com/.
87. El sistema pertenece a Noel-Levitz, una firma consultora en educación: https://www.ruffalonl.com/enrollment-management-solutions/cultivating -applicants/forecast-plus-student-recruitment-predictive-modeling/.

(GE), televisores (Samsung), termostatos (Nest), conversaciones (Siri y Alexa),[88] cámaras de seguridad (incluso las que sirven para monitorear el sueño del bebé), los dispositivos intradérmicos (chips) que rastrean todo dato que se pueda obtener de nuestro organismo,[89] y gran cantidad de aparatos conectados a la red (el internet de las cosas).

Los algoritmos son también modelos dinámicos, es decir, con cada nueva información se van adaptando y perfeccionando, por lo que cuanta más información relevante se provea, mejor será el algoritmo. Aunque hay que notar que «mejor» no es equivalente a «bueno». Un algoritmo puede funcionar tremendamente bien y ser completamente inmoral, por ejemplo, si se usa para manipular a una persona desesperada y así convencerla de pedir un préstamo con interés altísimo, o los casos de TikTok que mencionábamos antes, cuyo algoritmo lleva a una joven a desarrollar trastornos alimenticios, un trastorno de identidad de género o incluso los innumerables casos que llevan a niños y adolescentes a intentar retos virales que terminan trágicamente en la muerte.

Los algoritmos se utilizan en gran cantidad de ámbitos. Si bien fueron introducidos para los mercados financieros globales, en los últimos años, gracias a la cantidad de datos que proporciona el internet, se están empleando cada vez más para analizar el comportamiento del ser humano, lo cual obviamente incluye su manera de pensar. Es decir, miles de científicos de datos, matemáticos y especialistas en estadística han estado siguiendo minuciosamente nuestros deseos, gustos, conversaciones, movimientos y poder adquisitivo, para así predecir nuestra fiabilidad financiera y calcular nuestro potencial como estudiantes, empleados, emprendedores, conductores, amantes e incluso criminales. Ahora las entidades financieras no son las únicas que hacen un uso exhaustivo del *big data*, sino también las universidades, las

---

88. Ingenieros de Apple revelaron que escuchaban información personal, médica, de tráfico de drogas e incluso a personas teniendo momentos íntimos. Todo se graba. *Cf.* Alex Hern, «Apple Contractors "Regularly Hear Confidential Details" on Siri Recordings», *The Guardian*, 26 julio 2019, https://www.theguardian .com/technology/2019/jul/26/apple-contractors-regularly-hear-confidential -details-on-siri-recordings.

89. Ya en el 2017 la compañía Three Square Market instaló chips en sus empleados, lo que les permite entrar al edificio, conectarse a la red e incluso comprar comida. Y no era nuevo, en Suecia los implantes de chips comenzaron a realizarse allá por el 2014. *Cf.* «Wisconsin Company Three Square Market to Microchip Employees», *BBC News*, 24 julio 2017, https://www.bbc.com /news/world-us-canada-40710051; Jane Wakefield, «The Rise of the Swedish Cyborgs», *BBC News*, 10 diciembre 2014, https://www.bbc.com/news/technology -30144072.

corporaciones, las compañías de seguro, las aplicaciones de citas y el mismo sistema judicial y la policía.[90]

Un algoritmo puede analizar miles de datos sobre una persona y así modelar el perfil y analizar su aptitud como estudiante, los anuncios que hay que mostrarle, su capacidad para un trabajo, o incluso analizar miles de CV e identificar a los candidatos más prometedores. Los seguros de vida y médicos emplean toda una cantidad de datos biométricos, los datos de nuestros genomas, los patrones de nuestro sueño, ejercicio y dieta (qué comemos y cuándo), cómo conducimos, toda nuestra información médica, el estado financiero y el registro de compras, que luego son analizados por un algoritmo que las compañías emplean para calcular el riesgo del individuo en concreto (incluso estas compañías regalan productos de Apple o Garmin para realizar el seguimiento, premiando a los que reportan actividad deportiva y penalizando a quienes se niegan a proveer esta información o muestran poca actividad).[91] Las compañías de seguro del vehículo exigen en muchos países una especie de «caja negra» que analiza todos los movimientos y rutas cotidianas, la velocidad y aceleración, el respeto de las señales de tráfico, cuán bruscamente frenas, de qué manera doblas, el uso del celular mientras manejas, etc., y luego el algoritmo combinará toda esa información y la de todos los vehículos con los que uno se cruza diariamente y las zonas por las que uno pasa de manera regular para generar un perfil determinado.[92] Algunas compañías incluso ya utilizan reconocimiento facial para analizar patrones de conducta en el conductor.[93] En Estados Unidos también se emplean

---

90. *Cf.* O'Neil, *Weapons of Math Destruction*, p. 2.

91. En Canadá, la compañía aseguradora Manulife ofrece gratuitamente toda una línea de relojes de monitoreo de Garmin y de acuerdo con el nivel de ejercicio se van sumando puntos que se traducen en descuentos del seguro anual. *Cf.* https://www.manulife.ca/personal/vitality/rewards-and-benefits/garmin .html

92. Estos modelos matemáticos, entonces, tienen en cuenta si me cruzo con gente alcoholizada o que maneja con el celular en la mano (me penalizarán por eso, aunque yo no tenga nada que ver), o si manejo por zonas donde hay un índice alto de accidentes, incluso el propio estado al manejar, ya que algunas compañías emplean incluso reconocimiento facial de la persona que va al volante y analizan su estado de ánimo, si bosteza, se distrae, etc. *Cf.* Kristen Hall-Geisler y Jennifer Lobb, «How Do Those Car Insurance Tracking Devices Work?», *U.S. News*, 9 marzo 2022, https://www.usnews.com/insurance/auto/how-do -those-car-insurance-tracking-devices-work.

93. Este es el caso de aseguradoras y compañías de transporte, que ahora pueden combinar en vivo y en directo la posición geográfica del camión, con seguimiento a bordo y cámaras de reconocimiento facial que ofrecen un flujo constante de datos de comportamiento. Con todos esos datos se pueden

los algoritmos para calcular la condena de una persona en el sistema judicial, analizando los datos del pasado y la posibilidad de reincidencia, y también son varios los cuerpos policiales que incluso emplean sistemas de inteligencia artificial con algoritmos diseñados para predecir cuándo y dónde ocurrirá un crimen. PredPol es una compañía de *big data* con sede en Santa Cruz, California, que ofrece un algoritmo que calcula qué delito, dónde y a qué hora es más probable que ocurra, y en consecuencia redirige los esfuerzos de vigilancia y patrullaje del cuerpo policial.[94]

Un obstáculo al momento de realizar un análisis sobre las motivaciones que hay detrás de las sofisticadas fórmulas matemáticas es que los algoritmos trabajan desde la nube y con un *software* cuyo código no está disponible porque tiene «propietario». Esto significa que la propiedad intelectual de la compañía que crea un algoritmo le niega al público y a los funcionarios reguladores que actúan en nombre del público cualquier derecho a inspeccionar los pasos de la operación del algoritmo por el que computadoras y otros dispositivos «inteligentes» realizan tareas de cálculo, análisis de datos y razonamiento automatizado, derecho que se niega incluso cuando esos algoritmos se utilizan con fines públicos y tienen consecuencias sociales importantes. Pensemos en algoritmos empleados para calcular el costo del seguro, negar créditos o despedir a empleados, o en una persona determinada que es condenada por un algoritmo que calcula los años en referencia a la probabilidad de reincidencia. Estos algoritmos emplean datos que muchas veces son totalmente ajenos a la persona (su paso diario por una zona donde hay muchos accidentes de tránsito, por ejemplo, o tener parientes que hayan estado en la cárcel). Ninguna de esas personas tiene acceso a los criterios que se usaron o a cómo el algoritmo llegó a esa conclusión.[95] Pero a partir de los resultados podemos especular y,

---

analizar minuciosamente cada conductor, las diferentes rutas, evaluar la gestión del combustible y comparar los resultados en diferentes momentos del día y la noche. Incluso pueden calcular velocidades ideales para diferentes superficies de la carretera. *Cf.* Aaron Huff, «Dash Cameras Evolve with AI for Facial Recognition, Driver Self-Coaching», *CCJ*, 1 julio 2020, https://www.ccjdigital .com/business/article/14939758/dash-cameras-use-facial-recognition-driver-self-coaching.

94. *Cf.* https://www.predpol.com/. Ver Bilel Benbouzid, «To Predict and to Manage. Predictive Policing in the United States», *Big Data & Society* 6, n. 1 (2019), pp. 1-13.

95. Esa es la razón por la que Cathy O'Neil, matemática y experta en estadística, llama a los algoritmos «armas de destrucción matemática». Ver ejemplos del impacto de los algoritmos en aspectos laborales, financieros y judiciales de personas en O'Neil, *Weapons of Math Destruction*.

en algunos casos probar, cuál es la intención y objetivo que hay detrás de un algoritmo y cuáles son los criterios que se emplean.

El documental *El dilema de las redes sociales* puso el foco de atención en los problemas inherentes a las redes sociales, en especial a Facebook.[96] El foco de la investigación apuntó a mostrar cómo estas grandes empresas tecnológicas manipulan a los usuarios mediante algoritmos que fomentan la adicción a sus plataformas, sumado al hecho de que estas compañías recogen datos personales de sus usuarios para comercializar esa información y personalizar los anuncios de tal manera que la efectividad del mensaje sea mayor. En definitiva, «la tecnología que nos conecta también nos controla».[97] Y este control ejercido por un algoritmo que decide qué imagen se sucede tiene impactos negativos muy preocupantes en la salud mental de los usuarios, especialmente si son niños y adolescentes, como vimos en los capítulos 2 y 3.

El algoritmo de las redes sociales sigue un principio básico que podríamos llamar «mecanismo de atracción».[98] Esto significa que el algoritmo no solo está diseñado para favorecer cierto contenido sobre otros, sino que también usa como elemento de categorización la capacidad de atención que genere el producto. El algoritmo no es cerrado, entonces, sino que tiene en sí esa capacidad de adaptarse al nivel de atención de cada usuario. Se da una especie de «selección natural» de tal manera que un contenido que no capte la atención se pierde inmediatamente en ese océano de información constante, mientras que aquel contenido que sí captura nuestra atención será favorecido y «viralizado». De esa manera, aunque sean los usuarios quienes publiquen un *reel* de Instagram o un video en TikTok, en cuanto apretamos el botón de publicar, ese contenido pertenece a la plataforma y serán los algoritmos quienes decidirán cómo emplearlo mejor (y esto en caso de que una cuenta no sea objeto de algún tipo de cancelación).[99] Aquí entra de lleno el análisis predictivo de la IA, que trata de predecir qué

---

96. Orlowski, *El dilema de las redes sociales*.

97. Ibíd.

98. *Cf.* Firth, «The Online Brain», p. 120.

99. La publicación de los Twitter Files por orden de Elon Musk, por ejemplo, reveló cómo un gran número de cuentas tenían la visibilidad restringida por ser «políticamente incorrectas», denunciar ciertas ideologías de izquierda o trans, o apoyar a un candidato concreto (por ejemplo, a Trump) o cuestionar el resultado de elecciones. *Cf.* Bryan Passifiume, «Twitter Files Explained, and What They Revealed about Tech Censorship», *National Post* (Toronto), https://nationalpost.com/news/twitter-files-explained-and-what-they-revealed-about-tech-censorship.

tipo de imagen o video atrapará la atención del usuario.[100] Incluso los «me gusta» y «comentarios» están determinados por un algoritmo que busca causar una secreción de dopamina de tal manera que el usuario pase la mayor parte del tiempo en Facebook buscando que se genere una nueva experiencia, según confesó Sean Parker, expresidente de la compañía tecnológica.[101]

Aunque parezca real la ilusión de vivir en una esfera pública digital donde el internet ha «democratizado» todas las voces y todos pueden expresar su opinión o acceder a cualquier tipo de información, la verdad es que son las grandes compañías tecnológicas, de acuerdo con sus propios intereses, las que determinan qué es lo que vemos en las redes sociales o qué encontramos en una búsqueda por el internet. Por lo tanto, no podemos hablar propiamente de un espacio público digital, sino de un espacio virtual donde el algoritmo decide qué es lo que cada uno ve de acuerdo con intereses preconcebidos y codificados en una fórmula matemática. Es aquí donde debemos profundizar un aspecto del que poco o nada se ha hablado: no solo se realiza un «análisis predictivo» con la minería de datos, sino que la inteligencia artificial ha dado un paso más hacia lo que llamamos aquí el «análisis directivo»: es decir, basándose en un conocimiento exhaustivo del usuario, es posible condicionar y dirigir la conducta de este hacia un objetivo determinado.

Como nota Cathy O'Neil, los algoritmos están basados en modelos matemáticos que a su vez se basan en criterios establecidos por seres humanos falibles, por lo que inevitablemente estos modelos codifican prejuicios humanos, malentendidos y sesgos cognitivos que luego se trasmiten a los sistemas de *software* que cada vez más administran y controlan nuestras vidas.[102] Esto es un problema por las injusticias que puede implicar, pero hay otro problema mucho más profundo que parece escapar a quienes juzgan todo a partir de criterios como los de igualdad, inclusión o diversidad. Es un hecho que los algoritmos buscan no solo predecir, sino también modelar nuestra conducta de

---

100. *Cf.* John Paul Titlow, «How Instagram Learns from Your Likes to Keep You Hooked», *Fast Company*, 7 julio 2017, https://www.fastcompany .com/40434598/how-instagram-learns-from-yourlikes-to-keep-you-hooked.

101. *Cf.* Alex Hern, «"Never Get High on Your Own Supply" —Why Social Media Bosses Don't Use Social Media», *The Guardian* (Londres), 23 enero 2018, https://www.theguardian.com/media/2018/jan/23/never-get-high-on-your -own-supply-why-social-media-bosses-dont-use-social-media.

102. *Cf.* O'Neil, *Weapons of Math Destruction*, p. 3.

acuerdo con un ideal prestablecido.[103] O'Neil parece verlo al afirmar que estos «modelos, a pesar de su reputación de imparcialidad, reflejan metas e ideologías [...]. En cada caso, debemos preguntarnos no solo quién diseñó el modelo, sino también qué es lo que esa persona o empresa está tratando de lograr».[104] Es claro que, para poder influir en la conducta, primero hay que influir en el modo de pensar. Este elemento de manipulación de la población a partir del conocimiento obtenido por los datos de los consumidores de tecnología plantea un problema muy serio y que es más que necesario resaltar: los algoritmos también parecen diseñados para imponer no solo una cierta conducta consumista, sino también una cierta ideología y «moral colectiva» que nos encaminen hacia los principios fundamentales del globalismo progresista: la diversidad, la inclusión y la igualdad, lo cual también implica, como veremos en el próximo capítulo, influir en por qué candidato o modelo político votar. Afirmar que hay algoritmos que controlan y manipulan la conducta no es cosa de ninguna teoría de la conspiración.

Ya se ha demostrado ampliamente que una de las funciones principales del algoritmo es maximizar el tiempo que la persona pasa en el internet y las redes sociales para así mostrar más comerciales y a la vez generar la mayor cantidad de clics que se puedan monetizar. Pero hay otro aspecto más profundo y relacionado, el cual tiene que ver con no solo «predecir» la conducta, sino dirigirla a un objetivo determinado, e incluso «proponer» ciertas ideologías que apuntan a cambiar la manera de pensar y concebir la realidad para que el usuario se acomode al modelo que se impone (en China, como veremos más abajo, se emplea el algoritmo de TikTok para promover ideas socialistas). Los algoritmos, en definitiva, también pueden ser empleados en las redes con motivaciones profundamente ideológicas y políticas.

Es tal la cantidad de datos que se extraen de cada persona que no hay conspiranoia alguna en afirmar que ya es posible que un algoritmo influya en la conducta de cualquier usuario si este no toma las debidas precauciones. Este poder que les da el «conocimiento» de cada aspecto de nuestras vidas es preocupante, ya que plataformas como TikTok, Facebook, Google, Apple, Microsoft y Amazon tienen «los medios para dirigirnos de cualquier manera que deseen».[105] Una

---

103. Aynne Kokas se distingue por afirmar claramente el elemento de manipulación que apunta a poblaciones enteras. Ver Kokas, *Trafficking Data*, p. 37.
104. O'Neil, *Weapons of Math Destruction*, p. 21.
105. Ibíd., p. 181.

investigación realizada dentro de Facebook en el 2012 con 680.000 usuarios concluyó de hecho que «los estados emocionales pueden ser transferidos a otros, llevando a la gente a experimentar las mismas emociones sin ser conscientes de ello».[106] En este caso particular, los investigadores dirigieron los algoritmos de Facebook por medio de un *software* lingüístico que ponía distintos tipos de noticias en el muro con el objetivo de analizar si lo que los usuarios veían afectaba su conducta y su estado psicológico, pero sin que estas personas tuvieran ni idea de lo que estaba sucediendo. De esa manera, las personas a las que se les habían mostrado publicaciones negativas mostraban una conducta negativa el resto del día, y aquellas a las que se les mostraban cosas positivas mantenían la actitud correspondiente. Es claro, entonces, que los algoritmos pueden afectar cómo se sienten los millones de usuarios sin que ellos sepan qué está sucediendo.

Zuboff realiza un análisis muy completo en su obra sobre el capitalismo de la vigilancia y logra demostrar contundentemente el aspecto «predictivo» de la IA, aunque por alguna razón no explicita el aspecto «directivo», que parece más que obvio. En referencia al uso de la minería de datos para el *marketing*, la autora afirma: «La idea de ser capaz de entregar un mensaje particular a una persona concreta en el momento justo en que podría tener una alta probabilidad de influir realmente en su comportamiento era, y siempre había sido, el santo grial de la publicidad».[107] Aquí notamos no solo la capacidad «predictiva» de un algoritmo, sino también el aspecto condicionador y directivo de la conducta del usuario al que el algoritmo apunta.

La inteligencia artificial

La inteligencia artificial (IA) es un campo de la ciencia que incluye muchísimas disciplinas, desde la informática, el análisis de datos y estadísticas, la matemática, la ingeniería de *hardware* y *software*, la lingüística, la neurociencia e incluso la filosofía y la psicología, y se la define como una inteligencia simulada por algoritmos o máquinas.[108]

---

106. Adam D. I. Kramer, «Experimental Evidence of Massive-Scale Emotional Contagion through Social Networks», *Proceedings of the National Academy of Sciences* 111, n. 24 (2014), p. 8788.
107. Zuboff, *The Age of Surveillance Capitalism*, pp. 77-78.
108. *Cf.* Coeckelbergh, *AI Ethics*, p. 64.

Técnicamente, los programadores crean uno o varios algoritmos para que un conjunto de computadoras realice una variedad de funciones avanzadas que simulan la capacidad de ver, entender y traducir el lenguaje hablado y escrito, analizar datos, hacer recomendaciones, reconocer rostros, moverse autónomamente, etc. Por ejemplo, y para ilustrar lo dicho más arriba, la IA usa algoritmos para procesar la enorme cantidad de datos (*big data*) extraídos de los distintos dispositivos tecnológicos que son parte del sistema de vigilancia. Como sería humanamente imposible analizar esa gran cantidad de datos recolectados constantemente, el proceso ha sido automatizado por medio de algoritmos que van analizando toda esta información para clasificar datos (reconocer voces, por ejemplo, e incluso el tema de conversación, reconocer rostros, dirigir un vehículo autónomo, etc.), identificar patrones de conducta (por ejemplo, qué y cuándo suelo comprar) o establecer asociaciones, entre otras muchas aplicaciones, todo lo cual va alimentando a la máquina para que pueda predecir cada vez mejor una situación, o un estado de ánimo, la reacción de la persona, sus movimientos, etc.

Las aplicaciones para el uso de la IA son inmensas, desde robots que pueden circular solos por un depósito o un restaurante, sistemas de ciberseguridad que se analizan y se mejoran continuamente a sí mismos para reconocer un ataque, asistentes virtuales que pueden «entender» lo que alguien está diciendo y actuar con esa información, reconocimiento de las emociones a partir del cual extraer información sobre el usuario (algo que Facebook hace para realizar publicidad dirigida)[109] e incluso la creación de videos y sonidos totalmente artificiales muy difíciles de distinguir de los reales (*deep fakes*). Entre otras aplicaciones de la IA tenemos el transporte, el *marketing*, la medicina, las finanzas, los seguros, los distintos ámbitos de la ciencia, la educación, el entretenimiento, el arte, la agricultura, la manufactura, la ciberseguridad, la industria militar, e incluso la composición de textos.[110] Pero también se puede incorporar la IA en otros tipos de sistemas tecnológicos y dispositivos, por ejemplo, en *software* (*chat bots*, motores de búsqueda, análisis de imágenes, para manipularnos y motivarnos a comprar algo), en vehículos, en dispositivos inteligentes (el internet de las cosas), o incluso en la muñeca Hello Barbie. Esta graba todo lo que

---

109. Ya hay sistemas de IA, por ejemplo, que pueden captar incluso si la persona padece depresión, información a partir de la cual puede ofrecer publicidad para explotar esa situación.
110. *Cf.* Coeckelbergh, *AI Ethics*, p. 103.

se dice en el entorno y lo analiza en los servidores, que luego envían una respuesta al dispositivo. De esa manera Hello Barbie responde basándose en lo que ha «aprendido» sobre cada usuario, además de recolectar gran cantidad de datos que luego forman parte del *big data*, razón por la cual dejó de fabricarse debido a las implicaciones legales de recolectar información de menores de edad.[111]

Un primer tipo de IA fue la llamada «IA simbólica», es decir, un sistema que se basa en representaciones simbólicas de tareas cognitivas superiores, como el razonamiento abstracto y la toma de decisiones. El algoritmo emplea sentencias condicionales para las reglas de decisión, de tal manera que «si ocurre esto» (condiciones), «entonces pasa esto» (resultado).[112] Por ejemplo, una aplicación médica de este tipo de IA son los diagnósticos oculares a partir de una base de datos que contiene miles de imágenes de cada afección. De esa manera, la IA puede detectar una afección médica o los comienzos de una en ese ojo, lo cual muchas veces le resultaría imposible a un doctor humano.[113]

Un segundo tipo de IA es el de las redes neurales, conforme a la idea de redes interconectadas basadas en unidades simples.[114] El aprendizaje automático (*machine learning*) es un elemento particularmente importante de este tipo de IA, ya que no necesita ser reprogramada, pues recibe nuevos datos que incorpora. A partir de estos datos, la máquina «aprende» y genera nuevos modelos para poder realizar predicciones cada vez más precisas o analizar voces y textos. Una red neural más profunda aún es la del aprendizaje profundo (*deep learning*), en la que las redes neurales consisten en varios niveles. Este es el tipo de IA que se usa para el reconocimiento facial, por ejemplo.

A estos sistemas de aprendizaje autónomo se les llama «inteligencia» porque toman decisiones de manera independiente e imitando en cierta manera a la inteligencia humana.[115] Un ejemplo es el AI Duet, un *software* de piano que responde a los sonidos que se le

---

111. *Cf.* Loti de Esteban, «Hello Barbie – AI Making Children's Dreams Come True», *Digital Innovation and Transformation*, 17 abril 2020, https://d3 .harvard.edu/platform-digit/submission/hello-barbie-ai-making-childrens -dreams-come-true/.
112. *Cf.* Coeckelbergh, *AI Ethics*, p. 71.
113. *Cf.* Jae-Ho Han, «Artificial Intelligence in Eye Disease: Recent Developments, Applications, and Surveys», *Diagnostics* 12, n. 8 (2022), p. e1927.
114. *Cf.* Ethem Alpaydin, *Machine Learning* (Cambridge: MIT Press, 2021), pp. 105-141.
115. *Cf.* Lukacs de Pereny, «La tiranía de los algoritmos», p. 47.

proporcionen.[116] Con este *software*, uno puede tocar distintas teclas del piano (no hace falta saber tocarlo) y el programa responde con una composición magnifica que emplea solo las notas de las teclas que se presionaron. Sin embargo, cabe aclarar que no es propiamente una inteligencia como tal, ya que la IA no puede replicar la mente humana y tampoco tiene la capacidad de tomar decisiones ni de reaccionar en situaciones sociales como lo haría un ser humano, además de estar limitada a una función específica. En el caso de AI Duet, lo que ocurre es que el sistema fue «alimentado» con una cantidad gigante de datos (composiciones musicales) a partir de las cuales fue «aprendiendo» las relaciones entre las notas, siendo capaz de realizar con un puñado de estas una composición que solo está al alcance de un Mozart. Lo que hace el aprendizaje de máquina, entonces, es realizar un proceso estadístico para reconocer patrones en los datos y realizar predicciones futuras.

También es importante notar que lo que actualmente se considera IA es IA «estrecha», es decir, solo puede llevar a cabo acciones en un campo limitado y basadas en su programación y entrenamiento. Un algoritmo de IA para el reconocimiento facial no puede procesar el lenguaje natural o traducir un texto. Hay otras dos categorías de IA que posiblemente nunca se logren: la IA «general» tendría la habilidad de sentir, pensar y actuar, mientras que la «superinteligencia artificial» podría funcionar de manera mucho mejor que la inteligencia humana.[117] Detrás del proyecto de Google, por ejemplo, hay toda una visión mecanicista y materialista del ser humano que ha llevado a la compañía a llevar a cabo proyectos para desarrollos de la IA en el campo de la teoría de la mente y la autoconsciencia. Según esta visión, con solo recrear las redes neurales del ser humano bastaría para que surja una inteligencia autónoma y consciente de sí misma.[118]

Google siempre se ha servido de la inteligencia artificial «estrecha» y del aprendizaje de máquina para su buscador (aunque el objetivo de la compañía es llegar a lograr una IA general que pueda realizar cualquier tipo de actividad cognitiva). Es más, la compañía afirma estar en la vanguardia de la innovación en inteligencia artificial, algo que podemos comprobar cuando abrimos el buscador y al comenzar a escribir, el sistema muchas veces ya «sabe» lo que queremos buscar.

---

116. *Cf.* Mann, Yotam, «AI Duet», mayo 2017, https://experiments.withgoogle .com/ai-duet.
117. *Cf.* Coeckelbergh, *AI Ethics*, p. 15.
118. *Cf.* Carr, *The Shallows*, pp. 145-146.

A partir de la cantidad enorme de datos que recolecta, Google ha podido desarrollar enormemente la IA en el campo de la traducción de idiomas, el reconocimiento de voz, el procesamiento visual, la clasificación de datos, el modelado estadístico y la predicción.[119] Pero todas estas aplicaciones están dentro de la IA general.

Si bien la inteligencia artificial es una herramienta valiosísima para una gran cantidad de aplicaciones, también se puede convertir en una herramienta de dominación y modificación de la conducta, sobre todo cuando se subordina al ser humano a la arquitectura global de vigilancia y rediseño del modo de vida. «La IA se irá acercando progresivamente hasta que no podamos vivir sin ella. Todos los dispositivos serán inteligentes. La IA nos entretendrá, nos dirá qué comer y tal vez incluso qué hacer».[120] Parece una escena de un libro de ciencia ficción, cuando en realidad es la visión futurista de Catriona Campbell sobre la inteligencia artificial para el año 2030. El mundo construido a imagen y semejanza de la IA será planificado matemáticamente hasta el mínimo detalle y, curiosamente, en él parece no haber lugar para la libertad. Es la misma visión que plantea Yuval Harari en *Homo Deus*, la de un mundo donde el ser humano entregue su libertad a los algoritmos para que estos actúen cada vez que tengamos que tomar una decisión.[121]

Como seres libres que somos, constantemente tenemos que tomar decisiones sobre pequeñas y grandes cosas en la vida. ¿Pero qué pasaría en un mundo donde todo hecho sea codificado y convertido en dato, analizado, comparado y, por lo tanto, ofrezca la mejor probabilidad de entre miles analizadas, como si fuese un juego de ajedrez? Este es el centro de la cuestión para los proponentes del futuro del ser humano, futuro en el que el humano ya no será humano, como veremos. «La IA, en algún momento, dominará todos los aspectos de la vida humana», afirma con confianza Campbell, dando a entender que tratar de escapar de ella será imposible y una locura.[122] La fusión con la inteligencia artificial será inevitable y, por lo tanto, plantea la autora, solo nos queda decidir cómo la vamos a diseñar, ya que nadie querrá vivir sin ella una vez que veamos cómo mejorará nuestra vida.

---

119. Google, «What Is Artificial Intelligence (AI)?», https://cloud.google.com /learn/what-is-artificial-intelligence.

120. Campbell, *AI by Design*, p. 107.

121. Yuval N. Harari, *Homo Deus: A Brief History of Tomorrow* (Toronto: Signal, 2017), p. 393 [en español, *Homo Deus: breve historia del mañana* (Barcelona: Debate, 2017)].

122. Campbell, *AI by Design*, p. 106.

¿Quién rechazará la oportunidad de una vida más larga y un cerebro mucho más inteligente? La presión social será un factor clave, según ella, porque ¿quién se va a negar cuando todos los demás lo acepten? Incluso lo haríamos por nuestros hijos. Si queremos lo mejor para ellos, ¿por qué no fusionarlos con la tecnología y dejar que la inteligencia artificial guíe sus vidas hasta en el más mínimo detalle? Quién rechace esta propuesta será tenido por loco, nos dice la autora, porque «no hay una base lógica para que la humanidad evite la necesidad de fusionarse».[123] Esto es lo que se conoce como el transhumanismo, una ideología que plantea como principio fundamental que el ser humano debe realizar un salto evolutivo por medio de la tecnología y dejar atrás todo vestigio limitante: la muerte, la enfermedad, la ignorancia. En este caso particular, será la inteligencia artificial la que nos dará la respuesta a todo problema humano, pero con la consecuencia de que haríamos una transición hacia un nuevo tipo de ser humano (de ahí el nombre de «transhumanismo»).

Sin embargo, esta automatización de la conducta humana y su reemplazo por la IA, incorporada incluso a nuestros cuerpos, llevará inevitablemente a la destrucción de la creatividad y la libertad humanas y, en cierta manera, a la destrucción de nuestra naturaleza como tal por medio de un control y una manipulación absolutos. El planteamiento de la automatización no está limitado entonces a operaciones de manufactura o del trabajo humano, sino que en definitiva el mismo ser humano es de hecho el objeto y el sujeto final del proceso automático.[124] Ahí se cumplirán las palabras de Arendt, que, en su crítica a las teorías conductuales del momento —no por ser erróneas, sino porque se podrían hacer realidad—, denunciaba en tono casi profético la automatización del trabajo humano y la consecuente eliminación de esta actividad humana que nos llevaría a una situación que «puede terminar en la pasividad más letal y estéril que se haya conocido».[125] ¿Es que acaso la automatización del trabajo humano implica la automatización de todo aspecto humano, incluido el conocimiento y la decisión libre? Este es uno de los problemas más profundos, aunque no el único, que plantea la posibilidad de fusionar al ser humano con la IA.

---

123. Campbell, *AI by Design*, p. 107.
124. Aunque este proceso de automatización nos debe llevar a preguntarnos sobre el futuro del trabajo humano y qué tipo de vida tendremos a cambio.
125. Hannah Arendt, *The Human Condition* (Chicago, IL.: University of Chicago Press, 1958), p. 322 [en español, *La condición humana* (Barcelona: Austral, 2020)].

Zuboff está ciertamente en lo correcto al notar la capacidad de análisis predictivo de la IA. Pero, en nuestra opinión, la IA puede ir más allá hasta el punto de establecer un mecanismo que efectivamente moldee y cambie la conducta de la persona y la controle totalmente. Lo vimos más arriba con los mecanismos adictivos de las redes sociales, los problemas de imagen corporal, los trastornos alimenticios e incluso el daño físico y el suicidio que son consecuencias de la exposición a imágenes y videos cuyo orden está dictaminado por un algoritmo. Es por eso por lo que, en nuestra consideración, la IA ya no solo realiza un análisis predictivo, sino también lo que podemos considerar como «análisis directivo», ya que tiene como objetivo dirigir la conducta hacia un interés determinado.

Tecnología y educación de las emociones

El sistema escolar de nuestros días se ha convertido en un centro de ideologización al servicio del político de turno y su partido. Basta con ver cómo los programas de educación se están transformando en aplicaciones de la agenda de género, el feminismo, el aborto, la Agenda 2030, el cambio climático, etc.[126] Todas estas consignas progresistas no enseñan a pensar, a razonar, a leer y escribir, a tener una memoria potente, a hablar bien y con lógica. El resultado no puede ser más que un sujeto totalmente ideologizado e inútil, fácilmente manipulable conforme a los intereses del político de turno, especialmente cuando tenemos en cuenta el efecto del celular y las redes en las funciones cerebrales del niño y el adolescente. Por eso no podemos dejar de considerar cómo la tecnología ha irrumpido como una variable muy peligrosa en este proceso de adoctrinamiento ideológico.[127] Son numerosos los proyectos que emplean las nuevas tecnologías para transformar al individuo por medio de sensores, realidad virtual o aplicaciones de reconocimiento facial. Y, como veremos, no se trata de una «teoría de la conspiración», sino que ya se están incorporando en programas de educación en países tecnológicamente desarrollados y que no tardarán en llegar al resto del mundo bajo la propuesta de la Agenda 2030 y el Foro Económico Mundial.

---

126. *Cf.* Muñoz Iturrieta, *Las mentiras que te cuentan.*
127. Variable tecnológica que, como siempre lo denuncia Miklos Lukacs, no puede quedar fuera de ningún análisis actual.

Pero antes de eso, una pregunta filosófica: ¿por qué moldear y manipular al ser humano mediante la educación? Porque la ideología libertaria progresista que está detrás de la tecnocracia actual aspira a crear un «hombre nuevo» que se amolde a sus postulados ideológicos.[128] Pero, como el ser humano posee rasgos, querencias y convicciones de índole moral y religiosa que dificultan la consecución de este modelo de hombre nuevo, estos ideólogos, lejos de admitir la pluralidad y la verdadera diversidad que componen a una sociedad, tratan de modificar al ser humano mediante la «reeducación» por medio de la tecnología con el fin de convertirlo en un engranaje del sistema.[129] Tal es el plan de educación mundial propuesto por el Foro Económico Mundial en el año 2016 y titulado «Nueva visión para la educación: Fomento del aprendizaje social y emocional a través de la tecnología».[130] Dicho documento presenta los beneficios de una educación social y emocional y lo mucho que la tecnología puede aportar al aprendizaje de los estudiantes, programa que se comenzó a materializar en el año 2019.

En la sección titulada «Expandiendo el campo de lo posible», se introducen «cinco tecnologías innovadoras que merecen especial atención» para adquirir una «conciencia social y cultural»: dispositivos corporales; aplicaciones de vanguardia; la realidad virtual; los análisis avanzados y el aprendizaje automático; y, finalmente, la informática afectiva.[131] Veamos en qué consiste cada una de estas tecnologías que tienen como objetivo la implementación del programa de educación ideológica en un nivel mucho más profundo de lo imaginado.

Entre los dispositivos corporales tenemos pulseras, relojes inteligentes, auriculares y ropa inteligente equipados con tecnología para el seguimiento de actividad y *fitness*, y relojes inteligentes que ofrecen además una gama de aplicaciones, similares a los que se usan en la actualidad para la extracción de datos (Garmin). Sin embargo, el documento plantea que, a medida que los sensores biométricos

---

128. Murray sostiene, por ejemplo, que la ideología política de Google es de izquierda libertaria. Ver Douglas Murray, *The Madness of Crowds: Gender, Race and Identity* (Londres: Bloomsbury), p. 110 [en español, *La masa enfurecida: cómo las políticas de identidad llevaron al mundo a la locura* (Barcelona: Península, 2021)].

129. *Cf.* Juan Manuel de Prada, «Educación para la esclavitud», *ABC* (Madrid), 17 julio 2006, https://www.abc.es/opinion/abci-educacion-para-esclavitud -200607170300-1422484724626_noticia.html.

130. *Cf.* World Economic Forum, *New Vision for Education: Fostering Social and Emotional Learning through Technology* (Davos, 2016), https://www3. weforum.org/docs/WEF_New_Vision_for_Education.pdf.

131. *Cf.* Ibíd., p. 14.

evolucionen, los dispositivos serán cada vez más capaces de rastrear las respuestas físicas, tales como las fluctuaciones en el estrés y las emociones del niño. Ya hay una serie de dispositivos que se están utilizando para «ayudar» a los estudiantes a manejar sus emociones y desarrollar habilidades de comunicación. Starling, de VersaMe, por ejemplo, es un pequeño dispositivo portátil diseñado para mejorar las comunicaciones en bebés.[132] El dispositivo realiza un seguimiento del número de palabras que un niño escucha cada día, además de extraer datos del hogar constantemente, con el propósito de apoyar el desarrollo del lenguaje y mejorar los resultados educativos. Una aplicación adjunta ayuda a la niñera o maestra a establecer objetivos y cumplir con desafíos tales como lograr una cierta cantidad de conversaciones por día. El producto asegura predecir el bienestar emocional del niño.

También hay dispositivos que proporcionan un registro minuto a minuto del estado emocional del niño, lo que puede ayudar, nos aseguran, a crear conciencia de sí mismo e incluso empatía, ambos componentes críticos de las habilidades sociales y emocionales a las que apunta el programa del Foro Económico Mundial. El reloj Embrace, de Empatica, es un dispositivo portátil que rastrea el estrés fisiológico y la actividad física. La compañía, vale recalcar, se presenta como la «plataforma de investigación más avanzada para la recopilación de datos del mundo real».[133] Si bien el objetivo principal del producto es el monitoreo de la salud por medio de sistemas de IA, el Foro Económico Mundial destaca que puede ser adaptado y programado para la educación de la inteligencia emocional.[134] Por ejemplo, el dispositivo se puede programar para vibrar cuando el estrés alcance un nivel específico, o para captar emociones y reacciones que son imperceptibles al ojo humano y que responden al material de clase. De esa manera, la combinación de la funcionalidad del reloj Embrace con el entrenamiento de los padres y maestros puede mejorar aún más las oportunidades para desarrollar (bien deberíamos decir manipular) la inteligencia social y emocional de un niño. Por ejemplo, si un niño reacciona negativamente ante una propuesta ideológica en clase, incluso si es algo solamente interior, el sistema vibra haciéndole notar que no está siendo empático, ya que el sistema de inteligencia artificial captó el sentimiento, y a su vez le informa de eso al educador. Manipulación total.

---

132. https://whipsaw.com/project/versame-starling/.
133. https://www.empatica.com/.
134. *Cf.* World Economic Forum, *New Vision for Education*, p. 14.

El Foro Económico Mundial también incluye aplicaciones de vanguardia para celulares inteligentes y tabletas que utilizan el poder de la nube y las capacidades de captura de sonido y video 3D para transformar la experiencia del usuario y así influir en habilidades sociales y emocionales como la creatividad y la curiosidad. La Plataforma Aprendizaje Adaptativo de Kidaptive, por ejemplo, cuenta con algoritmos basados en IA que permiten a las empresas educativas utilizar los datos que se recopilan de la aplicación para analizar el progreso, las preferencias y los intereses de los estudiantes.[135]

La realidad virtual del metaverso es también parte de esta «Nueva Visión para la Educación». El objetivo de su introducción, según el Foro Económico Mundial, es simular la presencia física en un entorno digital inmersivo para así forjar vínculos más fuertes con la vida real, fomentar una mayor conciencia de sí mismo y estimular la creatividad sin el alto costo y el tiempo necesarios para viajar.[136] Aunque analizamos la realidad virtual con profundidad en el capítulo anterior, vale la pena mencionar el proyecto de EON Reality, una plataforma de aprendizaje 3D interactivo a través de herramientas de realidad virtual para la colaboración y el aprendizaje por medio de la inmersión virtual.[137] Esta plataforma, que ya se emplea en escuelas y universidades, tiene un gran potencial para impulsar el desarrollo de habilidades sociales y emocionales, según el Foro Económico Mundial, e incluye el fomento de una mayor conciencia cultural y curiosidad a través de viajes virtuales.[138] EON Reality promete que, gracias a la extracción y análisis de datos de todas las experiencias educativas del alumno, puede ofrecer los «mejores conocimientos sobre el rendimiento de los estudiantes».[139]

El Foro Económico Mundial también insta a usar el análisis avanzado de datos y el aprendizaje de máquina, ya que tienen un potencial significativo para el aprendizaje social y emocional por el hecho de que, al ir incorporando datos y analizando reacciones y respuestas, los educadores pueden personalizar mucho más la instrucción, sobre todo porque los algoritmos de análisis predictivo pueden encontrar el mejor camino para ir moldeando los sentimientos y emociones del estudiante particular.[140] La compañía Civitas Learning emplea *big data*

---

135. https://www.kidaptive.com/.
136. *Cf.* World Economic Forum, *New Vision for Education*, p. 15.
137. https://eonreality.com/.
138. *Cf.* World Economic Forum, *New Vision for Education*, p. 15.
139. https://eonreality.com/platform/.
140. *Cf.* World Economic Forum, *New Vision for Education*, p. 15.

y algoritmos que identifican datos que se correlacionan con el éxito de un estudiante, como los que indican preparación, participación y asistencia, y proporcionan un tablero que los educadores pueden utilizar para evaluar el rendimiento del alumno.[141] La compañía promete al educador acceso «total» al estudiante, es decir, agrega datos de todos los aspectos de su vida (académicos, conducta, datos financieros, sentimientos, etc.), identifica a distintos «grupos» de estudiantes según los criterios que se quieran incorporar, analiza el impacto de los programas educativos, y utiliza la «inteligencia predictiva» (IA) para identificar causas de riesgo y poder intervenir a tiempo. Vale remarcar que el sistema analiza emociones como la empatía y la conciencia social y cultural y permite elaborar un programa para ajustar las emociones si no se adecúan al plan de estudios.

Finalmente, el Foro Económico Mundial propone la introducción de la llamada «informática afectiva», es decir introducir la IA y el reconocimiento facial para que los sistemas puedan reconocer, interpretar y simular las emociones humanas, de tal manera que por esta tecnología se puedan desarrollar en los estudiantes habilidades sociales y emocionales, como una mayor empatía, una mejor conciencia de sí mismos y relaciones más fuertes.[142]

Affectiva, la compañía de análisis emocional y reconocimiento facial que mencionamos más arriba, utiliza una cámara web y algoritmos para capturar, identificar y analizar las emociones humanas y las reacciones a los estímulos externos.[143] Utilizando datos de seguimiento ocular, el sistema compara las expresiones de un usuario con una base de datos de más de mil millones de expresiones faciales para evaluar las diferencias por nacionalidad, edad, sexo y otras características. También puede diferenciar entre emociones como felicidad, miedo, sorpresa y confusión, lo que asiste al educador al momento de analizar si el programa de educación está funcionando. Por ejemplo, el sistema analiza las expresiones faciales de los estudiantes mientras ven un video de BLM, situaciones de supuesta injusticia o discriminación, marchas LGBT, etc., y ofrece un detallado registro de las emociones que captaron en ese rostro. De esa manera el educador puede saber con certeza quién tiene empatía o quién es tránsfobo (o «transfóbico», como se oye en su jerga). En el contexto de la enseñanza en línea, el sistema puede advertir en tiempo real quién está prestando

---

141. https://www.civitaslearning.com/.
142. *Cf.* World Economic Forum, *New Vision for Education*, p. 15.
143. https://www.affectiva.com/.

atención o quién está haciendo otra cosa, función que, como mencionamos más arriba, Affectiva también comercializa con compañías que usan el teletrabajo.[144]

La tecnología empleada para el control y la manipulación ideológica dentro de la educación es un peligro real que condiciona al ser humano y no solo lo amolda para programas económicos como el propuesto por el Foro Económico Mundial, sino que, al manejar los sentimientos del niño a un nivel prerreflexivo, lo convertirá en un ser totalmente manipulable, sin libertad ni capacidad reflexiva para desarrollarse de acuerdo con sus capacidades únicas y personales. Las posibilidades de control son inmensas cuando la tecnología se pone al servicio no de la plenitud del ser humano, sino de la transformación de la conducta para que esta sea funcional al modelo que se busca imponer.

Deep fakes: cuando la manipulación se torna realidad

Si vamos a hablar de manipulación o control, o mejor aún, de manipular para controlar, no podemos dejar de mencionar uno de los ejemplos más claros de manipulación, que tiene lugar cuando la IA, el aprendizaje de máquina y las redes neuronales se combinan: los *deep fakes* (falsificaciones profundas), es decir, el uso de tecnologías de IA para producir clips audiovisuales que son muchas veces imposibles de distinguir de un video tradicional.[145]

Estos medios sintéticos creados por IA son una creación reciente: los primeros surgieron en el 2017 en el contexto de un video pornográfico para atacar a una periodista que estaba realizando una campaña contra el abuso sexual infantil en la India.[146] A partir de ese momento han sido utilizados por gobiernos, corporaciones e individuos para

---

144. *Cf.* https://www.affectiva.com/news-item/smart-eye-extends-use-of-affec
tiva-emotion-ai-for-qualitative-research-with-conversational-engagement
-and-valence-metrics/.

145. La expresión «*deep fake*» era el nombre de un usuario de Reddit que subía este tipo de videos y combina *deep learning* (aprendizaje profundo) con *fake* (falso). *Cf.* Samantha Cole, «We Are Truly Fucked: Everyone Is Making AI-Generated Fake Porn Now», *Motherboard*, 25 enero 2018, https://www.vice.com /en/article/bjye8a/reddit-fake-porn-app-daisy-ridley.

146. *Cf.* Rana Ayyub, «I Was the Victim of a Deepfake Porn Plot Intended to Silence Me», *HuffPost*, 21 noviembre 2018, https://www.huffingtonpost.co.uk /entry/deepfake-porn_uk_5bf2c126e4b0f32bd58ba316.

simular videos que dan la apariencia de realidad y que se usan ya sea en producciones cinematográficas o con el claro propósito de engañar en las redes sociales o realizar estafas. En el 2019, por ejemplo, se reportó el primer incidente con un *software* que imitó la voz de un ejecutivo alemán en una llamada telefónica para engañar a un empleado de la compañía pidiendo la transferencia de 243.000 dólares desde una cuenta corporativa a una cuenta de los perpetradores del engaño.[147] En 2021, debido a la muerte repentina del chef Anthony Bourdain, el documental *Roadrunner* empleó esta tecnología para completar las secciones que faltaban por filmar.[148] También son comunes los *deep fakes* que reemplazan un rostro por otro, por ejemplo, insertando el rostro de una persona cualquiera en una producción cinematográfica, o los que manipulan la región de los labios para hacer que una persona parezca decir algo que en realidad nunca dijo, como ocurre con muchos de los videos que circulan por WhatsApp para atacar a políticos y confundir a incautos.[149]

Esta tecnología necesita de grandes bases de datos de audio y video para perfeccionarse por medio de las llamadas redes generativas adversarias (GAN),[150] modelos de aprendizaje automático que generan nuevas imágenes, texto, video y audio a partir de imágenes provistas y que luego el sistema discrimina por comparación con datos existentes.[151] Es decir, tiene lugar un primer proceso de aprendizaje cuando se entrena a las redes generativas a partir de una base de datos que las habilita para elaborar expresiones faciales y de voz centradas en un sujeto determinado (para eso, cuantas más grabaciones se tengan de la persona, más «aprende»). Las falsificaciones se crean cuando, por medio de un algoritmo de aprendizaje profundo, se intercambian

---

147. *Cf.* Catherine Stupp, «Fraudsters Used AI to Mimic CEO's Voice in Unusual Cybercrime Case», *The Wall Street Journal* (Nueva York), 30 agosto 2019, www.wsj.com/articles/fraudsters-use-ai-to-mimic-ceos-voice-in-unusual -cybercrime-case-11567157402.

148. *Cf.* Zack Sharf, «Anthony Bourdain Doc Recreates His Voice Using Artificial Intelligence and 10-Plus Hours of Audio», *IndieWire*, 15 julio 2021, https ://www.indiewire.com/2021/07/anthony-bourdain-doc-artificial-intelligence -recreate-voice-1234651491/#!

149. *Cf.* S. Agarwal, «Protecting World Leaders against Deep Fakes», *CVPR Workshops* (2019), pp. 38-45, https://openaccess.thecvf.com/content_CVPRW _2019/papers/Media%20Forensics/Agarwal_Protecting_World_Leaders _Against_Deep_Fakes_CVPRW_2019_paper.pdf.

150. GAN: generative adversarial network.

151. *Cf.* Bobby Chesney y Danielle Citron, «Deep Fakes: A Looming Challenge for Privacy, Democracy, and National Security», *California Law Review* 107, n. 6 (2019).

todos los datos recopilados en esta primera etapa del proceso con un video de otra persona. Uno puede, por ejemplo, filmarse dando un anuncio catastrófico sobre un inminente ataque nuclear y la red generativa lo transforma en el presidente de Rusia diciendo eso mismo. Una vez realizada la falsificación del video y el audio, los creadores deben corregir manualmente algunos de los fallos obvios. Luego, en la segunda etapa de aprendizaje automático, la red «adversaria» funciona como discriminador para detectar cualquier tipo de falsificación y manipulación. Cuando el segundo modelo ya no es capaz de detectar falsificaciones, el *deep fake* está completo.[152]

Cuantos más datos se tengan, más sofisticado se vuelve el sistema, por eso la mayoría de los *deep fakes* actuales se centran en políticos y celebridades cuyas imágenes y voces están disponibles *online*. Pero esto también nos hace pensar que, cuantas más fotos y videos sube una persona a las redes, más vulnerable se convierte a un ataque de manipulación. El peligro es tal que por el momento resulta muy difícil de detectar la falsificación de la voz, incluso aplicando algoritmos que detectan la manipulación.[153] En ese sentido, China representa una amenaza concreta debido a que, como veremos en el próximo capítulo, tiene a su disposición toda la base de datos de TikTok, la cual es un repositorio gigante de archivos de video, audio e imagen necesarios para que el algoritmo entrene a una red generativa adversaria.[154] Por eso, debido a los problemas geopolíticos que se podrían generar a partir de videos falsos, la Agencia de Proyectos de Investigación Avanzada de Defensa (DARPA, por sus siglas en inglés) de Estados Unidos ha invertido más de 68 millones de dólares en sistemas de análisis forenses digitales para combatir la tecnología emergente y, en el año 2019, el Congreso de Estados Unidos aprobó una ley que exige que el Departamento de Seguridad Nacional (DHS, por sus siglas en inglés) reporte constantemente el estado actual de las tecnologías de falsificación de contenido digital.[155]

---

152. *Cf.* Sean Maher, «Deep Fakes: Seeing and Not Believing», en *Deep Fakes*, ed. por Michael Filimowicz (Abingdon: Routledge, 2022), pp. 5-6.
153. Emily Grumbling y Anne Johnson, «Implications of Artificial Intelligence for Cybersecurity: Proceedings of a Workshop», en *Deep Fakes*, ed. por Engineering National Academies of Sciences and Medicine (Washington, D. C.: National Academies Press, 2019), pp. 54-60.
154. *Cf.* Kokas, *Trafficking Data*, pp. 108-109.
155. *Cf.* Stephanie Kampf y Mark Kelley, «A New "Arms Race": How the U.S. Military Is Spending Millions to Fight Fake Images», *CBC News*, 18 noviembre 2018, https://www.cbc.ca/news/science/fighting-fake-images-military-1.4905775. La ley es la «S. 2065 Deepfake Report Act of 2019».

Por más de 100 años, para cualquier afirmación que pretendiera demostrar algo era fundamental contar con un video o una fotografía. Una foto en una cumbre, por ejemplo, es prueba de que se pisó la cima, ya que muestra una relación causal entre la imagen y los rayos de luz en un espacio y tiempo particular y fijados por reacciones químicas o sensores digitales en la imagen resultante.[156] E incluso en casos en que se manipuló una foto para reclamar una conquista, como ocurrió con una pareja de la India que reclamaba ser la primera en subir el Everest, fue fácil descifrar el intento de engaño.[157] Con los *deep fakes*, sin embargo, las redes de aprendizaje profundo separan toda conexión con un evento real con la particularidad de que es casi imposible distinguir entre la realidad y la ficción sin el uso de algoritmos sofisticados, que pueden ser sobrepasados por la IA.

Conclusión

La mayoría de los datos de nuestra conducta que se extraen no tienen como objetivo mejorar el servicio, sino más bien, como señala Zuboff, realizar un análisis predictivo de nuestras conductas futuras. Este flujo de datos sienta las bases para una nueva y lucrativa economía o «capitalismo de la vigilancia». En primer lugar, se extraen datos personales y conductuales por todos los medios tecnológicos posibles, especialmente de nuestros celulares y del internet de las cosas. Esta información se transmite luego a centros de datos, donde los sistemas de inteligencia artificial no solo analizan esos datos por medio de sofisticados algoritmos, sino que a su vez los incorporan en su modelo (el aprendizaje de máquina) para perfeccionar cada vez más el análisis. Finalmente, según propone Zuboff, los resultados del análisis predictivo se venden en un «mercado de las conductas futuras» que comercia exclusivamente con los datos de la conducta de cada ser humano y donde hay grandes compañías que compiten por la calidad de sus predicciones, es decir, venden certidumbre.

---

156. *Cf.* Michael Filimowicz, *Deep Fakes: Algorithms and Society* (Abingdon: Routledge, 2022), p. x.
157. *Cf.* Jon Boone, «Indian Couple Accused of Faking Photo of Summit at Mount Everest», *The Guardian* (Londres), 29 junio 2016, https://www.theguardian.com/world/2016/jun/29/mount-everest-summit-india-couple-morphed-photos.

Es innegable que hoy se ha impuesto un nuevo modelo de «capitalismo de la vigilancia», que es el modelo principal de las compañías tecnológicas y que luego migra y se infiltra en todos los demás sectores, como afirma Zuboff, incluidos educación, seguros, salud, comercio, finanzas, transporte, justicia, etc., pero es necesario ir más allá y ver cómo el desenlace final no es una cuestión meramente mercantilista. Ya es una posibilidad real que el algoritmo y la inteligencia artificial vayan transformando y moldeando a la persona no solo para condicionar su consumo, sino también de acuerdo con un cierto paradigma ideológico y una nueva visión del ser humano. Zuboff ve el peligro real de «modificar nuestra conducta a gran escala»,[158] pero su crítica se limita a la comercialización de la conducta transformada en datos: «procesos de máquina para modificar la conducta en la dirección de la máxima ganancia».[159] El *big data* surge con una aplicación comercial para el análisis predictivo que apunta a la manipulación subconsciente de la conducta consumista, pero que luego se extiende a otros campos de la conducta y el pensamiento humanos, ya sea porque altera la arquitectura del proceso de elección o porque manipula convenientemente los mensajes para que el usuario termine aceptando un modo de pensar concreto.[160]

El peligro más grande que nos acecha es el que se produce cuando la tecnología se desprende del ser humano y se convierte en una herramienta de vigilancia y diseño para «optimizar» al individuo y las sociedades donde habitamos. Según citábamos a Rod Dreher más arriba, «los genios de los datos no están simplemente tratando de averiguar lo que te gusta; están trabajando para que te guste lo que ellos quieren que te guste y sin que se detecte su manipulación».[161] Ahí el control será total.

Cuando el ser humano se convierte en objeto de la inteligencia artificial, la pérdida de la libertad es una de las posibles consecuencias. Si bien no estamos hablando de un tipo de coerción que obliga a la

---

158. Zuboff, *The Age of Surveillance Capitalism*, p. 8.
159. Ibíd., p. 214.
160. Thaler y Sunstein, por ejemplo, proponen que se explote la psicología que está detrás del proceso de elección, de tal manera que se condicione a la persona para que tome una decisión concreta, y esto sin tener que coaccionarla. *Cf.* Richard H. Thaler y Cass R. Sunstein, *Nudge: Improving Decisions about Health, Wealth, and Happiness* (New Haven & Londres: Yale University Press, 2008), p. 6. [en español, *Un pequeño empujón: el impulso que necesitas para tomar mejores decisiones sobre salud, dinero y felicidad* (Madrid: Taurus, 2009)].
161. Dreher, *Live Not by Lies*, p. 148 [en español, *Vivir sin mentiras: manual para la disidencia cristiana* (Madrid: Encuentro, 2021)].

persona a tomar una decisión determinada, la realidad es que todos los datos de nuestra conducta han sido integrados a los procesos automatizados de la IA, que bien nos puede conocer mejor que nosotros mismos y nos «empuja», nos condiciona y en cierta manera nos obliga a aceptar una decisión que ha sido tomada por el algoritmo.[162] La tecnología actual de hecho registra nuestra conducta por medio de «sensores inteligentes» que luego la IA analiza y que, de ser necesario, busca la manera de modificarla por medio del condicionamiento. Según el filósofo Byung-Chul Han, el conocimiento que otorgan los datos es un «conocimiento de dominación» que interviene en la psique y la condiciona a un nivel prerreflexivo.[163] Es ahí cuando el *big data*, la minería de datos, los algoritmos y la IA se convierten en un instrumento de dominación tanto para grandes corporaciones tecnológicas como para agencias gubernamentales con el fin de llevar a cabo un nuevo proyecto de dominación, según veremos en el próximo capítulo.

---

162. Según Zuboff, nuevamente, estos procesos que obligan a nuestra conducta apuntan a «objetivos comerciales». *Cf.* Zuboff, *The Age of Surveillance Capitalism*, p. 220.
163. Byung-Chul Han, *Psicopolítica*, trad. Alfredo Bergés (Barcelona: Herder, 2014), p. 25.

Capítulo 6

Tecnología y psicología política: vigilancia y control tecnocráticos

Hoy no se puede analizar el tablero geopolítico mundial sin tener en cuenta la incorporación de las nuevas tecnologías al orden social, especialmente si tenemos en cuenta que estamos frente a fuerzas globales que desde distintas perspectivas parecen buscar lo mismo: una sociedad de control y vigilancia total gobernada por la inteligencia artificial.[1] Esta será la nueva «anormalidad» producto de un reseteo cultural, económico y político que se vislumbra para el 2030. Estos modelos tecnocráticos que a simple vista parecieran antagónicos, en realidad comparten un objetivo similar que los convierte en aliados. Por un lado, tenemos a las grandes compañías tecnológicas y metacapitalistas de Estados Unidos: Google, Facebook, Amazon, Microsoft, Apple e IBM, compañías que se han enriquecido por medio de la traducción del comportamiento humano a datos que no solo han comercializado, sino que las han llevado a liderar el desarrollo de la IA y el aprendizaje de máquina. Por el otro lado, tenemos al Partido Comunista Chino y a empresas que operan bajo su mirada y control: Baidu, Alibaba y Weibo.[2] En este capítulo veremos cómo la minería de datos, el *big data* y la inteligencia artificial se están empleando no solo con claros objetivos políticos para vigilar y controlar a la población, sino también para moldear la conducta e incluso imponer ciertas ideologías, como es el caso en China con respecto al comunismo, pero

---

1. Esta es la visión que plantea Alex Pentland, *Social Physics: How Social Networks Can Make Us Smarter* (Nueva York: Penguin Books, 2015).
2. En ese orden, estas compañías son un reflejo y una versión china de Google, Amazon y Facebook/Instagram/Twitter.

también en Occidente con respecto a ideologías de corte progresista. La IA, como sostiene Coeckelbergh, no es una cuestión meramente técnica porque no es neutral en cuestiones de poder y política.[3] La IA es, de hecho, profundamente política, como veremos en este capítulo, ya que detrás de estas tecnologías hay todo un proyecto comercial, social y político que se encuadra en una visión particular de la realidad y el ser humano.[4]

El *big data* y el Estado vigilante

Google es el pionero del *big data* y la vigilancia, tanto en la teoría como en la práctica. Luego fue imitado especialmente por Facebook, Microsoft y Amazon. A mediados de los años 90, el internet era un espacio totalmente desconocido, donde se subían cada día cantidades enormes de información a la red para no ser descubiertas por prácticamente nadie. Es ahí cuando Larry Page y Sergei Brin, dos estudiantes de doctorado de la Universidad de Stanford, entrevieron una solución: mapear y escanear absolutamente todos los sitios del internet, crear una copia virtual de cada uno de ellos que sería guardada en la nube y actualizada constantemente, para luego, por medio de una fórmula matemática (un algoritmo), poder ejercer una búsqueda de términos y establecer un *ranking* de páginas para que aparezcan según un orden de relevancia. Así comenzó la compañía que llamaron Google en 1998.

El gran problema inicial para Google y sus inversores es que el motor de búsqueda en sí no le otorgaba beneficios económicos significativos a la compañía. Su valor vendría de la cantidad de usuarios y la vastedad de datos que estos generaban, lo que convertiría a Google en el sistema de aprendizaje de máquina más avanzado, ya que se retroalimentaba con cada búsqueda. Amit Patel, uno de los primeros empleados, descubrió que el buscador podría convertirse en un «sensor» de la conducta humana.[5] Ese fue el puntapié inicial a partir del cual

---

3. *Cf.* Mark Coeckelbergh, *The Political Philosophy of AI* (Medford: Polity Press, 2022), p. 5.
4. *Cf.* Kelley Cotter y Bianca C. Reisdorf, «Algorithmic Knowledge Gaps: A New Dimension of Inequality», *International Journal of Communication* (2020), p. 745.
5. Patel cuenta que las búsquedas para tareas escolares los domingos a la noche le hicieron darse cuenta de cómo podrían analizar la conducta de cada usuario.

nos convertiríamos en sujetos de operaciones de extracción tecnológica de nuestra conducta, ahora convertida en materia prima y traducida a datos que serían vendidos y revendidos en el mercado. Pero esos datos también ofrecerían una puerta a la modificación conductual y la vigilancia estatal con fines políticos e ideológicos.

Hay un hecho histórico que coincidió con este descubrimiento y catapultó a Google para operar sin prácticamente ninguna restricción legal o competitiva: los atentados a las Torres Gemelas del 11 de septiembre de 2001 y una nueva ley para la lucha contra el terrorismo, la *USA Patriot Act*.[6] Estos cambios legislativos le abrieron las puertas a un estado de excepción y emergencia donde lo anormal y extraordinario se volvió cosa corriente, lo cual favoreció tremendamente a Google.[7] Desde ese momento, la compañía no solo comenzó a minar datos con fines comerciales, sino también para asistir a agencias de inteligencia y policiales, creando una nueva simbiosis entre el Estado y las grandes corporaciones tecnológicas.

Ya en 1997, George Tenet, director de la CIA, entendió claramente que debían incorporar las nuevas tecnologías surgidas en Silicon Valley que estaban reconfigurando todos los aspectos de nuestras vidas. Con ese propósito se funda en 1999 In-Q-Tel, compañía dedicada a la tecnología de vanguardia para ordenar todos los datos del internet que flotaban sin ninguna estructura. Esta compañía estaba subvencionada por la CIA y entró en colaboración con Google.[8] Pero con la *USA Patriot Act* de octubre de 2001, el gobierno reclama soberanía sobre el mundo digital, lo que da comienzo a toda una operación de espionaje masivo.[9] Poco después, en el 2002, el Departamento de Defensa crea el Total Information Awareness Program (TIA), un programa que materializa la idea del Gran Hermano, a cargo de DARPA,[10]

Cf. Levy, *In the Plex*, pp. 45-46.
6. *Cf.* «Uniting and Strengthening America by Providing Appropriate Tools Required to Intercept and Obstruct Terrorism» (USA PATRIOT ACT) Act of 2001, Pub. L. No. 107-56 (2001), https://www.govinfo.gov/app/details /PLAW-107publ56.
7. Un libro que relata cómo a partir del 11 de septiembre de 2001 se intensificaron las prácticas de vigilancia y se retiraron obstáculos legales que existían hasta la fecha es el de David Lyon, *Surveillance after September 11* (Malden: Polity Press, 2003). Ver también Zuboff, *The Age of Surveillance Capitalism*, p. 115.
8. *Cf.* Michael E. Belko, «Government Venture Capital: a Case Study of the In-Q-Tel Model» (Air Force Institute of Technology, 2004).
9. *Cf.* Milton Mueller, *Will the Internet Fragment? Sovereignty, Globalization and Cyberspace* (Cambridge: Polity Press, 2017).
10. *Defense Advanced Research Projects Agency* (DARPA), es la Agencia de Proyectos de Investigación Avanzada de Defensa, de donde han surgido invenciones

y que tenía como objetivo obtener la mayor cantidad de información posible de cada persona, almacenarla en centros de datos y, por medio de la minería de datos, poner la información a disposición de cualquier agencia del gobierno de Estados Unidos.[11] La excusa para dicho programa fue la premisa de que la mejor manera de proteger a un país contra el terrorismo es recopilar toda la información posible sobre cada ciudadano y analizar los patrones de conducta «terroristas».[12] Esto incluía *emails*, redes sociales,[13] cuentas bancarias, llamadas de teléfono, historial médico, vigilancia biométrica, etc., sin la necesidad de obtener una orden judicial. El programa fue desfinanciado al año siguiente debido a las críticas que generó el sistema de espionaje masivo. Sin embargo, las operaciones continuaron de manera secreta en manos de dos programas: uno que Bush encargó a la Agencia de Seguridad Nacional, como lo reveló Edward Snowden en el 2013,[14] y el programa ARDA del Pentágono para la recolección de datos.[15] La NSA, por ejemplo, tiene la capacidad de intervenir los cables de internet en el fondo del mar, y por medio de un sistema llamado PRISM puede leer correos electrónicos y ver búsquedas en el internet y todo tipo

---

que hoy son parte de nuestras vidas: el ratón (1964), el internet (1969), el GPS (1983), el dron (1988), *Siri* (2003 y luego vendido a Apple en 2008). *Cf.* Jane McCallion, «10 Amazing DARPA Inventions», *ITPro*, 15 junio 2020, https://www.itpro.co.uk/technology/34730/10-amazing-darpa-inventions.

11. *Cf.* John Markoff, «Pentagon Plans a Computer System That Would Peek at Personal Data of Americans», *The New York Times* (Nueva York), 9 noviembre 2002, https://www.nytimes.com/2002/11/09/us/threats-responses-intelligence-pentagon-plans-computer-system-that-would-peek.html

12. Si el terrorismo como concepto es ambiguo y sigue sin estar definido desde el 2001, cuando Bush declara la guerra contra el terrorismo internacional, más difícil es establecer qué se entiende por un patrón de conducta terrorista. Ver Pedro Baños, *Así se domina el mundo: Desvelando las claves del poder mundial* (Barcelona: Editorial Ariel, 2017), cap. 4.

13. Recordemos que la primera red social surge en 1997 (Six Degrees). *Cf.* Chenda Ngak, «Then and Now: A History of Social Networking Sites», *CBS News*, 6 julio 2011, https://www.cbsnews.com/pictures/then-and-now-a-history-of-social-networking-sites/12/.

14. *Cf.* John Horgan, «U.S. Never Really Ended Creepy "Total Information Awareness" Program», *Scientific American*, 7 junio 2013, https://blogs.scientificamerican.com/cross-check/u-s-never-really-ended-creepy-total-information-awareness-program/; Shane Harris, «Total Recall», *Foreign Policy*, 19 junio 2013, https://foreignpolicy.com/2013/06/19/total-recall/.

15. *Advanced Research and Development Activity* (ARDA) es el programa de Actividad de Investigación y Desarrollo Avanzados que solo en el 2002 recibió 64 millones de dólares. *Cf.* Mark Williams Pontin, «The Total Information Awareness Project Lives On», *MIT Technology Review* (26 abril 2006), https://www.technologyreview.com/2006/04/26/229286/the-total-information-awareness-project-lives-on/.

de comunicación que pase por la fibra óptica.[16] Además, algunas corporaciones privadas firmaron contratos millonarios con agencias del gobierno, haciendo uso de una laguna legal para evitar la necesidad de órdenes judiciales, y de esa manera hacer posible un mecanismo de vigilancia masivo a partir de la minería de datos realizada por estas compañías que lucraban con el nuevo «capitalismo de la vigilancia».

Google comenzó una relación fluida tanto con la NSA como con la CIA a partir de 2003.[17] En la actualidad, Google usa de un sistema apodado Sensorvault, una base de datos que guarda todos los puntos de geolocalización de cientos de millones de usuarios de todo el mundo que se envían constantemente desde el celular (tanto con sistema Android como de Apple), incluso cuando no tiene abierto Google Maps. Este sistema registra todos los movimientos y cercanía con otras personas, y lo guarda todo en una base de datos que se puede investigar retroactivamente a partir del año 2009.[18] Es decir, cualquier persona con acceso a la base de datos puede establecer un recorrido preciso desde ese año hasta el presente. Lo que surgió como un negocio de anuncios personalizados geográficamente se ha convertido en una red de vigilancia digital para las fuerzas del orden, que ya está siendo utilizada por las fuerzas policiales de Estados Unidos para encontrar sospechosos de crímenes no resueltos ocurridos años atrás.[19] En la era de la recolección total de datos por parte de las empresas tecnológicas (dónde vas, quiénes son tus amigos, qué lees, comes y miras y cuándo lo haces), la vigilancia está tomando una dirección que nos acerca más al modelo de *1984* que al de la democratización que prometían los visionarios del internet. En el 2016, James Clapper, que en ese entonces era director de Inteligencia Nacional de Estados Unidos, declaró ante el Congreso que los servicios de inteligencia podrían usar el internet de las cosas para la «identificación, vigilancia, monitoreo, rastreo de ubicación y selección para reclutamiento, o para obtener acceso a

---

16. *Cf.* Harris, «Total Recall».
17. *Cf.* «Lost in the Cloud: Google and the US Government», *Consumer Watchdog*, enero 2011, https://www.consumerwatchdog.org/report/lost-cloud-google -and-us-government.
18. *Cf.* Jennifer Valentino DeVries, «Google's Sensorvault Is a Boon for Law Enforcement. This Is How It Works», *The New York Times* (Nueva York), 13 abril 2009, https://www.nytimes.com/2019/04/13/technology/google -sensorvault-location-tracking.html.
19. *Cf.* Jennifer Valentino DeVries, «Tracking Phones, Google Is a Dragnet for the Police», *The New York Times* (Nueva York), 13 abril 2019, https://www.ny times.com/interactive/2019/04/13/us/google-location-tracking-police.html.

redes o credenciales de usuarios».[20] Hogar inteligente es sinónimo de hogar vigilado.

En el capítulo anterior vimos cómo las compañías de venta de datos (*data brokers*) ganaban millones de dólares anuales vendiendo en el mercado privado los datos que recolectaban por medio de los KDS. Muchas de estas compañías, sin embargo, también tienen como clientes a agencias federales, la policía, el ejército, las agencias de inteligencia y contratistas de defensa. En los últimos años, un grupo de periodistas ha ido descubriendo los detalles sobre la compra clandestina de datos por parte de estas agencias que, en Estados Unidos, incluyen al Servicio Secreto, el FBI, la DEA, el CBP (agentes de frontera), ICE (inmigración), IRS (impuestos), el Departamento de Defensa, el Comando de Operaciones Especiales, etc. Los contratos y venta de datos están disponibles públicamente, y algunos de ellos superan el medio millón de dólares, lo que muestra cómo en los últimos años las compañías de venta de datos y las fuerzas armadas, las agencias federales, los servicios de inteligencia y las fuerzas policiales han formado una asociación enorme y secreta para vigilar los movimientos de millones de personas.[21]

La agencia de inmigración (ICE) compra datos de Venntel que permiten identificar celulares en un área determinada (zonas desérticas en la frontera con México, por ejemplo), para luego hacer un seguimiento a todos esos celulares que pertenecen a personas que posiblemente cruzaron ilegalmente la frontera.[22] El seguimiento del recorrido diario es tan meticuloso que resulta imposible afirmar que los datos sean «anónimos», ya que es muy fácil determinar a quién pertenecen. Esos datos son recolectados a partir de unas 80.000

---

20. *Cf.* Spencer Ackerman y Sam Thielman, «US Intelligence Chief: We Might Use the Internet of Things to Spy on You», *The Guardian* (Londres), 9 febrero 2016, https://www.theguardian.com/technology/2016/feb/09/internet-of-things-smart-home-devices-government-surveillance-james-clapper.

21. La compañía Venntel, que a su vez compra los datos de Gravy Analytics, tiene contratos actuales (firmados en el 2021) con varias agencias federales, entre ellas el IRS, DHS, ICE, CBP, DEA, FBI. Los datos públicos están disponibles en https://www.fpds.gov/ezsearch/search.do?indexName=awardfull&templateName=1.5.2&s=FPDS.GOV&q=venntel. El FBI también firmó contratos con Venntel en el 2020 para poder ingresar a la base de datos y realizar búsquedas. Cada paquete de 12.000 búsquedas costó 20.000 dólares. *Cf.* https://vault.fbi.gov/contract-with-venntel/contract-with-venntel-part-01-of-01/view.

22. *Cf.* Joseph Cox, «Customs and Border Protection Paid $476,000 to a Location Data Firm in New Deal», *Motherboard*, 25 agosto 2020, https://www.vice.com/en/article/k7qyv3/customs-border-protection-venntel-location-data-dhs.

aplicaciones de juegos, clima y comercio electrónico, que obtienen información exacta sobre la posición geográfica de una persona y que luego agencias como el Servicio de Inmigración y Control de Aduanas de Estados Unidos utilizan para realizar arrestos.[23] El CBP, por ejemplo, compró licencias para acceder a datos por un valor de 1,1 millones de dólares en el 2019. El Departamento de Seguridad Nacional (DHS), por su parte, pagó a Venntel más de 2 millones de dólares en el 2021 a cambio de datos de localización de personas residentes en Estados Unidos, pero también en México y Centroamérica.[24] Este es un claro ejemplo de cómo el «capitalismo de la vigilancia» que describe Zuboff está alimentando a todo un sistema de vigilancia estatal, en algunos casos también para llenar los cofres del Estado. La agencia impositiva de Estados Unidos (IRS) ha usado Venntel para identificar y localizar a personas que hacían depósitos en efectivo en cajeros automáticos, para verificar la procedencia del dinero.[25]

La compañía de datos Babel Street, que a su vez obtiene los datos de Venntel, es una contratista de fuerzas policiales y agencias de inteligencia que usa tecnología lingüística en tiempo real.[26] Entre sus clientes se cuentan el FBI, la CIA, la NSA, el Cyber Comando de Estados Unidos, el Departamento de Seguridad Nacional (DHS), el Departamento de Justicia, y los gobiernos de Canadá, Reino Unido, Australia, Nueva Zelanda, Singapur y Alemania.[27] Uno de sus productos principales, Babel X, interpreta textos extraídos de las redes sociales y otros sitios web por medio de inteligencia artificial lingüística, en tiempo real y con capacidad de análisis de más de 200 idiomas para alertar sobre potenciales peligros, hackeo y publicación de datos, la fuente original de una noticia falsa, amenazas a infraestructuras, personas o grupos de interés, de tal manera que las agencias de seguridad puedan

---

23. *Cf.* Byron Tau y Michelle Hackman, «Federal Agencies Use Cellphone Location Data for Immigration Enforcement», *Wall Street Journal* (Nueva York), 7 febrero 2020, https://www.wsj.com/articles/federal-agencies-use-cellphone-location-data-for-immigration-enforcement-11581078600.

24. El DHS ha entablado negocios con Venntel desde al menos 2017. *Cf.* https://www.dhs.gov/sites/default/files/2021-12/Venntel%20Contract%20Document-ocr-_0.pdf.

25. *Cf.* Byron Tau, «IRS Used Cellphone Location Data to Try to Find Suspects», *The Wall Street Journal* (Nueva York) 19 junio 2020, https://www.wsj.com/articles/irs-used-cellphone-location-data-to-try-to-find-suspects-11592587815.

26. *Cf.* https://www.babelstreet.com/.

27. *Cf.* Byron Tau, «Academic Project Used Marketing Data to Monitor Russian Military Sites», *Wall Street Journal* (Nueva York), 18 julio 2020, https://www.wsj.com/articles/academic-project-used-marketing-data-to-monitor-russian-military-sites-11595073601.

intervenir antes de que se produzca alguna situación de peligro.[28] Al analizar constantemente las redes sociales incluso pueden detectar la presencia de fuerzas militares extranjeras en un país de interés.[29] En una ocasión, según se reportó, un grupo de investigadores pudo seguir en tiempo real los movimientos de miembros del ejército ruso en países extranjeros simplemente identificando los celulares que generalmente emitían datos desde bases militares en territorio nacional y que luego se activaban en bases militares o puntos estratégicos en el extranjero.[30] Este sistema también se puede usar para detectar afiliaciones partidarias o ideológicas a partir de la actividad en redes sociales.

Synthesis, uno de los productos de Babel Street, anuncia su producto prometiendo que puede escanear las redes sociales para «representar gráficamente el sentimiento» de la población sobre distintos temas, entre otras funciones.[31] Dado que el gobierno de Canadá es cliente de Babel Street, podemos ver con ejemplos concretos cómo un gobierno puede vigilar y castigar a la población por medio de la tecnología. Cuando el gobierno de Justin Trudeau anunció que congelarían las cuentas bancarias de quienes eran parte o apoyaban la protesta de los camioneros a principios de 2022, un sistema como el de Babel X le facilitaría al gobierno la detección de cada una de las personas que asistieron a la caravana en algunos de los puntos del país por donde pasaron, o de quienes mostraron su apoyo a través de las redes sociales.[32] Con una herramienta así, el gobierno puede detectar fácilmente mapas gráficos de la población con información acerca de su pensamiento, aceptación o rechazo de la administración actual y sus decisiones, motivaciones religiosas o ideológicas. ¿Y si un gobierno se empecina en usar la IA para modificar el pensamiento de una persona sobre un tema concreto por medio de las publicaciones que le aparecen en las redes sociales? Esto no es una mera suposición. En China, como veremos, ya se están empleando algoritmos para cambiar la ideología política de jóvenes que están inconformes con el modelo socialista.

---

28. *Cf.* https://www.babelstreet.com/platform/babel-x.
29. *Cf.* https://www.babelstreet.com/commercial/critical-infrastructure-protection.
30. *Cf.* Tau, «Marketing Data to Monitor Russian Military Sites».
31. *Cf.* https://www.babelstreet.com/platform/babel-synthesis.
32. *Cf.* Jessica Murphy, «Trudeau Vows to Freeze Anti-Mandate Protesters' Bank Accounts», *BBC News* (Londres), 15 febrero 2022, https://www.bbc.com/news /world-us-canada-60383385.

Locate X, otro de los productos de Babel Street, proporciona datos de geolocalización extraídos de la industria de *marketing* a distintas agencias de inteligencia, cuerpos militares y fuerzas policiales para asistirlos en el monitoreo en tiempo real.[33] Locate X se puede usar estableciendo una «cerca digital» alrededor de una dirección o área determinada, localizar todos los dispositivos en esa ubicación y luego hacer un rastreo retrospectivo para analizar dónde estuvieron esos dispositivos en meses anteriores. Podemos suponer, por ejemplo, que el Servicio de Inmigración y Control de Aduanas de Estados Unidos utiliza del sistema de IA para identificar a personas que cruzaron ilegalmente la frontera. Militarmente se ha empleado también en tiempo real para ataques con drones por parte del Comando de Operaciones Especiales (SOCOM), una sección del ejército de Estados Unidos a cargo de la contrainsurgencia y la lucha contra el terrorismo.[34] Se ha comprobado, por ejemplo, que el Grupo de Operaciones de la Guardia Nacional dirige ataques con drones MQ-9 Reaper en el extranjero localizando a sus víctimas por medio de los datos provistos por Locate X.[35]

En cuanto a las investigaciones policiales, el sistema puede ayudar a resolver un crimen. Por ejemplo, en el caso de un asesinato o secuestro, los investigadores establecen un perímetro digital alrededor del sitio donde ocurrió el hecho, luego identifican todos los dispositivos móviles que estaban dentro del cerco digital el día y la hora del ataque y, a partir de ahí, hacen un seguimiento del recorrido de cada celular para detectar a los sospechosos, algo similar al servicio ofrecido por Google (Sensorvault). De hecho, el Servicio Secreto de Estados Unidos utiliza esta tecnología para aprehender a quienes instalan lectores de tarjeta de crédito en gasolineras.[36] Si bien en casos particulares estas tecnologías pueden tener un uso concreto para resolver un crimen, el hecho de que agencias federales obtengan una cantidad de datos masiva de toda la población y en tiempo real parece, desde el punto de vista legal, al menos una violación del derecho que tiene

33. *Cf.* Charles Levinson, «Through Apps, Not Warrants, "Locate X" Allows Federal Law Enforcement to Track Phones», *Protocol*, 5 marzo 2020, https://www.protocol.com/government-buying-location-data.

34. *Cf.* Cox, «How the U.S. Military Buys Location Data from Ordinary Apps».

35. *Cf.* Joseph Cox, «Military Unit That Conducts Drone Strikes Bought Location Data From Ordinary Apps», *Motherboard*, 4 marzo 2021, https://www.vice.com/en/article/y3g97x/location-data-apps-drone-strikes-iowa-national-guard.

36. *Cf.* https://www.secretservice.gov/press/releases/2018/02/secret-service-aims-thwart-credit-card-skimming.

cada persona a la privacidad y contra la vigilancia injustificada de todas sus actividades.[37]

Anomaly Six (A6), otra compañía prácticamente secreta (su sitio
web solo tiene una dirección de *email* como contenido),[38] utiliza métodos similares a los de Babel Street (A6 de hecho fue fundada por dos
exempleados suyos) para luego comercializar los datos con agencias
de gobierno e inteligencia, según descubrió un periodista del *Wall
Street Journal* en el 2020.[39] Según se reportó, Anomaly Six ha logrado
insertar KDS en unas 500 aplicaciones instaladas en 3.000 millones
de celulares, desde donde vigila y extrae datos de usuarios que luego
vende por cifras extraordinarias a agencias de inteligencia.[40] El Comando de Operaciones Especiales (SOCOM), por ejemplo, pagó más
de medio millón de dólares por el acceso a la geolocalización de usuarios.[41] Además, la compañía sostiene que ha construido una base de
datos con más de 2.000 millones de *emails* y otros detalles personales
que los usuarios comparten cuando instalan una aplicación, lo que le
permite identificar a quién pertenece cada celular que espía.[42]

En el año 2022, Anomaly Six se asoció con Zignal Labs, una compañía que ofrece seguimiento de personas por medio de «una plataforma impulsada por IA que analiza miles de millones de puntos de
datos en tiempo real».[43] Para convencer a agencias de gobierno sobre la capacidad y la precisión de su servicio, Anomaly Six realizó

---

37. Es el derecho protegido por la Cuarta Enmienda de la Constitución de Estados Unidos, aunque a partir de la sentencia de la *Corte Suprema United States
v. Miller* en el 2015, no es una violación de la privacidad si las agencias federales
usan datos que fueron obtenidos por terceras partes, como Google, Facebook
o compañías de *marketing*, previo «consentimiento» del usuario al aceptar los
términos de uso de una aplicación o servicio. *Cf.* https://constitution.congress
.gov/constitution/amendment-4/; https://www.justice.gov/crt/case-document
/united-states-v-miller-et-al.

38. Ver https://www.anomalysix.com/.

39. *Cf.* Byron Tau, «U.S. Government Contractor Embedded Software in Apps
to Track Phones», *Wall Street Journal* (Nueva York), 7 agosto 2020, https
://www.wsj.com/articles/u-s-government-contractor-embedded-software
-in-apps-to-track-phones-11596808801.

40. *Cf.* Tau, «U.S. Government Contractor Embedded Software».

41. *Cf.* Joseph Cox, «U.S. Special Operations Command Paid $500,000 to Se-
cretive Location Data Firm», *Motherboard*, 30 marzo 2021, https://www.vice
.com/en/article/z3vjxj/anomaly-6-six-special-operations-command.

42. *Cf.* Sam Biddle y Jack Poulson, «American Phone-Tracking Firm Demo'd
Surveillance Powers by Spying on CIA and NSA», *The Intercept*, 22 abril 2022,
https://theintercept.com/2022/04/22/anomaly-six-phone-tracking-zignal
-surveillance-cia-nsa/.

43. https://zignallabs.com/.

demostraciones en vivo, como mostrar en un mapa satelital de Ucrania los movimientos de soldados rusos y luego mapear su recorrido en el tiempo, así como desde qué parte de la frontera habían entrado. Además, apretando en cualquiera de los puntos que aparecen en el mapa, el sistema provee el nombre de la persona y todos sus movimientos, en qué base militar se entrenó, a qué unidad del ejercito pertenecía, la dirección de su hogar en Rusia, etc. Lo mismo hicieron con un submarino nuclear chino. Luego, por si quedaban dudas, revelaron los movimientos de 183 celulares que habían visitado las instalaciones tanto de la CIA como de la NSA para demostrarles que podían seguir y probar hacia dónde eran enviados esos agentes secretos.[44] En uno de los casos, siguieron a quien se suponía era un agente de inteligencia, mostrando todo su recorrido desde un año antes, probando incluso que había estado en una base de drones en Jordania, además de su hogar en los Estados Unidos, en una especie de «nosotros vamos más allá que la CIA, porque nuestra especialidad es espiar a espías sin movernos de nuestra oficina». La particularidad del servicio que ofrece Anomaly Six es que los datos pueden ser combinados y agregados a información provista por fuentes humanas clandestinas, intercepciones secretas, datos de las redes sociales, imágenes satelitales y datos de consumidores obtenidos en el sector privado (por ejemplo, los datos que obtienen de otros proveedores de *big data*).[45]

Los cuerpos policiales también están usando herramientas y técnicas que se comenzaron a emplear a nivel global con la excusa de la lucha contra el terrorismo, pero que ahora se enfocan en ciudadanos comunes y corrientes con una nueva excusa: la lucha contra el crimen local. Es así como en San Diego, California, la policía no solo comenzó a pedir identificación por las calles, sino también a tomar fotos con iPads y subirlos a un sistema de reconocimiento facial en la nube que compara las imágenes con una base de datos de criminales y sospechosos, además de emplear hisopos bucales para recoger el ADN de la población.[46]

El monitoreo del comportamiento se volvió cosa común una vez decretada la pandemia en el 2020. Apple y Google desarrollaron el programa de «monitoreo sanitario», además de las distintas

---

44. *Cf.* Biddle y Poulson, «American Phone-Tracking Firm».
45. *Cf.* Tau, «U.S. Government Contractor Embedded Software».
46. *Cf.* Timothy Williams, «Facial Recognition Software Moves from Overseas Wars to Local Police», *The New York Times*, 12 agosto 2015, https ://www.nytimes.com/2015/08/13/us/facial-recognition-software-moves -from-overseas-wars-to-local-police.html.

aplicaciones encargadas por gobiernos con el objetivo de controlar el «distanciamiento social» y los encierros obligatorios por medio de la geolocalización.[47] El gobierno federal de Canadá admitió la existencia de un programa de vigilancia clandestino que comenzó en enero de 2019 por el que 33 millones de celulares activos en el país han sido objeto de monitoreo constante a través de las torres de celular, sobre todo cuando se declararon las cuarentenas y encierros obligatorios.[48] Estos sistemas, evidentemente, no sirvieron para prevenir la transmisión del COVID-19, aunque el problema principal radica en que podrían funcionar a la perfección cuando se trate de vigilar y localizar a alguien que tenga opiniones o ideas políticamente incorrectas e incomode al ojo vigilante de la tecnocracia reinante.

La alianza cívico-militar china

El 20 de agosto de 2020, Donald Trump emitió una prohibición de TikTok en territorio de Estados Unidos, exigiendo que, para poder operar en el país, Bytedance, la compañía china dueña de la red social, vendiera la plataforma a inversores nacionales en 45 días. La prohibición también alcanzaba a Tencent, dueña de WeChat, la aplicación de mensajes, red social y pagos en línea con más de 1.240 millones de usuarios.[49] La razón era una cuestión de seguridad nacional: al parecer, China usaba ambas plataformas para la extracción de datos y geolocalización de usuarios.[50]

---

47. *Cf.* Natasha Singer, «Why Apple and Google's Virus Alert Apps Had Limited Success», *The New York Times* (Nueva York), 27 mayo 2021, https://www.ny times.com/2021/05/27/business/apple-google-virus-tracing-app.html.

48. *Cf.* Swikar Oli, «Canada's Public Health Agency Admits It Tracked 33 Million Mobile Devices during Lockdown», *National Post* (Toronto), 24 diciembre 2021, https://nationalpost.com/news/canada/canadas-public-health-agency -admits-it-tracked-33-million-mobile-devices-during-lockdown.

49. *Cf.* Bobby Allyn, «Trump Signs Executive Order That Will Effectively Ban Use of TikTok in the U.S.», *NPR* (Washington D. C.), 6 agosto, 2020, https ://www.npr.org/2020/08/06/900019185/trump-signs-executive-order-that -will-effectively-ban-use-of-tiktok-in-the-u-s; Mansoor Iqbal, «WeChat Revenue and Usage Statistics (2022)», *Business of Apps*, 6 septiembre, 2022, https ://www.businessofapps.com/data/wechat-statistics/.

50. La India ya había hecho lo mismo con 59 aplicaciones de compañías chinas, incluidas TikTok y WeChat. *Cf.* Zak Doffman, «New TikTok Ban Suddenly Hits Millions of Users as Serious Problems Get Worse», *Forbes*, 30 junio 2020,

Para miles de *tiktokers*, la noticia fue devastadora, sobre todo para aquellos que habían desarrollado una profunda adicción a la red social o que dependían económicamente de ella, teniendo en cuenta que solo en Estados Unidos la plataforma tiene 180 millones de descargas. Una investigación privada confirmó que la aplicación extrae gran cantidad de datos, incluso cuando está cerrada, y los envía a servidores chinos a los que su gobierno tiene acceso. Entre esos datos se encuentran los perfiles faciales de niños y adolescentes, sus contactos, geolocalización, estado de salud, ideología política, etc.[51] Microsoft, Walmart y Oracle mostraron interés en adquirir la red social para Estados Unidos, Canadá, Australia y Nueva Zelanda, pero cuando Bytedance estaba dispuesta a realizar la transacción por una cifra extraordinaria, ocurrió algo impensado: el gobierno chino intervino y suspendió la transacción por razones de seguridad nacional. El algoritmo era un activo del gobierno comunista, como ampliaremos más abajo.

Si bien la venta no se llevó a cabo, un juez federal de Estados Unidos bloqueó temporariamente la orden ejecutiva de Trump y al llegar Biden a la Casa Blanca su administración pidió a la corte que pospusiera cualquier acción mientras revisaba la situación.[52] Sin embargo, varias agencias federales prohibieron el uso de TikTok en redes y celulares del gobierno y el mismo presidente Biden ordenó el 20 de diciembre de 2022 que los empleados federales no usaran la red social en dispositivos provistos por el gobierno.[53] Esa decisión fue secundada por el gobierno de Texas y varias universidades del país que han bloqueado la conexión de wifi para quienes tengan la aplicación en sus dispositivos, lo que posiblemente se va a extender a una prohibición

https://www.forbes.com/sites/zakdoffman/2020/06/30/tiktoks-worst-night mare-has-just-come-true/?sh=7064fe795681.

51. *Cf.* Bobby Allyn, «Class-Action Lawsuit Claims TikTok Steals Kids' Data and Sends It to China», *NPR* (Washington, D. C.), 4 agosto 2020, https://www.npr .org/2020/08/04/898836158/class-action-lawsuit-claims-tiktok-steals-kids -data-and-sends-it-to-china.

52. *Cf.* Bobby Allyn, «U.S. Judge halts Trump's TikTok Ban, the 2nd Court to Fully Block the Action», *NPR*, 7 diciembre 2020, https://www.npr .org/2020/12/07/944039053/u-s-judge-halts-trumps-tiktok-ban-the-2nd -court-to-fully-block-the-action; Tali Arbel y Matt O'Brien, «Biden Backs Off on TikTok Ban in Review of Trump China Moves», *AP News*, 10 febrero 2021, https://apnews.com/article/donald-trump-jen-psaki-ca5e68d8b23cb26a0e 964b3ea5fe826d.

53. La única excepción son las agencias de seguridad que lleven a cargo alguna investigación. *Cf.* David Ingram, «Biden Signs TikTok Ban for Government Devices, Setting Up a Chaotic 2023 for the App», *NBC News*, 30 diciembre 2022, https://www.nbcnews.com/tech/tech-news/tiktok-ban-biden-government -college-state-federal-security-privacy-rcna63724.

total para sus alumnos.[54] TikTok respondió que los datos extraídos en Estados Unidos no son traficados hacia China, sino que se guardan en servidores del país y Singapur. Sin embargo, esta clarificación es una trampa para los que no están versados en el funcionamiento del sistema, ya que, aunque los datos se guarden en un centro de datos en Estados Unidos, se procesan en las instalaciones que Bytedance tiene en Pekín.[55]

Ya en mayo de 2019, Trump había anunciado el cese inmediato de negocios con una serie de compañías chinas entre las que estaba Huawei, una de las empresas de telecomunicaciones más grandes del mundo. Esto significaba que ninguna compañía que operase dentro de Estados Unidos podía establecer relaciones comerciales con quienes figuraban en la «lista negra» (Entity List). La razón principal era limitar el espionaje del gobierno chino por medio de la infraestructura de redes de 5G y toda la tecnología de telecomunicaciones producidas por «adversarios extranjeros».[56] A fines de noviembre de 2022, las prohibiciones se extendieron a nuevas tecnologías de Huawei, ZTE y las cámaras de seguridad de HikVision, debido al riesgo de espionaje por parte del gobierno comunista chino.[57]

Aynne Kokas, en una investigación bien fundamentada sobre el tráfico de datos hacia China, analiza cómo el gobierno ha establecido una política de «soberanía digital» y una frontera cibernética que comenzó con el proyecto de la Gran Muralla Digital (Golden Shield Project) en el año 2000, lo que le permitió al país asiático armar una red interna y centralizada por la que controla, por medio de servidores proxy, todo lo que entra y sale en el mundo digital.[58] Esta Gran Muralla bloquea direcciones del internet y sitios webs, además de filtrar

---

54. *Cf.* Katabella Roberts, «Major Texas University Blocks Students from Using TikTok on Network», *The Epoch Times*, 18 enero 2023, https://www.theepoch times.com/major-texas-university-blocks-students-from-using-tiktok-on -network_4993371.html.

55. *Cf.* James Hale, «Chinese Tech Giant ByteDance Reportedly Working to Bring TikTok's Operations Stateside», *TubeFilter*, 29 mayo 2020, https://www .tubefilter.com/2020/05/29/bytedance-tiktok-operations-china-us/.

56. *Cf.* Eric Geller, «Trump Signs Order Setting Stage to Ban Huawei from U.S.», *Politico*, 15 mayo 2019, https://www.politico.com/story/2019/05/15/trump -ban-huawei-us-1042046.

57. *Cf.* Diane Bartz y Alexandra Alper, «U.S. Bans New Huawei, ZTE Equipment Sales, Citing National Security Risk», *Reuters*, 30 noviembre 2022, https://www .reuters.com/business/media-telecom/us-fcc-bans-equipment-sales-imports -zte-huawei-over-national-security-risk-2022-11-25/.

58. *Cf.* Kokas, *Trafficking Data.*

palabras claves para restringir el flujo de datos.[59] Esta frontera digital le permite al gobierno desarrollar su *big data* a través de normas y leyes que regulan y controlan el crecimiento de las empresas tecnológicas, ya sea por medio del acceso irrestricto a los datos que estas aportan, de la nacionalización de ciertos componentes de estas corporaciones (algoritmos, IA, etc.), de la propiedad parcial de empresas por parte del Estado o de la fusión cívico-militar. Es decir, cualquier tecnología desarrollada por compañías chinas está sometida al control del gobierno.[60] A nivel internacional, el gobierno chino también influye en gran manera, ya que en definitiva controla las plataformas tecnológicas chinas y sus productos, los cuales han logrado una influencia a nivel global gracias a las ventajas tecnológicas que le otorga el tráfico y el manejo masivo de datos, lo que también le permite a China producir herramientas tecnológicas con anticipación.[61] Esta es indudablemente una ventaja enorme a la hora de exportar y ofrecer esos productos en el mercado global, y también le da la posibilidad de fijar las normas internacionales en tecnologías claves para la vigilancia y el control, tales como el reconocimiento facial, la inteligencia artificial, las telecomunicaciones y todos los productos que caen bajo el internet de las cosas.

Las compañías tecnológicas de Estados Unidos y China iniciaron ya hace años toda una campaña de extracción de datos que tiene implicaciones geopolíticas y de seguridad nacional para cada una de estas potencias. El sector tecnológico de Estados Unidos impuso un estándar para la explotación de datos sin prácticamente ningún tipo de regulación. Esto ha hecho casi imposible que la gente común y corriente, e incluso los gobiernos, puedan protegerse contra la extracción, la venta y el tráfico de datos hacia China.[62] El país asiático, por el contrario, ha establecido toda una política de «soberanía digital» o «cibersoberanía», por la que tiene control de la infraestructura digital,

---

59. *Cf.* Lyombe Eko, «Google This: the Great Firewall of China, the IT Wheel of India, Google Inc., and Internet Regulation», *Journal of Internet Law* 15, n. 3 (2011), pp. 3-14.

60. En el 2017, por ejemplo, el gobierno tomó participación en las empresas tecnológicas Alibaba, Tencent y Weibo Corp. como una manera de controlar la liberalización del sector tecnológico. *Cf.* Li Yuan, «Beijing Pushes for a Direct Hand in China's Big Tech Firms», *The Wall Street Journal* (Nueva York), 11 octubre 2017, https://www.wsj.com/articles/beijing-pushes-for-a-direct-hand-in-chinas-big-tech-firms-1507758314.

61. *Cf.* Kokas, *Trafficking Data*, pp. 56-57.

62. La falta de regulación se debe principalmente a que el gobierno de Estados Unidos le ha dado prioridad al crecimiento tecnológico.

las tecnologías y los datos, con la que ha hecho casi imposible la extracción de datos dentro de su territorio por parte de compañías extranjeras, mientras que, por medio de plataformas nacionales, realiza operaciones de extracción y transferencia de datos a servidores chinos a gran escala en el resto del mundo.[63] Algunas de las razones que motivan la extracción, el tráfico y el robo de datos es que son necesarios para mejorar las distintas aplicaciones de IA (por ejemplo, el 95 % de la población china pertenece al mismo grupo genético han, lo que dificulta el desarrollo del reconocimiento facial, la biotecnología, etc.),[64] pero también porque los datos de los consumidores son una fuente importantísima para entender, controlar y manipular a una población.

China ha desarrollado toda una estrategia de fusión cívico-militar, de tal manera que no solo emplea TikTok, WeChat y los sistemas de Huawei para el espionaje, sino que también su aparato militar tiene acceso a todas las tecnologías y productos de estas compañías. Esto es posible porque el gobierno introdujo cambios legales por los que nacionalizó datos específicos, los algoritmos y la inteligencia artificial que desarrollan las grandes compañías tecnológicas chinas.[65] Esta es la razón por la que el gobierno chino bloqueó la venta de TikTok, ya que el algoritmo era de su propiedad por ser una cuestión de seguridad nacional en la batalla por la conquista del mundo digital. Además, mientras que en el resto del mundo los algoritmos son un secreto de cada compañía tecnológica, en China las grandes corporaciones tecnológicas están obligadas a revelarlos a la Administración del Ciberespacio para que analicen cómo funcionan y para qué productos se usan, ya que el gobierno prohíbe dentro de su territorio algoritmos que generen adicción o que determinen los precios de una transacción en función de los hábitos del usuario.[66] De más está decir que el algoritmo de TikTok para China es diferente del empleado en la versión

---

63. *Cf.* Kokas, *Trafficking Data*, p. 2.

64. *Cf.* Pengyu Chen, «Population Genetic Analysis of Modern and Ancient DNA Variations Yields New Insights into the Formation, Genetic Structure, and Phylogenetic Relationship of Northern Han Chinese», *Frontiers in Genetics* 10 (2019), p. 1045.

65. *Cf.* Alex Stone y Peter Wood, *China's Military-Civil Fusion Strategy* (Montgomery: China Aerospace Studies Institute, 15 junio 2020), p. 8.

66. *Cf.* RFI, «Chinese Tech Giants Submit "Top Secret" Algorithms to Beijing Regulator», *RFI*, 16 agosto 2022, https://www.rfi.fr/en/science-and-technology/20220816-chinese-tech-giants-submit-top-secret-algorithms-to-beijing-regulator.

internacional, algo que quedó en evidencia cuando el gobierno ordenó que en Hong Kong solo opere la versión china.[67]

Por otra parte, China permite que compañías tecnológicas extranjeras operen en el país con la condición de que todos los datos estén al alcance del sistema de vigilancia centralizado del gobierno y se guarden en servidores gubernamentales.[68] Apple puede operar en China y vender sus productos porque sus políticas de privacidad y su App Store son diferentes en China. Además, todos los datos generados en el país son guardados en servidores locales y controlados por compañías afiliadas al gobierno.[69] Incluso la versión de iCloud para China está controlada por GCBD, que a su vez comparte los datos de fotos, mensajes, llamadas, etc. con el gobierno comunista.[70] Lo mismo ocurre con Tesla, compañía que accedió a entregar todos los datos generados por los vehículos eléctricos a servidores chinos a cambio de operar en el país.[71] Sin embargo, la realidad parece ser que China permite que estas compañías operen en su país porque todavía no han alcanzado ese mismo nivel tecnológico. En cuanto una compañía china produce un producto de primer nivel, el gobierno le otorga prioridad en el mercado nacional, además de que el tamaño del mercado interno le asegura la expansión global de las mismas. Ese fue el caso de WhatsApp, aplicación bloqueada en China en beneficio de WeChat. Otra razón para su bloqueo es que el gobierno pretendía poder moderar los mensajes e imágenes que se enviaban dentro de la plataforma.[72]

La colaboración con el gobierno es otra de las maneras que permite a las grandes compañías tecnológicas occidentales operar en suelo

---

67. En China, la aplicación usa el mismo logo, pero tiene otro nombre: *Douyin* (抖音). *Cf.* Zak Doffman, «Yes, TikTok Has A Serious China Problem—Here's Why You Should Be Concerned», *Forbes*, 9 julio 2020, https://www .forbes.com/sites/zakdoffman/2020/07/09/tiktok-serious-china-problem -ban-security-warning/?sh=56e025d81f22.
68. Administración del Ciber Espacio de China (http://www.cac.gov.cn/), citado en Kokas, *Trafficking Data*, p. 4.
69. *Cf.* Jack Nicas, «Apple's Compromises in China: 5 Takeaways», *The New York Times* (Nueva York), 17 mayo 2021, https://www.nytimes.com/2021/05/17 /technology/apple-china-privacy-censorship.html.
70. *Cf.* Apple Support, «Learn More About Icloud in China Mainland», 26 mayo 2020, https://support.apple.com/en-ca/HT208351#:~:text=iCloud%20in%20 China%20mainland%20is,and%20comply%20with%20Chinese%20regulations.
71. *Cf.* Trefor Moss, «Tesla to Store China Data Locally in New Data Center», *The Wall Street Journal* (Nueva York), 26 mayo 2021, https://www.wsj.com /articles/tesla-to-store-china-data-locally-in-new-data-center-11622015001.
72. *Cf.* Paulius Masiliauskas, «How to Access WhatsApp in China in 2023», *Cybernews*, 16 diciembre 2022, https://cybernews.com/how-to-use-vpn /unblock-whatsapp-in-china/.

chino, algo que el gobierno permite con la obvia intención de cumplir sus propios objetivos de desarrollo tecnológico a largo plazo.[73] Basta recordar cómo Google cooperó con el gobierno comunista en el Dragonfly Project, un buscador diseñado específicamente para China con algoritmos que censuraban todo resultado relacionado con derechos humanos, democracia o protestas, y que a su vez enviaba un mensaje al gobierno con el número de celular de la persona que realizaba la búsqueda.[74] Mark Zuckerberg, de Meta, y Tim Cook, de Apple, se reunieron tanto con Lu Wei, quien fue director de la Administración Ciberespacial China, como con el presidente Xi Jinping, para colaborar en proyectos tecnológicos del gobierno por medio de su participación en el consejo consultivo de la Universidad Tsinghua.[75] Microsoft también trabajó con una universidad militar china en el desarrollo de inteligencia artificial.[76] La Fundación OpenPOWER, una organización sin fines de lucro liderada por ejecutivos de IBM y Google, estableció una colaboración entre IBM, la empresa china Semptian y el fabricante de chips estadounidense Xilinx para desarrollar los sistemas de vigilancia de datos de Semptian.[77] Es un hecho que las grandes compañías tecnológicas de Silicon Valley no solo fueron las pioneras en este entramado de vigilancia y control a partir de la tecnología, beneficiadas por la falta de regulación legal en Estados Unidos, sino que también están exportando el modelo a China. Por su parte, el

---

73. *Cf.* Kokas, *Trafficking Data*, p. 45.
74. Es importante notar que en China se necesita un permiso del gobierno para obtener un número de celular, lo que implica ser fotografiado (y en algunos casos someterse a un escaneo de reconocimiento facial) y se toman datos biométricos de la persona. Además se conecta ese número a las redes sociales de la persona, de tal manera que el gobierno tiene acceso a todo tipo de información que genera cada individuo. *Cf.* Gelles, «Google CEO Sundar Pichai»; Ryan Gallagher, «Google Plans to Launch Censored Search Engine in China, Leaked Documents Reveal», *The Intercept*, 1 agosto 2018, https://theintercept .com/2018/08/01/google-china-search-engine-censorship/; James Griffiths, «China Is Rolling Out Facial Recognition for All New Mobile Phone Numbers», *CNN Business*, 2 diciembre 2019, https://edition.cnn.com/2019/12/02/tech /china-facial-recognition-mobile-intl-hnk-scli/index.html.
75. *Cf.* Adam Jourdan, «Tim Cook and Mark Zuckerberg Meet with Chinese President Xi Jinping in Beijing», *Insider*, 30 octubre 2017, https://www.business insider.com/tim-cook-and-mark-zuckerberg-meet-with-china-president-xi -jinping-in-beijing-2017-10.
76. *Cf.* Madhumita Murgia y Yuan Yang, «Microsoft Worked with Chinese Military University on Artificial Intelligence», *Financial Times*, 10 abril 2019, https://www.ft.com/content/9378e7ee-5ae6-11e9-9dde-7aedca0a081a.
77. *Cf.* Ryan Gallagher, «How U.S. Tech Giants Are Helping to Build China's Surveillance State», *The Intercept*, 11 julio 2019, https://theintercept .com/2019/07/11/china-surveillance-google-ibm-semptian/.

Partido Comunista Chino creó toda una estructura legal que le permite al Estado tener control sobre las corporaciones tecnológicas no solo cuando operan dentro del país, beneficiando principalmente a las que promueven los intereses estratégicos nacionales, sino también cuando operan en el extranjero.[78] Este derecho que reclama China para sí consiste en un nuevo modelo de «soberanía digital», con todas sus implicaciones.[79] China, por ejemplo, reclama para sí el derecho a juzgar a cualquier persona que atente contra sus intereses soberanos, por lo que si cualquier individuo critica a China en el ciberespacio, el gobierno considera que tiene autoridad para juzgarlo.[80]

En consecuencia, la dinámica entre las corporaciones tecnológicas y el gobierno y el aparato militar chinos implican serios problemas con respecto al manejo de datos extraídos en el extranjero, razón por la cual tanto Estados Unidos como la India han iniciado un proceso de bloqueo digital. No podemos confiar en las promesas de TikTok, porque, según Lizhu Liu, ninguna empresa multinacional china puede comprometerse de manera creíble a no compartir datos personales con su gobierno, y China no puede comprometerse a no abusar de datos personales para la vigilancia o para otros fines políticos que invaden la libertad individual.[81]

China como modelo del Estado de vigilancia

El modelo de soberanía cibernética de China representa una nueva dimensión de centralización caracterizado por el control absoluto del régimen comunista sobre cada experiencia digital de los habitantes del país.[82] Cámaras y sensores que en el pasado requerían de grandes cantidades de trabajo manual para monitorear a la población hoy han sido simplificados por sistemas que emplean inteligencia artificial y

---

78. *Cf.* Jyh- An Lee, «Forced Technology Transfer in the Case of China», *Boston University Journal of Science and Technology Law* 26, 2 (2020), pp. 324-352.
79. *Cf.* Kokas, *Trafficking Data*, pp. 18-19.
80. *Cf.* «Ley de Seguridad Nacional de Hong Kong», 2020, Art. 38. Citado por Kokas, *Trafficking Data*, p. 66.
81. *Cf.* Lizhi Liu, «The Rise of Data Politics: Digital China and the World», *Studies in Comparative International Development* 56, n. 1 (2021), p. 56.
82. *Cf.* Sarah McKune y Shazeda Ahmed, «The Contestation and Shaping of Cyber Norms through China's Internet Sovereignty Agenda», *International Journal of Communication* 12 (2018), pp. 3835-3855.

algoritmos para eliminar cualquier ineficiencia humana. En la actualidad, una persona que sea objeto de búsqueda por parte del gobierno puede ser detectada en cuestión de segundos, lo suficientemente rápido para que no se escabulla de las fuerzas de seguridad. Pero el peligro que esto implica no se reduce al territorio chino. La excusa de la pandemia, por ejemplo, potenció aún más el programa de vigilancia nacional y luego esas prácticas se han ido extendiendo al resto del mundo por la misma influencia global de las compañías de espionaje chinas.[83] Es preocupante, por ejemplo, que se estén exportando a otros países las tecnologías empleadas por China, como las cámaras de reconocimiento facial y los sistemas de reconocimiento de matrículas de vehículos instalados en más de 700 ciudades en 100 países.[84] Incluso edificios construidos por compañías chinas están siendo equipados con tecnología de vigilancia sin que sus dueños lo sepan, como ocurrió con el edificio de la Unión Africana en Etiopía.[85]

China mantiene su soberanía nacional y protege las fronteras del país y su seguridad interna a través de un sistema de vigilancia y supervisión de la población china por medio de la IA. Las ciudades inteligentes son un elemento central para la extracción de datos a partir de sensores, cámaras y otros métodos electrónicos que siguen cada movimiento de sus ciudadanos. Según datos de fines de 2022, el país contaba con 540 millones de cámaras de vigilancia que analizan a cada ciudadano, dónde comen y hacen las compras, sus movimientos, cuándo salen y regresan al hogar, etc.[86] El gobierno ha llegado incluso a instalar cámaras en algunos hogares para vigilar a ciudadanos concretos, o en baños públicos para controlar que los trabajadores no pierdan más tiempo del necesario...[87] Los niños también son monitoreados en las escuelas por el «sistema inteligente de gestión

83. *Cf.* Sheena Chestnut Greitens, «Surveillance, Security, and Liberal Democracy in the Post-COVID World», *International Organization* 74, n. S1 (2020), pp. 169-190.

84. *Cf.* Antoaneta Roussi, «Resisting the Rise of Facial Recognition», *Nature* 587, n. 7834 (2020), pp. 350-353, https://www.nature.com/articles/d41586-020 -03188-2.

85. *Cf.* John Aglionby, «African Union Accuses China of Hacking Headquarters», *Financial Times*, 29 enero 2018, https://www.ft.com/content/c26a9214 -04f2-11e8-9650-9c0ad2d7c5b5.

86. *Cf.* Paul Bischoff, «Surveillance Camera Statistics: Which Cities Have the Most CCTV Cameras?», *Comparitech*, 11 julio 2022, https://www.comparitech .com/vpn-privacy/the-worlds-most-surveilled-cities/.

87. *Cf.* Nectar Gan, «China Is Installing Surveillance Cameras Outside People's Front Doors ... and Sometimes inside Their Homes», *CNN Business* 28 abril 2020, https://edition.cnn.com/2020/04/27/asia/cctv-cameras-china-hnk-intl/index.

del comportamiento en el aula». Este consiste en un entramado de cámaras que escanean el entorno cada 30 segundos para controlar la asistencia y grabar las expresiones faciales de los estudiantes, que son analizadas por IA para determinar «si se ven felices, molestos, enojados, temerosos o disgustados» y lo reporta automáticamente a la pantalla del educador.[88] La vigilancia es tal que el sistema puede detectar cuándo un estudiante busca escabullirse de la mirada de las cámaras, lo que hace disparar una alarma, a lo cual se suma que los uniformes escolares son «inteligentes» y esconden microchips en los hombros para su seguimiento constante.[89]

Se está llevando a cabo un esfuerzo combinado por parte del sector privado y el público para la recolección masiva de datos con una infraestructura que no descuida ningún rincón de la ciudad. La ciudad de Shanghái, por ejemplo, tiene un total de 10.631.102 cámaras, lo que significa que hay una por cada 2.8 habitantes.[90] La tecnología de reconocimiento facial genera bases de datos masivas y los sistemas de IA tienen una precisión alarmante: pueden detectar de quién es una cara ya sea que tenga los ojos abiertos o cerrados, con o sin máscara, lo que le permite al gobierno un seguimiento sofisticado de cada persona que simplemente ponga un pie en la ciudad.[91] Y cuantos más datos recolecten y más se desarrollen nuevos sistemas para procesarlos, el Partido Comunista estará cada vez más cerca del sueño de una sociedad fruto de la ingeniería social. Como relatan Josh Chin y Liza Lin en su investigación sobre el control social ejercido en China por parte de un *Estado de vigilancia*, el Partido Comunista tiene el poder de rastrear cada uno de los movimientos de sus ciudadanos con sistemas de IA que reconocen no solo el rostro, sino la cadencia particular al caminar, con micrófonos que reconocen la voz de cada persona y sistemas de GPS dentro del celular que transmiten la ubicación exacta. En esta sociedad verdaderamente distópica, los funcionarios del

html; Aaron Sarin, «China in the Age of Surveillance», *Quillette*, 25 septiembre 2022, https://quillette.com/2022/09/25/china-in-the-age-of-surveillance/. t

88. *Cf.* Bianji Liang Jun, «Facial Recognition Used To Analyze Students' Classroom Behaviors», *People's Daily Online*, 19 mayo 2018, http://en.people.cn/n3/2018/0519/c90000-9461918.html.

89. *Cf.* Liu Caiyu, «Chinese Schools Monitor Students Activities, Targeting Truancy with Intelligent Uniforms», *Global Times*, 20 diciembre 2018, https://www.globaltimes.cn/page/201812/1132856.shtml.

90. *Cf.* Bischoff, «Surveillance Camera Statistics».

91. *Cf.* Umberto Bacchi, «"I Know Your Favourite Drink": Chinese Smart City to Put AI in Charge», *Reuters*, 3 diciembre, 2020, https://www.reuters.com/article/china-tech-city-idINL8N2IJ24L.

gobierno tendrán las herramientas necesarias para escudriñar el historial de conversaciones privadas, los hábitos de lectura y qué cosas ven o compran por el internet o a dónde han viajado. Basándose en toda esta información, los sistemas de IA «juzgarán» qué probabilidades hay de que la persona sea un obstáculo para el orden público, quién debe ser «reeducado» o quién debe ser avergonzado públicamente por caminar lento al cruzar la calle (algo que ya ocurre).[92] Por medio de la minería de datos, el gobierno chino podrá predecir las necesidades de sus ciudadanos, ocuparse de un problema social antes de que ocurra, e incluso acallar una protesta cuando se esté gestando en chats privados.

El caso del pueblo uigur es uno de los ejemplos actuales de reingeniería social más terribles. Ubicados en la región de Sinkiang, al noroeste de China, su territorio quedó bajo el control de la China comunista en 1949. Al ser una etnia musulmana, sus miembros están padeciendo una persecución brutal por parte del gobierno comunista, especialmente después de que el gobierno los considerase aliados de al-Qaeda tras los atentados a las Torres Gemelas en 2001.[93] La realidad es que el territorio uigur se ha convertido en un campo de experimentación tecnológica de vigilancia y control que une las técnicas totalitarias del pasado con tecnologías futuristas, no tanto para erradicar una minoría étnica y religiosa, sino para someterla a un proceso de reingeniería social que incluye la diseminación de cámaras, micrófonos, sensores y drones que alimentan constantemente la base de datos y el análisis con IA, la recolección de datos biométricos (toma de sangre y ADN), el escaneo facial y el reconocimiento de voz en centros policiales y las detenciones y desapariciones masivas, así como el envío a «campos de reeducación». Los residentes no pueden moverse con libertad por la ciudad sin que se escanee constantemente sus tarjetas de identificación y sus rostros. En algunos casos, un rostro determinado activa alarmas y en cuestión de segundos las fuerzas de seguridad están encima de la persona, que es llevada a la comisaría de policía y de ahí a algún centro de detención.[94] Además, cuando una persona de la lista de sospechosos pasa por un punto de control, la plataforma de reconocimiento facial envía una alerta a la comisaría más cercana con un color determinado. La alerta es amarilla si son

---

92. *Cf.* Chin y Lin, *Surveillance State*, p. 7.
93. *Cf.* Redacción, «Quiénes son los uigures, la etnia que China está deteniendo en campamentos de reeducación», *BBC News Mundo*, 31 agosto, 2018, https://www.bbc.com/mundo/noticias-internacional-45368245.
94. *Cf.* Chin y Lin, *Surveillance State*, pp. 4-6.

familiares de alguien que ha sido detenido, lo cual indica que la policía debe detener a la persona para interrogarla. La alerta es roja si la persona participó en disturbios en el pasado, por lo que el ciudadano debe ser puesto inmediatamente bajo custodia y enviado a los campos de «reeducación».[95]

Pero el control y vigilancia que realiza la inteligencia artificial no se limita a la minoría uigur. El sistema alcanza a todo habitante con acceso al internet. Bajo presión del gobierno, las compañías tecnológicas chinas construyeron sistemas híbridos de filtrado de datos que combinan sistemas humanos con sistemas automatizados. Para ese cometido se diseñaron algoritmos que son alimentados constantemente con montañas de datos y que escanean millones de mensajes de texto (razón principal por la que la única aplicación de chateo permitida es WeChat), comentarios en las redes, imágenes, archivos de PDF y videos. Si algún contenido va en contra de las normas del Partido, el sistema lo detecta inmediatamente.[96]

El nivel de manipulación por medio de los algoritmos y la IA quedó al descubierto a partir de las contribuciones de académicos en los campos de la educación ideológica y política, preocupados por cómo lograr que las generaciones más jóvenes abracen los ideales socialistas y las ideas políticas de los lideres comunistas chinos. Este dato es clave para entender cómo las redes sociales pueden ser utilizadas como instrumentos de manipulación y control en todo el mundo. A partir del 2017, la Universidad Tsinghua ha estado reclutando especialistas en distintos campos para unirse a su laboratorio de IA con el objetivo de optimizar cada aspecto de la sociedad a partir de modelos matemáticos. En entrevistas realizadas por Josh Chin y Liza Lin a algunos de estos académicos, revelaron que uno de los proyectos consistía en la recolección masiva de datos a partir de las redes sociales, lo que permitiría a las escuelas crear un perfil preciso sobre las inclinaciones políticas de cada estudiante, sus áreas de confusión, sus intereses, etc., y utilizarlo para elaborar mensajes y videos personalizados y dejar que el algoritmo intente persuadirlos sobre la superioridad del socialismo.[97] Esto ciertamente explica por qué cuando un joven descarga TikTok se encuentra con algo que observó un muchacho que propaga ideas socialistas desde México: «Lo que está muy bien de TikTok es

95. *Cf.* Yael Grauer, «Revealed: Massive Chinese Police Database», *The Intercept*, 29 enero 2021, https://theintercept.com/2021/01/29/china-uyghur-muslim-surveillance-police/.

96. *Cf.* Chin y Lin, *Surveillance State*, pp. 92-93.

97. Ibíd., p. 97.

que tiene un algoritmo muy específico y de la nada tengo puro contenido anticapitalista en mi página».[98] ¿Coincidencia?

El sistema de crédito social

La vigilancia de la población en China no es algo nuevo o pecu-
liar del Partido Comunista. Durante los períodos imperiales Ming y
Qing se registraban las acciones de las personas y esto determinaba si
avanzaban en su estatus social o se quedaban como estaban. Luego de
la fundación de la República Popular China en 1949, se estableció un
sistema por el que los ciudadanos de Pekín se vigilaban los unos a los
otros.[99] A partir de la era de Mao, los expedientes personales se con-
virtieron en algo común, y en ellos se recogía una amplia gama de información personal, desde antecedentes familiares y estado de salud
mental hasta el progreso educativo y profesional.[100] Con la tecnología
y el *big data*, las posibilidades de vigilancia parecen tener límite solo
en la imaginación, llevando a la perfección la idea del «panóptico»
que, aunque no lo ve todo, da la sensación de que estamos vigilados
en todo momento.[101]

El sistema de vigilancia que está desarrollando el gobierno chino
llega a su culmen en un sistema integral de «crédito social» que integra
la extracción y minería de datos del ámbito privado con el control au-
toritario del Estado. Este proyecto encarna un verdadero totalitarismo

---

98. Gustavo Pacheco, «Jerónimo, el joven que enseña marxismo en TikTok para
derrocar a las "Fake News"», *Milenio*, 13 septiembre 2020, https://www.milenio
.com/virales/tik-tok-jeronimo-zarco-ensena-marxismo-comunismo.

99. *Cf.* Junxi Qian, «Deciphering the Prevalence of Neighborhood Enclosure
Amidst Post-1949 Chinese Cities: A Critical Synthesis», *Journal of Planning
Literature* 29, n. 1 (2014), pp. 3-19.

100. *Cf.* Jie Yang, «The Politics of the Dang'an: Spectralization, Spatialization,
and Neoliberal Governmentality in China», *Anthropological Quarterly* 84,
n. 2 (2011), pp. 507-533.

101. El concepto arquitectónico del panóptico fue diseñado en 1784 por Samuel
Bentham, un ingeniero mecánico inglés, mientras trabajaba en Krichev, hoy
Bielorrusia. Quien hizo popular el concepto, sin embargo, fue su hermano
Jeremy Bentham, quien le robó la idea y diseñó una especie de prisión circular
con una torre en el centro que daba la impresión de que los presos eran vigi-
lados constantemente. Michel Foucault adopta el diseño del panóptico para
explicar la función de la disciplina y el castigo para mantener el orden social.
Byun-Chul Han elaborará más recientemente el concepto del «panóptico digital». *Cf.* Michel Foucault, *Vigilar y castigar: nacimiento de la prisión* (Buenos
Aires: Siglo XXI Editores, 2002); Han, *Psicopolítica*.

digital distópico, aunque también depende en gran medida de la propaganda estatal, porque si bien ya existe toda una infraestructura tecnológica que lo hace posible, gran parte de este programa consiste en la propaganda ejercida por el Partido Comunista. Esto nos recuerda el concepto del panóptico: basta con que el pueblo sienta el miedo de ser vigilados constantemente. El objetivo de dicho sistema es aprovechar la cantidad enorme de datos personales disponibles gracias a los celulares, aplicaciones y el internet de las cosas para de esa manera mejorar el comportamiento de los ciudadanos.[102] De esa manera, el sistema tiene como objetivo monitorear la confiabilidad de las empresas, el comportamiento del usuario como consumidor, su conducta en las redes sociales, las multas por exceso de velocidad, las peleas con sus vecinos, o tener más hijos de lo que está permitido.[103] El objetivo es siempre el mismo: regular la sociedad hasta en los más mínimos detalles. Que lo pueda hacer es otro tema, lo central es dar la impresión y persuadir a sus habitantes de que son vigilados en todo momento.

Por ahora, sin embargo, hay distintas versiones del sistema de crédito, tanto de iniciativa privada como pública, que según expertos en el tema son ensayos iniciales para algún día, cuando la infraestructura esté preparada, integrar y centralizar los datos nacionales.[104] En el 2014 se inició un programa piloto para evaluar a los ciudadanos chinos a partir de su historial de viajes, registros escolares, cargos gubernamentales e incluso datos extraídos de aplicaciones de citas.[105] Alibaba diseñó Sesame Credit, un sistema que depende de miles de variables y que recolecta información de una amplia gama de comportamientos financieros y sociales a partir de datos proporcionados por el *big data*.[106] Para hacer cumplir las restricciones por COVID-19,

---

102. *Cf.* Rogier Creemers, «China's Chilling Plan to Use Social Credit Ratings to Keep Score on Its Citizens», *CNN* 27 octubre 2015, https://www.cnn.com/2015/10/27/opinions/china-social-credit-score-creemers/index.html.

103. Por décadas estaba permitido tener solo un hijo en China, lo que llevó a abortos forzados en millones de mujeres. En el año 2016, ante la catástrofe poblacional que se preveía, el gobierno aumentó a 2 niños por pareja y, ante la gravedad del problema, a 3 hijos en el 2021. *Cf.* Stephen McDonell, «China Allows Three Children in Major Policy Shift», *BBC News* (Londres), 31 mayo 2021, https://www.bbc.com/news/world-asia-china-57303592.

104. *Cf.* Kokas, *Trafficking Data*, p. 64.

105. *Cf.* Jack Karsten y Darrell West, «China's Social Credit System Spreads to More Daily Transactions», *Brookings Institution*, 18 junio 2018, https://www.brookings.edu/blog/techtank/2018/06/18/chinas-social-credit-system-spreads-to-more-daily-transactions/.

106. *Cf.* Charlie Campbell, «How China Is Using "Social Credit Scores" to Reward and Punish Its Citizens», *Time*, 2019, https://time.com/collection

Alipay y WeChat desarrollaron una aplicación que vigila la salud de los ciudadanos.[107] Parte de este proyecto es la iniciativa de la «ciudad inteligente», tal como lo quiso hacer Google en Toronto, pero con la diferencia de que el gobierno chino no tiene ningún tipo de restricción legal o moral para montar un aparato de vigilancia. Tanto Alibaba como Huawei han desarrollado ciudades inteligentes que combinan datos extraídos del sistema de vigilancia de la ciudad, así como de las antenas, plataformas y redes sociales que operan estas compañías.[108]

Parte de este entramado es el sistema de crédito social dirigido por un algoritmo que integra todos los datos recolectados y determina una puntuación de «sinceridad» de la persona, es decir, un índice numérico de su confiabilidad y virtud, y que tiene el poder de bloquear o desbloquear absolutamente todo. Este número determina las oportunidades que se ofrecen a los ciudadanos, las libertades que disfrutan y los privilegios que se les otorgan, desde poder comprar un pasaje en tren hasta recibir un permiso para abrir un negocio o enviar a los hijos a la universidad.[109]

Un elemento social para considerar es que el Partido Comunista no cuenta con una tradición religiosa para promover ciertas costumbres positivas y rechazar las que tengan un impacto social negativo. Es decir, el gobierno no cuenta con una moral que se constituya como fundamento de la confianza entre sus ciudadanos. Por eso el Sistema de Crédito Social debe ser entendido como un intento del Partido para controlar la conducta de las personas de una manera eficiente, por medio de recompensas y castigos, basándose en datos (hechos) y con la exigencia de la reparación (compunción) como condición para el levantamiento de una pena. El objetivo es una reforma cultural que permita a las personas confiables moverse libremente, mientras que los que han sido desacreditados tengan serias limitaciones.[110]

/davos-2019/5502592/china-social-credit-score/.

107. *Cf.* Fan Liang, «COVID-19 and Health Code: How Digital Platforms Tackle the Pandemic in China», *Social Media + Society* 6, n. 3 (2020), pp. 1-4.

108. Samantha Hoffman, «Engineering Global Consent: The Chinese Communist Party's Data-Driven Power Expansion», *Australian Strategic Policy Institute* (14 octubre 2019), https://www.aspi.org.au/report/engineering-global-consent-chinese-communist-partys-data-driven-power-expansion.

109. *Cf.* Adam Greenfield, «China's Dystopian Tech Could Be Contagious», *The Atlantic*, 14 febrero 2018, https://www.theatlantic.com/technology/archive/2018/02/chinas-dangerous-dream-of-urban-control/553097/.

110. Hay una traducción al inglés del comunicado del Partido Comunista Chino sobre la reforma cultural en «Central Committee of the Chinese Communist Party Decision Concerning Deepening Cultural Structural Reform», 26 febrero 2014, https://chinacopyrightandmedia.wordpress.com/2011/10/18

Minería de datos y «democracia»

Una vez que el espacio público se digitaliza, el algoritmo y la inteligencia artificial adquieren una función primordial en el moldeamiento de la opinión pública. El caso de Facebook es paradigmático, especialmente en relación con elecciones pasadas donde varias de sus funciones y algunos cambios en el algoritmo fueron claves para alterar la balanza electoral.[111] Ingenieros y científicos de datos de la misma compañía se han dedicado con ahínco a experimentar e investigar sobre el efecto de los algoritmos en la conducta política de las personas. En las elecciones de mitad de legislatura de 2010 y en las presidenciales de 2012 en Estados Unidos, por ejemplo, Facebook llevó a cabo experimentos para perfeccionar una herramienta que se denominó «el megáfono del votante».[112] La idea que había detrás de esta función era difundir el mensaje de que habían votado, algo muy similar a lo que ocurrió en otras campañas posteriores, tales como la campaña del «Me vacuné contra el COVID» y la del «Vamos a vacunarnos» en la foto de perfil durante el 2021.[113] Aunque parezca una función que alienta al compromiso cívico de votar, en el caso de la política se puede entrever un problema, ya que en realidad lo que Facebook hacía no era simplemente alentar al público a que acudiera a cumplir con dicho deber cívico, sino presionar a quienes no habían votado a que lo hicieran, y esto iba dirigido no a cualquier persona, sino a aquellos que tenían más probabilidades de votar por un candidato específico.[114]

De hecho, los estudios realizados mostraron que no tener activado el *sticker* del «Yo voté» en el perfil funcionaba como una especie de

---

/central-committee-of-the-chinese-communist-party-decision-concerning
-deepening-cultural-structural-reform/.

111. *Cf.* O'Neil, *Weapons of Math Destruction*, p. 180.

112. *Cf.* Robert M. Bond, «A 61 Million Person Experiment in Social Influence and Political Mobilization», *Nature* 489, n. 7415 (2012), pp. 295-298. El experimento estuvo conformado por dos grupos de control de unas 600.000 personas y un grupo experimental formado por 61 millones de usuarios.

113. *Cf.* Andrew Hutchinson, «Facebook Launches New Stickers to Encourage COVID-19 Vaccination on Instagram, Facebook and WhatsApp», *Social Media Today*, 7 abril 2021, https://www.socialmediatoday.com/news/facebook-launches-new-stickers-to-encourage-covid-19-vaccination-on-instagr/598015/.

114. Es interesante que, antes de asumir la presidencia, Biden integró en su equipo a gran cantidad de ejecutivos y gerentes de Facebook. *Cf.* Nancy Scola y Alex Thompson, «Former Facebook Leaders Are Now Transition Insiders», *Politico*, 16 noviembre 2020, https://www.politico.com/news/2020/11/16/the-biden-teams-tug-of-war-over-facebook-436672.

juicio público ante los amigos y conocidos de Facebook.[115] Y cuando vemos que fueron 61 millones de personas las «presionadas», esto adquiere características impensadas hasta entonces.[116] Todas estas personas vieron en el *feed* (el muro) de Facebook el mismo día de las elecciones un mensaje que los alentaba a ir a votar, con un enlace al lugar más cercano, el botón de «Ya voté» y el número de amigos que ya lo habían hecho. Según el estudio, se calcula que unas 282.000 personas fueron a votar ese día motivadas por los anuncios, un número más que suficiente para dar vuelta a una elección reñida.[117]

Estos casos son importantísimos para entender cómo los científicos de datos de Facebook estaban analizando en vivo y en directo, a partir de los datos de millones de personas, cómo las distintas actualizaciones de la red influían en el comportamiento electoral. Jamás en la historia se había trabajado en un laboratorio humano de esta escala. En 12 horas, Facebook podía recolectar información de millones de personas, además de medir el impacto que sus funciones y enlaces tuvieron entre sí. Y como nota O'Neil, así como se emplean algoritmos para influir en el voto de una persona, obviamente se podría usar ese conocimiento para influir en muchas otras acciones y la conducta de la gente.[118]

La convergencia del *big data* con las campañas de *marketing* les ofrece a los políticos herramientas mucho más poderosas y minuciosamente dirigidas que nunca antes estuvieron a su disposición. De esa manera, los anuncios ya no van dirigidos a la masa en general, sino que se puede apuntar a subgrupos de ciudadanos buscando su voto o su aporte financiero a la campaña, apelando a cada uno con un mensaje meticulosamente preparado y cuyo discurso responda a sus anhelos, sus problemas, su situación económica, sus esperanzas... Dichos mensajes serán muy variados y personalizados y le aparecerán a cada uno en cada página web que visite, en los anuncios de YouTube o en su muro de Facebook o Instagram. El anuncio incluso puede venir de su

---

115. *Cf.* Donald P. Green y Alan S. Gerber, «Introduction to Social Pressure and Voting: New Experimental Evidence», *Political Behavior* 32, n. 3 (2010), pp. 331-336. Ya se había demostrado que la presión social es el mejor movilizador. Ver Alan S. Gerber, «Social Pressure and Voter Turnout: Evidence from a Large-Scale Field Experiment», *The American Political Science Review* 102, n. 1 (2008), pp. 33-48.

116. *Cf.* Bond, «Social Influence and Political Mobilization», p. 295.

117. Pensemos que en el año 2000 Bush ganó el estado de Florida por 537 votos y fue ese estado el que determinó quién fue el presidente. *Cf.* Bond, «Social Influence and Political Mobilization», p. 296.

118. *Cf.* O'Neil, *Weapons of Math Destruction*, pp. 180-181.

deportista, cantante o actor favorito, a la hora del día en que esté más predispuesto a tomar una decisión política y tal vez luego de haber sido manipulado psicológica y emocionalmente durante una serie de *posts* que ya vio en las redes sociales, para que esté lo más condicionado posible a decidirse por un candidato determinado.

Cualquier medio masivo de comunicación que trate el tema de la minería de datos, la inteligencia artificial y la propaganda política lo reducirá sistemáticamente a la campaña presidencial de Donald Trump que lo llevó a la victoria en el 2016. En esa ocasión fue la compañía inglesa Cambridge Analytica la que hizo uso del *big data* y la inteligencia artificial para dirigirse a candidatos indecisos en estados claves. Sin embargo, fue Obama el precursor del uso de estas tecnologías y la misma Hillary Clinton continuó la táctica con la asistencia de una compañía financiada por el CEO de Google.

Cuando Barack Obama anunció su campaña electoral para conseguir la nominación del Partido Demócrata en febrero de 2007, Google ya estaba en la posición de ofrecer una ventaja competitiva para cualquiera que quisiese usar sus medios de vigilancia. Los métodos de análisis predictivo tan anhelados en el *marketing* también podían ayudar a que Obama ganase las elecciones de 2008. Erik Schmidt, CEO de Google, no solo aportó un millón de dólares a la campaña, sino que también tuvo un lugar clave en la implementación de tecnología de vanguardia para predecir la conducta de los votantes y, podemos inferir, influenciar acordemente en los indecisos.[119] El escándalo sobre Cambridge Analytica suena prácticamente a hipocresía si se tiene en cuenta que el equipo de Obama recopiló datos personales de más de 250 millones de estadounidenses, incluidos datos sobre el comportamiento recogidos cuando alguien abría el sitio web de la campaña y las redes sociales, principalmente Facebook,[120] hasta el punto de que, según confesó un consultor político de la campaña, «sabíamos por quién iba a votar la gente antes de que se decidiesen».[121] En realidad, teniendo en cuenta la capacidad de análisis no solo predictivo, sino

---

119.   *Cf.* Eamon Javers, «Obama-Google Connection Scares Competitors», *Politico*, 10 noviembre 2008, https://www.politico.com/story/2008/11/obama -google-connection-scares-competitors-015487.
120.   *Cf.* Daniel Kreiss y Philip N. Howard, «New Challenges to Political Privacy: Lessons from the First U.S. Presidential Race in the Web 2.0 Era», *International Journal of Communication* 4, n. 20 (2010), pp. 1032–1050.
121.   Sasha Issenberg, *The Victory Lab: The Secret Science of Winning Campaigns* (Nueva York: Crown, 2013), p. 271.

directivo, bien podríamos decir que el juego era hacer que estos votantes indecisos se decidieran por Obama.

Es más que indicativo que, una vez que se aseguró la presidencia, Obama nombró a Schmidt como miembro de su gabinete económico para la transición,[122] y ya en la Casa Blanca lo designó para numerosos puestos consultivos en tecnología, ciencia y defensa militar, además de concederle un acceso inusual a los principales responsables de las políticas públicas del gobierno.[123] Cuatro años después, Schmidt se lanzó nuevamente a la tarea de ganar la reelección de Obama, involucrándose en la construcción de toda una operación para apuntar a votantes, reclutando talento digital, eligiendo qué tecnologías punta debían emplear y entrenando al director de campaña Jim Messina en la infraestructura de la campaña (¿recuerdas que en el capítulo anterior mencionamos que la Casa Blanca retiró la demanda a Google por espionaje? Ahora queda claro por qué...).[124] Es más, el primer acto de Messina como jefe de campaña fue volar a California para recibir formación por parte de los CEO y ejecutivos de Apple, Facebook, Google, Microsoft y Salesforce, con el fin de aplicar las tecnologías que habían desarrollado al servicio de la campaña.[125]

La realidad es que la campaña de reelección de Obama en el 2012 comenzó el día después de haber llegado a la Casa Blanca en el 2008, creando una especie de *start-up* tecnopolítica conectada a todo lo que Google y Facebook tenían para ofrecer.[126] Un año antes de las elecciones de 2012 entre Obama y Romney, Rayid Ghani, un científico de datos paquistaní miembro de la campaña demócrata, hizo el siguiente anuncio en su cuenta de LinkedIn: «Contratación de expertos en analítica que quieran marcar la diferencia. La campaña de reelección de Obama está haciendo crecer el equipo de análisis para trabajar en problemas de minería de datos de gran impacto a gran escala. Tenemos varios puestos disponibles en todos los niveles de experiencia. Buscando expertos en estadística, aprendizaje automático, minería de

---

122. *Cf.* Javers, «Obama-Google Connection Scares Competitors».
123. *Cf.* Paul, «Eric Schmidt: Obama's Chief Corporate Ally».
124. *Cf.* Joshua Green, «Messina Consults Jobs to Spielberg in Crafting Obama's Campaign», *Bloomberg*, 14 junio 2012, https://www.bloomberg.com /news/articles/2012-06-14/obama-s-messina-taps-google-s-schmidt-for -wisdom-on-winning-race?leadSource=uverify%20wall.
125. *Cf.* Green, «Messina Consults Jobs to Spielberg in Crafting Obama's Campaign».
126. *Cf.* Dan Balz, «How the Obama Campaign Won the Race for Voter Data», *The Washington Post* (Washington, D. C.), 28 julio 2013, https://www.washington post.com/politics/how-the-obama-campaign-won-the-race-for-voter-data /2013/07/28/ad32c7b4-ee4e-11e2-a1f9-ea873b7e0424_story.html.

datos, análisis de texto y análisis predictivo para trabajar con grandes cantidades de datos y ayudar a guiar la estrategia electoral».[127] Preparándose para la reelección, el equipo de Obama tenía la confianza de conocer con precisión, gracias al *big data* y la asistencia de Schmidt, los nombres de las 69.456.897 personas que habían votado por el presidente en las elecciones de 2007.[128] Si bien el voto había sido secreto, una vez que se unían todos los puntos ofrecidos por datos —desde comentarios en Facebook hasta el comportamiento en el día de las elecciones—, se podía establecer un claro mapa electoral. A partir de ahí se diseñó toda una estrategia a nivel atómico, es decir, casi personal, para atraer nuevamente a cada votante (teniendo en cuenta que las elecciones de mitad de legislatura en el 2010 fueron un fracaso para el presidente demócrata). De esa manera podían dirigir el mensaje que con mayor probabilidad los llevase hacia objetivos específicos tales como votar por Obama, organizarse en la comunidad o recaudar fondos para la campaña.

Con la ayuda del *big data*, los miembros del equipo de Obama conocían, entonces, los miedos y ansiedades de la gente, sus preocupaciones y esperanzas, de tal manera que podían entrever qué podría llevarlos a votar a Obama si este enviaba un mensaje adecuado a cada uno de ellos. Es decir, qué era lo que podía influir e incluso cambiar la conducta de un votante: si a un potencial votante le importaba por sobre todo el estado actual de la educación, o los derechos LGBT, el Seguro Social (la pensión) o las cuestiones ambientales. También podían identificar a quienes iban a apoyar incondicionalmente al presidente y a aquellos que estaban en dudas, o a aquellos a quienes les caía bien, pero no solían ir a votar el día de las elecciones. De esa manera diseñaron un perfil matemático de cada votante y luego reunieron en grupos a todos aquellos que se asemejaban, de tal manera que viesen los mismos anuncios en Facebook o los sitios web que visitasen (por medio de Google Ads). Pero, además, la campaña hacía uso de la inteligencia artificial y algoritmos dinámicos de tal manera que con cada nuevo dato que recolectaban podían ajustar el modelo. Es decir, estaban conduciendo un experimento en vivo y en directo con millones de personas, especialmente con los 15 millones que en esa elección podían inclinarse por uno u otro candidato.[129]

127. Citado por O'Neil, *Weapons of Math Destruction*, p. 188.
128. *Cf.* Sasha Issenberg, «How Obama's Team Used Big Data to Rally Voters», *MIT Technology Review* 116, n. 1 (2013), p. 41.
129. *Cf.* Issenberg, «Obama's Team Used Big Data», pp. 42-44.

Las campañas de *email* fueron también producto de experimentación, con hasta 18 versiones del mismo contenido que se enviaban a 18 grupos distintos y, de acuerdo con el éxito de respuesta en la primera hora, el equipo decidía qué variante del mensaje era la más efectiva.[130] Incluso se dieron el lujo de no gastar dinero en votantes que sabían que eran incondicionales y no necesitaban ser persuadidos. El resultado fue inesperado, con un margen de 5 millones de votos de diferencia que se atribuyeron al trabajo del equipo de análisis de datos de la campaña.[131] La campaña de Obama tuvo éxito por conocer a cada una de las personas que necesitaban ser persuadidas con nombre y apellido, dirección, estado financiero, preocupaciones e intereses personales, incluso los más triviales.[132] Luego de las elecciones presidenciales de 2012, ProPublica, un medio de noticias independiente que investiga abusos de poder político, diseñó un algoritmo para descifrar por ingeniería inversa el modelo político específico de la campaña de Obama. La investigación confirmó que, como táctica de campaña, diferentes grupos demográficos veían diferentes anuncios de campaña provenientes de diferentes celebridades del mundo del espectáculo y la música, de tal manera que se apuntaba a una audiencia específica con una cantante o un actor con el que se sentían identificados.[133] Es decir, la campaña sabía hasta qué tipo de música escuchabas o qué series de Netflix habías visto.

La campaña de Hillary Clinton no abandonó la metodología empleada por Obama, sino que construyó y elaboró toda una campaña a partir de los cimientos que heredó del presidente demócrata, más allá de las acusaciones de la candidata contra la campaña de Trump y el empleo que hizo el multimillonario de las redes sociales. El equipo de Hillary de hecho contrató a Groundwork, una empresa de *microtargeting* (anuncios dirigidos), financiada por el presidente de Google, Eric Schmidt, y dirigida por Michael Slaby, quien fue director de

---

130. *Cf.* Balz, «Race for Voter Data».
131. *Cf.* Joshua Green, «Google's Eric Schmidt Invests in Obama's Big Data Brains», *Bloomberg*, 31 mayo 2013, https://www.bloomberg.com/news/articles/2013-05-30/googles-eric-schmidt-invests-in-obamas-big-data-brains?lead Source=uverify%20wall.
132. *Cf.* Jim Rutenberg, «Data You Can Believe In: The Obama Campaign's Digital Masterminds Cash In», *The New York Times* (Nueva York), 20 junio 2013, https://www.nytimes.com/2013/06/23/magazine/the-obama-campaigns-digital-masterminds-cash-in.html.
133. *Cf.* Lois Beckett, «Obama's Microtargeting "Nuclear Codes"», *ProPublica*, 7 noviembre 2012, https://www.propublica.org/article/obamas-microtargeting-nuclear-codes.

tecnología de la campaña de Obama en el 2012. El objetivo, según un informe de *Quartz*, era construir un sistema de datos que creara una versión política de los sistemas que otras empresas desarrollan para gestionar a sus millones de clientes.[134] Una vez más quedó demostrada la alianza entre las grandes compañías tecnológicas y el partido demócrata, ya que según el mismo Schmidt la compañía ofrecía el talento necesario para que Clinton llegase a la Casa Blanca.

Las campañas de Trump y Clinton gastaron un total combinado de 81 millones de dólares en anuncios en Facebook, según el testimonio de Colin Stretch, consejero general de Facebook, durante una audiencia en el Congreso.[135] Sin embargo, fue Trump quien aprovechó mucho mejor las plataformas digitales. Según Andrew Bosworth, uno de los ejecutivos de Facebook, «Trump no fue elegido por "desinformación", sino porque dirigió la mejor campaña publicitaria digital que he visto en mi vida de cualquier anunciante. Punto».[136] Esto se debió en gran parte a que Trump tuvo consigo a una compañía revolucionaria en el manejo de datos.

A fines de 2015, el diario inglés *The Guardian* reveló que una empresa de datos que se dedica a la política, Cambridge Analytica, había contratado a académicos del Reino Unido para que recopilaran perfiles de Facebook de votantes estadounidenses con detalles demográficos y registros de todos los «me gusta» en la vida digital de 40 millones de usuarios.[137] A partir de esta información, los científicos desarrollaron análisis psicográficos de más de 40 millones de

134. *Cf.* Adam Pasick y Tim Fernholz, «The Stealthy, Eric Schmidt-Backed Startup That's Working to Put Hillary Clinton in the White House», *Quarts*, 9 octubre 2015, https://qz.com/520652/groundwork-eric-schmidt-startup-working-for-hillary-clinton-campaign.

135. *Cf.* Kurt Wagner, «Donald Trump and Hillary Clinton Spent $81 million on Facebook Ads before Last Year's Election», *Vox*, 1 noviembre 2017, https://www.vox.com/2017/11/1/16593066/trump-clinton-facebook-advertising-money-election-president-russia. Un dato interesante es que, mientras Hillary culpaba a las operaciones del Kremlin por su fracaso electoral, los datos de Facebook, Twitter y Google revelaron otra realidad: el contenido de las cuentas controladas por Rusia fue apenas una gota en el océano comparado con todos los otros anuncios y publicaciones pagadas por Hillary y Trump que la gente vio en las distintas plataformas.

136. Anónimo, «Facebook Ad Campaign Helped Donald Trump Win Election, Claims Executive», *BBC* (Londres), 8 enero 2020, https://www.bbc.com/news/technology-51034641.

137. *Cf.* Harry Davies, «Ted Cruz using Firm that harvested Data on Millions of Unwitting Facebook Users», *The Guardian* (Londres), 11 diciembre 2015, https://www.theguardian.com/us-news/2015/dec/11/senator-ted-cruz-president-campaign-facebook-user-data.

votantes, es decir, estudiaron sus características psicológicas, sus actitudes, intereses, personalidad, valores, opiniones y estilo de vida, para luego clasificarlos de acuerdo con la escala de los cinco grandes rasgos de personalidad: apertura, conciencia, extroversión, amabilidad y neuroticismo. Este era un concepto que Aleksandr Kogan, profesor de Psicología en la Universidad de Cambridge, había introducido en la compañía: podían usar las redes sociales para modelar e identificar los rasgos de personalidad de los usuarios. Es decir, con todos los datos que se podían extraer de las redes sociales, Cambridge Analytica podía dirigirse de una manera mucho más precisa a cada potencial votante. Kogan tenía experiencia en la materia por haber colaborado en un proyecto de 2013 con datos provistos por Facebook sobre 57.000 millones de conexiones dentro de la red. A partir de ahí, Kogan les pagó a alrededor de 270.000 personas para que hicieran un examen de la personalidad, sin que estos tuvieran conocimiento de que la aplicación le permitía a Kogan descargar información sobre su perfil y el de sus amigos en Facebook, medio por el que obtuvo el perfil psicológico de prácticamente 87 millones de usuarios, y esa información luego se la vendió a Cambridge Analytica para sus campañas de *marketing* político.[138]

Lo curioso es que dicha compañía no fue en primer lugar por la campaña de Trump, sino por la de un contrincante al puesto republicano: el senador Ted Cruz, quien hizo uso de ella para tratar de ganar las primarias, pero cuando vio que no tenía posibilidades cedió el sistema a la campaña del multimillonario. Basta un ejemplo para notar no solo todo lo que sabía, sino hasta qué punto podía penetrar Cambridge Analytica en el celular de una persona. Durante la campaña de Ted Cruz en el 2015, se realizó un evento de la Coalición Judía Republicana en el hotel Venetian de Las Vegas. Quienes participaron en la reunión fueron reconocidos por el sistema de Cambridge Analytica, de tal manera que solo a ellos, y mientras estaban circunscritos al hotel, se les mostraba una serie de anuncios en la web y las redes sociales que enfatizaban la devoción de Ted Cruz por Israel y su gran interés por la seguridad del país.[139]

A pesar del escándalo que armó Hillary Clinton, el modelo era el mismo que había inaugurado Obama: una campaña guiada por los

---

138. *Cf.* Carole Cadwalladr, «"I Made Steve Bannon's Psychological Warfare Tool": Meet the Data War Whistleblower», *The Guardian* (Londres), 18 marzo 2018, https://www.theguardian.com/news/2018/mar/17/data-war-whistleblower -christopher-wylie-faceook-nix-bannon-trump.
139. *Cf.* Davies, «Firm that Harvested Data».

datos. Sin embargo, en julio de 2019, Facebook recibió una multa de 5.000 millones de dólares tras una investigación de la Comisión Federal de Comercio (FTC) en la que se culpó a la red social de haber violado un acuerdo de 2012 según el cual se le exigía notificar claramente a los usuarios y obtener su consentimiento expreso para compartir sus datos.[140] Basten estos ejemplos para notar cómo, a partir de la campaña de Obama en el 2007, la maquinaria de vigilancia, extracción y minería de datos se trasladó del mercado del *marketing* al terreno político, hasta el punto que, hoy, quien no haga campaña política en el espacio público digital no tiene posibilidades políticas algunas, ya que el internet terminó transformando incluso la forma de hacer política.[141] Hoy es posible, gracias a la IA y la minería de datos, analizar las preferencias de los ciudadanos en una especie de demagogia y populismo digital que deja de lado todo tipo de discusión política y proceso de deliberación racional.

Las redes sociales y la polarización del espectro político

Entre los años 2009 y 2012 se llevaron a cabo ciertos cambios en la estructura y los algoritmos de las redes sociales, especialmente el RT de Twitter y el botón de «Me gusta» de Facebook, que no solo cambiaron la posibilidad de viralización de las publicaciones, sino que, más importante aún, reconfiguraron en cierta manera la naturaleza de las relaciones sociales.[142] Con esos cambios, ahora era mucho más fácil esparcir una mentira, o una media verdad, o atacar a alguien, así como agruparnos sin buscarlo en pequeñas tribus ideológicas en un espacio «público» digital controlado por algoritmos y donde las voces que resonaban eran ecos de lo que la multitud pensaba y quería escuchar.

Como mencionamos más arriba, por más «público» que parezca el espacio digital, todo lo que vemos está controlado y determinado por algoritmos que motivan a la persona a exponerse a la validación

---

140. *Cf.* Juliana Gruenwald Henderson y Peter Kaplan, «FTC Imposes $5 Billion Penalty and Sweeping New Privacy Restrictions on Facebook», *Federal Trade Commission*, 24 julio 2019.

141. *Cf.* Laje, *La batalla cultural*, p. 329.

142. *Cf.* Jonathan Haidt y Tobias Rose-Stockwell, «The Dark Psychology of Social Networks», *The Atlantic*, diciembre 2019, https://www.theatlantic.com/maga zine/archive/2019/12/social-media-democracy/600763/.

social por medio de un juicio público en un circuito cerrado de retroalimentación. Así, la «aldea global», ese fenómeno de un mundo cada vez más interconectado como resultado de la propagación de las nuevas tecnologías, en realidad nos ha llevado a una especie de «islas digitales de aislamiento que están a la deriva y se alejan cada día más las unas de las otras»,[143] algo que fue palpable en las elecciones presidenciales de 2016, cuando tanto los medios de comunicación como la plataforma demócrata estaban más que seguros del triunfo de Hillary Clinton. Esa percepción errada, que a más de un periodista lo llevó a experimentar una especie de *shock* mental en vivo mientras se anunciaban los resultados, se debió en gran parte a que vivían en un mundo digital que rara vez o nunca les mostró una representación realista de la intención de los votantes. Esto era fruto de la personalización extrema de la minería de datos, que se refleja en cada búsqueda en Google, en cada compra en Amazon o en lo que vemos en las redes sociales. En consecuencia, la naturaleza de la comunicación política se ha transformado completamente por esa combinación de redes sociales con análisis del *big data*, que en vez de ayudar al ciudadano común a ingresar en el debate público y el escrutinio del planteamiento de cada candidato, convierte a la persona en mero objeto de mensajes hiperpersonalizados y dirigidos de manera individual a cada uno, haciendo del espacio supuestamente público un espacio cerrado y supermanipulado.[144]

Un estudio sobre el activismo político en Twitter, por ejemplo, descubrió que los usuarios están desproporcionadamente expuestos a información de ideas afines a las que ya tienen y que la información se distribuye más rápidamente entre grupos de usuarios con ideas similares.[145] Alguno podrá objetar la conclusión de este estudio al observar que sí nos encontramos con opiniones diferentes a las nuestras en las redes sociales, sobre todo en Twitter. Sin embargo, como nota

---

143. *Cf.* Mostafa El-Bermawy, «Your Filter Bubble Is Destroying Democracy», *Wired*, 18 noviembre 2016, https://www.wired.com/2016/11/filter-bubble-destroying-democracy/. La expresión «aldea global» es de Marshall McLuhan y Bruce R. Powers, *La aldea global: transformaciones en la vida y los medios de comunicación mundiales en el siglo XXI* (Barcelona: Gedisa, 2015).

144. *Cf.* D. Kinkead y D. M. Douglas, «The Network and the Demos: Big Data and the Epistemic Justifications of Democracy», en *Big Data and Democracy*, ed. por Kevin Macnish y Jai Galliott (Edimburgo: Edinburgh University Press, 2020), pp. 127-129.

145. *Cf.* Yosh Halberstam y Brian Knight, «Homophily, Group Size, and the Diffusion of Political Information in Social Networks: Evidence from Twitter», *Journal of Public Economics* 143 (2016).

el sociólogo Zeynep Tufekci, cuando uno se encuentra con posiciones contrarias, esto no ocurre en el contexto de una investigación que las presenta lado a lado y nos da la oportunidad de reflexionar, sino que se parece más a la experiencia dentro de un estadio con dos equipos contrincantes, donde hay que apoyar a uno y gritar contra el otro.[146] Estar expuesto a un equipo contrario no hace que uno salga de su fanatismo, sino que, por el contrario, puede reforzar aún más el amor por el propio equipo. Lo mismo ocurre en el contexto de las redes sociales cuando las ideologías y creencias personales son expuestas a otros puntos de vista. Sin embargo, la realidad parece ser que las redes sociales, de hecho, limitan la exposición a otras perspectivas, especialmente en Facebook, favoreciendo la formación de grupos cuyos integrantes piensan todos igual.[147]

La «polarización» o «grieta» en el espectro político es compleja y ciertamente se debe a muchos factores que varían de país en país. Entre los factores que podemos observar en Estados Unidos, por ejemplo, resalta la división marcadamente ideológica entre los partidos predominantes y entre las zonas urbanas y rurales,[148] el problema de la inmigración ilegal descontrolada, el poder de las grandes corporaciones por el *lobby* político y por las enormes donaciones a campañas electorales, los medios de comunicación extremadamente partisanos, etc.[149] Sin embargo, a partir del 2010, coincidiendo con la explosión de las redes sociales, emerge una nueva dinámica social marcada por

---

146. *Cf.* Zeynep Tufekci, «The Road from Tahrir to Trump», *MIT Technology Review* 121, n. 5 (14 agosto 2018), pp. 15-16.

147. *Cf.* Matteo Cinelli, «The Echo Chamber Effect on Social Media», *Proceedings of the National Academy of Sciences* 118, n. 9 (2021), e2023301118.

148. El giro conservador del Partido Republicano y el giro hacia la izquierda socialista del Partido Demócrata han hecho incomprensible la idea de un demócrata conservador y patriota o un republicano progresista. Hoy sería en vano esperar que un demócrata se manifieste abiertamente en contra de las políticas identitarias y lo políticamente correcto, como de hecho ocurrió con la campaña presidencial de Bill Clinton en 1992, quien incluso en su presidencia defendió el matrimonio entre un hombre y una mujer y lo codificó como ley federal en 1996 en la Defense of Marriage Act, abolida por Biden en el 2022 por una nueva ley, la Respect for Marriage Act.

149. *Cf.* Jonathan Haidt y Sam Abrams, «The Top 10 Reasons American Politics Are So Broken», *The Washington Post* (Washington, D. C.), 7 enero 2015, https://www.washingtonpost.com/news/wonk/wp/2015/01/07/the-top-10-reasons-american-politics-are-worse-than-ever/; Jennifer McCoy y Benjamin Press, «What Happens When Democracies Become Perniciously Polarized?», *Carnegie Endowment for International Peace*, 18 enero 2022, https://carnegie endowment.org/2022/01/18/what-happens-when-democracies-become -perniciously-polarized-pub-86190.

grupos que elevan lo «identitario» a la plataforma política, aunque el nuevo campo de batalla «público» será principalmente el internet y las redes sociales. La grieta, en esta nueva situación, se da en cuestiones que no son propiamente políticas, pero que con el proceso de deconstrucción cultural se han vuelto tales: raza, identidad de género, peso (activismo gordo), indigenismo, refugiados, medio ambiente y cambio climático, neurodiversidad, discapacidad, etc. Todos ellos son frentes de la llamada «justicia social» cuyo centro de atención política es la identidad.[150] Es ahí donde parece manifiesto que las redes sociales, arma preferida del activismo ideológico, logran reconfigurar en cierta manera la naturaleza de las relaciones sociales. Y no porque estos movimientos de activismo social digital encuentren una voz en estas plataformas, eso no tiene nada de particular, sino porque a partir de ellas pueden sembrar el terror como fuerza política. Dicho terror se hace presente en el miedo generalizado a decir algo políticamente incorrecto, so pena de ser condenado públicamente en las redes por estos nuevos actores de la política que imponen una nueva moral y cosmovisión, cuyas consecuencias trascienden lo digital.

No es coincidencia, entonces, que la cultura de la cancelación surja conjuntamente con las redes sociales, porque es en las redes donde el juicio público encuentra un castigo exprés. Así, el miedo a ofender o agredir «simbólicamente» a otros se materializa, como es lógico, en primer lugar en las universidades, cuna de las ideologías posmodernas, tanto con la creación de «espacios seguros» como con esa especie de policía del pensamiento que son las oficinas de «diversidad, igualdad e inclusión», cuya función principal es aterrorizar a quienes todavía no tienen asegurado un puesto académico y silenciar cualquier tipo de disidencia intelectual.[151] Desde las universidades, la epidemia ideológica se traslada rápidamente, gracias a las redes sociales, a la

---

150. Facebook, por ejemplo, salió a negar públicamente que las redes sean la causa primaria de la polarización. Sin embargo, el artículo deja totalmente de lado esta nueva forma de activismo digital que señala un nuevo tipo de polarización marcado por grietas que tienen que ver con la identidad. *Cf.* Pratiti Raychoudhury, «What the Research on Social Media's Impact on Democracy and Daily Life Says (and Doesn't Say)», *Meta Newsroom*, 22 abril 2022, https ://about.fb.com/news/2022/04/what-the-research-on-social-medias-impact -on-democracy-and-daily-life-says-and-doesnt-say/.
151. *Cf.* Schlosser Schlosser, «I'm a Liberal Professor, and My Liberal Students Terrify Me», *Vox*, 3 junio 2015, https://www.vox.com/2015/6/3/8706323/college -professor-afraid.

política, los medios de comunicación,[152] las corporaciones,[153] el deporte,[154] las iglesias y cualquier otra institución social, pero también a los productos del mercado, víctimas inesperadas de la cultura de la cancelación.[155]

La locura es tal que no hay reglas, o las que hay cambian constantemente, de tal manera que lo que alguien dijo hoy puede ser motivo de condena mañana o, por ese componente irracional de lo «políticamente correcto», la misma idea puede ser expresada de manera idéntica por dos personas, pero ser recibida de manera completamente diferente dependiendo de la raza, el sexo o la «identidad de género» de quien la expresa.[156] El fanatismo es tal que no respeta alianzas, a tal punto que, como afirma el psicólogo Jonathan Haidt, incluso quienes se consideran de izquierdas no están tan preocupados por los del «otro lado», los conservadores, sino que principalmente le tienen terror a ese pequeño grupo de agitadores de extrema izquierda y que están a la caza de cualquier tipo de transgresión, usando las redes sociales para condenar públicamente a quien ose pecar contra la nueva moral.[157] Quien es objeto de la cancelación lo pierde todo, tanto en el ámbito público como en el privado, lo que puede traducirse en pérdida de trabajo, cierre de su comercio, expulsión de la universidad donde enseña o estudia, suspensión en el deporte que practica, etc.

---

152. *Cf.* Matt Taibbi, «The American Press Is Destroying Itself», *Racket News,* 12 junio 2020, https://www.racket.news/p/the-news-media-is-destroying-itself.

153. *Cf.* Vivek Ramaswamy, *Woke, Inc.: Inside Corporate America's Social Justice Scam* (Nueva York: Center Street, 2021).

154. Basta recordar los «escándalos» provocados por los jugadores de la NBA que se negaron a arrodillarse ante la consigna de BLM en el 2020, los lamentos por la prohibición de cualquier insignia LGBT en el mundial de fútbol de Qatar 2022, o los pedidos de la expulsión de la NHL de Ivan Provorov, jugador de Filadelfia Fliers, por no querer vestir la insignia multicolor en enero de 2023.

155. Así, por ejemplo, Quaker tiene que rebautizar la línea de comestibles Aunt Jemima por emplear «estereotipos raciales». *Cf.* Samantha Kubota, «Brand Formerly Known as Aunt Jemima Reveals New Name», *NBC News,* 9 febrero 2021, https://www.nbcnews.com/business/business-news/brand-formerly-known -aunt-jemima-reveals-new-name-n1257206.

156. Un hombre no puede explicarle algo a una mujer porque es «*mansplaining*», pero está bien si una mujer le explica a un hombre… Si un profesor blanco aplaza a un negro en un examen es racismo, pero si el negro quema la universidad en respuesta, es «justicia social»… Un hombre no puede opinar sobre el aborto porque no tiene útero, pero si es un transexual, entonces está muy bien que opine, aunque no lo tenga…

157. *Cf.* Jonathan Haidt, «Yes, Social Media Really Is Undermining Democracy», *The Atlantic,* 28 julio 2022, https://www.theatlantic.com/ideas/archive /2022/07/social-media-harm-facebook-meta-response/670975/.

El punto que buscamos resaltar es que, si bien la polarización política y los ataques se remontan a hace décadas, es a partir de la introducción de las redes sociales, particularmente en el año 2010, cuando comienza a tomar forma un nuevo activismo digital en nombre de la justicia social que no solo pone en crisis la manera tradicional de hacer política, sino que también desde una compañía hasta un ciudadano común y corriente pueden ser víctimas de ataques ideológicos en las redes sociales por medio de publicaciones que se viralizan rápidamente y llegan a cada rincón del planeta, destruyendo en su camino la vida de una persona o la existencia de una compañía. Antes del 2009 esto jamás ocurría, lo que lleva a comprender el alcance que puede tener el cambio de un simple botón en Twitter (RT). Este miedo a ser señalado en público, denunciado, despedido del trabajo o atacado físicamente es la causa principal de la autocensura y el silenciamiento de aquellos que se dan cuenta de que hay un serio problema, pero temen hablar sobre él.

Conclusión

El fundamento de las relaciones humanas es la confianza, esa fe en la palabra de que lo prometido se hará realidad. En la historia, esta confianza se materializó en el juramento, un acto originalmente político, legal y religioso a la vez, y que, según Paolo Prodi, es fundacional en el sistema político de Occidente porque, como «sacramento de poder», es la forma más sagrada del lenguaje, ya que se promete que lo dicho se convertirá en realidad.[158] La tecnología, sin embargo, está modificando el fundamento político de Occidente por el hecho de que, según Zuboff, los procesos de IA están reemplazando las relaciones humanas, de modo que la «certeza» que ofrecen los datos toma el lugar de la confianza entre las personas.[159] Y no solo eso, sino que al exacerbar la soledad y generar una situación de desconfianza, la IA dispone las condiciones hacia una nueva forma de totalitarismo. La nueva «certeza» que prometen los datos y la IA para la reingeniería social es un engaño, ya que la supuesta certeza que nos liberaría del arbitrio subjetivo no terminaría en otra cosa que lo que Han llama

---

158. *Cf.* Paolo Prodi, *Il sacramento del potere: il giuramento politico nella storia costituzionale dell'Occidente* (Bologna: Il Mulino, 1992), p. 522.
159. *Cf.* Zuboff, *The Age of Surveillance Capitalism*, p. 351.

«totalitarismo digital»,[160] en un «poder virtual» según Bloom,[161] una forma de poder que Zuboff prefiere encuadrar como «instrumentarismo», es decir, como la instrumentalización del comportamiento humano con el fin de modificarlo, predecir la conducta, monetizarla y controlar al individuo.[162] Pero también estamos ante una «tiranía de los algoritmos», como la define Lukacs, ya que en definitiva la tiranía es lo opuesto a la libertad política y el planteamiento de la IA como técnica de reingeniería social es un peligro para el desarrollo humano libre.[163]

Sin duda, estamos frente a una nueva forma de totalitarismo, porque esta forma de gobierno y control tecnocrático disuelve tanto lo público como lo privado, interviene en cada aspecto de nuestras vidas, vigila y controla a un nivel y escala jamás visto en ningún régimen totalitario del pasado y amenaza con destruir todo vestigio de libertad humana por medio de los algoritmos y la IA. Si, como decía Arendt, «el totalitarismo ha descubierto un medio de dominar y aterrorizar a los seres humanos desde adentro»,[164] entonces la extracción y minería de datos por la IA, los algoritmos y el aprendizaje de máquina podrán llevar esta realidad política a una situación impensada. Tanto el análisis predictivo que presenta Zuboff como el análisis directivo que planteamos en esta obra terminan haciendo realidad la insistencia totalitaria en el dominio del alma humana, algo que parecía inimaginable hasta el advenimiento del internet.

Si bien hay diferencias significativas en cuanto al control de los datos en China y Estados Unidos, la motivación de fondo y el resultado que se logra es similar. Ambos países justifican estas políticas con el argumento de la «seguridad nacional» y la lucha contra el «terrorismo», pero de fondo hay una clara intención principal de controlar la recaudación de impuestos, en el caso de Estados Unidos, y de resolver los problemas nacionales y optimizar la sociedad por medio de la reingeniería social a través de la tecnología, en el caso de China. En lo que respecta a Silicon Valley, son las grandes compañías tecnológicas las que controlan los datos y toda la infraestructura que los guarda y procesa, con la consecuencia de que gran cantidad de datos permanecen

160. *Cf.* Han, *Psicopolítica*, p. 88.
161. *Cf.* Peter Bloom, *Monitored: Business and Surveillance in a Time of Big Data* (Londres: Pluto Press, 2019), pp. 46-50.
162. *Cf.* Zuboff, *The Age of Surveillance Capitalism*, p. 352.
163. *Cf.* Lukacs de Pereny, «La tiranía de los algoritmos», pp. 45-56.
164. Arendt, *The Origins of Totalitarianism*, p. 325.

dentro de la compañía por la ventaja competitiva que esto significa. No obstante, las agencias gubernamentales de Estados Unidos y de cualquier país dispuesto a pagar tienen acceso a gran cantidad de información, ya que muchos de los datos procesados son parte de un mercado multimillonario y están disponibles al mejor postor. En China son las corporaciones tecnológicas afiliadas al propio gobierno quienes realizan las operaciones de extracción y tráfico de datos, pero los datos, algoritmos e IA pertenecen al gobierno para el desarrollo de tecnología militar. Y, a diferencia de las compañías de Estados Unidos, en China los datos están centralizados, de tal manera que el gobierno tiene acceso a absolutamente todo.[165]

Alex Pentland, en su obra *Social Physics* (2015), propone una nueva forma de gobierno basada en una ciencia matemática y predictiva de la sociedad, es decir, en leyes basadas en la «física social», como dice el título de la obra.[166] Esta sería una teoría de la conducta computacional, a partir de los datos, de tal manera que se pueda elaborar toda una teoría de la estructura social a partir de sus causas, «una explicación matemática de por qué la sociedad reacciona como lo hace y cómo estas reacciones pueden (o no) resolver problemas humanos».[167] Por medio de estos análisis matemáticos (IA) no solo podremos descubrir los «mecanismos de interacciones sociales», sino que, combinados con la gran cantidad de datos extraídos de nuestro comportamiento, también se podrán revelar los patrones de conducta que están en el origen de la estructura social, y de esa manera se podrán «diseñar mejores sistemas sociales».[168] Así, la inteligencia artificial termina convirtiendo la política en algo artificial como fundamento de gobierno, pero con el peligro real y objetivo de que se pueda incluso modificar la conducta humana por medio de políticas públicas implementadas en la IA, ya que los datos proveerán suficiente información y predecirán qué cambios en las distintas variables lograrán el resultado deseado.

Y no hará falta la coerción para imponer el orden social. Las redes sociales y la presión que estas generan en el individuo serán suficientes para que todos «cooperen». Como afirma Pentland: «Nos centramos en cambiar las conexiones entre las personas en lugar de centrarnos en conseguir que las personas individualmente cambien su comportamiento [...]. Podemos aprovechar esos intercambios

---

165. *Cf.* Chin y Lin, *Surveillance State*, p. 107.
166. *Cf.* Pentland, *Social Physics*, p. 91.
167. Pentland, *Social Physics*, p. 6.
168. Ibíd., p. 7.

a fin de generar presión social para el cambio».[169] Hoy esto es posible por medio de los algoritmos y la IA, ya que por medio de las redes sociales se puede controlar, manipular y dirigir la presión social hacia un objetivo determinado, tal como en el experimento de Facebook con el famoso «Yo voté», «Me vacuné», etc. «Saber que nuestros amigos de la vida real ya habían votado generó suficiente presión social como para convencer a la gente para votar», nos dice Pentland.[170]

Los problemas humanos se resuelven no solo con acceso a datos o con una inteligencia artificial que analice de manera abstracta las posibles soluciones, ya que la política depende de una inteligencia y sabiduría prácticas. La IA puede reconocer patrones, pero solo la sabiduría y la prudencia política podrán resolver problemas humanos. La pretensión de gobernar por algoritmos termina convirtiendo a la persona en nada más que una abstracción.[171]

También está el grave problema de la privacidad. En junio de 2018, la Corte Suprema de Estados Unidos emitió un fallo, *Carpenter v. United States*, que parecía reafirmar el derecho de los estadounidenses a la privacidad en la era digital.[172] En decisiones anteriores, el máximo tribunal había sostenido que la Cuarta Enmienda no protege la información que revelamos voluntariamente a otros, como a las compañías telefónicas (por ejemplo, los números a los que llamamos).[173] Pero cuando el FBI obligó a Verizon, una compañía de comunicaciones telefónicas, a entregar información sobre la ubicación precisa de un cliente durante un lapso de varios meses, el tribunal sostuvo que esto no solo era una violación de la privacidad de la persona (Cuarta Enmienda), sino que además dicha pesquisa era peligrosa sin orden judicial con causa probable, ya que los datos sensibles que el celular transmite constantemente pueden ser utilizados para determinar las relaciones, los hábitos e incluso las creencias de una persona. En este caso en particular, el FBI había obtenido datos de 12.898 puntos geográficos por los que Timothy Carpenter había pasado en los últimos 127 días.

---

169. Pentland, *Social Physics*, p. 69.
170. Ibíd., p. 152.
171. *Cf.* Allison Stanger, «Consumers vs. Citizens in Democracy's Public Sphere», *Communications of the ACM* 63, n. 7 (2020), p. 29.
172. *Cf. Carpenter v. United States*, 138 S. Ct. 2206 (2018), https://www.supremecourt.gov/opinions/17pdf/16-402_h315.pdf.
173. Ver *Smith v. Maryland*, 442 U.S. 735, 743-44 (1979); *United States v. Miller*, 425 U.S. 435 (1976).

Cuando parecía que la Corte Suprema había reforzado el derecho a la privacidad digital, las distintas agencias de gobierno e inteligencia encontraron una laguna legal: comprar los datos a compañías de *marketing* y así sortear la necesidad de pedir órdenes judiciales para vigilar a cada persona del planeta si así lo deseasen. ¿Cómo evitar este espionaje constante?

En primer lugar, la medida más eficiente es tomar consciencia del problema, educarse en tecnología y actuar en consecuencia. Esto es a lo que nos referimos en términos figurativos cuando instamos a «apagar el celular». Hay que cerrar la puerta de entrada a las operaciones de espionaje que están teniendo lugar constantemente no solo por parte de quienes representan el nuevo «capitalismo de la vigilancia», sino también por parte de las mismas agencias de inteligencia. ¿Qué aparatos inteligentes tenemos en el hogar (internet de las cosas) que son fuente de datos en transmisión constante? ¿Qué aplicaciones de mi celular necesito de verdad? ¿Soy consciente de que están infestadas de KDS que transmiten una cantidad de información enorme sobre todo lo que hago? El uso de VPN (red virtual privada) debería ser además cosa común y corriente, además del uso de aplicaciones encriptadas para comunicarse (Signal) y para enviarse correos electrónicos (Proton). Además, todo usuario debería desactivar la función de Ad ID tracking en su celular, ya sea que usen iOS o Android.[174] Esto elimina una de las principales herramientas que los agentes de datos utilizan para luego vincular y agregar datos de diferentes orígenes a tu identidad digital, ya que cada dato va «marcado» por ciertos parámetros identificatorios. Además, algo básico es desactivar de inmediato cualquier permiso innecesario otorgado a aplicaciones (preferentemente eliminar todos los permisos). Para quienes quieran aún mayor privacidad, existen sistemas operativos alternativos a iOS y Android en celulares inteligentes, tales como LineageOS, /e/, Ubuntu Touch, PureOS, GrapheneOS, etc. O volver al clásico celular de comienzos del milenio, sobre todo si se necesita para que un niño o adolescente se comunique por alguna emergencia.

En segundo lugar, es más que necesario que se tomen medidas políticas al respecto, especialmente teniendo en cuenta que en la mayoría de nuestros países hay un vacío legal enorme con respecto a la recolección y venta de datos y la inteligencia artificial. Es más que

---

174. Ver cómo desactivar esta función de rastreo en https://www.eff.org/deeplinks /2022/05/how-disable-ad-id-tracking-ios-and-android-and-why-you-should -do-it-now.

obvio que cada Congreso o Parlamento debe prohibir no solo la compra u obtención, sin orden judicial, por parte del gobierno federal y las agencias de inteligencia de datos que incluyen todo tipo de información confidencial sobre la ubicación y todos los quehaceres de una persona. En nuestra opinión, para que una aplicación sea descargable en una región determinada, debe someterse a análisis todo KDS que pretenda rastrear y obtener información de los usuarios, y las compañías que crean el código de KDS deben revelar públicamente a quién le venden la información. Esto es, además, una cuestión de seguridad nacional, teniendo en cuenta que, para operaciones y ataques militares con drones, por ejemplo, se usan datos obtenidos en aplicaciones y luego comercializados por compañías como Locate X.

Pero la legislación debería ir mucho más allá. Los datos personales están disponibles para las agencias de inteligencia y los gobiernos porque ya se han recolectado en el mercado privado. Es necesario regular la recopilación y venta de datos personales, obligando a las aplicaciones a que informen a los usuarios de manera explícita sobre la cantidad de datos que se recolectan (aunque esto obviamente se debería limitar solo a datos que perfeccionen el producto). Además, hay que exigir un consentimiento explícito, y no limitarse a aceptar los términos de uso de un contrato de 70 páginas escondido en algún lugar recóndito de la aplicación. Apple y Google constituyen ciertamente gran parte del problema, ya que son estas compañías las que le abren la puerta a toda una serie de desarrolladores de aplicaciones dentro de sus sistemas operativos (iOS y Android), que hoy en día tienen prácticamente un monopolio. Ambas compañías tranquilamente podrían prohibir aplicaciones que contengan KDS dentro de sus App Store y Play Store.

Otra manera posiblemente efectiva de impedir la recolección de datos sería prohibir los anuncios basados en la conducta de las personas, ya que estas medidas afectarían de buena manera no solo la comercialización de datos, sino también a la industria del reconocimiento facial y a todas las tecnologías que han llevado a la vigilancia masiva a un nuevo nivel insospechado. No obstante, mientras esto no ocurra, debemos ser conscientes de que en todo momento estamos siendo objeto de proyectos de experimentación que buscan manipular y dirigir nuestra conducta hacia un objetivo determinado. ¿Quieres ser libre de verdad? Apaga el celular y enciende el cerebro.

Capítulo 7

Volver a la realidad: apagar el celular y encender el cerebro

En enero de 2023, la noticia sobre la decisión de dos distritos escolares del estado de Washington, Estados Unidos, dio vuelta al mundo: llevaban a juicio a varias plataformas de redes sociales por «explotar el cerebro de los niños y adolescentes».[1] La denuncia del Distrito de Seattle, presentada el 6 de enero, y una similar del Distrito de Kent el 9 de enero, acusaba a ByteDance (TikTok), Meta (Instagram y Facebook), Google (YouTube) y Snapchat de promover contenido nocivo para jóvenes, que muchas veces conducía a desarrollar depresión, ansiedad, trastornos alimenticios y la ideación de suicidio.[2] Es decir, no acusaban a las compañías por el contenido producido por sus usuarios, sino por promoverlo mediante el algoritmo y la IA, siendo conscientes del daño que causaban. Las escuelas, argumenta la demanda, han tenido que cargar con el peso de las consecuencias manifestadas en bajo nivel académico y problemas conductuales, lo que ha llevado a tener que contratar a más psicólogos y formar a los educadores para que sepan reconocer los signos de problemas psicológicos en sus

---

1. *Cf.* Eilis O'Neill, «Seattle Sues Social Media over Youth Mental Health», *NPR*, 16 enero 2022, https://www.npr.org/2023/01/16/1149423335/encore-seattle-sues-social-media-over-youth-mental-health.
2. Denuncia del Seattle School District: https://storage.courtlistener.com/recap/gov.uscourts.wawd.317950/gov.uscourts.wawd.317950.1.0.pdf. Denuncia del Kent School District: https://storage.courtlistener.com/recap/gov.uscourts.wawd.317992/gov.uscourts.wawd.317992.1.0.pdf.

estudiantes. Por otra parte, argumentan, las compañías tecnológicas han maximizado las ganancias a expensas de la salud mental de los estudiantes, que pasan cantidades significativas de tiempo en sus plataformas.

La gran pregunta en relación con este tema es: ¿quién es responsable de los daños causados por estas tecnologías, cuando en realidad los seres humanos delegan los procesos y las decisiones a la IA? Si los algoritmos fueron diseñados para captar la atención del usuario la mayor cantidad de tiempo posible, incluyendo la explotación de sus vulnerabilidades psicológicas e, incluso, sumiendo al usuario en estados emocionales provocados de manera deliberada, entonces hay un gran grado de culpabilidad en estas compañías. Esto ha quedado ampliamente demostrado, como vimos en los capítulos 2 y 3, sobre los daños cerebrales y psicológicos que puede causar el uso excesivo del celular y las aplicaciones del internet, en especial de las redes sociales. Sin embargo, es difícil que la demanda legal de los dos distritos avance, ya que, por ejemplo, los casinos no tienen ninguna responsabilidad legal si un jugador desarrolla adicción al juego y termina perdiendo absolutamente todo.[3] Más allá de eso, hay un elemento mucho más importante que nos lleva a no centrar toda la atención en la responsabilidad de las compañías tecnológicas y sí en quienes tienen responsabilidad directa sobre sus propias vidas y la de sus hijos.

¿Dónde están los padres?

Lo primero que se viene a la cabeza ante una denuncia así es: ¿y los padres de esos niños y jóvenes? ¿Dónde están ellos? ¿No es acaso su responsabilidad educar y acompañar a sus hijos? Si a un niño le ponen una niñera digital que posiblemente va a comprometer su desarrollo personal, ¿de quién es la culpa? ¿Acaso esos padres ignoran que todo ser humano necesita del control personal y la prudencia antes de poder navegar por su cuenta en el mundo digital? ¿Se trata solo de ignorancia o hay también un grado de irresponsabilidad? ¿Acaso los padres procuran justificar y racionalizar el darles un celular a sus hijos?

3. *Cf.* Julian Shen-Berro, «As Seattle Schools Sue Social Media Companies, Legal Experts Split on Potential Impact», *Chalkbeat*, 17 enero 2023, https://www.chalkbeat.org/2023/1/17/23554378/seattle-schools-lawsuit-social-media-meta-instagram-tiktok-youtube-google-mental-health.

Desde luego, pueden ser muchos los motivos que llevan a un padre a buscar la ayuda de una «niñera digital»: padres cansados después de un largo día en el trabajo, madres solteras con una presión enorme sobre sus hombros, padres abrumados por la tecnología, niños sumidos en un ambiente escolar donde se presenta la tecnología como la escapatoria a los problemas socioeconómicos. Sin embargo, no podemos dejar de considerar algunas falacias que se esgrimen a la hora de justificar por qué se le da un celular o iPad a un niño o adolescente.

La primera falacia que podemos mencionar tiene que ver con lo común que es escuchar sobre la importancia de que los hijos «aprendan» a usar la tecnología desde pequeños. Si no los introducimos a las tecnologías, dicen muchos, los hijos se quedarán atrás con respecto a sus compañeros, o quedarán rezagados en el mercado laboral cuando llegue el momento. Pero esto es un engaño. Ya mencionamos más arriba cómo los mismos fundadores y ejecutivos de las grandes compañías tecnológicas restringen el uso del celular a sus hijos. Además, es fácil demostrar que se trata de una falacia cuando se constata que los programas educativos que introducen «educación en la tecnología» abarcan el uso de programas que en realidad están diseñados para que su uso se aprenda de manera intuitiva (sin necesidad de instrucción) y que, por otra parte, serán totalmente obsoletos para cuando esos niños y adolescentes entren en el mercado laboral. Imagínense si con la excusa del *marketing* del futuro un padre permitiera que sus hijos crearan un perfil en MySpace cuando surgió en el 2004... Por otra parte, parece una contradicción que profesores que son «inmigrantes digitales» enseñen tecnología a jóvenes que son «nativos digitales». ¿Cómo enseñarán a los jóvenes algo que estos supuestamente saben manejar mucho mejor? La realidad es que, si un padre quiere que sus hijos tengan grandes habilidades tecnológicas, lo mejor que puede hacer es enseñarles a pensar y a ser extremadamente creativos. Solo de esa manera podrán lidiar con gran cantidad de tecnología en el futuro y sabrán adaptarla a las circunstancias particulares del momento.

Otra falacia común es que sin redes sociales los niños y adolescentes no tienen manera de conectarse con sus amigos. Pero esto también es un error, porque las redes sociales y las conexiones virtuales no dan lugar a una relación real donde podamos conocernos. No podemos permitir que los niños y adolescentes sustituyan la conversación directa por los mensajes en las redes sociales. Estos mensajes son rápidos, continuos y hacen desaparecer la distancia, con lo que abren la puerta a una especie de intimidad falsa que termina reemplazando las relaciones reales. Esto tiene consecuencias psicológicas devastadoras. Por culpa de ese riesgo potencial de ser rechazado, la nueva generación de adolescentes tiene mucho miedo a la intimidad y la vulnerabilidad a la que se expone alguien cuando se establece una amistad. Esto ha tenido como consecuencia directa toda una generación con miedo al fracaso, sobreprotegida por sus padres. Además, como no quieren fracasar, nunca comienzan nada serio.[4]

Cuanto más temprano un niño empieza a utilizar el celular y enviar mensajes de texto en lugar de desarrollar el habla o la lectura, y cuanto más reemplaza la escucha de la voz humana por un mensaje de texto, más inadecuado se vuelve socialmente, ya que deja de lado la comprensión de señales sociales no verbales, tales como la expresión facial y el lenguaje corporal. Por eso, cuanto más texteen, menos preparados estarán para relaciones de mayor complejidad emocional.[5] Aprender a comunicarse es uno de los mayores desafíos de la vida, señal de madurez y educación. Hoy, lamentablemente, el sistema escolar no está diseñado para explotar esa capacidad de saber y comunicar lo que uno está pensando y sintiendo, por el contrario, se están creando «espacios seguros» donde nadie diga nada que pueda ofender o contraríe una opinión políticamente correcta. Esto es algo fatal, ya que una de las habilidades fundamentales para la vida es justamente saber navegar entre personas que piensan distinto. El celular elimina esa posibilidad y los jóvenes la aprovechan, ya que es posible «conectarse» y «comunicarse» sin el riesgo de herir los propios sentimientos por las reacciones corporales o verbales de la otra persona. Según la psicóloga Steiner-Adair, el texteo elimina justamente las lecciones que los adolescentes necesitan aprender: cómo calmarse, cómo expresar clara y respetuosamente lo que piensas, cómo ver el impacto de nuestras palabras en el otro, aprender a leer las señales físicas y emocionales de la persona que escuchas, resolver problemas mutuos y asumir responsabilidad, etc.[6] El texteo es la excusa perfecta para huir de lo complejo de la comunicación humana. El problema, sin embargo, es que quien no aprenda esto durante esa etapa será un inútil por el resto de su vida.

---

4. Los datos sobre la sobreprotección, inseguridad y falta de conexión en el mundo real son devastadores para la generación que surge junto con la venida del iPhone. Ver Twenge, *iGen*, cap. 6.

5. *Cf.* Catherine Steiner-Adair, *The Big Disconnect: Protecting Childhood and Family Relationships in the Digital Age* (Nueva York: HarperCollins, 2013), p. 202.

6. *Cf.* Steiner-Adair, *The Big Disconnect*, p. 203.

Un tercer motivo por el que los padres racionalizan la entrega de un celular a sus hijos se debe a que ellos mismos son víctimas de la «distracción crónica» del celular. Muchos niños hoy están creciendo en hogares con padres que no están disponibles a sus necesidades, ya sea porque están desconectados de la realidad y sumidos en el mundo virtual, o porque son narcisistas y viven para sí mismos y el «empoderamiento» personal. Un padre debe saber que estar constantemente en el celular en momentos que deberían pasarse en familia resulta ser un (mal) ejemplo que influye en la conducta de los hijos en esa etapa tan importante para su formación. La psicóloga clínica Steiner-Adair confirma este motivo, ya que para ella la razón principal por la que un niño se adentra en el mundo virtual que ofrece el internet es porque son los padres mismos los que lo inducen en esa dirección y luego «desaparecen».[7] Es decir, entregarle un iPad a un niño es la excusa perfecta para escapar de las responsabilidades parentales de educarlo.

Es fundamental educar bien a los hijos desde los primeros momentos de su vida, ya que esto tendrá un efecto de por vida en el nivel de atención que puedan prestar en la adolescencia y la edad adulta. Al parecer, la capacidad de sostener la atención durante las etapas tardías de la infancia predice el desarrollo futuro de ese niño. Además, los déficits tempranos en la atención del niño son marcadores para diagnósticos posteriores de trastornos de la atención.[8] No educar a los niños en la atención y la concentración, abandonándolos a merced del algoritmo, es un daño muy difícil de reparar. Y cuando un padre vive distraído en el celular, inevitablemente está educando a sus hijos en esa dirección. En un estudio publicado en el 2016, investigadores del Departamento de Psicología y Ciencias Cognitivas de la Universidad de Indiana montaron aparatos de seguimiento visual en la cabeza de bebés y sus padres para recolectar datos de la mirada de ambos. Los investigadores demostraron que el bebé sigue instintivamente la mirada de sus padres y encontraron que ya desde ese momento se daba el fenómeno de «atención conjunta», es decir, cuando los padres miraban un objeto determinado, los bebés extendían la duración de la atención visual al objeto.[9] Este es un mecanismo fundamental para el

---

7. Ver Steiner-Adair, *The Big Disconnect*, p. 18.
8. *Cf.* Russell A. Barkley, «Behavioral Inhibition, Sustained Attention, and Executive Functions: Constructing a Unifying Theory of ADHD», *Psychological Bulletin* 121, n. 1 (1997), pp. 65-94.
9. *Cf.* Chen Yu y Linda B Smith, «The Social Origins of Sustained Attention in One-Year-Old Human Infants», *Current biology* 26, n. 9 (2016), pp. 1235-1240.

aprendizaje del habla y el desarrollo de habilidades sociales.[10] El problema con respecto al celular, entonces, es que los padres distraídos en el celular inevitablemente están afectando el desarrollo social de sus hijos, además de predisponerlos a un hábito dañino para la temprana edad. Los padres que no se pueden enfocar en algo trasladan involuntariamente a sus hijos esos mismos problemas de atención, según afirma el psicólogo Adam Alter, especialista en adicción al celular.[11]

Otra razón esgrimida comúnmente es que las redes permiten su uso a adolescentes a partir de los 13 años, error que incluso repiten algunos profesionales. Sin embargo, esto no es una razón válida si tenemos en cuenta la historia que hay detrás del origen de la normativa. En el año 1998 el Congreso de los Estados Unidos aprobó una ley que pareció acertada en su momento, pero que a la larga tuvo consecuencias nefastas para la salud mental de los adolescentes: se declaró que las compañías del internet no podían recolectar ni diseminar información privada de menores de 12 años.[12] Esa es la razón por la que la mayoría de los sitios, aplicaciones y redes sociales simplemente requieren, sin tener que demostrarlo, que el usuario tenga al menos 13 años de edad, lo que terminó siendo percibido como una especie de «mayoría de edad» en el internet.[13] Como ya vimos, el problema es que, a esa edad, los adolescentes todavía están a varios años de desarrollar y activar completamente las funciones de la corteza prefrontal del cerebro, que es la región involucrada en la toma de decisiones y el control de los impulsos. Sin embargo, tanto la presión social como la ignorancia han llevado a los padres y a los educadores de esos niños a liberarlos completamente a esa edad (¡algunos incluso mucho antes!), y se excusan en que la ley permite a estas plataformas y aplicaciones tener usuarios de al menos 13 años para descargarlas y registrarse en las redes.

Otra razón para no dar un celular o un iPad a los hijos consiste en el hecho de que la forma más sólida y eficaz de aprender es por medio

---

10. *Cf.* P. Mundy y L. Newell, «Attention, Joint Attention, and Social Cognition», *Current Directions in Psychological Science* 16 (2007), pp. 269-274.
11. *Cf.* Alter, *Irresistible*, p. 34.
12. *Cf.* «Children's Online Privacy Protection Act», 15 U.S.C. 6501–6505, 1998. https://www.ftc.gov/legal-library/browse/rules/childrens-online-privacy-protection-rule-coppa.
13. *Cf.* Julie Jargon, «How 13 Became the Internet's Age of Adulthood», *The Wall Street Journal* (Nueva York), 18 junio 2019, https://www.wsj.com/articles/how-13-became-the-internets-age-of-adulthood-11560850201. Incluso hay especialistas que ignoran la razón de la edad y recomiendan que un niño espere a los 13 años para abrir una cuenta en las redes sociales.

de la experiencia.[14] Nuestro cerebro no está diseñado para lo virtual, y por cada minuto que un hijo pasa frente a la pantalla, ese niño o adolescente no se involucra en un juego creativo donde ejercite distintas habilidades cognitivas y del habla, ni está afuera con otros niños disfrutando del día, conversando, inventando juegos e interactuando directamente cara a cara. Es sintomático que con la introducción del mundo virtual los niños y los adolescentes no están haciendo ejercicio y desarrollando la coordinación y la fuerza física, que son inhibidores de la depresión, la ansiedad y el déficit de la atención. Con la pantalla, por el contrario, el niño se vuelve un zombi, alguien totalmente pasivo y absorbido por la dinámica de la pantalla, los cambios de escena, de colores, las luces, los sonidos, en una serie de impactos visuales y auditivos que lo sobreestimulan y afectan el funcionamiento cerebral, hasta el punto de que se terminan aburriendo con la realidad estática, se ponen nerviosos y no se pueden concentrar. Erróneamente se los diagnostica con el Trastorno por Déficit de Atención e Hiperactividad (TDAH) y se los medica fuertemente, cuando en realidad lo que padecen es exceso de pantalla y falta de sueño debido a esto mismo.[15] La pantalla, como lo demostró Angeline Lillard en un estudio en niños de 4 años que miraban *Bob Esponja*, tiene efectos nocivos en las funciones cognitivas (especialmente en la capacidad de prestar atención, de pensar y en el control personal), en particular debido al ritmo frenético de las imágenes, los colores y los cambios de plano.[16]

Tampoco es válido el argumento que sostiene que al menos están aprendiendo algunas habilidades informáticas: el problema no es lo que se aprende, sino lo que no están aprendiendo. Como sostiene la psicóloga Steiner-Adair, quienes viven metidos en el mundo virtual no están aprendiendo a lidiar con la frustración de fracasar en un juego, de tener que repensar cómo construir algo y empezar de nuevo cuando no funciona, de trabajar en equipo para lograr algo, o de perder un juego y analizar cómo mejorar, todas ellas habilidades que luego se trasladan a escenarios de vida diaria.[17] Básicamente, para un niño tiempo en el celular es equivalente a tiempo perdido.

---

14. *Cf.* Marta Prada, *Educar sin pantallas* (Madrid: Oberon, 2022), p. 23.
15. *Cf.* Eddy Cavalli, «Screen Exposure exacerbates ADHD Symptoms Indirectly through Increased Sleep Disturbance», *Sleep Medicine* 83 (2021), pp. 241-247.
16. *Cf.* Angeline S. Lillard y Jennifer Peterson, «The Immediate Impact of Different Types of Television on Young Children's Executive Function», *Pediatrics* 128, n. 4 (2011), pp. 644-649.
17. *Cf.* Steiner-Adair, *The Big Disconnect*, pp. 54-55.

Un niño no nace ansioso y con la necesidad de usar el celular y sumergirse en el mundo de la tecnología. El problema es que tarde o temprano lo terminan percibiendo como algo indispensable para sus vidas (y la mayoría de las veces sus padres también). ¿Qué ocurre a lo largo del proceso de crecimiento para que a sus 12 años las vidas sociales de los niños migren al mundo digital? Y peor aún, no ven la escapatoria del mundo digital hacia la realidad como una opción válida y necesaria, ya que es en este mundo virtual donde van a buscar validación y amistades, por más irreal e imaginario que sea. «Todo el mundo usa su celular y está en las redes sociales» no es un argumento válido, pero apunta a un hecho real que lleva a los jóvenes a sentirse forzados a elegir entre el aislamiento social o el uso compulsivo del celular.

¿Cuál es la solución a este problema? Ciertamente, la legislación de cada país debería contemplar esta situación y elevar la edad mínima de tal manera que sean los padres, no las compañías tecnológicas, los que tengan control sobre sus hijos. Aunque tampoco se trata de llegar al extremo de China, con un gobierno que hace alarde de la vigilancia y el control. En el 2013, este país declaró la adicción a las redes sociales y los videojuegos como el peligro de salud pública más grave del momento,[18] algo exacerbado por la epidemia de la soledad del hijo único, ocasionada por las décadas de políticas de control de natalidad. Como medida preventiva, el gobierno chino decidió apagar el celular de los usuarios una vez pasado el límite de tiempo establecido. Por ejemplo, al poco tiempo de que la compañía china Tencent diera a conocer públicamente su programa de realidad hiperdigital enfocada en videojuegos, el Partido Comunista comenzó a controlar estrictamente las plataformas virtuales. Una de las medidas consistió en prohibir que los menores de edad usaran videojuegos de lunes a jueves y en limitar su uso en fines de semana a solo 1 hora por día entre las 8 p.m. y las 9 p.m., de tal manera que ningún niño o adolescente podría jugar más de 3 horas en total cada semana o fuera de ese horario. Para lograrlo, el gobierno ordenó que estas compañías utilicen un *software* de reconocimiento facial combinado con la cédula de identificación nacional de cada usuario para así asegurarse de que absolutamente nadie evite el bloqueo usando el dispositivo de un mayor de edad.[19]

---

18. *Cf.* Alter, *Irresistible*, p. 180.
19. *Cf.* Brenda Goh, «Three Hours a Week: Play Time's Over for China's Young Video Gamers», *Reuters*, 31 agosto 2021, https://www.reuters.com/world/china/china-rolls-out-new-rules-minors-online-gaming-xinhua-2021-08-30/; Zen Soo, «Parents in China Laud Rule Limiting Video Game Time for Kids», *The*

Si la soledad lleva a los jóvenes a buscar una escapatoria en las redes sociales y los videojuegos, esto en parte se debe a que no se ha logrado crear un ambiente familiar y de amistad dentro del hogar, algunas veces porque no hay hermanos con los que compartir la vida diaria o porque los padres están totalmente ausentes. Pero también es realmente problemático cuando la tecnología transforma cada faceta de la vida familiar, incluido el tiempo de vacaciones, de tal manera que, aunque cada miembro tenga acceso constante a lo que quiera en el internet, no puedan mantener una conexión personal entre ellos. La tecnología que supuestamente nos «conecta» solo ha logrado desconectar a las familias cada vez más.

Esto nos lleva a plantear entonces la responsabilidad de los padres como los primeros educadores de sus hijos. ¿Es realmente necesario darles un celular a los hijos? Ya desmentimos la falacia sobre la importancia de introducir la tecnología para que no se queden atrás. Pero, además, aunque uno eduque a un hijo sobre el comportamiento en las redes sociales, y sobre sus peligros inherentes y le enseñe a tomar consciencia de las consecuencias de hacer ciertas publicaciones o comentarios, hay algo mucho más básico que tener en cuenta. Todo padre debería limitar el acceso a las redes sociales hasta que cada hijo esté social y emocionalmente preparado. Es más, los padres deberían resistir el mayor tiempo posible a la presión de entregarles un celular a sus hijos y monitorearlos una vez que lo hagan, teniendo en cuenta que, en casos de emergencia o necesidad, lo que se recomienda es que el celular sea lo más primitivo posible, con la capacidad de solo realizar llamadas y enviar mensajes de texto. La edad va a depender de varios factores, pero lo mejor es esperar a la mayoría de edad. El criterio, entonces, no es una edad determinada, sino esperar y retrasar lo más posible, o, como afirma la especialista en educación Marta Prada, «cuanto más tarde mejor».[20]

La gran epidemia de adicción al celular mencionada en el capítulo 3 está condicionada principalmente por el ambiente y las circunstancias de la persona. Los problemas familiares, el maltrato psicológico, la crianza en familias monoparentales y las adversidades padecidas por el niño en la infancia son los antecedentes más prevalentes de las conductas adictivas, tal como se ha demostrado con relación al

---

Associated Press, 20 septiembre 2021, https://apnews.com/article/lifestyle -technology-business-health-games-ba88276e6f9089a3b9bc65fc19cc0880.
20. *Cf.* Prada, *Educar sin pantallas*, p. 71.

alcohol, las drogas y la adicción a las apuestas.[21] Lo mismo se ha verificado con relación a los síntomas de adicción al celular: la adversidad en la infancia se correlaciona con la adicción al celular.[22] Sin embargo, estos problemas familiares no son los únicos que predisponen a un niño o adolescente a desarrollar problemas adictivos, ya que crecer en una familia desconectada es un grave problema y un nuevo factor a tener en cuenta, por lo que es clave la manera de vivir en familia y cómo esta puede impactar negativamente en el futuro de la persona.

El lugar de la familia es central, lo que nos debe motivar a trabajar en familia y crear un ambiente propicio para el crecimiento sano y estable de los hijos. ¿Cuántos padres les leen a sus hijos desde una temprana edad? ¿Sabías que un bebé aprende su lenguaje de manera mucho más efectiva por medio de la interacción humana y no por videos o aplicaciones del celular que se publicitan falsamente como el camino al éxito?[23] Leer libros con los hijos pequeños, por ejemplo, es tremendamente importante, ya que va preparando de a poco el cerebro y las conexiones neurales que el niño necesita para desarrollar en los años siguientes la capacidad de lectura y comprensión, escritura y niveles más abstractos de razonamiento.[24] Que hay que apagar el celular y encender el cerebro no es una mera recomendación. El desarrollo del lenguaje es superior en niños que aprendieron a comunicarse con

---

21. *Cf.* Genevieve F. Dash, «Childhood Maltreatment and Disordered Gambling in Adulthood: Disentangling Causal and Familial Influences», *Psychological Medicine* 52, n. 5 (2022), pp. 979-988; Hailey Walters y Therese A. Kosten, «Early Life Stress and the Propensity to Develop Addictive Behaviors», *International Journal of Developmental Neuroscience* 78, n. 1 (2019), pp. 156-169. Los mecanismos psicológicos que pueden estar involucrados y explicar el riesgo de desarrollo de conductas adictivas en la edad adulta son múltiples. Por ejemplo, hay evidencia de que las adversidades en la infancia pueden aumentar la susceptibilidad a un número de psicopatologías tales como lo síntomas de trastornos depresivos, los trastornos de ansiedad y el trastorno de estrés postraumático. *Cf.* Christyn L. Dolbier, «Adverse Childhood Experiences and Adult Psychopathological Symptoms: The Moderating Role of Dispositional Mindfulness», *Journal of Contextual Behavioral Science* 21 (2021), pp. 73-79.
22. *Cf.* M. Green, «Smartphone Addiction Risk, Depression Psychopathology, and Social Anxiety», *Analysis and Metaphysics* 19 (2020), pp. 52-58; Meng Xuan Zhang y Anise M. S. Wu, «Effects of Childhood Adversity on Smartphone Addiction: The Multiple Mediation of Life History Strategies and Smartphone Use Motivations», *Computers in Human Behavior* 134 (2022), p. 107298.
23. *Cf.* Patricia K. Kuhl, «Brain Mechanisms in Early Language Acquisition», *Neuron* 67, n. 5 (2010), pp. 713-727.
24. *Cf.* Lydia H. Soifer, «Development of Oral Language and Its Relationship to Literacy», en *Multi-Sensory Teaching of Basic Language Skills*, ed. por Judith Birsh y Suzanne Carreker (Baltimore: Paul H. Brooks, 2019), cap. 3.

sus padres en comparación con aquellos que usaron programas y aplicaciones del iPad o el celular. Peor aún, que un niño tenga acceso a la pantalla contribuye a un desarrollo desigual del cerebro, debido que las actividades basadas en la pantalla estimulan procesos visuales que perjudican el desarrollo de otras regiones sensoriales del cerebro.[25] Algo similar observó un grupo de neurocientíficos de la Universidad de North Carolina en un estudio publicado a principios de 2023 sobre cómo las redes sociales pueden estar afectando el desarrollo cerebral de niños y adolescentes. Los investigadores descubrieron que los niños que usaban habitualmente las redes sociales ya alrededor de los 12 años mostraban un desarrollo cerebral muy distinto al de los niños que no las usaban, lo que potencialmente podría tener consecuencias a largo plazo hasta bien entrada la edad adulta.[26] Por eso es importante rediseñar la vida familiar y la propia vida, no solo para evitar problemas conductuales o de desarrollo en los hijos, sino porque además el control personal no será suficiente para superar una adicción u otro problema relacionado con la tecnología.[27]

La educación y la tecnología

Se ha comprobado que una de las mejores herramientas a desarrollar durante la etapa de aprendizaje es saber resolver problemas, algo que se logra principalmente por medio del desarrollo de habilidades como la creatividad y el pensamiento lógico y crítico. A esto ha de sumarse el control de las emociones, porque no saber sobreponerse a la frustración es uno de los enemigos más grandes del crecimiento personal. Curiosamente, el uso temprano de la tecnología dificulta el desarrollo de todas estas habilidades. La falta de creatividad es tal que muchos jóvenes serán «nativos digitales», pero se ha comprobado que no pueden trasladar el conocimiento adquirido en un programa a otro similar, por lo que el uso excesivo del celular desde temprana edad ha

---

25. *Cf.* Steiner-Adair, *The Big Disconnect*, p. 82.
26. *Cf.* Maria T. Maza, «Association of Habitual Checking Behaviors on Social Media with Longitudinal Functional Brain Development», *JAMA Pediatrics* 177, n. 2 (2023), pp. 160-167.
27. Si un miembro de la familia se encuentra en una situación adictiva, de ansiedad o depresión por las redes sociales, es prácticamente imposible superar esa tendencia dañina a menos que se cambie el entorno y el modo de vida, algo en lo que se deben comprometer todos los miembros del hogar.

generado verdaderos «inútiles digitales».[28] Lo mismo vimos sobre el efecto del celular y el internet en áreas del cerebro que tienen que ver con el control emocional.

Si prestamos atención al mejor tipo de educación que un niño o adolescente pueda tener, esta se centra no en el mero conocimiento técnico, sino en las humanidades, es decir, en todo aquello que nos distingue como seres humanos: aprender a socializarse, aprender a hablar bien y comunicarse a la perfección, tanto de manera oral como por escrito, saber razonar apropiadamente y trabajar la memoria, tener creatividad y saber resolver problemas. Tal vez es por eso por lo que los ejecutivos de las grandes compañías tecnológicas envían a sus hijos a establecimientos que se caracterizan por no usar tecnología y tener todavía en sus paredes los clásicos pizarrones con tiza, donde los estudiantes no portan *laptops* o iPads, sino que solo usan lápiz y papel.[29] Además, este modelo educativo exige que tanto los estudiantes como sus padres firmen un contrato por el que se comprometen a limitar el uso de la tecnología dentro de casa. ¿No es sorprendente que el tipo de educación preferida por estos ejecutivos rechace la misma tecnología que ellos producen? ¿No te parece insólito que quienes dirigen a estas compañías tecnológicas firmen un compromiso para que en sus casas no se haga uso de sus propios productos? Tal vez la razón se encuentra en que ellos conocen mejor que nadie los peligros que implica el uso indiscriminado de la tecnología.

Pero volvamos a la falacia, o autoengaño, con el que muchos padres quieren convencerse de que darle tecnología a un niño es beneficioso. Si es perjudicial introducir a un niño a la tecnología a temprana edad, esto se vería claramente reflejado en los datos de ingreso y graduación a la universidad. Curiosamente, a quienes mejor les va en el sistema educativo universitario es a aquellos que fueron formados en las humanidades y con acceso restringido a la tecnología.[30]

---

28. Por ejemplo, estudiantes que se bloquean al pasar de Paint a Photoshop por no poder darse cuenta de que, aunque cambie un ícono de lápiz a lapicero, la función es la misma. Esto se debe a no haber desarrollado habilidades de resolución de problemas muy básicas. *Cf.* Joe Clement y Matt Miles, *Screen Schooled: Two Veteran Teachers Expose How Technology Overuse Is Making Our Kids Dumber* (Chicago: Chicago Review Press, 2018), p. 52.
29. Tal es el caso de *Waldorf School* en Mountain View, California. *Cf.* Clement y Miles, *Screen Schooled*, p. 174.
30. *Cf.* Valerie Strauss, «Why We Still Need to Study the Humanities in a STEM World», *The Washington Post* (Washington, D. C.), 18 octubre 2017, https://www.washingtonpost.com/news/answer-sheet/wp/2017/10/18/why-we-still-need-to-study-the-humanities-in-a-stem-world/.

La razón no es principalmente el control sobre la tecnología, por supuesto, pero vale la pena notar que tiene que ver con el simple hecho de que estos estudiantes fueron formados en un sistema que apunta a enseñar a pensar lógica y críticamente, no solo a recibir datos desconectados entre sí; a hablar y escribir de modo que la comunicación sea clara y efectiva; a valorar las ideas y las acciones humanas; y a trabajar en el autocontrol. Todas estas características son posiblemente más valoradas que cualquier otra cosa a la hora de elegir candidatos para un programa universitario u otorgar un empleo. Como lo demuestra convincentemente George Anders en su obra sobre las ventajas del estudio de las humanidades, es curioso notar que en un mundo dominado por la tecnología son las personas formadas en las humanidades las que tienen más oportunidades laborales, inventan nuevos empleos y saben transferir y adaptar las habilidades adquiridas a distintos campos.[31] Según datos de LinkedIn, las cualidades más importantes al momento de contratar a alguien son la creatividad, la habilidad de persuadir y el saber trabajar en equipo, es decir, habilidades propias de las humanidades.[32] Además, con los procesos de automatización que ya están en marcha, las cualidades que son irremplazables por un robot y la IA son las habilidades sociales, tal como lo demostró David Deming en un estudio publicado en el 2017.[33] Los trabajos que implican rutina están desapareciendo a un ritmo demoledor desde 1980, mientras que aquellos que implican habilidades analíticas y sociales están en aumento constante desde la misma fecha. Lo reconocieron Brad Smith y Harry Shum, dos ejecutivos de Microsoft, en un libro sobre el futuro de la tecnología: «A medida que las computadoras se comporten más como seres humanos, las ciencias sociales y las humanidades se volverán aún más importantes. Los cursos sobre idiomas, arte, historia, economía, ética, filosofía, psicología y desarrollo humano pueden enseñar habilidades

---

31. *Cf.* George Anders, *You Can Do Anything: The Surprising Power of a «Useless» Liberal Arts Education* (Nueva York: Little, Brown and Company, 2017).
32. *Cf.* Paul Petrone, «The Skills Companies Need Most in 2019 – And How to Learn Them», *Linkedin*, 31 diciembre 2018, https://www.linkedin.com /business/learning/blog/top-skills-and-courses/the-skills-companies-need -most-in-2019-and-how-to-learn-them.
33. *Cf.* David J. Deming, «The Growing Importance of Social Skills in the Labor Market», *National Bureau of Economic Research* (2017), https://www.nber .org/digest/nov15/growing-importance-social-skills-labor-market.

críticas, filosóficas y basadas en la ética que serán fundamentales en el desarrollo y la gestión de soluciones de IA».[34]

Es un hecho que los mejores centros de formación del mundo occidental adquirieron su prestigio no tanto por la educación tecnológica, sino por la educación humana que impartían, especialmente centrada en el estudio de los grandes libros de nuestra civilización.[35] Por otra parte, aquellos institutos que tienen programas educativos centrados en la tecnología para «igualar», «reducir la brecha», «democratizar» el conocimiento y otros mantras sinsentido son en promedio los centros educativos que obtienen los más bajos resultados y que, al estar ubicados en zonas de menor estatus socioeconómico, parecen condenar a los estudiantes al fracaso. Tal fue el resultado de un estudio conducido por Susan Neuman y Donna Celano durante 10 años en Estados Unidos comparando un área pobre y otra rica en Filadelfia.[36] Las investigadoras notaron que la tecnología es lo que hacía que la brecha se profundizara. Y no exactamente por la falta de tecnología, como nos haría creer Bill Gates, sino todo lo opuesto: en las escuelas pobres, el uso de tecnología era mayor y en sus casas esos niños no tenían ningún tipo de supervisión.[37] En las familias adineradas, por el contrario, los niños tenían una experiencia totalmente distinta con

---

34. *Cf.* Microsoft, *The Future Computed: Artificial Intelligence and Its Role in Society* (Redmond: Microsoft Corporation, 2018), p. 18.

35. *Cf.* Louis Menand, «What's So Great about Great-Books Courses?», *The New Yorker*, 13 diciembre 2021, https://www.newyorker.com/magazine/2021/12/20/whats-so-great-about-great-books-courses-roosevelt-montas-rescuing-socrates.

36. Susan B. Neuman y Donna Celano, «Don't Level the Playing Field: Tip It toward the Underdogs», *American Educator* 36, n. 3 (2012), pp. 20-21; Susan B. Neuman y Donna Celano, *Giving Our Children a Fighting Chance: Poverty, Literacy, and the Development of Information Capital* (Nueva York: Teachers College Press, 2012).

37. La referencia a Bill Gates no es casual. Su fundación ha estado subvencionando instituciones e investigaciones en universidades por dos motivos. Primero, para promover el uso de la tecnología (y vender sus productos) y segundo, para alentar la adopción de estándares nacionales y programas universales de educación para así no tener que lidiar con cada escuela, distrito o país en particular a la hora de vender sus productos. En Estados Unidos, su fundación gastó más de 200 millones de dólares para presionar al Departamento de Educación y a Estados particulares para que adopten un estándar nacional único, el *Common Core*. *Cf.* Bill Gates, «Education 2.0», *GatesNotes*, 8 marzo 2012, https://www.gatesnotes.com/Education-2; Lyndsey Layton, «How Bill Gates Pulled Off the Swift Common Core Revolution», *The Washington Post* (Washington, D. C.), 7 junio 2014, https://www.washingtonpost.com/politics/how-bill-gates-pulled-off-the-swift-common-core-revolution/2014/06/07/a830e32e-ec34-11e3-9f5c-9075d5508f0a_story.html.

la tecnología, mucho menor y bajo supervisión de sus padres. Esto nos hace pensar y cuestionar el relato del «privilegio» por la situación financiera. Muchas veces son los mismos padres quienes, en su ignorancia o irresponsabilidad, condenan a sus hijos al fracaso.

Este es también el caso del sistema público de Chicago, donde para el año 2012 se gastaban unos 40 millones de dólares al año en tecnología, pero el nivel escolar estaba por el piso.[38] Otro ejemplo claro del fracaso educativo a nivel nacional es el del programa kirchnerista para «Conectar Igualdad» de Argentina, que bien podría llamarse «Conectando Ignorantes» o «Formando Idiotas», si es que tal proyecto pueda llamarse formación... Este consiste en entregar medio millón de *laptops* cada año a adolescentes de escuelas públicas con el supuesto objetivo de «reducir la brecha digital, educativa y social» en el país.[39] Además de ser un negocio gigante en que el Estado favorece a entidades privadas, el programa está destinado al fracaso: más pornografía, más redes sociales, más vigilancia y control, más recolección de datos, pero menos cerebro... Los datos así lo demuestran, basta con retroceder unos años y comparar los resultados.

En el 2010, la entonces presidente Cristina Fernández de Kirchner anunció un ambicioso plan para distribuir tres millones de *laptops* a todos los estudiantes de escuelas secundarias estatales del país (13 a 17 años). El plan tuvo un costo de 1.052 millones de dólares y fue un fracaso total, a pesar del anuncio de la mandataria que ensalzaba al proyecto como «un absoluto instrumento de igualdad para superar la brecha digital».[40] La realidad es que desde 2010 la educación en Argentina ha empeorado cada vez más, los estudiantes no alcanzan los aprendizajes correspondientes a su nivel escolar y la situación es tan catastrófica que ya no se repite de curso porque el Ministerio de Educación «flexibilizó los criterios para la promoción frente a los malos resultados», según confesó Susana Decibe, ex ministra de educación en la década de 1990.[41] Las cifras hablan por sí mismas: de cada 100

---

38. *Cf.* Nick Pandolfo, «As Some Schools Plunge into Technology, Poor Schools Are Left Behind», *The Hechinger Report*, 24 enero 2012, https://hechingerreport .org/as-some-schools-plunge-into-technology-poor-schools-are-left-behind/.
39. *Cf.* https://www.argentina.gob.ar/educacion/progresar.
40. La Nación, «Cristina Kirchner: "Me siento la Sarmiento del Bicentenario"», *La Nación* (Buenos Aires), 6 abril 2010, https://www.lanacion.com.ar/cultura /cristina-kirchner-me-siento-la-sarmiento-del-bicentenario-nid1251253/.
41. Alejandro Radonjic, «Nuevo informe de Argentinos por la Educación: ¿Todos pasan?», *El Economista* (Buenos Aires), 15 junio 2022, https://elecono mista.com.ar/actualidad/nuevo-informe-argentinos-educacion-todos-pasan -n54024.

estudiantes que ingresaron a primer grado, solamente 16 de ellos concluyeron el nivel secundario a tiempo (sin haber repetido o abandonado) y con los saberes mínimos.[42] ¿Y los 84 restantes de cada 100? Probable y lamentablemente están en la *laptop* de Cristina... Dicho programa solo alentó a que los estudiantes enciendan su *laptop* y apaguen el cerebro. ¿El resultado? Un fracaso escolar masivo.[43]

El programa tecnológico que prometía igualdad solo logró más «desigualdad educativa», como lo demuestra el informe que justamente analiza los datos escolares de 2009 a 2020, que coinciden con el programa introducido en el 2010.[44] Además, el fracaso de la relación entre tecnología y educación quedó más que manifiesto cuando se suspendieron las clases presenciales en el 2020: la pretendida reducción de la «brecha digital» no funcionó en absoluto, no solo porque gran cantidad de niños no contaban con acceso al internet en su hogar, sino sobre todo porque cuando se tiene una *laptop* personal, esta contribuye en gran parte a que el estudiante no encienda su cerebro. Cálculos oficiales estiman que para fines del 2021 unos 600.000 estudiantes todavía no habían regresado a la escuela, colocando a la Argentina entre los países con mayores índices de deserción escolar del mundo.[45] Eso sí, todos con su *laptop*...

Las escuelas, en vez de promover esa alianza con la tecnología que no lleva a ningún lado, deberían ser parte del proceso de concientización y trabajar junto a los padres para que se atrase el ingreso de los niños y adolescentes a las redes sociales la mayor cantidad de tiempo posible. Por otra parte, deberían alentar el desarrollo humano de los estudiantes, algo que no se logra con tecnología. Los centros educativos no deberían alentar jamás el uso de las redes sociales por los daños que implican, pero además deberían limitar al máximo la interacción con la tecnología dentro del contexto escolar. Algo que parece

---

42. *Cf.* Ivana Templado, «Evidencia sobre desigualdad educativa en la Argentina», *Argentinos por la Educación* (2021), pp. 1-9.
43. Dicho concepto hace referencia a una situación generalizada en la que no se alcanzan los mínimos saberes escolares. Ver Ricardo Baquero, «Desarrollo psicológico y escolarización en los enfoques socioculturales: nuevos sentidos de un viejo problema», *Avances en Psicología Latinoamericana* 27, n. 2 (2009), pp. 263-280.
44. *Cf.* Templado, «Evidencia sobre desigualdad educativa en la Argentina», pp. 1-9.
45. *Cf.* Alejandro Horvat, «Catástrofe educativa: la pandemia generó una deserción escolar crítica en la Argentina», *La Nación* (Buenos Aires), 9 diciembre 2021, https://www.lanacion.com.ar/sociedad/catastrofe-educativa-la-pandemia-genero-una-desercion-escolar-critica-en-la-argentina-nid09122021/.

más que obvio es la decisión de prohibir que los estudiantes accedan a sus teléfonos durante la jornada escolar. Francia tomó esta decisión a nivel nacional en el 2018, y la prohibición va desde la escuela maternal al colegio (3 a 15 años), dejando libertad para que cada liceo (16-18 años) decida su reglamento interno.[46] La ley estaba fundamentada en estudios que indicaban cómo los celulares eran perjudiciales para los adolescentes, y cómo en las escuelas donde no se permitían celulares los estudiantes obtenían mejores resultados académicos.[47]

Ningún padre quisiera tener hijos inútiles y sin opciones en un futuro laboral controlado por la automatización y la IA. La única escapatoria es encender el cerebro, aprender a relacionarse con otros y saber expresarse con coherencia, porque esas son habilidades que una máquina jamás podrá replicar. Curiosamente, son estas personas las que llevarán la tecnología al próximo nivel, porque tienen creatividad y la habilidad de pensar críticamente. En cambio, cuando a un niño se le imbuye la tecnología desde temprano, lo que ocurre es lo opuesto, ya que en vez de aprender a usar las ventajas que ofrece la tecnología, el niño o adolescente se vuelve «tecnodependiente» y, además, adicto a sus recompensas. Un niño debe aprender a usar su cerebro, no su iPad.

La rebeldía como estilo de crianza

Educar hijos en el siglo XXI es sin duda mucho más difícil que en cualquier otra época. Y esta afirmación no está motivada por esa tendencia psicológica a ver la propia época como la más difícil,[48] sino

---

46. *Cf.* Camille Calvier, «Les téléphones portables seront interdits dès la rentrée scolaire», *Le Figaro* (París), 20 julio 2018, https://www.lefigaro.fr/actualite-france/2018/07/30/01016-20180730ARTFIG00201-les-telephones-portables-seront-interdits-des-la-rentree.php.
47. *Cf.* Louis-Philippe Beland y Richard Murphy, «Ill Communication: Technology, Distraction & Student Performance», *Labour Economics* 41 (2016), pp. 61-76; Jeffrey H. Kuznekoff y Scott Titsworth, «The Impact of Mobile Phone Usage on Student Learning», *Communication Education* 62, n. 3 (2013), pp. 233-252.
48. Los recuerdos negativos se desvanecen con el tiempo, de tal manera que los recuerdos positivos del pasado tienen más fuerza a medida que la persona envejece. No porque sí es común escuchar a un anciano afirmar que «todo era mejor antes»... *Cf.* Susan Turk Charles, «Aging and Emotional Memory: The Forgettable Nature of Negative Images for Older Adults», *Journal of Experimental Psychology* 132, n. 2 (2003).

por el hecho verificable de que muchos de los obstáculos que se interponen en la educación de los hijos en estos tiempos simplemente no existían hace unas décadas. Por supuesto, nuestros abuelos tuvieron que enfrentarse a dificultades en la crianza de sus hijos, pero no había internet, celulares ni iPads, no había redes sociales, no existían los algoritmos que afectaban la conducta, ni la IA o el internet de las cosas, ¡e incluso hasta mediados del siglo XX en general no había ni siquiera televisión! El hecho de que la tecnología ha cambiado, o destruido, la dinámica familiar basta para confirmar las dificultades y los retos a los que se enfrentan los padres de hoy.

Es por eso por lo que, en nuestro parecer, la única manera de remar contra la corriente y mantenerse firmes ante cualquier embestida ideológica o presión social es teniendo la actitud de un rebelde. Solo si se concibe la crianza de los hijos y la misma vida familiar como un «acto de rebeldía», los padres tendrán la fortaleza de enfrentarse a los aspectos deshumanizadores de la tecnología, la presión social y la pseudocultura de la muerte que se busca imponer.[49] Solo un acto de rebeldía dará a los padres el argumento que necesitan para no sucumbir a la falacia de «todos los niños tienen un celular». Solo un acto de rebeldía les dará la fortaleza para sentarse en familia e idear un plan de vida que ponga a cada miembro de la familia en el centro de toda decisión. Solo un acto de rebeldía los llevará a reordenar la vida personal para poder vivirla al máximo. Solo un acto de rebeldía dará las fuerzas para apagar el celular y encender el cerebro. Solo un acto de rebeldía los motivará a apagar el televisor para que sean las voces familiares las que alegren el hogar. Solo un acto de rebeldía los motivará a querer pensar por sí mismos y comenzar a leer buenos libros que los empujarán a pensar, imaginar y aprender. Solo una actitud rebelde los llevará a emplear el tiempo ya no para huir de las grandes cuestiones de la vida por el escape fácil que ofrece la tecnología, sino para meditar sobre qué significa ser y vivir como humano, cuál es el sentido de nuestras vidas, cuál es nuestro objetivo y cómo vivir al máximo una vida que en verdad merece ser vivida.

Solo con esa actitud rebelde podrá la familia crear un nivel de conectividad humana que no se logra con ninguna «red social». Será esa rebeldía la que le dé la elasticidad necesaria para poder lidiar con cualquier crisis sin romperse, porque tal resistencia solo la da pasar

---

49. Tomo la idea de paternidad como acto de rebeldía de un libro «profético» publicado en 1982 por Neil Postman, *La desaparición de la niñez* (Barcelona: Círculo de lectores, 1988).

tiempo juntos, conversando, conociéndose a sí mismos, valorándose como seres humanos y dándole a cada uno la atención que se merece y por encima de la tecnología que deshumaniza. Hoy en día, darle prioridad a la vida familiar es un acto de rebeldía ante un algoritmo que busca atrapar nuestra atención y volvernos adictos a nuestros dispositivos. Y este acto de rebeldía no significa rechazar la tecnología, sino saber usarla en tanto y en cuanto me ayude a alcanzar la plenitud como ser humano, siendo conscientes de que la primacía debe ser dada siempre a las relaciones personales. Esto implica estar presente para aquellos que nos rodean y con los sentidos alertas a conexiones que humanizan, no perdidos y sumidos en un mundo virtual que en nombre de la conexión nos desconecta de la realidad.

Ser rebelde hoy significa apreciar el tiempo con los demás, especialmente los miembros de la propia familia, porque solo así se forma una familia en el sentido completo de la palabra. Solo la perspectiva de rebeldía nos dará las fuerzas para tomar la decisión de controlar la tecnología y eliminarla cuando sea necesario, porque no debemos permitir ser explotados por ella. Solo en ese acto de rebeldía constante podremos crear un ambiente de amor, solidario y profundamente humano para que cada uno pueda crecer y desarrollarse de manera plena. Esto es clave para poder educar a los hijos en el amor, teniendo en cuenta que cada hijo es único, con un ritmo de maduración propio, con una sensibilidad distinta al resto y un modo de interactuar muy personal. Solo si reducimos el frenesí en el que nos sumen las redes sociales podremos conocer y entender la experiencia interna y las emociones y sensaciones físicas del niño. Cada niño es un mundo aparte y la familia se debe amoldar a esas necesidades personales. Pero solo quienes son rebeldes hoy se darán cuenta de esto porque le dan tiempo al conocimiento personal del entorno familiar. Solo de esa manera los padres encontrarán las oportunidades para educar a sus hijos en cuanto a cómo controlarse, cómo adaptarse a distintas circunstancias, cómo colaborar en el hogar y, muy importante, cómo tomar decisiones (y que no sea la «madre helicóptero» la que elija todo debido a la inseguridad que han generado en el niño). Pero para esto es necesario limitar el tiempo de pantalla para así contar con el tiempo necesario para la actividad física, las actividades sociales (donde se entrenan las habilidades sociales básicas que muchos niños ya no desarrollan: saludar, mantener el contacto visual, no interrumpir, etc.), el tiempo de lectura y cualquier otro interés y *hobby* que puedan ir desarrollando los hijos. Además, este tiempo extra es necesario para poder reforzar la autogestión alrededor de rutinas diarias que pueden ser aburridas, pero que son las que más ayudan a construir el orden interior y exterior del niño: hacer su cama, cepillarse los dientes, limpiar su plato. Las pantallas son un atentado a los rituales familiares y las rutinas personales, ya que la tecnología desplaza fácilmente las relaciones familiares con experiencias que le niegan a un niño la posibilidad de crecer y desarrollarse de manera normal. Detrás de Silicon Valley hay toda una probada ideología transhumanista como fuerza motivadora del cambio tecnológico actual: el ser humano es imperfecto y por lo tanto esa conciencia atrapada en un cuerpo limitado debe ser liberada, ya sea mejorando el cuerpo humano o directamente reemplazándolo por un cuerpo tecnológico.[50] En ese sentido, la batalla cultural actual es también una batalla en defensa del ser humano y todo lo que esto significa e implica. Este debe ser el fundamento a la hora de discernir sobre el uso de la tecnología: ¿qué o quién es el ser humano?, ¿a dónde se dirige?, ¿qué implica ser humano? Si nuestro futuro es inevitablemente uno en el que el mundo digital sea parte de nuestras vidas, entonces los que debemos discernir cómo se debe dar somos nosotros, no un sistema de inteligencia artificial que desplaza las grandes cuestiones del ser humano en pos de un mundo que luce matemáticamente perfecto, pero donde ya no hay lugar para la creatividad, el desarrollo y, especialmente, las actividades humanas que trascienden la materialidad de los datos, que es justo donde el ser humano florece como tal. La inteligencia artificial no puede dictaminar nuestra manera de relacionarnos porque trasciende toda medida y toda cuantificación. Un dicho popular dice que la medida del amor es amar sin medida.[51] Un sistema de IA jamás podrá transformar en datos esta realidad que nos hace más que humanos y que es la única manera verdadera de trascender. Pero para lograrlo será necesaria una buena dosis de rebeldía.

---

50. *Cf.* Nolen Gertz, *Nihilism and Technology* (Londres: Rowman & Littlefield International, 2018), pp. 24-25.
51. La frase original es de San Bernardo de Claraval, *Tratado sobre el amor a Dios* (Bogotá: San Pablo, 1997), cap. 1.

Algunos consejos prácticos

Este libro seguramente te ayudó a tomar más conciencia no solo de los peligros que implica el uso desmedido del celular, sino también de que es prácticamente imposible esconderte en la red. El control digital es la manera más efectiva de control, ya que se elimina la necesidad de contacto físico una vez que se han establecido todos los sistemas y nosotros mismos los alimentamos con información. Cuanto más limitemos el rastreo, más libertad tendremos sobre nuestras vidas.

Cuestiona tu relación con la tecnología. Es decir, ponte a pensar sobre esta relación. ¿Quién controla a quién?

Limita el tiempo que pasas en el celular e incluso dedícale solo un horario limitado dentro de tu agenda diaria. Esto es algo que puedes hacer de manera consciente y ejerciendo el autocontrol. Si al principio es difícil, ya hay herramientas para «bloquear» el acceso si nos pasamos del tiempo destinado a ello. Apple, por ejemplo, ha implementado herramientas de aplicación voluntaria para limitar el «tiempo de pantalla» en aplicaciones como las de las redes sociales.

Cambia la configuración de privacidad de las redes sociales para restringir en la medida de lo posible los datos que puedan recopilarse. Restringe todo lo que puedas el acceso de aplicaciones de socios o de terceros. Sin embargo, más allá de toda restricción que puedas aplicar, las redes sociales siempre podrán recolectar los datos que implican el uso de la plataforma, tales como el contenido que lees, tus reacciones a cada posteo, los clics y cuánto tiempo permaneces frente a cada imagen.

Si las redes sociales te están afectando psicológicamente en tus labores diarias, tu tiempo personal y las relaciones familiares, elimínalas. Al menos por un tiempo para poder descansar y reorganizar tu vida, de tal manera que, si vuelves, seas tú quien tenga el control.[52]

Revisa todas las aplicaciones del celular. Recuerda que tienen instaladas decenas de KDS para el espionaje. Elimina todas las que puedas. Recuerda que si tienes la posibilidad de ingresar a una plataforma desde una *laptop*, es mucho más seguro que entrar por una aplicación, sobre todo si usas navegadores que bloquean el espionaje (Brave, por ejemplo).

---

52. No voy a desarrollar argumentos para hacerlo, porque ya lo hizo magistralmente Jaron Lanier, *Diez razones para borrar tus redes de inmediato* (Barcelona: Debate, 2018).

Elimina toda conexión a la red de los aparatos del hogar (internet de las cosas) y deshazte de esos aparatos y funciones que en sí no tienen otra finalidad que el espionaje (Alexa).

Elimina las notificaciones de las aplicaciones del celular y mantén en silencio todas las aplicaciones.

Aparta un horario cada día para la lectura. Recuerda que el objetivo es encender el cerebro. Apaga el celular si notas que no puedes controlar el impulso de mirarlo a cada rato (la causa es la necesidad de dopamina en el cerebro, que se puede compensar por medio del ejercicio físico y la liberación sana de la misma).

Vive el realismo de la experiencia humana. Cambia el tiempo que malgastas en las redes por tiempo que puedes aprovechar para actividades que te hagan crecer: practica deporte, aprende a tocar un instrumento, a cocinar, a cultivar tus propios alimentos.

Si tienes una familia, comienza con el ejemplo. Los padres deben comenzar el monitoreo del uso del celular con ellos mismos. Luego será clave mantener conversaciones con tu cónyuge para que ambos trabajen juntos. Si no logras eso, todo esfuerzo por mejorar la estructura familiar será mucho más difícil. Si notas que tu cónyuge es adicto al celular, es hora de hablarlo y buscar ayuda psicológica en caso de ser necesario.

Si ambos padres están de acuerdo en los problemas que se plantean, entonces hay que tener conversaciones serias con los hijos para que ellos mismos estén de acuerdo en por qué es mejor no tener televisión en el hogar y por qué el uso del celular está restringido a los mayores. Ten conversaciones familiares sobre los problemas de conducta, el daño cerebral y las consecuencias psicológicas nefastas en los adolescentes que usan redes sociales. Lee en familia secciones de este libro para que tus hijos entiendan por qué no es bueno que usen celular ni estén expuestos a pantallas. Recuerda que, debido al desarrollo cerebral del niño, hasta los 6 años el tiempo frente a una pantalla no puede pasar los 0 minutos. Es decir, nunca deberían estar frente a una pantalla. Por eso es una gran opción directamente no tener televisor en el hogar, así no surgen problemas entre los más grandes y los más chicos.

Si no tuviste cuidado con el uso de la tecnología y las redes sociales de tus hijos en el pasado, debes estar atento a los síntomas de depresión y ansiedad. Además, si los adolescentes ya tienen celular, debes monitorear sus redes, mensajes y publicaciones. Hay quienes dicen que no hay que entrometerse en la vida de los hijos y que hay que darles libertad en el mundo virtual. Eso no solo es falso, sino que es tremendamente peligroso. Si ellos pueden postear en un espacio que es público y que cualquier otro puede ver, ¿por qué entonces sus padres no pueden revisarlo? ¿Cuántos casos hay de *ciberbullying* que terminan en una tragedia, de adultos que se hacen pasar por menores, de *sexting* y envío de mensajes que luego se viralizarán y arruinarán sus vidas? Los peligros son tales que no es ninguna locura plantear una reunión familiar y conversar sobre las razones que puedan llevar a que un hijo voluntariamente abandone el celular. Ahora, si los hijos ya han desarrollado una adicción, la decisión a tomar es más que clara...

Mantén a tus hijos con los pies en la tierra, es decir, en la realidad. No permitas que se escapen en el mundo virtual, sobre todo con juegos que les permiten asumir diferentes identidades. Incluso si estás seguro de que no tienen problemas con la depresión y la autoestima, igualmente deberías poner límites a las redes sociales y los videojuegos.

Establece áreas libres de tecnología dentro del hogar. Es decir, secciones donde no puede haber ningún aparato tecnológico. Son tres las áreas recomendadas donde no se permita el celular o el iPad: la habitación, el lugar de estudio y el lugar que compartes con otros para socializar.

No permitas que durante las comidas se use el celular o la televisión esté prendida. Esos son momentos para conocerse, conversar, enterarse de qué está pasando en la vida de los otros miembros de la familia.

Ponte como objetivo no mirar el celular cuando estás en compañía. Además de ser de muy mala educación y tiempo perdido, no estás construyendo una relación personal con quien se encuentra contigo.

Elimina la tecnología en el proceso de educación de tus hijos. Esta no solo no los hará más inteligentes, sino que afectará la posibilidad de desarrollo de muchas de sus funciones cognitivas y la maduración psicológica. Si en la escuela alientan el uso de *laptop* o de iPads, pide una reunión con los maestros y directivos y pregunta de qué manera el uso de la tecnología ayuda a que tus hijos sean más fuertes intelectual y psicológicamente. Pregúntales cómo evitan el *bullying* cibernético. Cuestiona por qué la versión digital es mejor que la versión impresa. Pídeles artículos científicos que demuestren la ventaja de usar pantallas (con esta pregunta los dejarás balbuceando). Reúnete con otros padres y asegúrate de que tu ejército sea más grande que el número de maestros.

Para quienes hayan desarrollado una adicción, la manera más efectiva de sobreponerse a ella es eliminar completamente el celular y escapar de las circunstancias que nos llevaron a esa situación al principio. Una dificultad, sin embargo, radica en que la gran diferencia entre el uso del internet y, por ejemplo, una adicción a las drogas es que resulta prácticamente imposible vivir en un mundo donde lo digital forma parte de la realidad de cada día. Si una persona que padece una adicción vuelve al mundo después de una estancia en un centro de adicciones, ciertamente podrá establecer los parámetros para trabajar, pagar sus cuentas, realizar transferencias bancarias, comunicarse con amigos o familiares, etc., sin tener que recurrir a las drogas o el alcohol. El problema surge cuando nos damos cuenta de que es prácticamente imposible realizar una gran cantidad de tareas sin tener acceso al internet. Por eso, la clave no está en evitar totalmente el internet, sino en aprender a usarlo. Y esto implica, muchas veces, cortar por un tiempo e incluso eliminar las redes sociales.

Conclusión

Una reflexión sobre la tecnología

Hemos hecho un largo recorrido a lo largo de estas páginas, un camino que partió desde una pregunta fundamental: ¿la tecnología nos deshumaniza? Hoy se nos vende tecnología por todos lados con el engaño de alcanzar un modo de vida que solo ella puede hacer posible. Ese es el engaño. Si no tienes tal producto, no podrás ser feliz. Así de a poco hemos ido cayendo en un gran engaño donde Facebook te aconseja con quién relacionarte, Instagram a quién admirar, TikTok qué nueva moda imitar, Amazon qué comprar, Tinder con quién relacionarte, Netflix qué debes mirar y Google te impone qué pensar.[1] Una vez dentro de las redes sociales, por ejemplo, los algoritmos ponen en marcha una serie de mecanismos que buscan atrapar la atención por medio de lo que otros usuarios hacen. Es decir, el algoritmo mismo lleva al *influencer* a realizar una cantidad de locuras con tal de atraer el aplauso y la atención de los demás esclavos de la caverna digital. Y es el algoritmo el que elige qué cosa ve o experimenta cada persona con el objetivo de atrapar totalmente su atención, es decir, volverlo adicto, esclavo del mundo digital. Pero, a la vez, todos los usuarios son víctimas de un nivel de vigilancia (y censura) que ni Orwell llegó a imaginar. Redes sociales, aplicaciones, internet de las cosas, todo contribuye a los procesos de minería de datos que apuntan a algo más que simplemente comercializar las conductas: la misma modificación conductual e ideológica del ser humano.

---

1. Parafraseando y extendiendo la idea de Frank Pasquale, *The Black Box Society: The Secret Algorithms that Control Money and Information* (Cambridge: Harvard University Press, 2015), p. 15.

Los beneficios que nos ha traído la tecnología son innegables, pero ¿hasta qué punto estamos dispuestos a abandonar nuestras capacidades distintivas como ser humanos? Sobre todo cuando tenemos en cuenta que muchos de los avances tecnológicos actuales están motivados por una visión profundamente transhumanista y niegan la realidad de la naturaleza humana como tal. ¿Y si la tecnología, en vez de liberarme de quehaceres diarios, me está convirtiendo en prisionero de un mundo imaginario? Es hora de que cada uno de nosotros, como seres rodeados y condicionados por la tecnología, reflexionemos sobre cómo las nuevas tecnologías están influyendo en la manera de actuar, pensar, sentir y vivir y en todo aquello que significa ser humano. Con la introducción de los algoritmos y la IA en la vida diaria, ya es posible que estos no solo puedan predecir la conducta futura de la persona, sino que también la vayan transformando y moldeando, tanto para condicionar su consumo como para someterlo a un determinado paradigma ideológico. He ahí un peligro fundamental.

En la Introducción, mencionábamos cómo el problema central que enfrentamos es el cambio antropológico y la consiguiente destrucción del ser humano, tanto por la ideología de género y el consiguiente reseteo cultural como por la transformación tecnológica del ser humano que plantea el transhumanismo. Por eso no quiero terminar esta obra sin ofrecer una reflexión que servirá para contextualizar la problemática que plantea la tecnología en el mundo de hoy.

La tecnología y la instrumentalización del ser humano

Las tecnologías de la comunicación no son meras herramientas o instrumentos neutrales cuyo aspecto positivo o negativo dependa del uso y finalidad que se les dé. «El medio es el mensaje»,[2] decía McLuhan, queriendo afirmar con esto que no importa tanto el contenido (sea positivo o negativo), porque es el medio el que termina transformando y afectando profundamente lo que toca: las relaciones personales, el modo de hacer política, los espacios privado y público, el modo de dirigirnos a otros, nuestra percepción de la realidad, e incluso nuestra constitución cerebral y nuestro bienestar psicológico. Esto no es negar

---

2. *Cf.* McLuhan, *Understanding Media*, cap. 1.

que la moralidad de la tecnología dependa en gran parte del uso que se le dé. Pero la reflexión sobre qué es la tecnología debe ir más allá todavía para analizar cómo algunas tecnologías terminan transformando la experiencia humana porque no son meros instrumentos. Entonces, ante la diversidad de posiciones que uno pueda tomar frente a la tecnología, sea esta positiva, negativa o meramente neutral, es la posición de neutralidad la que según el pensador alemán Martin Heidegger nos deja más vulnerables a su influencia.[3] Esto se debe principalmente al error de considerar ciertas tecnologías como algo meramente instrumental. Lo superficial de esta postura neutral queda en evidencia una vez que introducimos ciertos elementos mencionados a lo largo de este libro. Pensemos en el internet de las cosas, la minería de datos o la IA, donde podemos notar que ya no estamos hablando de tecnología como mero instrumento, sino de tecnologías que convierten al mismo ser humano en instrumentos de su operación.

Las redes sociales son un claro ejemplo de la instrumentalización del ser humano. Una experiencia única en la naturaleza, por ejemplo, ya no es una vivencia en sí misma, para ser disfrutada en un momento especial, sino solo para ser llevada a Instagram. Así, se instrumentaliza cada una de nuestras experiencias y cada búsqueda de una nueva vivencia se convierte en un medio para un fin. Ya no se buscan amigos, sino seguidores que engorden los números y den apariencia de popularidad, pero sin tener ningún contacto real con ellos. Es paradójico que tanto Taylor Swift como Carly Rae Jepsen hayan publicado sendos álbumes de música pop en el 2022 en el mismo día y con la misma temática: la terrible soledad que experimentan.[4] Y también es síntoma de un problema social que ambos álbumes hayan sido los más escuchados, especialmente *Midnight*, de Swift, que superó todos los récords de Spotify.[5] La generación que se precia de ser la más «conectada» es a la vez la que experimenta la más profunda soledad, incluida Taylor Swift con sus más de 245 millones de seguidores solo en Instagram...[6] Ya a comienzos del 2023 se repite el mismo problema

---

3. *Cf.* Martin Heidegger, «The Question Concerning Technology», en *The Question Concerning Technology and Other Essays*, ed. (Nueva York: Harper & Row, 1977), p. 4.

4. *Cf.* Katie Goh, «Taylor Swift and Carly Rae Jepsen Are Ushering in the Lonely Girl Era», *i-D*, 24 octubre 2022, https://i-d.vice.com/en/article/wxn775/taylor -swift-carly-rae-jepsen-loneliness.

5. *Cf.* https://newsroom.spotify.com/2022-10-22/taylor-swift-breaks-two-records -with-midnights-becoming-the-most-streamed-artist-on-spotify/.

6. *Cf.* https://www.socialtracker.io/instagram/taylorswift/.

social: *Flowers*, de Miley Cyrus, está al frente de las canciones más escuchadas, con más de 260 millones de reproducciones en apenas un mes y con una temática centrada en la soledad como algo bueno, ya que la única persona que necesitas eres tú misma y por lo tanto no tiene sentido tener una relación con otra persona.[7] Esto es fácil de desmentir al notar cómo estas «estrellas» dependen de la cantidad de seguidores y cómo sin ellos no serían nada. Aunque tenga 198 millones de seguidores en Instagram, Miley Cyrus tiene que racionalizar y justificar su profunda soledad.

El ser humano se reduce voluntariamente a ser un instrumento de la tecnología. Las tecnologías de seguimiento corporal terminan cuantificando las actividades humanas y en cierta manera separando la acción de su propósito, y haciendo de la acción por la acción la finalidad del acto en un ciclo de nunca acabar. Esto explica el surgimiento de una nueva forma de adicción al ejercicio que surge con estas tecnologías de monitoreo (Fitbit, Garmin, Apple Watch) y que tienen graves consecuencias no solo en la psique, sino también en el estado fisiológico de la persona. Moverse ya no es un medio para un fin, sino un simple moverse porque lo manda el monitor (*¡muévete!*). Porque todo debe ser cuantificado, incluso el propio yo.[8]

Esta instrumentalización revela también la dependencia del ser humano de la tecnología. Lo que se nos quiere vender como «progreso» no es más que una dependencia tal que termina asumiendo funciones cognitivas que a la vez afectan esas mismas capacidades del ser humano. Lo paradójico es que tecnologías que supuestamente nos liberarían de las cargas de esta vida en realidad nos «liberan» de características propiamente humanas, destruyéndolas en el camino: la memoria, la capacidad de raciocinio y discernimiento, el control personal, la capacidad de prestar atención.

Una de las tareas más difíciles que afronta el ser humano es la de lograr cumplir el famoso «conócete a ti mismo». Son tantos los aspectos de nuestra persona que incluso para uno mismo se hace inentendible el porqué de muchos aspectos que solo se clarifican con el pasar de los años. Y si conocerse a uno mismo es difícil, imaginemos la dificultad de conocer verdaderamente a otra persona. El mismo proyecto familiar es siempre una obra en construcción, incluso el matrimonio,

---

7. Ver Jacob Bixenman, *Miley Cyrus—Flowers* (Estados Unidos: YouTube, 2023), https://www.youtube.com/watch?v=G7KNmW9a75Y.

8. «La creencia en la mensurabilidad y cuantificabilidad de la vida domina toda la era digital», afirma Han, algo que termina en una mera técnica de autocontrol y autovigilancia. Han, *Psicopolítica*, p. 91.

porque cada vivencia y situación revelará un nuevo aspecto personal de cada persona que nos rodea. Por eso señalamos la importancia de las vivencias personales, las conversaciones, la compañía, incluso las discusiones. Madurará la familia que no cede a la tentación de volverse un instrumento y no huya de los problemas a los que se debe enfrentar. Pero para eso hay que conocerse cada día. Y así como la televisión representó un problema serio e innegable para ya tres generaciones, el celular representa un problema tal vez mayor, potenciado por las redes sociales.

Si quieres conocer verdaderamente a alguien, jamás lo podrás lograr por medio de la versión artificial que vemos en Instagram, Facebook o TikTok. Esto no quiere decir que todos los usuarios engañen conscientemente, sino que siempre discriminamos en favor de un aspecto que da una imagen totalmente artificial y superficial de la persona. Y esto no es conspiración. Pensemos en el hecho de que el típico *influencer* de TikTok o Instagram sigue un modelo de actuación que va redefiniendo su identidad de acuerdo con las métricas que le ofrecen las mismas redes. ¿Qué quiere decir esto? Que las redes sociales permiten que una *influencer* vaya presentando diferentes versiones de sí misma, y luego monitorear cómo reaccionan otros a esas versiones, de tal manera que puede ir revisando su identidad, o la presentación de esta, con una eficiencia sin precedentes.[9] Es básicamente seguir el principio de «lo que funciona», que está dictado por el algoritmo y, como decíamos en el capítulo 4, hace del *influencer* un esclavo más del sistema. El algoritmo determinará la versión de su identidad que prevalecerá. La propia identidad se transforma al servicio de la tecnología, volviéndose un instrumento más de ella.

La tecnología y el progreso

Un elemento característico de la modernidad es el vacío de todo fundamento de la conducta y la vida moral de la persona. Esto nos sume en una postura donde todo es relativo, incluso la misma naturaleza del ser humano. Prueba de ello es la explosión de identidades basadas en cuestiones accidentales o directamente ficticias en nombre de la libertad humana. Todo es relativo, incluso la propia autodeterminación

---

9. *Cf.* Chris Bail, *Breaking the Social Media Prism: How to Make Our Platforms Less Polarizing* (New Jersey: Princeton University Press, 2022), pp. 127-128.

y la percepción que ahora se conciben como el culmen de la libertad humana en su rebelión contra su propia naturaleza. El progreso, entonces, ya no puede ser concebido como moral, excepto en la medida en que se sostenga el relativismo mismo de la conducta. No es arbitrario que los grandes principios «morales» contemporáneos sean la inclusión, la diversidad y la igualdad, términos que en realidad significan exactamente lo opuesto, pero que a su vez cumplen una función de anclaje moral donde lo relativo es norma. Pero esa ancla es un ancla a la deriva y, por lo tanto, nunca podrá cumplir su función. Tarde o temprano quien tocará fondo no será el ancla, sino el ser humano en su confusión moral que, inevitablemente, lo lleva a una gran confusión psicológica: ansiedad, inseguridad, miedo, soledad, trastornos de la identidad y, casi inevitablemente, manipulación y control total. Así, la desorientación se convierte en norma y condición psicológica del ser humano. Esa parece ser la gran paradoja de la modernidad: mientras se proclama la fe en el progreso, se niega la posibilidad de que la vida tenga un objetivo y un sentido que nos motive. En definitiva, este supuesto progreso termina siendo una orientación hacia la nada, una especie de «orientación negativa»[10] característica del nihilismo de la cultura de la muerte.

El aparato político, por su parte, parece cumplir una nueva función moral: que el ancla continúe a la deriva por medio de la imposición de esta nueva ley tripartita de la diversidad, la igualdad y la inclusión. Y para justificar esta agenda política e ideológica destruye y reescribe el pasado como intolerante y opresivo en una especie de actitud antihistórica e iconoclasta. El progreso siempre está en el futuro. Pero como todo parece ser relativo, acude a los datos para la reorganización social y la solución de todo problema humano. Solo los datos le darán certeza. Aunque vale la pena aclarar que no es un buscar datos para fundamentarse en la realidad, sino para, a partir de lo codificado, realizar un tipo de ingeniería social jamás pensado: que la inteligencia artificial y los algoritmos decidan lo mejor para cada uno de nosotros. Como afirma Nolen Gertz: «Los valores de eficiencia y objetividad nos llevan necesariamente a juzgar las tecnologías como superiores a los humanos, por lo que no solo preferimos soluciones tecnológicas a nuestros problemas, sino que vemos cada vez más a los humanos como ineficientes, como sesgados, como *problemas*, problemas que

---

10. *Cf.* Arthur M. Melzer, «The Problem with the "Problem of Technology"», en *Technology in the Western Political Tradition*, ed. por Arthur M. Melzer (Ithaca: Cornell University Press, 1993), p. 298.

deben ser reemplazados por tecnologías más confiables».[11] Lo que tal vez no entiendan quienes someten la política y sus propias vidas a la tecnocracia es que el resultado será tan artificial como la inteligencia que modela el nuevo orden: una verdadera política artificial.

Posiblemente sea esta verdadera dictadura del relativismo la que motive al ser humano a buscar en otros mares, en la tecnología, el progreso que parece imposible realizar en sí mismo. En este caso, la tecnología sería vista como progreso porque satisface ciertas necesidades insatisfechas del ser humano. Desde esta perspectiva, es verdad que la tecnología ha cumplido un rol distintivo en las distintas etapas de la civilización. Hablamos de la edad de piedra, de hierro, de bronce, en función de las herramientas que asistían al ser humano a lograr un fin natural. Y he aquí tal vez una clave para reflexionar sobre la tecnología y sobre la manipulación actual del ser humano. Históricamente, la tecnología sirvió para proveer al ser humano de la ayuda necesaria para conseguir un fin natural. Ese es el propósito de la pala y la lavadora. Hoy, la tecnología parece estar al servicio de un mundo de necesidades que son totalmente artificiales para el ser humano. La televisión es un ejemplo claro: ¿qué necesidad real tiene el ser humano de ver una serie de Netflix de un tirón? Esta es una necesidad creada y totalmente artificial, que solo apunta a calmar su ansia de consumo, dejando de lado actividades humanas mucho más importantes. Lo mismo se aplica al celular inteligente y a toda una miríada de aplicaciones que cumplen una función similar, exacerbada aún más por las redes sociales. ¿Qué necesidad real hay detrás de las horas y horas que un adolescente pasa frente a TikTok? Ninguna. Es una necesidad artificial y motivada por la secreción de dopamina en su cerebro y lamentablemente termina con graves consecuencias psicológicas.

En este sentido, la tecnología nos puede dar la falsa percepción de que el pasado es siempre inferior al presente, consideración que en cierta manera ha configurado la manera de pensar del hombre contemporáneo y que posiblemente sea la raíz de la aceptación incuestionable de toda tecnología y el afán de incorporarla cuanto antes. De otro modo no tendrían explicación las largas filas y horas de espera para comprar el nuevo modelo del iPhone apenas sale a la venta.[12] Es más, la tecnología actual surge dentro de un movimiento más amplio

---

11. Gertz, *Nihilism and Technology*, p. 3.
12. *Cf.* Brett Molina, «iPhone 13: Yes, People Still Wait in Line to Get the New iPhone», *USA Today*, 4 septiembre 2021, https://www.usatoday.com/story /tech/2021/09/24/iphone-13-here-consumers-line-up-get-apples-new-smart phone/5841673001/.

y del cual la ciencia moderna es solo una parte: la fe en el progreso y la liberación del ser humano por medio del dominio progresivo tanto de la naturaleza como de la historia. Esto ha tenido una influencia tal que no hay dudas de que para el común de las personas «vida moderna» equivale a vida con tecnología, y no de cualquier tipo, sino de la que acaba de salir al mercado.[13] Como si esto fuese inevitable o, peor, como si condicionar la tecnología en nuestras vidas fuese ponerle un freno al progreso. El problema de fondo sigue siendo ese relativismo fundacional que al desplazar todo objetivo de la vida humana nos dejó sin la posibilidad de preguntarnos si había otras variantes.[14]

Además, la mentalidad tecnológica deja de lado las grandes preguntas sobre el ser humano, el porqué de las cosas, el sentido de su existencia, qué somos y a dónde vamos. Toda esa reflexión filosófica fue desplazada por la pregunta del «cómo». Así, el fin de la existencia pasó a ser un cómo dominar la naturaleza, en vez de cómo vivir de acuerdo con ella. A partir de la revolución científica del siglo XVII, la naturaleza se ve como objeto de conquista y manipulación, de tal manera que cuando se entendiese su configuración a nivel atómico, esta pudiese ser recreada y transformada a gusto por el hombre. El gran peligro, sin embargo, era que tarde o temprano el mismo ser humano sería objeto de este proceso transformativo. Así, inevitablemente, la noción de una naturaleza humana perdió sentido en favor de algo fluido, cambiante, en un proceso de evolución constante que al final daría el salto a partir de la tecnología. Ella sería la salvación para superar los elementos limitantes: la enfermedad, la ignorancia y la muerte.[15] La ciencia moderna ya no parece ser conocimiento empírico a partir de lo que se contempla, porque no hay una naturaleza fija que deba ser entendida. Este conocimiento, entonces, deja de consistir en contemplar y se convierte en deconstruir, probar y transformar la

---

13. Recuerdo cuando abrieron los locales a fines del 2020 en Canadá y fui a reemplazar la batería de mi *laptop* que ya no cargaba, una jovencita tuvo una pataleta y ataques de nervios en el local porque el único modelo de MacBook Air disponible era el del año anterior: todo se había agotado debido a que la enseñanza se había trasladado al mundo virtual. No bastaba con que el vendedor le explicara que para el uso que le iba a dar el modelo del 2019 era tan bueno como el del 2020...

14. Langdon Winner desarrolla esta idea de que la tecnología se acepta sin ningún tipo de cuestionamiento porque es concebida como condición para el progreso social. *Cf.* Langdon Winner, *Tecnología autónoma: la técnica incontrolada como objeto del pensamiento político* (Barcelona: Gustavo Gili, 1979).

15. Todo el proceso de deconstrucción del ser humano y de su naturaleza lo explico en Muñoz Iturrieta, *Las mentiras que te cuentan*, cap. 2, pp. 30-57.

naturaleza para así aislar sus componentes y analizarlos en ese proceso transformativo.[16]

La tecnología, en consecuencia, parece haber dejado de ser un medio, una realidad subordinada a la libertad humana, para convertirse en una fuerza que domina al hombre mismo. El progreso tecnológico del celular parece ser un caso evidente, donde la persona tiende a perder todo poder de controlarlo y controlarse. Y esa pérdida de libertad se da en gran parte porque la tecnología no solo se inserta en el mundo en el que vivimos, sino principalmente porque comienza a formar parte inseparable de nuestras vidas. Lo que comenzó como un lujo termina siendo percibido como una necesidad. Una vez que algo ha sido incorporado y pierde esa externalidad propia —pensemos en el televisor y cómo ha reestructurado la vida familiar—, hace que sea prácticamente imposible poder juzgar sobre ese artefacto. No entendemos la vida sin él, porque no nos hemos percatado de que ha terminado transformando nuestros gustos, nuestras costumbres y nuestra manera de pensar. Cuando se subvierte esa relación externa con lo que nos rodea, perdemos necesariamente esa libertad y autonomía que son imprescindibles para crecer como seres humanos.

La ideología del progreso tecnológico: el transhumanismo

En la base del transhumanismo encontramos un deseo de superar las limitaciones humanas por medio de una solución técnica que supere la enfermedad, la ignorancia y la muerte. Este espíritu o ideología de la superación por medio de la tecnología tiene sus raíces en algo que mencionábamos en otra obra como el antecedente de la deconstrucción del ser humano: la pérdida de la finalidad, o del sentido teleológico, al que debían apuntar todos sus actos. Entre los ideólogos que a comienzos de la Modernidad consumaron el espíritu materialista e inmanente y sentaron las bases para negar la naturaleza humana encontramos a Descartes y Bacon, quienes no solo negaron un sentido teleológico de la naturaleza humana, sino que ayudaron a transformar la visión del mundo en algo que debía ser aprovechado al máximo

---

16. *Cf.* Melzer, «The Problem of Technology», p. 297.

por medio de la técnica.[17] El desenlace de este proceso culminó en los problemas medioambientales que denuncia la Agenda 2030 y en la Cuarta Revolución Industrial de Klaus Schwab, aunque desde una postura también tecnicista, pues trata de solucionar los problemas tecnológicos con más tecnología. Es decir, los problemas prácticos que se siguen de la tecnología, por más urgentes que sean, no conducen a plantear serias preguntas sobre la tecnología como tal, sino a buscar una solución por medio de una nueva tecnología (pensemos en las mal llamadas energías «verdes», los vehículos eléctricos, la IA, etc.). Se plantea una solución técnica a cualquier problema, sea de carácter humano personal, social, político o medioambiental. El problema de las consecuencias inesperadas de la tecnología (el impacto medioambiental que puedan tener, por ejemplo) es que, en vez de cuestionar el proyecto tecnológico, no hace más que fortalecerlo por esa actitud tecnológica del hombre moderno: «Ya no es realmente una opción frenar, porque [se concibe que] ahora más que nunca necesitamos de la tecnología del futuro para salvarnos de los peligros actuales [de la tecnología]».[18] Esto es algo paradigmático con la IA y los algoritmos: ahora que se están volviendo palpables muchos de sus peligros y consecuencias, la tendencia es reaccionar con más tecnología: algoritmos que controlen a algoritmos, IA para mitigar las consecuencias negativas de la IA.[19]

Esta mentalidad «tecnicista» puede llegar a extremos preocupantes. Si el ser humano padece problemas psicológicos relacionados con su identidad personal, se plantea una solución técnica que destruye al ser humano. Las mal llamadas terapias de «afirmación» no son más que una conversión y transformación del ser humano por medio de bloqueadores hormonales, hormonas sintéticas para feminizar o masculinizar el cuerpo humano, cirugías de amputación de genitales y mamas y construcción de algo que pretende imitar un órgano sexual a partir de músculos extraídos de otras partes del cuerpo.[20] Esta mentalidad técnica está tan metida en la cultura que hay quienes defienden estas «terapias» como la gran solución a los problemas humanos y la

---

17. *Cf.* Muñoz Iturrieta, *Las mentiras que te cuentan*, p. 25.
18. Melzer, «The Problem of Technology», p. 311.
19. El ejemplo más claro es el de los *deep fakes*: algoritmos e IA para detectar videos, voces e imágenes creadas por IA. *Cf.* «Stopping Deepfake News with an AI Algorithm that Can Tell When a Face Doesn't Fit», The International Society for Optics and Photonics, 20 julio 2020, https://spie.org/news/stopping-deepfake-news-with-an-ai-algorithm-that-can-tell-when-a-face-doesnt-fit.
20. Ver Muñoz Iturrieta, *Atrapado en el cuerpo equivocado*, cap. 4.

búsqueda de una identidad. Es, nuevamente, postular una solución técnica a un problema de índole psicológico: acomodar el cuerpo a los sentimientos, incluso si estos implican el rechazo del propio cuerpo.

En esa misma línea, la transformación del ser humano que plantea el transhumanismo es una continuación del intento de escapar de las limitaciones humanas. Si el progreso humano se mide en términos tecnológicos, entonces el objetivo de progreso humano equivale a convertirse en posthumanos o transhumanos tecnológicos, es decir, una especie de simbiosis entre el ser humano y la tecnología. Es obvio que lo que está en juego es la negación de la realidad de una naturaleza humana. ¿Y si tener un cierto cuerpo, ser vulnerables, la misma mortalidad, no son más que características históricas y contingentes del ser humano? Si nos liberamos de estas limitaciones, ¿dejamos de ser humanos? ¿Deja una mujer de ser mujer si terceriza su capacidad reproductiva como planteaba ya Shulamith Firestone?[21] ¿Y si dejamos de discernir y elegir y diseñar nuestras vidas y en cambio lo entregamos todo a la IA, como propone Campbell?[22] ¿Qué pasaría si nos liberáramos del yugo de la responsabilidad humana?

Todas estas preguntas no son ninguna conspiranoia, sino planteamientos del movimiento tecno-ideológico conocido como transhumanismo, que se podría resumir en una pregunta: ¿en qué se podría convertir el ser humano por medio de la tecnología? Esto implica la modificación del cuerpo humano por medio de la tecnología para mejorarlo (convirtiéndonos en una especie de *ciborgs*), así como el reemplazo del cuerpo humano por un cuerpo tecnológico, posibilidad que plantea el inventor y futurista Ray Kurzweil. Esta transformación se denomina «singularidad», es decir, la situación que se dará cuando el progreso tecnológico llegue a un punto tal que cambie dramáticamente al ser humano tal como lo conocemos.[23] Esta hipótesis, según se plantea, puede hacerse realidad gracias a los grandes avances tanto de la inteligencia artificial como de la neurotecnología, que harían posible que ciertas funciones sean reemplazadas por la inteligencia artificial o por una inteligencia biológica mejorada.[24] Por eso es tan

---

21. *Cf.* Firestone, *The Dialectic of Sex*, p. 207. Tema que profundiza Lukacs de Pereny, *Neo entes*.

22. *Cf.* Campbell, *AI by Design*.

23. *Cf.* Ray Kurzweil, *La singularidad está cerca: cuando los humanos transcendamos la biología* (Berlín: Lola Books, 2020).

24. *Cf.* Murray Shanahan, *The Technological Singularity* (Cambridge: MIT Press, 2015), pp. xv-xvi [en español, *La singularidad tecnológica* (Santiago de Chile: Ediciones Universidad Católica, 2021)].

importante la extracción de datos del ser humano para hacer realidad este proyecto.

¿Por qué alguien querrá mejorar el cuerpo humano por medio de la tecnología o al menos fusionarlo con esta? Porque de fondo no se acepta que la limitación y la imperfección sean parte de nuestra realidad humana. Si el ser humano es imperfecto, vulnerable y mortal, debe ser perfeccionado por medio de la tecnología, única fuente de progreso. Así, el progreso del ser humano dependerá del progreso en tecnologías biomédicas y en inteligencia artificial, que a su vez necesita de la recolección enorme de muestras genéticas de la población y del seguimiento del funcionamiento biológico del cuerpo humano por medio del monitoreo constante de su funcionamiento orgánico, como planteaba el ideólogo transhumanista Yuval Harari ante el Foro Económico Mundial en enero de 2018, cuestionando no solo si habrá humanos en el futuro, sino incluso la posibilidad de que haya dos especies distintas de seres humanos.[25] La «evolución por selección natural», decía Harari, ahora sería reemplazada por una «evolución por diseño inteligente», pero no el diseño de un Dios, sino «nuestro diseño inteligente, el diseño inteligente de nuestras nubes: la nube de IBM, de Microsoft, estas son las nuevas fuerzas motrices de la evolución».[26]

Esta es una evolución que quiere dar a entender que no tiene una finalidad específica, pero que esconde de hecho una idea de cómo debería ser el ser humano. Se rechaza lo natural por el hecho de no ser tecnológico, pero a la vez se juzga al ser humano según un estándar que no tiene relación con su naturaleza y lo que significa ser humano, sino que está fundamentado en un «hombre tecnológico», es decir, un ser humano que todavía no existe, pero en el que debemos anhelar convertirnos, según exige la lógica del progreso. La paradoja es que quienes rechazan las limitaciones humanas también están rechazando la posibilidad de la creatividad y la libertad a cambio de una falsa libertad tecnológica donde todo estará basado en datos y algoritmos incomprensibles que tiranizarán al ser humano en nombre de la inmortalidad. El hombre nuevo podrá tal vez no morir, pero el precio será asesinar su propia libertad.

---

25. *Cf.* Yuval N. Harari, «Will the Future Be Human?», *World Economic Forum*, 24 enero 2018, https://www.weforum.org/events/world-economic-forum-annual-meeting-2018/sessions/will-the-future-be-human.
26. Harari, «Will the Future Be Human?».

La búsqueda de sentido

Para liberar a la tecnología de todo orden y condicionamiento ético, como ocurrió a partir de la modernidad, era imprescindible abrazar un ideal de progreso y romper con el fundamento del orden moral y político de Occidente. Es entonces cuando emergen la idea de progreso y una nueva forma de concebir la tecnología.[27] La consecuencia fue la sustitución histórica de la idea de tradición por la de progreso, y esa revolución significó mucho más que creer que las cosas mejorarán en el futuro. Este cambio resultó ser una inversión fundamental de la orientación de la vida. El ser humano ahora derivaría el sentido de su vida no de una tradición y un pasado, sino del futuro que todavía no existe.[28] El hombre moderno se convierte en un ser progresista, futurista, por lo que parece inevitable que el sufrimiento más profundo que pueda padecer sea el miedo al fracaso y el terror de ser dejado fuera o atrás en este proceso de marcha hacia el futuro. En un mundo transformado, la tecnología se convierte inevitablemente en la fuerza rectora e inspiradora.

Esta subversión del orden moral tiene consecuencias inevitables en el orden político: una vez que «Dios ha muerto», es decir, una vez que se le desplazó como fundamento del orden moral y político, fue el Estado quien tomó su lugar, como bien notaba Chesterton.[29] Hoy, Dios y el Estado son reemplazados por Google, por los datos, por la IA, por la tecnología, por la nube.[30] El caso de China parece ir en esta dirección: ingeniería social por medio de los datos y algoritmos, como vimos en el capítulo 6. Para el transhumanismo, no es que «Dios ha muerto», sino que la misma tecnología es Dios, algo que podemos inferir de las palabras de Harari citadas más arriba. En nombre de la libertad, el ser humano se despojó de toda regla moral e incluso de su propia naturaleza para abrazar lo relativo, pero el resultado paradójicamente

---

27. *Cf.* Melzer, «The Problem of Technology», pp. 299-300.
28. El giro propuesto por Descartes, por ejemplo, implicaba un rechazo total al pasado. Ver René Descartes, *Meditationes de prima philosophia* (Notre Dame: University of Notre Dame Press, 1990).
29. Afirmaba con esa gracia inigualable: «Una vez abolido Dios, el gobierno se convierte en el Dios». G. K. Chesterton, *Christendom in Dublin*, ed. James V. Schall, Collected Works, Vol. XX, (San Francisco: Ignatius Press, 2001), p. 57.
30. Según Gertz, Google es prueba de que, aunque el hombre moderno se despoje de todo sentido y finalidad, todavía no ha escapado realmente de la dependencia a una fuente externa de significado. *Cf.* Gertz, *Nihilism and Technology*, p. 10.

termina siendo el control total que le niega su propia autonomía y libertad. A decir de Byul Chun-Han, «el hombre ya no está a cargo de sí mismo, sino que es el resultado de una operación algorítmica que lo controla sin que él se dé cuenta».[31] La «tiranía de los algoritmos» que plantea Miklos Lukacs.[32]

Por su propia constitución psicológica, sin embargo, el ser humano no puede vivir sin sentido. El progresista, entonces, encontrará significado en su contacto con el futuro, aunque este no sea realidad, por lo que el sentido de su vida será satisfecho sensiblemente por la tecnología, al menos en tanto que la tecnología se concibe como lo más cercano que hay al futuro. Es interesante cómo la misma literatura y las producciones cinematográficas deben acomodarse a esta visión y presentar el futuro como algo tecnológicamente avanzado, de otra manera no sería futuro. Incluso el género apocalíptico, donde el mundo tal como lo conocemos ha sido borrado de la faz de la tierra, incluye elementos tecnológicos que le dan la impronta de futuro. La tecnología es el futuro, y como tal, entonces, es siempre concebida como algo bueno, porque de otra manera no sería progreso... Lo avanzado es bueno, el cambio es bueno, el devenir es el progreso, lo que queda detrás es malo. Y esto se aplica no solo a la tecnología, sino también a otros elementos propios de la posmodernidad, como la búsqueda de una identidad propia, ahora basada en características secundarias y que son propias del devenir: no solo hay decenas de géneros, sino que autopercibirse con uno determinado no le cierra la puerta a la posibilidad del género fluido, aunque sea algo contradictorio en sí (se plantea que la identidad de género es algo profundo, constitutivo, al parecer inmóvil, pero a su vez esa identidad puede ser cambiante...).[33] Y es la tecnología la que debe asistir en el proyecto de autoconstrucción y liberación de normas heteronormativas, proyecto que también toma la forma de una ideología política que pone lo personal bajo el control del Estado, porque «lo personal es político».[34] Por el contrario, afirmar la realidad de la naturaleza humana, de la identidad personal,

---

31. *Cf.* Carles Geli, «In Orwell's "1984" Society Knew It Was Being Dominated. Not Today», *El País* (Madrid), 7 febrero 2018, https://english.elpais.com/elpais /2018/02/07/inenglish/1517995081_033617.html.

32. *Cf.* Lukacs de Pereny, «La tiranía de los algoritmos».

33. La ideóloga del género Judith Butler plantea que la fluidez de identidades de género impide confirmar la existencia de identidades de género esencialistas o naturalizadas. *Cf.* Judith Butler, *Gender Trouble: Feminism and the Subversion of Identity* (Nueva York: Routledge, 1990), p. 138 [en español, *El género en disputa: el feminismo y la subversión de la identidad* (Barcelona, Paidós, 2020)].

34. Ver Kate Millett, *Política sexual* (Madrid: Cátedra, 1969).

de los valores, de una tradición y rebelarse contra los cambios sociales impuestos por el proyecto secular y las políticas estatales es concebido como «atraso», un retroceso, una vuelta atrás en los «derechos conquistados», es decir, se considera malo y políticamente incorrecto según la lógica progresista. Paradójicamente, donde todo es relativo, la tolerancia del proyecto ajeno se convierte en un principio moral fundacional, pero solo en tanto y en cuanto ese proyecto encaje dentro de la orientación progresista de la vida. De otra manera, no debe ser tolerado.

Desde esta perspectiva vemos cómo la tecnología no puede ser algo meramente neutro, ya que la revolución tecnológica de la modernidad está íntimamente ligada a una revolución existencial que derribó el orden tradicional por medio de una revolución moral y política. Con ese giro rotundo, la tecnología deja de estar al servicio del ser humano y se coloca en el centro no solo del sistema político y económico, sino también de toda la estructura que pretende darle sentido y propósito a la vida del hombre moderno, incluso cuando un sentido trascendente ha sido eliminado y reemplazado por una esfera pública neutra y secular, incluso multicultural, donde las particularidades trascendentes son relegadas a la vida privada y las particularidades inmanentes se convierten en política pública. Esto es algo que queda en evidencia no solo con la «orientación negativa» del ser humano que mencionábamos más arriba, sino en el hecho de que con la modernidad se termina dejando de lado no solo a Dios como fundamento de la realidad, sino también cualquier otro tipo de ancla fundamental: la realidad de que somos seres humanos racionales y, junto con esta noción de ser humano, la noción de un estándar de bien racional, de felicidad humana a la que todo hombre tiende naturalmente. Según santo Tomás de Aquino, el primer principio de la vida moral es buscar y hacer el bien y evitar el mal.[35] Desde esta perspectiva moral, la tecnología nunca sería concebida sin ningún tipo de regla o normativa, porque sería juzgada siempre en relación con el bien del propio ser humano. La contemplación es concebida como un fin mucho más sublime que el mero utilitarismo que puede acarrear la tecnología y que en su manifestación más baja se presenta como la salvación necesaria para satisfacer el placer humano. En la modernidad, sin embargo, la felicidad consiste en la satisfacción progresiva del deseo, negando, como lo manifiesta Hobbes, toda posibilidad de alcanzar un fin último y un bien

---

35. *Cf.* Tomás de Aquino, *Summa theologiae*, 3.ª ed. (Torino: Edizioni San Paolo, 1999), I-II, q. 94, a. 2, p. 955.

supremo.[36] No es casual que en este período el utilitarismo como sistema moral se termine imponiendo sobre cualquier otra concepción moral. Lo único que existe es un movimiento progresivo que consiste en satisfacer todo deseo, uno tras otro.[37]

Aquí es necesario notar entonces cómo el objetivo de la vida humana ya no es la felicidad, sino el placer efímero y constante que se sigue de experiencias que se suceden una tras otra. No existe ya el reposo de una felicidad que surge del contemplar, sino una especie de frenesí fruto de un deseo que nunca se satisface porque no hay nada que esperar. La búsqueda de un bien, entonces, se reemplaza por la huida de un mal. Y ahí se entenderá mejor la transformación progresiva hacia una orientación humana que es meramente negativa: evitar la enfermedad, el dolor y la muerte, todos ellos elementos que definen el transhumanismo como un escape de nuestra realidad y que llegan a ser una posibilidad gracias a la tecnología. El sentido de la vida, entonces, es tergiversado completamente por la mentalidad progresista. Ahora el progreso se medirá de manera negativa, es decir, en relación con lo que se percibe como un triunfo sobre el mal, sobre la incomodidad y las penurias de la naturaleza. El progreso es meramente materialista, una especie de sueño americano que consiste no tanto en el crecimiento personal, sino en cuán lejos está la persona de las penurias materiales. Pero esta orientación negativa de la vida que caracteriza a las sociedades tecnológicas acarrea un problema existencial que parece inevitable.

Como el progreso tecnológico parece haber eliminado las penurias y necesidades reales de la vida, esta orientación negativa parece perder fuerza, y con ella el sentido propio de la existencia humana: ya no hay males de los que huir y con cuyo combate se dé sentido a la frustración y al vacío existencial del hombre contemporáneo. Por lo tanto, como lo que se percibía como «malo» fue superado, hay que encontrar nuevos males que ocupen su lugar y le den sentido a la existencia. Esta es tal vez la razón por la que quienes crecieron en la comodidad absoluta y en un vacío existencial fruto de la destrucción cultural de hoy necesitan encontrar nuevos monstruos para darle sentido a su ser: el «patriarcado», la crisis ambiental, el cambio climático, la sobrepoblación

---

36. *Cf.* Thomas Hobbes, *Leviathan*, ed. Richard Tuck (Cambridge: Cambridge University Press, 1996), p. 46.

37. Así, la moral utilitarista es la única válida porque parte de la posibilidad de cuantificar la satisfacción hedonista o de poder realizar un cálculo matemático para justificar qué decisión se debe tomar ante un dilema: el comercio de órganos, la venta de niños por parte de padres pobres, etc.

mundial, la opresión de las minorías, el racismo sistémico...[38] El progresismo, entonces, se redefine en términos del activismo social contra estos males de los que pretende huir, todos ellos convertidos en ideologías políticas: combatir el cambio climático, salvar el planeta —lo que implica no tener hijos porque son su mayor amenaza—, manejar un vehículo eléctrico, ser inclusivo, diverso y tolerante —es decir, ser intolerante con quienes no sostengan el dogma de lo políticamente correcto—, ser antirracista, antihispanidad en el caso americano, anti «genocidio cultural» y toda una serie de conductas que se enmarcan dentro de la nueva moral de la ideología *woke*.[39]

El problema fundamental de fondo en este giro tecnológico del ser humano radica en dos temas mencionados más arriba: la idea del progreso y la subordinación del ser humano a este, lo cual se manifiesta en un rechazo del fin último y de la idea del bien, además de la inversión metafísica que lleva a subordinar los fines a los medios. Esto parece sumir inevitablemente al ser humano en un estado de desesperación propio de quien se da cuenta de que nada tiene sentido. Solo en un contexto así puede surgir una caverna digital como escapatoria a la dura realidad del ser humano. Lo que comenzó con la televisión hoy se exacerba con los servicios de *streaming* y la posibilidad de intoxicarse viendo una serie de un tirón, la realidad aumentada y virtual que promete el metaverso, los videojuegos que llevan a la persona a separarse por completo de la realidad e incluso a perder todo por una adicción, o la intoxicación psicológica de las redes sociales manifestada en los altos niveles de depresión, ansiedad, angustia, soledad y daños autoinfligidos en la población adolescente. Todos estos son síntomas de un vacío propio de quien perdió el sentido de la vida.

¿Cómo salir de esto? Es hora de encender el cerebro y comenzar a pensar y repensar por qué dejamos de lado aquello que da un sentido profundo a nuestras vidas, por qué caímos en esa dictadura del relativismo que solo ha logrado vaciar el espíritu humano y sumirlo en un estado de degradación moral e intelectual sin parangón. Para esto, sin embargo, es necesario despojarse de esa actitud soberbia del hombre moderno que ve con desdén al pasado y la tradición.

---

38. Y aquí queda más claro cómo el activismo de la justicia social posmoderna y los movimientos de la nueva izquierda le sacaron tajada política a un problema que es profundamente cultural y tiene un trasfondo psicológico fruto de la orientación negativa y progresista del ser humano.
39. Algo que en inglés es definido como *virtue signaling*, es decir, la expresión pública de opiniones y sentimientos que pretenden demostrar el buen carácter y la conciencia social de la persona.

Solo quien tenga la humildad de reconocer que no sabe nada podrá mirar hacia el pasado, especialmente ese pasado que antecedió a la revolución tecnológica de la modernidad. Tal vez los pensadores de antaño tengan algo fundamental que enseñarnos, aunque si queremos adentrarnos en su pensamiento no los encontraremos ni en Instagram ni en TikTok, sino en sus libros. Solo en los libros aprenderás a encender un cerebro que la tecnología solo logra apagar.

AGRADECIMIENTOS

De manera especial debo agradecer a mis padres por haberme mostrado con el ejemplo que era posible vivir una vida sin la influencia de la televisión, y a mis hermanos por haberme acompañado en esa aventura.

A todo el equipo de HarperCollins, en especial a Matthew McGhee, por alentarme a escribir este libro, por tu guía, comprensión y en especial por tu amistad, y a Agustín Laje por tu amistad y recomendarme a la editorial.

A Miklos Lukacs, amigo y maestro, quien me hizo ver la importancia de la variable tecnológica.

A mis otros grandes compañeros de batalla, en especial a Nicolás Márquez, el P. Javier Olivera Ravassi, y el P. Ariel Pasetti, que fue el primero en escuchar el proyecto que tenía en mente y me dio buenos consejos.

Quiero agradecer a los casi 600 autores que cito en esta obra. Por todo lo que aprendí de ellos y sin cuyo aporte sobre la problemática de la tecnología este libro no hubiese sido posible.

A todos los que me apoyaron comprando mis otros libros, ustedes fueron los que llamaron la atención de las grandes editoriales.

A todos mis grandes amigos que me apoyan por las redes sociales, en especial a los suscriptores de Patreon y YouTube, que han hecho posible poder continuar con este trabajo, así como a todos los que han organizado giras y conferencias estos años. ¡Gracias!

Bibliografía

Achterberg, Michelle, Anna C. K. van Duijvenvoorde, Mara van der Meulen, Saskia Euser, Marian J. Bakermans-Kranenburg y Eveline A. Crone. «The Neural and Behavioral Correlates of Social Evaluation in Childhood». *Developmental Cognitive Neuroscience* 24 (2017): 107-117.

Ackerman, Spencer y Sam Thielman. «US Intelligence Chief: We Might Use the Internet of Things to Spy on You». *The Guardian* (Londres), 9 febrero 2016. https://www.theguardian .com/technology/2016/feb/09/internet-of-things-smart-home -devices-government-surveillance-james-clapper.

AFP. «Estudio preliminar: los chicos "gamers" tendrían un mejor rendimiento cognitivo». *La Nación* (Buenos Aires), 24 octubre 2022. https://www.lanacion.com.ar/sociedad/estudio -preliminar-los-chicos-gamers-tendrian-un-mejor-rendimiento -cognitivo-nid24102022/.

Agarwal, S., H. Farid, Y. Gu, M. He, K. Nagano y L. Hao. «Protecting World Leaders against Deep Fakes». *CVPR Workshops* (2019): 38-45. https://openaccess.thecvf.com/content_CVPRW_2019/papers /Media%20Forensics/Agarwal_Protecting_World_Leaders _Against_Deep_Fakes_CVPRW_2019_paper.pdf.

Aglionby, John, Emily Feng y Yuan Yang. «African Union Accuses China of Hacking Headquarters». *Financial Times*, 29 enero 2018. https://www.ft.com/content/c26a9214-04f2-11e8-9650-9c0ad2 d7c5b5.

Aguiar, Mark y Erik Hurst. «Measuring Trends in Leisure: The Allocation of Time over Five Decades». *Federal Reserve Bank of Boston* 6, n. 2 (2006).

Alba, Joseph W. y Lynn Hasher. «Is Memory Schematic?». *Psychological Bulletin* 93, n. 2 (1983): 203-231.

Alegre Gorri, Antonio. «Platón, el creador de las ideas». En *Platón: Diálogos*, editado por García Gual, Carlos, xvii-cxxiii. Madrid: Editorial Gredos, 2018.

Allyn, Bobby. «Class-Action Lawsuit Claims TikTok Steals Kids' Data and Sends It to China». *NPR* (Washington, D. C.), 4 agosto 2020. https://www.npr.org/2020/08/04/898836158/class-action -lawsuit-claims-tiktok-steals-kids-data-and-sends-it-to-china.

251

————. «Trump Signs Executive Order that Will Effectively Ban Use of TikTok in the U.S.». *NPR* (Washington D. C.), 6 agosto 2020. https://www.npr.org/2020/08/06/900019185/trump-signs-executive-order-that-will-effectively-ban-use-of-tiktok-in-the-u-s.

————. «U.S. Judge Halts Trump's TikTok Ban, the 2nd Court to Fully Block the Action». *NPR*, 7 diciembre 2020. https://www.npr.org/2020/12/07/944039053/u-s-judge-halts-trumps-tiktok-ban-the-2nd-court-to-fully-block-the-action.

Alpaydin, Ethem. *Machine Learning*. Cambridge: MIT Press, 2021.

Alter, Adam. *Irresistible: ¿quién nos ha convertido en yonquis tecnológicos?* Barcelona: Paidós, 2018.

American Psychiatric Association DSM-5 Task Force. *Diagnostic and Statistical Manual of Mental Disorders: DSM-5.* 5.ª ed. Arlington, VA: American Psychiatric Association, 2013.

ANAD. «Eating Disorder Statistics». *National Association of Anorexia Nervosa and Associated Disorders*, 2021. https://anad.org/eating-disorders-statistics/.

Anders, George. *You Can Do Anything: The Surprising Power of a «Useless» Liberal Arts Education*. Nueva York: Little, Brown and Company, 2017.

Anónimo. «Facebook Ad Campaign Helped Donald Trump Win Election, Claims Executive». *BBC* (Londres), 8 enero 2020. https://www.bbc.com/news/technology-51034641.

Anthony, James. «74 Amazon Statistics You Must Know: 2021/2022 Market Share Analysis & Data». *Finances Online*, 14 enero 2022. https://financesonline.com/amazon-statistics/.

Antonelli, William «Tinder Is free, but You Can Pay for Extra Features». *Business Insider*, 5 noviembre 2021. https://www.businessinsider.com/guides/tech/is-tinder-free.

Aquino, Tomás de. *Summa theologiae.* 3.ª ed. Torino: Edizioni San Paolo, 1999.

Arbel, Tali y Matt O'Brien. «Biden Backs Off on TikTok Ban in Review of Trump China Moves».*AP News*, 10 febrero 2021. https://apnews.com/article/donald-trump-jen-psaki-ca5e68d8b23cb26a0e964b3ea5fe826d.

Arendt, Hannah. *The Human Condition*. Chicago, IL.: University of Chicago Press, 1958. [en español, *La condición humana*. Barcelona: Austral, 2020].

————. *The Origins of Totalitarianism*. Nueva York: Harcourt, 1985 [en español, *Los orígenes del totalitarismo*. Taurus: Madrid, 1998].

Aristóteles. *Ética nicomáquea*. Madrid: Gredos, 2011.

————. *Física*, Consejo Superior de Investigaciones Científicas: Madrid, 2022.

————. *Tópicos*, en *Tratados de lógica*, Madrid: Gredos, 2007.

Auken, Ida. «Welcome to 2030: I Own Nothing, Have No Privacy And Life Has Never Been Better». *Forbes*, 10 noviembre 2016.

https://www.forbes.com/sites/worldeconomicforum/2016/11/10
/shopping-i-cant-really-remember-what-that-is-or-how
-differently-well-live-in-2030/?sh=684f0ed31735.

Ayuso, María. «Del "chicle y agua" al "desafío de la cintura"». *La Nación* (Buenos Aires), 11 octubre 2022. https://www.lanacion.com.ar/comunidad/del-chicle-y-agua-al-desafio-de-la-cintura-asi-operan-tiktok-y-otras-redes-en-los-trastornos-de-la-nid 11102022/#/.

——. «La devastadora ola de trastornos psíquicos en adolescentes». *La Nación* (Buenos Aires), 10 julio 2022. https://www.lanacion.com.ar/comunidad/jamas-pense-que-mi-hija-podia-querer-morirse-la-devastadora-ola-de-trastornos-psiquicos-en-nid08072022/#/.

Ayyub, Rana. «I Was the Victim of a Deepfake Porn Plot Intended to Silence Me». *HuffPost*, 21 noviembre 2018. https://www.huffingtonpost.co.uk/entry/deepfake-porn_uk_5bf2c126e4b0 f32bd58ba316.

Bacchi, Umberto. «"I Know Your Favourite Drink": Chinese Smart City to Put Ai in Charge». *Reuters*, 3 diciembre 2020. https://www.reuters.com/article/china-tech-city-idINL8N2IJ24L.

Bail, Chris. *Breaking the Social Media Prism: How to Make Our Platforms Less Polarizing*. New Jersey: Princeton University Press, 2022.

Bainbridge, William Sims y Mihail C. Roco. *Converging Technologies for Improving Human Performance: Nanotechnology, Biotechnology, Information Technology and Cognitive Science*. Dordrecht: Kluwer Academic Publishers, 2003.

Bajarin, Ben. «Apple's Penchant for Consumer Security». Techpinions, 18 abril 2016. https://www.vox.com/2016/4/20/11586270/apples-penchant-for-consumer-security.

Ball, Matthew. *The Metaverse: And How It Will Revolutionize Everything*. Nueva York: Liveright Publishing Corporation, 2022 [en español, *El metaverso: y cómo lo revolucionará todo*. Barcelona: Deusto, 2022].

——. «What the Metaverse Will Mean». *The Wall Street Journal* (Nueva York), 11 agosto 2022. https://www.wsj.com/articles /what-the-metaverse-will-mean-11660233462.

Balz, Dan. «How the Obama Campaign Won the Race for Voter Data». *The Washington Post* (WAshington, D. C.), 28 julio 2013. https://www.washingtonpost.com/politics/how-the-obama-campaign-won-the-race-for-voter-data/2013/07/28 /ad32c7b4-ee4e-11e2-a1f9-ea873b7e0424_story.html.

Baños, Pedro. *Así se domina el mundo: Desvelando las claves del poder mundial*. Barcelona: Editorial Ariel, 2017.

Baquero, Ricardo. «Desarrollo psicológico y escolarización en los enfoques socioculturales: nuevos sentidos de un viejo problema». *Avances en Psicología Latinoamericana* 27, n. 2 (2009): 263-280.

Barkley, Russell A. «Behavioral Inhibition, Sustained Attention, and Executive Functions: Constructing a Unifying Theory of ADHD». *Psychological Bulletin* 121, n. 1 (1997): 65-94.

Baron, Naomi S. *Always On: Language in an Online and Mobile World*. Oxford: Oxford University Press, 2008.

Barreto Pereira, Ana Paula. «Rogers Apologizes as Network Collapse Paralyzes Canadian Business, Consumers». *Bloomberg*, 8 julio 2022. https://www.bloomberg.com/news/articles/2022-07-08/banks-payments-hit-as-canada-s-rogers-suffers-network-failure.

Barrett, Lisa Feldman, Kevin C. Bickart, Christopher I. Wright, Rebecca J. Dautoff y Bradford C. Dickerson. «Amygdala Volume and Social Network Size in Humans». *Nature Neuroscience* 14, n. 2 (2011): 163-164.

Bartz, Diane y Alexandra Alper. «U.S. Bans New Huawei, ZTE Equipment Sales, Citing National Security Risk». *Reuters*, 30 noviembre 2022. https://www.reuters.com/business/media-telecom/us-fcc-bans-equipment-sales-imports-zte-huawei-over-national-security-risk-2022-11-25/.

Baskaran, Aiswarya. «The Role of Technology Companies in Technology Addiction». *Sustainalytics*, 16 julio 2019. https://www.sustainalytics.com/esg-research/resource/investors-esg-blog/the-role-of-technology-companies-in-technology-addiction.

Beard, Keith W. «Internet Addiction: a Review of Current Assessment Techniques and Potential Assessment Questions». *Cyberpsychology & Behavior* 8, n. 1 (2005): 7-14.

Beckett, Lois. «Obama's Microtargeting "Nuclear Codes"». *ProPublica*, 7 noviembre 2012. https://www.propublica.org/article/obamas-microtargeting-nuclear-codes.

Beland, Louis-Philippe y Richard Murphy. «Ill Communication: Technology, Distraction & Student Performance». *Labour Economics* 41 (2016): 61-76.

Belko, Michael E. «Government Venture Capital: a Case Study of the In-Q-Tel Model». Air Force Institute of Technology, 2004.

Ben-Shachar, Michal, Robert F. Dougherty, Gayle K. Deutsch y Brian A. Wandell. «The Development of Cortical Sensitivity to Visual Word Forms». *Journal of Cognitive Neuroscience* 23, n. 9 (2011): 2387-2399.

Benbouzid, Bilel. «To Predict and to Manage. Predictive Policing in the United States». *Big Data & Society* 6, n. 1 (2019): 1-13.

Berardi, Franco «Bifo». *Fenomenología del fin. Sensibilidad y mutación conectiva*. Buenos Aires: Caja Negra, 2020.

Berridge, Virginia y Griffith Edwards. *Opium and the People: Opiate Use in Nineteenth-Century England*. Londres: A. Lane, 1981.

Berthiaume, Dan. «Amazon Opens First Whole Foods Store with Cashierless Technology». *CSA*, 23 febrero 2022. https://chainstoreage.com/amazon-opens-first-whole-foods-store-cashierless-technology?utm_source=omeda&utm_medium

=email&utm_campaign=NL_CSA+Day+Breaker&utm_keyword
=&oly_enc_id=0917D8539489J0E.

Bevan, Jennifer L., Jeanette Pfyl y Brett Barclay. «Negative Emotional and Cognitive Responses to Being Unfriended on Facebook: An Exploratory Study». *Computers in Human Behavior* 28, n. 4 (2012): 1458-1464.

Biddle, Sam y Jack Poulson. «American Phone-Tracking Firm Demo'd Surveillance Powers by Spying on CIA and NSA». *The Intercept*, 22 abril 2022. https://theintercept.com/2022/04/22 /anomaly-six-phone-tracking-zignal-surveillance-cia-nsa/.

Bilton, Nick. «Steve Jobs Was a Low-Tech Parent». *The New York Times* (Nueva York), 11 septiembre 2014. https://www.nytimes .com/2014/09/11/fashion/steve-jobs-apple-was-a-low-tech -parent.html?_r=0.

Birch, L. L. «Development of Food Preferences». *Annual Review of Nutrition* 19, n. 1 (1999): 41-62.

Bischoff, Paul. «Surveillance Camera Statistics: Which Cities have the most CCTV Cameras?». *Comparitech*, 11 julio 2022. https://www.comparitech.com/vpn-privacy/the-worlds-most -surveilled-cities/.

Bixenman, Jacob. *Miley Cyrus—Flowers*. Place Published: Publisher, 2023. Estados Unidos, YouTube. https://www.youtube.com /watch?v=G7KNmW9a75Y.

Blakemore, Colin y Grahame F. Cooper. «Development of the Brain Depends on the Visual Environment». *Nature* 228, n. 5270 (1970): 477-478.

Blakemore, Sarah-Jayne y Kathryn L. Mills. «Is Adolescence a Sensitive Period for Sociocultural Processing?». *Annual Review of Psychology* 65, n. 1 (2014): 187-207.

Bloom, Peter. *Monitored: Business and Surveillance in a Time of Big Data*. Londres: Pluto Press, 2019.

Bond, Robert M., Christopher J. Fariss, Jason J. Jones, Adam D. I. Kramer, Cameron Marlow, Jaime E. Settle y James H. Fowler. «A 61—Million—Person Experiment in Social Influence and Political Mobilization». *Nature* 489, n. 7415 (2012): 295-298.

Bonner, Marcus. «Why We Need to Regulate Digital Identity in the Metaverse». *World Economic Forum*, 5 diciembre 2022. https ://www.weforum.org/agenda/2022/12/digital-identity-metaverse -why-we-need-to-regulate-it-and-how/.

Boone, Jon. «Indian Couple Accused of Faking Photo of Summit». *The Guardian* (Londres), 29 junio 2016. https ://www.theguardian.com/world/2016/jun/29/mount-everest -summit-india-couple-morphed-photos.

Boorstein, Michelle, Marisa Iati y Annys Shin. «Top U.S. Catholic Church Official Resigns after Cellphone Data Used to Track Him on Grindr and to Gay Bars». *The Washington Post* (Washington, D. C.), 21 julio 2021. https://www.washingtonpost.com/religion /2021/07/20/bishop-misconduct-resign-burrill/.

Booth, Barbara. «Internet Addiction Is Sweeping America, Affecting Millions». *CNBC*, 29 agosto 2017. https://www.cnbc .com/2017/08/29/us-addresses-internet-addiction-with-funded -research.html.

Bottéro, Jean, Clarisse Herrenschmidt y Jean-Pierre Vernant. *Ancestor of the West: Writing, Reasoning, and Religion in Mesopotamia, Elam, and Greece*. Chicago: University of Chicago Press, 2000.

Boursier, Valentina, Francesca Gioia, Alessandro Musetti y Adriano Schimmenti. «Facing Loneliness and Anxiety During the COVID-19 Isolation: The Role of Excessive Social Media Use in a Sample of Italian Adults». *Frontiers in Psychiatry* 11 (2020): 586222.

Bozikovic, Alex. «The End of Sidewalk Labs». *Architectural Records*, 22 marzo 2022. https://www.architecturalrecord.com /articles/15573-the-end-of-sidewalk-labs.

Bradshaw, Tim. «Snap's Chief Evan Spiegel: Taming Tech and Fighting». *Financial Times* (Londres), 28 diciembre 2018. https ://www.ft.com/content/fdfe58ec-03a7-11e9-9d01-cd4d49afbbe3.

Brehm, M. y W. Back. «Self-Image and Attitudes towards Drugs». *Journal of Personality* 36 (1968): 299-314.

Brewster, Thomas. «Smart Home Surveillance: Governments Tell Google's Nest to Hand Over Data 300 Times». *Forbes*, 13 octubre 2018. https://www.forbes.com/sites/thomasbrewster/2018/10/13 /smart-home-surveillance-governments-tell-googles-nest-to -hand-over-data-300-times/.

Bronfenbrenner, Urie. *La ecología del desarrollo humano: experimentos en entornos naturales y diseñados*. Barcelona: Paidós, 1987.

Brown, G. W., A. Bifulco y B. Andrews. «Self-Esteem and Depression. IV. Effect on Course and Recovery». *Social Psychiatry and Psychiatric Epidemiology* 25, n. 5 (1990): 244-249.

Brucculieri, Julia. «4 Instagrammers Show Us How Many Photos They Took Before Nailing the Shot». *HuffPost*, 6 abril 2018. https://www.huffpost.com/entry/instagram-photo-camera-rolls _n_5ac4ed48e4b063ce2e58131f.

Bu, Feifei, Andrew Steptoe y Daisy Fancourt. «Loneliness During a Strict Lockdown: Trajectories and Predictors during the COVID-19 Pandemic in 38,217 United Kingdom Adults». *Social Science & Medicine* 265 (2020): 113521.

Bukowski, W. M. y B. Hoza. «Popularity and Friendship: Issues in Theory, Measurement, and Outcome». En *Peer Relationships in Child Development*, editado por Berndt, T. J. y G. W. Ladd, 15-45. Nueva York: Wiley, 1989.

Butler, Judith. *Gender Trouble: Feminism and the Subversion of Identity*. Nueva York: Routledge, 1990 [en español, *El género en disputa: el feminismo y la subversión de la identidad*. Barcelona, Paidós, 2020].

Büttner, Christiane M. y Selma C. Rudert. «Why Didn't You Tag Me?! Social Exclusion from Instagram Posts Hurts, Especially Those with a High Need to Belong». *Computers in Human Behavior* 127 (2022): 107062.

Cacioppo, John T. «The Profound Power of Loneliness». *National Science Foundation*, 3 febrero 2016. https://beta.nsf.gov/news /profound-power-loneliness.

Cacioppo, John T. y Stephanie Cacioppo. «The Growing Problem of Loneliness». *The Lancet* 391, n. 10119 (2018): 426.

Cacioppo, John T., Louise C. Hawkley, John M. Ernst, Mary Burleson, Gary G. Berntson, Bita Nouriani y David Spiegel. «Loneliness within a Nomological Net: an Evolutionary Perspective». *Journal of Research in Personality* 40, n. 6 (2006): 1054-1085.

Cadwalladr, Carole. «I Made Steve Bannon's Psychological Warfare Tool': Meet the Data War Whistleblower». *The Guardian* (Londres), 18 marzo 2018. https://www.theguardian.com /news/2018/mar/17/data-war-whistleblower-christopher-wylie -faceook-nix-bannon-trump.

Caiyu, Liu. «Chinese Schools Monitor Students Activities, Targeting Truancy with Intelligent Uniforms». *Global Times*, 20 diciembre 2018. https://www.globaltimes.cn/page/201812/1132856.shtml.

Calvier, Camille. «Les téléphones portables seront interdits dès la rentrée scolaire». *Le Figaro* (París), 20 julio 2018. https://www. lefigaro.fr/actualite-france/2018/07/30/01016-20180730AR TFIG00201-les-telephones-portables-seront-interdits-des-la -rentree.php.

Campbell, Catriona. *AI by Design: a Plan for Living with Artificial Intelligence*. Boca Raton: CRC Press, 2022.

——. «Tamagotchi Kids: Could the Future of Parenthood Be Having Virtual Children in the Metaverse?». *The Guardian* (Londres), 31 mayo 2022. https://www.theguardian.com/technology/2022 /may/31/tamagotchi-kids-future-parenthood-virutal-children -metaverse.

Campbell, Charlie. «How China Is Using "Social Credit Scores" to Reward and Punish Its Citizens». *Time*, 2019. https://time.com /collection/davos-2019/5502592/china-social-credit-score/.

Caplan, Scott E. «Relations among Loneliness, Social Anxiety, and Problematic Internet Use». *Cyberpsychology & Behavior* 10, n. 2 (2006): 234-242.

Carr, Nicholas. *The Shallows: What the Internet Is Doing to Our Brains*. Nueva York: W. W. Norton & Company, 2010 [en español, *Superficiales: ¿qué está haciendo Internet con nuestras mentes?* Barcelona: Debolsillo, 2018].

Carter, Ben, Philippa Rees, Lauren Hale, Darsharna Bhattacharjee y Mandar S. Paradkar. «Association between Portable Screen-Based Media Device Access or Use and Sleep Outcomes: a Systematic Review and Meta-analysis». *JAMA Pediatrics* 170, n. 12 (2016): 1202-1208.

Casale, Silvia, Giulia Fioravanti, Sara Bocci Benucci, Andrea Falone, Valdo Ricca y Francesco Rotella. «A Meta-Analysis on the Association between Self-Esteem and Problematic Smartphone Use». *Computers in Human Behavior* 134 (2022): 107302.

Cash, H., C. D. Rae, A. H. Steel y A. Winkler. «Internet Addiction: a Brief Summary of Research and Practice». *Current Psychiatry Reviews* 8, 4 (2012).

Castro-Caldas, A., K. M. Petersson, A. Reis, S. Stone-Elander y M. Ingvar. «The Illiterate Brain : Learning to Read and Write during Childhood Influences the Functional Organization of the Adult Brain». *Brain* 121, n. 6 (1998): 1053-1063.

Cauberghe, Verolien, Ini Vanwesenbeeck, Steffi De Jans, Liselot Hudders y Koen Ponnet. «How Adolescents Use Social Media to Cope with Feelings of Loneliness and Anxiety during COVID-19 Lockdown». *Cyberpsychology, Behavior and Social Networking* 24, n. 4 (2021): 25-257.

Cavalli, Eddy, Royce Anders, Louise Chaussoy, Vania Herbillon, Patricia Franco y Benjamin Putois. «Screen Exposure Exacerbates ADHD Symptoms Indirectly through Increased Sleep Disturbance». *Sleep Medicine* 83 (2021): 241-247.

Ceci, L. «Average Unlocks per Day among Smartphone Users in the United States as of August 2018, by generation». *Statista*, 18 enero 2022. https://www.statista.com/statistics/1050339/average -unlocks-per-day-us-smartphone-users/#statisticContainer.

Celichini, Delfina. «Vivía con miedo de quedar embarazada. La intervención quirúrgica anticonceptiva que eligen cada vez más mujeres jóvenes sin hijos». *La Nación* (Buenos Aires), 6 diciembre 2022. https://www.lanacion.com.ar/sociedad/vivia -con-miedo-de-quedar-embarazada-la-intervencion-quirurgica -anticonceptiva-que-eligen-cada-vez-nid06122022/.

Center for Behavioral Health Statistics and Quality. «National Survey on Drug Use and Health». (Washington D.C.: 2021). https://www .childstats.gov/americaschildren/surveys2.asp#nsduh.

Chaarani, Bader, Joseph Ortigara y DeKang Yuan. «Association of Video Gaming with Cognitive Performance among Children». *JAMA Network Open* 5, 10 (2022): e2235721.

Chang, Anne-Marie, Daniel Aeschbach, Jeanne F. Duffy y Charles A. Czeisler. «Evening Use of Light-emitting eReaders Negatively Affects Sleep, Circadian Timing, and Next-Morning Alertness». *Proceedings of the National Academy of Sciences* 112, n. 4 (2015): 1232-1237.

Chang, Ha-Joon. *23 Things They Don't Tell You about Capitalism*. Londres: Allen Lane, 2010 [en español, *23 cosas que no te cuentan sobre el capitalismo*. Barcelona: Debate, 2012].

Charles, Susan Turk, Mara Mather y Laura L. Carstensen. «Aging and Emotional Memory: the Forgettable Nature of Negative Images for Older Adults». *Journal of Experimental Psychology* 132, n. 2 (2003): 310-324.

Chase, Henry W., Simon B. Eickhoff, Angela R. Laird y Lee Hogarth. «The Neural Basis of Drug Stimulus Processing and Craving: an Activation Likelihood Estimation Meta-Analysis». *Biological Psychiatry* 70, n. 8 (2011): 785-793.

Chen, Pengyu, Jian Wu, Li Luo, Hongyan Gao, Mengge Wang, Xing Zou, Yingxiang Li, Gang Chen, Haibo Luo, Limei Yu, Yanyan Han, Fuquan Jia y Guanglin He. «Population Genetic Analysis of Modern and Ancient DNA Variations Yields New Insights into the Formation, Genetic Structure, and Phylogenetic Relationship of Northern Han Chinese». *Frontiers in Genetics* 10 (2019): 1045.

Chesney, Bobby y Danielle Citron. «Deep Fakes: a Looming Challenge for Privacy, Democracy, and National Security». *California Law Review* 107, n. 6 (2019): 1753.

Chesterton, G. K. *Christendom in Dublin*. Collected Works, Vol. XX. Editado por Schall, James V. San Francisco: Ignatius Press, 2001.

Chin, Josh y Liza Lin. *Surveillance State: China's Quest to Launch a New Era of Social Control*. Nueva York: St Martin's Press, 2022.

Choukas-Bradley, S. y M.J. Prinstein. «Peer Relationships and the Development of Psychopathology». En *Handbook of Developmental Psychopathology*, editado por Lewis, M. y K. D. Rudolph, 185-204. Nueva York: Springer, 2014.

Cinelli, Matteo, Gianmarco de Francisci Morales, Alessandro Galeazzi, Walter Quattrociocchi y Michele Starnini. «The Echo Chamber Effect on Social Media». *Proceedings of the National Academy of Sciences* 118, n. 9 (2021): e2023301118.

Clark, Andy. *Natural-Born Cyborgs: Minds, Technologies, and the Future of Human Intelligence*. Oxford: Oxford University Press, 2003.

Clark, David A. y Adam S. Radomsky. «Introduction: A Global Perspective on Unwanted Intrusive Thoughts». *Journal of Obsessive-Compulsive and Related Disorders* 3, n. 3 (2014): 265-268.

Clement, Joe y Matt Miles. *Screen Schooled: Two Veteran Teachers Expose How Technology Overuse Is Making Our Kids Dumber*. Chicago: Chicago Review Press, 2018.

Coeckelbergh, Mark. *AI Ethics*. Cambridge: MIT Press, 2020 [en español, *Ética de la inteligencia artificial*. Madrid: Cátedra, 2021].

———. *The Political Philosophy of AI*. Medford: Polity Press, 2022.

Cohen, Jason. «Amazon's Alexa Collects More of Your Data than Any Other Smart Assistant». *PG Mag*, 30 marzo 2022. https://www.pcmag.com/news/amazons-alexa-collects-more-of-your-data-than-any-other-smart-assistant.

Cohen, Sheldon y Thomas Ashby Wills. «Stress, Social Support, and the Buffering Hypothesis». *Psychological Bulletin* 98, n. 2 (1985): 310-357.

Cole, Samantha. «We Are Truly Fucked: Everyone Is Making AI-Generated Fake Porn Now». *Motherboard*, 25 enero 2018. https

://www.vice.com/en/article/bjye8a/reddit-fake-porn-app-daisy
-ridley.

Colish, Marcia L. *The Mirror of Language: a Study in the Medieval Theory of Knowledge.* Lincoln: University of Nebraska Press, 1983.

Colley, Ann y John Maltby. «Impact of the Internet on Our Lives: Male and Female Personal Perspectives». *Computers in Human Behavior* 24, n. 5 (2008): 2005-2013.

Collins, Rebecca L. «For Better or Worse: the Impact of Upward Social Comparison on Self-Evaluations». *Psychological Bulletin* 119, n. 1 (1996): 51-69.

Cornelissen, Piers L. *The Neural Basis of Reading.* Oxford: Oxford University Press, 2010.

Cotter, Kelley y Bianca C. Reisdorf. «Algorithmic Knowledge Gaps: a New Dimension of Inequality». *International Journal of Communication* (2020): 745.

Council, National Safety. «Distracted Driving». *NSC Injury Facts*, 2022. https://injuryfacts.nsc.org/motor-vehicle/motor-vehicle-safety-issues/distracted-driving/.

Cox, Joseph. «Customs and Border Protection Paid $476,000 to a Location Data Firm in New Deal». *Motherboard*, agosto 25, 2020. https://www.vice.com/en/article/k7qyv3/customs-border-protection-venntel-location-data-dhs.

———. «How the U.S. Military Buys Location Data from Ordinary Apps». *Motherboard*, 16 noviembre 2020. https://www.vice.com/en/article/jgqm5x/us-military-location-data-xmode-locate-x.

———. «Military Unit that Conducts Drone Strikes Bought Location Data from Ordinary Apps». *Motherboard*, 4 marzo 2021. https://www.vice.com/en/article/y3g97x/location-data-apps-drone-strikes-iowa-national-guard.

———. «More Muslim Apps Worked with X-Mode, Which Sold Data to Military Contractors». *Motherboard*, 28 enero 2021. https://www.vice.com/en/article/epdkze/muslim-apps-location-data-military-xmode

———. «U.S. Special Operations Command Paid $500,000 to Secretive Location Data Firm». *Motherboard*, 30 marzo 2021. https://www.vice.com/en/article/z3vjxj/anomaly-6-six-special-operations-command.

Creemers, Rogier. «China's Chilling Plan to Use Social Credit Ratings to Keep Score on Its Citizens». *CNN*, 27 octubre 2015. https://www.cnn.com/2015/10/27/opinions/china-social-credit-score-creemers/index.html.

Crone, E. A. M. y E. A. Konijn. «Media Use and Brain Development during Adolescence». *Nature Communications* 9, n. 1 (2018): 1-10.

Cybulski, Lukasz, Darren M. Ashcroft, Matthew J. Carr, Shruti Garg, Carolyn A. Chew-Graham, Nav Kapur y Roger T. Webb. «Temporal Trends in Annual Incidence Rates for Psychiatric

Disorders and Self-Harm among Children and Adolescents in the UK, 2003–2018». *BMC Psychiatry* 21, n. 1 (2021): 229.

Cyphers, Bennett. «How the Federal Government Buys Our Cell Phone Location Data». *Electronic Frontier Foundation*, 13 junio 2022. https://www.eff.org/deeplinks/2022/06/how-federal -government-buys-our-cell-phone-location-data.

D'Costa, Krystal. «Catfishing: the Truth about Deception Online». *Scientific American*, 25 abril 2014. https://blogs .scientificamerican.com/anthropology-in-practice/catfishing -the-truth-about-deception-online/.

Dash, Genevieve F., Nicholas G. Martin y Wendy S. Slutske. «Childhood Maltreatment and Disordered Gambling in Adulthood: Disentangling Causal and Familial Influences». *Psychological Medicine* 52, n. 5 (2022): 979-988.

Davies, Harry. «Ted Cruz Using Firm that Harvested Data on Millions of Unwitting Facebook Users». *The Guardian* (Londres), 11 diciembre 2015. https://www.theguardian.com/us-news/2015/dec /11/senator-ted-cruz-president-campaign-facebook-user-data.

de Esteban, Loti. «Hello Barbie – AI Making Children's Dreams Come True». *Digital Innovation and Transformation*, 17 abril 2020. https ://d3.harvard.edu/platform-digit/submission/hello-barbie-ai -making-childrens-dreams-come-true/.

de Montjoye, Yves-Alexandre, César A. Hidalgo, Michel Verleysen y Vincent D. Blondel. «Unique in the Crowd: the Privacy Bounds of Human Mobility». *Scientific Reports* 3, n. 1376 (2013).

de Prada, Juan Manuel. «Educación para la esclavitud». *ABC* (Madrid), 17 julio 2006. https://www.abc.es/opinion/abci-educacion-para -esclavitud-200607170300-1422484724626_noticia.html.

de-Sola, José, Hernán Talledo, Fernando Rodríguez de Fonseca y Gabriel Rubio. «Prevalence of Problematic Cell Phone Use in an Adult Population in Spain As assessed by the Mobile Phone Problem Use Scale (MPPUS)». *PloS One* 12, n. 8 (2017): e0181184.

deAgonia, Michael. «Apple's Face ID [The iPhone X's facial recognition tech] explained». *Computerworld*, 1 noviembre 2017. https://www .computerworld.com/article/3235140/apples-face-id-the-iphone-xs-facial-recognition-tech-explained.html#:~:text=Face%20 ID%20analyzes%20your%20features,won%27t%20defeat%20 the%20system.

Dean, Brian. «Facebook Demographic Statistics». *Backlinko*, 5 enero 2022. https://backlinko.com/facebook-users.

Dembińska, A., J. Kłosowska y D. Ochnik. «Ability to Initiate Relationships and Sense of Loneliness Mediate the Relationship between Low Self-Esteem and Excessive Internet Use». *Current Psychology* 41 (2022): 6577–6583.

Deming, David J. «The Growing Importance of Social Skills in the Labor Market». *National Bureau of Economic Research* (2017): 1-49. https://www.nber.org/digest/nov15/growing-importance-social -skills-labor-market.

DeNardis, Laura. *The Internet in Everything: Freedom and Security in a World with No Off Switch*. Yale University Press: New Haven, 2020.

Descartes, René. *Meditationes de prima philosophia*. Notre Dame: University of Notre Dame Press, 1990.

Desjardins, Jeff. «How Google Retains More than 90% of Market Share». *Business Insider*, 23 abril 2018. https://www.businessinsider.com/how-google-retains-more-than-90-of-market-share-2018-4?op=1.

Doffman, Zak. «New TikTok Ban Suddenly Hits Millions of Users as Serious Problems Get Worse». *Forbes*, 30 junio 2020. https://www.forbes.com/sites/zakdoffman/2020/06/30/tiktoks-worst-nightmare-has-just-come-true/?sh=7064fe795681.

———. «Yes, TikTok Has a Serious China Problem—Here's Why You Should Be Concerned». *Forbes*, 9 julio 2020. https://www.forbes.com/sites/zakdoffman/2020/07/09/tiktok-serious-china-problem-ban-security-warning/?sh=56e025d81f22.

Dolbier, Christyn L., Erin N. Haley, Lauren Conder y William Guiler. «Adverse Childhood Experiences and Adult Psychopathological Symptoms: the Moderating Role of Dispositional Mindfulness». *Journal of Contextual Behavioral Science* 21 (2021): 73-79.

Dong, Guangheng y Marc N. Potenza. «Behavioural and Brain Responses Related to Internet Search and Memory». *The European Journal of Neuroscience* 42, n. 8 (2015): 2546-2554.

Doyle, J. F. y F. Pazhoohi. «Natural and Augmented Breasts: Is What Is Not Natural Most Attractive?». *Human Ethology Bulletin* 27, n. 4 (2012): 4-14.

Draganski, Bogdan, Christian Gaser, Gerd Kempermann, H. Georg Kuhn, Jurgen Winkler, Christian Buchel y Arne May. «Temporal and Spatial Dynamics of Brain Structure Changes during Extensive Learning». *The Journal of Neuroscience* 26, n. 23 (2006): 6314-6317.

Dreher, Rod. *Vivir sin mentiras: manual para la disidencia cristiana*. Madrid: Encuentro, 2021.

Dunbar, R. I. M. «The Anatomy of Friendship». *Trends in Cognitive Sciences* 22, n. 1 (2018): 32-51.

Edwards, Douglas. *I'm Feeling Lucky: the Confessions of Google Employee Number 59*. Nueva York: Houghton Mifflin Harcourt, 2011.

Ehntholt, Kimberly A., Paul M. Salkovskis y Katharine A. Rimes. «Obsessive-Compulsive Disorder, Anxiety Disorders and Self-Esteem: an Exploratory Study». *Behaviour Research and Therapy* 37, n. 8 (1999): 771-781.

Eisenberger, Naomi I., Matthew D. Lieberman y Kipling D. Williams. «Does Rejection Hurt? An fMRI Study of Social Exclusion». *Science* 302, n. 5643 (2003): 290-292.

Eko, Lyombe, Anup Kumar y Qingjiang Yao. «Google This: the Great Firewall of China, the IT Wheel of India, Google Inc., and Internet Regulation». *Journal of Internet Law* 15, n. 3 (2011): 3-14.

El-Bermawy, Mostafa. «Your Filter Bubble Is Destroying Democracy». *Wired*, 18 noviembre 2016. https://www.wired.com/2016/11 /filter-bubble-destroying-democracy/.

Everitt, Barry J., David Belin, Jeffrey W. Dalley y Robbins Trevor W. «Dopaminergic Mechanisms in Drug-Seeking Habits and the Vulnerability to Drug Addiction». En *Dopamine Handbook*, editado por Iversen, Leslie, y otros, pp. 389-406. Oxford: Oxford University Press, 2010.

Falk, Emily B. y Danielle S. Bassett. «Brain and Social Networks: Fundamental Building Blocks of Human Experience». *Trends in Cognitive Sciences* 21, n. 9 (2017): 674-690.

Fennell, M. J. «Low Self-Esteem: a Cognitive Perspective». *Behavioural and Cognitive Psychotherapy* 25, n. 1 (1997): 1-26.

Filimowicz, Michael. *Deep Fakes: Algorithms and Society*. Abingdon: Routledge, 2022. doi:10.4324/9781003173397.

Firestone, Shulamith. *La dialéctica del sexo: en defensa de la revolución feminista*. Barcelona: Kairós, 1976.

Firth, J., J. Torous, B. Stubbs, Firth J.A., G. Z. Steiner, Smith L., M. Alvarez-Jimenez, J. Gleeson, D. Vancampfort, Armitage C. J. y J. Sarris. «The "Online Brain": How the Internet May Be Changing Our Cognition». *World Psychiatry* 18, n. 2 (2019): 119-129.

Fisher, Matthew, Mariel K. Goddu y Frank C. Keil. «Searching for Explanations: How the Internet Inflates Estimates of Internal Knowledge». *Journal of Experimental Psychology* 144, n. 3 (2015): 674-687.

Foroohar, Rana. «Superstar Companies Also Feel the Threat of Disruption». *Financial Times*, 21 octubre 2018. https://www .ft.com/content/fd2016f4-d3a5-11e8-a9f2-7574db66bcd5.

Foucault, Michel. *Vigilar y castigar: nacimiento de la prisión*. Buenos Aires: Siglo XXI Editores, 2002.

Fraile, Guillermo. *Grecia y Roma*. Historia de la Filosofía. Vol. 1, Madrid: BAC, 1997.

Frenkel, Sheera, Mike Isaac y Ryan Mac. «How Facebook Is Morphing into Meta». *The New York Times* (Nueva York), 31 enero 2022. https://www.nytimes.com/2022/01/31/technology/facebook -meta-change.html.

Gallagher, Ryan. «Google Plans to Launch Censored Search Engine in China, Leaked Documents Reveal». *The Intercept*, 1 agosto 2018. https://theintercept.com/2018/08/01/google-china-search -engine-censorship/.

———. «How U.S. Tech Giants Are Helping to Build China's Surveillance State». *The Intercept*, 11 julio 2019. https://theintercept .com/2019/07/11/china-surveillance-google-ibm-semptian/.

Gallón Salazar, Angélica María. «No tener hijos para no contribuir a la debacle ambiental». *El País* (Madrid), 25 septiembre 2022.

https://elpais.com/america-futura/2022-09-25/no-tener-hijos
-para-no-contribuir-a-la-debacle-ambiental.html.

Galmiche, Marie, Pierre Déchelotte, Grégory Lambert y Marie Pierre
Tavolacci. «Prevalence of Eating Disorders over the 2000-2018
Period: a Systematic Literature Review». *The American Journal
of Clinical Nutrition* 109, n. 5 (2019): 1402-1413.

Gan, Nectar. «China Is Installing Surveillance Cameras outside
People's Front Doors... and Sometimes inside Their Homes». *CNN
Business*, 28 abril 2020. https://edition.cnn.com/2020/04/27/asia
/cctv-cameras-china-hnk-intl/index.html.

Gates, Bill. «Education 2.0». *GatesNotes*, 8 marzo 2012. https://www
.gatesnotes.com/Education-2.

Geli, Carles. «In Orwell's "1984" Society Knew It Was Being Dominated.
Not Today». *El País* (Madrid), 7 febrero 2018. https://english
.elpais.com/elpais/2018/02/07/inenglish/1517995081_033617
.html.

Geller, Eric. «Trump Signs Order Setting Stage to Ban Huawei
from U.S.». *Politico*, 15 mayo 2019. https://www.politico.com
/story/2019/05/15/trump-ban-huawei-us-1042046.

Gelles, David. «Google CEO Sundar Pichai: "Technology Doesn't
Solve Humanity's Problems"». *The New York Times* (Nueva
York), 8 noviembre 2018, Business. https://www.nytimes
.com/2018/11/08/business/sundar-pichai-google-corner-office.
html.

Gerber, Alan S., Donald P. Green y Christopher W. Larimer. «Social
Pressure and Voter Turnout: Evidence from a Large-Scale Field
Experiment». *The American Political Science Review* 102, n. 1
(2008): 33-48.

Gertz, Nolen. *Nihilism and Technology*. Londres: Rowman &
Littlefield International, 2018.

Goddings, Anne-Lise, Kathryn L. Mills, Liv S. Clasen, Jay N. Giedd,
Russell M. Viner y Sarah-Jayne Blakemore. «The Influence of
Puberty on Subcortical Brain Development». *NeuroImage* 88
(2014): 242-251.

Goh, Brenda. «Three hours a week: Play time's over for China's young
video gamers». *Reuters*, 31 agosto 2021. https://www.reuters
.com/world/china/china-rolls-out-new-rules-minors-online
-gaming-xinhua-2021-08-30/.

Goh, Katie. «Taylor Swift and Carly Rae Jepsen are Ushering in the
Lonely Girl Era». *i-D*, 24 octubre 2022. https://i-d.vice.com/en
/article/wxn775/taylor-swift-carly-rae-jepsen-loneliness.

Grauer, Yael. «Revealed: Massive Chinese Police Database». *The
Intercept*, 29 enero 2021. https://theintercept.com/2021/01/29
/china-uyghur-muslim-surveillance-police/.

Green, Donald P. y Alan S. Gerber. «Introduction to Social Pressure
and Voting: New Experimental Evidence». *Political Behavior* 32,
n. 3 (2010): 331-336.

Green, Joshua. «Google's Eric Schmidt Invests in Obama's Big Data Brains». *Bloomberg*, 31 mayo 2013. https://www.bloomberg.com /news/articles/2013-05-30/googles-eric-schmidt-invests-in -obamas-big-data-brains?leadSource=uverify%20wall.

——. «Messina Consults Jobs to Spielberg in Crafting Obama's Campaign». *Bloomberg*, 14 junio 2012. https://www.bloomberg .com/news/articles/2012-06-14/obama-s-messina-taps-google-s -schmidt-for-wisdom-on-winning-race?leadSource=uverify%20 wall.

Green, M., M. Kovacova y K. Valaskova. «Smartphone Addiction Risk, Depression Psychopathology, and Social Anxiety». *Analysis and Metaphysics* 19 (2020): 52-58.

Greenfield, Adam. «China's Dystopian Tech Could Be Contagious». *The Atlantic*, 14 febrero 2018. https://www.theatlantic.com /technology/archive/2018/02/chinas-dangerous-dream-of-urban -control/553097/.

Greenfield, David N. *Virtual Addiction: Help for Netheads, Cyberfreaks, and Those Who Love Them*. Oakland: New Harbinger Publications, 1999.

Greengard, Samuel. *The Internet of Things*. Cambridge: MIT Press, 2015.

Greitens, Sheena Chestnut. «Surveillance, Security, and Liberal Democracy in the Post-COVID World». *International Organization* 74, n. S1 (2020): 169-190.

Griffiths, James. «China Is Rolling Out Facial Recognition for All New Mobile Phone Numbers». *CNN Business*, 2 diciembre 2019. https ://edition.cnn.com/2019/12/02/tech/china-facial-recognition -mobile-intl-hnk-scli/index.html.

Grossmann, Tobias. «The Role of Medial Prefrontal Cortex in Early Social Cognition». *Frontiers in Human Neuroscience* 7 (2013): 340.

Gruenwald Henderson, Juliana y Peter Kaplan. «FTC Imposes $5 Billion Penalty and Sweeping New Privacy Restrictions on Facebook». *Federal Trade Commission*, 24 julio 2019.

Grumbling, Emily y Anne Johnson. «Implications of Artificial Intelligence for Cybersecurity: Proceedings of a Workshop». En *Deep Fakes*, editado por Engineering National Academies of Sciences and Medicine, pp. 54-60. Washington, D. C.: National Academies Press, 2019.

Gual, Pilar, Marta Pérez-Gaspar, Miguel Angel Martínez-González, Francisca Lahortiga, Jokin de Irala-Estévez y Salvador Cervera-Enguix. «Self-Esteem, Personality and Eating Disorders: Baseline Assessment of a Prospective Population-Based Cohort». *The International Journal of Eating Disorders* 31, n. 3 (2002): 261-273.

Guthrie, W. K. C. *Plato, the Man and His Dialogues, Earlier Period*. A History of Greek Philosophy, vol. IV. Cambridge: Cambridge University Press, 1977.

Haidt, Jonathan. «The Dangerous Experiment on Teen Girls». *The Atlantic*, 21 noviembre 2021. https://www.theatlantic .com/ideas/archive/2021/11/facebooks-dangerous-experiment -teen-girls/620767/.

——. «Yes, Social Media Really Is Undermining Democracy». *The Atlantic*, 28 julio 2022. https://www.theatlantic.com/ideas /archive/2022/07/social-media-harm-facebook-meta-response /670975/.

Haidt, Jonathan y Sam Abrams. «The Top 10 Reasons American Politics Are So Broken». *The Washington Post* (Washington, D. C.), 7 enero 2015. https://www.washingtonpost.com/news/wonk /wp/2015/01/07/the-top-10-reasons-american-politics-are-worse -than-ever/.

Haidt, Jonathan y Tobias Rose-Stockwell. «The Dark Psychology of Social Networks». *The Atlantic*, diciembre 2019. https://www.theatlantic .com/magazine/archive/2019/12/social-media-democracy /600763/.

Haidt, Jonathan y Jean M. Twenge. «Adolescent Mood Disorders since 2010: a Collaborative Review». Inédito. https://tinyurl .com/TeenMentalHealthReview.

Halberstam, Yosh y Brian Knight. «Homophily, Group Size, and the Diffusion of Political Information in Social Networks: Evidence from Twitter». *Journal of Public Economics* 143 (2016): 73-88.

Hale, James «Chinese Tech Giant ByteDance Reportedly Working to Bring TikTok's Operations Stateside». *TubeFilter*, 29 mayo 2020. https://www.tubefilter.com/2020/05/29/bytedance -tiktok -operations-china-us/.

Hall-Geisler, Kristen y Jennifer Lobb. «How Do Those Car Insurance Tracking Devices Work?». *U.S. News*, 9 marzo 2022. https ://www.usnews.com/insurance/auto/how-do-those-car-insuran ce-tracking-devices-work.

Hallett, Mark. «Neuroplasticity and Rehabilitation». *Journal of Rehabilitation Research and Development* 42, n. 4 (2005): xvii-xxii.

Hamilton, Kristy A. y Mike Z. Yao. «Blurring Boundaries: Effects of Device Features on Metacognitive Evaluations». *Computers in Human Behavior* 89 (2018): 213-220.

Han, Byung-Chul. *La sociedad de la transparencia*. Trad. por Gabás, Raúl. Barcelona: Herder, 2013.

——. *Psicopolítica*. Trad. por Bergés, Alfredo. Barcelona: Herder, 2014.

Han, Jae-Ho. «Artificial Intelligence in Eye Disease: Recent Developments, Applications, and Surveys». *Diagnostics* 12, n. 8 (2022): e1927.

Harari, Yuval N. *Homo Deus: a Brief History of Tomorrow*. Toronto: Signal, 2017 [en español, *Homo Deus: breve historia del mañana*. Barcelona: Debate, 2017].

Harari, Yuval N. «Will the Future Be Human?». *World Economic Forum*, 24 enero 2018. https://www.weforum.org/events/world-economic -forum-annual-meeting-2018/sessions/will-the-future-be-human.

Harris, J. R. «Where Is the Child's Environment? A Group Socialization Theory of Developpment». *Psychological Review* 102, n. 3 (1995): 458-489.

Harris, Mark «Inside Alphabet's Money-Spinning, Terrorist-foiling, Gigabit Wi-Fi Kiosks». *Vox*, 1 julio 2016. https://www .vox.com/2016/7/1/12072122/alphabet-sidewalk-labs-city-wifi -sidewalk-kiosks.

Harris, Shane. «Total Recall». *Foreign Policy*, 19 junio 2013. https ://foreignpolicy.com/2013/06/19/total-recall/

Harter, S. «The Development of Self-Representations». En *Handbook of Child Psychology*, editado por Damon, W. y N. Eisenberg, 553-617. Nueva York: Wiley, 1998.

Haskins, Caroline. «Walmart Is Facing a Class Action Suit for Allegedly Violating an Illinois Privacy Law by Using Surveillance Cameras and Clearview AI's Facial Recognition Database». *Insider*, 6 septiembre 2022. https://www.businessinsider.com/walmart-is -facing-a-class-action-over-its-alleged-use-of-surveillance-came ras-and-clearview-ais-facial-recognition-database-2022-9

Hawkins, Andrew. «Alphabet's Sidewalk Labs Shuts Down Toronto Smart City Project». *The Verge*, 7 mayo 2020. https://www.theverge .com/2020/5/7/21250594/alphabet-sidewalk-labs-toronto -quayside-shutting-down.

Hay, Ian y Adrian F. Ashman. «The Development of Adolescents' Emotional Stability and General Self-Concept: the Interplay of Parents, Peers, and Gender». *International Journal of Disability, Development, and Education* 50, n. 1 (2003): 77-91.

Hay, Phillipa, Deborah Mitchison, Abraham Ernesto Lopez Collado, David Alejandro González-Chica, Nigel Stocks y Stephen Touyz. «Burden and Health-Related Quality of Life of Eating Disorders, Including Avoidant/Restrictive Food Intake Disorder (ARFID), in the Australian Population». *Journal of Eating Disorders* 5, n. 1 (2017): 21.

Heidegger, Martin. «The Question Concerning Technology». Traducido por Lovitt, William. En *The Question Concerning Technology and Other Essays*. Nueva York: Harper & Row, 1977.

Henkel, Linda A. «Point-and-Shoot Memories: the Influence of Taking Photos on Memory for a Museum Tour». *Psychological Science* 25, n. 2 (2014): 396-402.

Hern, Alex. «Apple Contractors 'Regularly Hear Confidential Details' on Siri Recordings». *The Guardian*, 26 julio 2019. https://www .theguardian.com/technology/2019/jul/26/apple-contractors -regularly-hear-confidential-details-on-siri-recordings.

———. «"Never Get High on Your Own Supply"—Why Social Media Bosses Don't Use Social Media». *The Guardian* (Londres), 23 enero 2018. https://www.theguardian.com/media/2018/jan/23

/never-get-high-on-your-own-supply-why-social-media-bosses
-dont-use-social-media.

Hill, Kashmir. «How Target Figured Out a Teen Girl Was Pregnant Before Her Father Did». *Forbes*, 16 febrero 2012. https://www .forbes.com/sites/kashmirhill/2012/02/16/how-target-figured -out-a-teen-girl-was-pregnant-before-her-father-did/.

Hobbes, Thomas. *Leviathan*. Editado por Tuck, Richard. Cambridge: Cambridge University Press, 1996 [en español, puede encontrarse en numerosas antologías o recopilatorios de Hobbes].

Hoffman, Samantha. «Engineering Global Consent: the Chinese Communist Party's Data-Driven Power Expansion». *Australian Strategic Policy Institute* (14 octubre 2019). https://www.aspi .org.au/report/engineering-global-consent-chinese-communist -partys-data-driven-power-expansion.

Holmgren, Hailey G. y Sarah M. Coyne. «Can't Stop Scrolling!: Pathological Use of Social Networking Sites in Emerging Adulthood». *Addiction Research & Trheory* 25, n. 5 (2017): 375-382.

Holt-Lunstad, Julianne, Timothy B. Smith y J. Bradley Layton. «Social Relationships and Mortality Risk: a Meta-Analytic Review». *PLoS Medicine* 7, n. 7 (2010): e1000316.

Hoofnagle, Chris. «Facebook and Google Are the New Data Brokers». *Cornell Tech*, 5 enero 2021. https://www.dli.tech.cornell.edu /post/facebook-and-google-are-the-new-data-brokers.

Horgan, John. «U.S. Never Really Ended Creepy "Total Information Awareness" Program». *Scientific American*, 7 junio 2013. https ://blogs.scientificamerican.com/cross-check/u-s-never-really -ended-creepy-total-information-awareness-program/

Horvat, Alejandro. «Catástrofe educativa: la pandemia generó una deserción escolar crítica en la Argentina». *La Nación* (Buenos Aires), 9 diciembre 2021. https://www.lanacion.com.ar/sociedad /catastrofe-educativa-la-pandemia-genero-una-desercion- escolar-critica-en-la-argentina-nid09122021/.

House, J. S., K. R. Landis y D. Umberson. «Social Relationships and Health». *Science* 241, n. 4865 (1988): 540-545.

Huddleston Jr., Tom. «Bill Gates Says the Metaverse Will Host Most of Your Office Meetings within "Two or Three Years" — Here's What It Will Look Like». *CNBC*, 9 diciembre 2021. https://www.cnbc .com/2021/12/09/bill-gates-metaverse-will-host-most-virtual -meetings-in-a-few-years.html.

Huff, Aaron. «Dash Cameras Evolve with AI for Facial Recognition, Driver Self-Coaching». *CCJ*, 1 julio 2020. https://www .ccjdigital.com/business/article/14939758/dash-cameras-use -facial-recognition-driver-self-coaching.

Huffington, Arianna Stassinopoulos. *The Sleep Revolution: Transforming Your Life, One Night at a Time*. Nueva York: Harmony Books, 2016.

Hutchinson, Andrew. «Facebook Launches New Stickers to Encourage COVID-19 Vaccination on Instagram, Facebook and WhatsApp». *Social Media Today*, 7 abril 2021. https://www .socialmediatoday.com/news/facebook-launches-new-stickers -to-encourage-covid-19-vaccination-on-instagr/598015/.

Ingram, David. «Biden Signs Tiktok Ban for Government Devices, Setting Up a Chaotic 2023 for the App». *NBC News*, 30 diciembre 2022. https://www.nbcnews.com/tech/tech-news /tiktok-ban-biden-government-college-state-federal-security -privacy-rcna63724.

Iqbal, Mansoor. «WeChat Revenue and Usage Statistics (2022)». *Business of Apps*, 6 septiembre 2022. https://www.businessofapps .com/data/wechat-statistics/.

Issenberg, Sasha. «How Obama's Team Used Big Data to Rally Voters». *MIT Technology Review* 116, n. 1 (2013): 38-49.

———. *The Victory Lab: The Secret Science of Winning Campaigns*. Nueva York: Crown, 2013.

Jargon, Julie. «How 13 Became the Internet's Age of Adulthood». *The Wall Street Journal* (Nueva York), 18 junio 2019. https ://www.wsj.com/articles/how-13-became-the-internets-age-of -adulthood-11560850201.

Jasieska, Grazyna, Anna Ziomkiewicz, Peter T. Ellison, Susan F. Lipson y Inger Thune. «Large Breasts and Narrow Waists indicate High Reproductive Potential in Women». *Proceedings of the Royal Society of Biological Sciences* 271, n. 1545 (2004): 1213-1217.

Javers, Eamon. «Obama-Google connection Scares Competitors». *Politico*, 10 noviembre 2008. https://www.politico.com/story /2008/11/obama-google-connection-scares-competitors-015487.

Jourdan, Adam. «Tim Cook and Mark Zuckerberg Meet with Chinese President Xi Jinping in Beijing». *Insider*, 30 octubre 2017. https ://www.businessinsider.com/tim-cook-and-mark-zuckerberg -meet-with-china-president-xi-jinping-in-beijing-2017-10.

Jozuka, Emiko. «Beyond Dimensions: the Man Who Married a Hologram». *CNN Health*, 29 diciembre 2018. https://edition.cnn .com/2018/12/28/health/rise-of-digisexuals-intl/index.html.

Julianne, Holt-Lunstad, B. Smith Timothy, Baker Mark, Harris Tyler y Stephenson David. «Loneliness and Social Isolation as Risk Factors for Mortality: a Meta-Analytic Review». *Perspectives on Psychological Science* 10, n. 2 (2015): 227-237.

Justich, Kerry. «Ashley Benson, Sophie Turner and More Call Out Plastic Surgery Trends popularized on Social Media with Instagram Filter». *Yahoo Life*, 31 marzo 2021. https://www .yahoo.com/lifestyle/pillow-face-filter-plastic-surgery-trends -194308774.html.

Kampf, Stephanie y Mark Kelley. «A New "Arms Race": How the U.S. Military Is Spending Millions to Fight Fake Images». *CBC*

News, 18 noviembre 2018. https://www.cbc.ca/news/science /fighting-fake-images-military-1.4905775.

Kanai, R., B. Bahrami, R. Roylance y G. Rees. «Online Social Network Size Is Reflected in Human Brain Structure». *Proceedings of Biological sciences* 279, n. 1732 (2012): 1327-1334.

Kantar. «COVID-19 Barometer: Consumer Attitudes, Media Habits and Expectations». *Kantar*, 3 abril 2020. https://www.kantar.com /Inspiration/Coronavirus/COVID-19-Barometer-Consumer -attitudes-media-habits-and-expectations.

Karsten, Jack y Darrell West. «China's Social Credit System Spreads to More Daily Transactions». *Brookings Institution*, 18 junio 2018. https://www.brookings.edu/blog/techtank/2018/06/18/chinas -social-credit-system-spreads-to-more-daily-transactions/.

Keegan, Jon y Alfred Ng. «There's a Multibillion-Dollar Market for Your Phone's Location Data». *The Markup*, 30 septiembre 2021. https ://themarkup.org/privacy/2021/09/30/theres-a-multibillion -dollar-market-for-your-phones-location-data.

Kelion, Leo. «Google-Nest Merger Raises Privacy Issues». *BBC News* (Londres), 8 febrero 2018. https://www.bbc.com/news /technology-42989073

Kelleher, Kevin. «U.S. Companies Are Hoarding More and More Cash Overseas». *Fortune*, 5 agosto 2022. https://fortune.com /2022/08/05/us-companies-cash-overseas-tax-incentives/.

Keynes, John Maynard. *Essays in Persuasion*. Nueva York: W.W.Norton & Co., 1963 [en español, *Ensayos de persuasión*. Barcelona: Crítica, 1988].

Khatri, Marzook. «Network Amelioration, AI Automation and Future Integration in Wireless Networks». *International Journal for Research in Applied Science and Engineering Technology* 9, n. 8 (2021): 2607-2613.

Kheriaty, Aaron. *The New Abnormal: the Rise of the Biomedical Security State*. Washington D. C.: Regnery Publishing, 2022.

Kilgour, Frederick G. *The Evolution of the Book*. Nueva York: Oxford University Press, 1998.

Kinkead, D. y D. M. Douglas. «The Network and the Demos: Big Data and the Epistemic Justifications of Democracy». En *Big data and Democracy*, editado por Macnish, Kevin y Jai Galliott. Edinburgh: Edinburgh University Press, 2020.

Koduri, Raja. «Powering the Metaverse». *Intel*, 14 diciembre 2021. https://www.intel.com/content/www/us/en/newsroom/opinion /powering-metaverse.html.

Kokas, Aynne. *Trafficking Data: How China Is Winning the Battle for Digital Sovereignty*. Nueva York: Oxford University Press, 2023.

Kononova, Anastasia y Yi-Hsuan Chiang. «Why Do We Multitask with Media? Predictors of Media Multitasking among Internet Users in the United States and Taiwan». *Computers in Human Behavior* 50 (2015): 31-41.

Konova, Anna B., Scott J. Moeller y Rita Z. Goldstein. «Common and Distinct Neural Targets of Treatment: Changing Brain Function in Substance Addiction». *Neuroscience and Biobehavioral Reviews* 37, n. 10 (2013): 2806-2817.

Kramer, Adam D. I., Jamie E. Guillory y Jeffrey T. Hancock. «Experimental Evidence of Massive-Scale Emotional Contagion through Social Networks». *Proceedings of the National Academy of Sciences* 111, n. 24 (2014): 8788-8790.

Kreiss, Daniel y Philip N. Howard. «New Challenges to Political Privacy: Lessons from the First U.S. Presidential Race in the Web 2.0 Era». *International Journal of Communication* 4, n. 20 (2010): 1032–1050.

Kubota, Samantha. «Brand Formerly Known as Aunt Jemima Reveals New Name». *NBC News*, 9 febrero 2021. https://www.nbcnews .com/business/business-news/brand-formerly-known-aunt -jemima-reveals-new-name-n1257206.

Kuck, Nora, Lara Cafitz, Paul-Christian Bürkner, Laura Hoppen, Sabine Wilhelm y Ulrike Buhlmann. «Body Dysmorphic Disorder and Self-Esteem: a Meta-Analysis». *BMC Psychiatry* 21, n. 1 (2021): 1-16.

Kuhl, Patricia K. «Brain Mechanisms in Early Language Acquisition». *Neuron* 67, n. 5 (2010): 713-727.

Kühn, Simone y Jürgen Gallinat. «Brains Online: Structural and Functional Correlates of Habitual Internet Use». *Addiction Biology* 20, n. 2 (2015): 415-422.

Kurzweil, Ray. *La singularidad está cerca: cuando los humanos transcendamos la biología*. Berlín: Lola Books, 2020.

Kuss, D. J., M. D. Griffiths, L. Karila y J. Billieux. «Internet Addiction: a Systematic Review of Epidemiological Research for the Last Decade». *Current Pharmaceutical Design* 20, n. 25 (2014): 4026-4052.

Kuznekoff, Jeffrey H. y Scott Titsworth. «The Impact of Mobile Phone Usage on Student Learning». *Communication Education* 62, n. 3 (2013): 233-252.

Kwon, Min, Dai-Jin Kim, Hyun Cho y Soo Yang. «The Smartphone Addiction Scale: Development and Validation of a Short Version for Adolescents». *PloS One* 8, n. 12 (2013): e83558.

La Nación. «Cristina Kirchner: "Me siento la Sarmiento del Bicentenario"». *La Nación* (Buenos Aires), 6 abril 2010. https ://www.lanacion.com.ar/cultura/cristina-kirchner-me-siento-la -sarmiento-del-bicentenario-nid1251253/.

LaFontana, Kathryn M. y Antonius H. N. Cillessen. «Developmental Changes in the Priority of Perceived Status in Childhood and Adolescence». *Social Development* 19, n. 1 (2010): 130-147.

Laje, Agustín. *La batalla cultural: Reflexiones críticas para una Nueva Derecha*. Ciudad de México: HarperCollins México, 2022.

Landsberg, Noah. «The Ultimate TikTok Video Size Guide for 2022». *Influencer Marketing Hub*, 10 mayo 2022. https://influen cermarketinghub.com/tiktok-video-size/.

Lanier, Jaron. *Diez razones para borrar tus redes de inmediato.* Barcelona: Debate, 2018.

Laricchia, Federica. «Mobile Operating Systems' Market Share Worldwide from 1st Quarter 2009 to 4th Quarter 2022». *Statista*, 17 enero 2023. https://www.statista.com/statistics/272698/global -market-share-held-by-mobile-operating-systems-since-2009 /#:~:text=Android%20maintained%20its%20position%20as,the %20mobile%20operating%20system%20market.

Layton, Lyndsey. «How Bill Gates Pulled Off the Swift Common Core Revolution». *The Washington Post* (Washington, D. C.), 7 junio 2014. https://www.washingtonpost.com/politics/how-bill-gates -pulled-off-the-swift-common-core-revolution/2014/06/07/a8 30e32e-ec34-11e3-9f5c-9075d5508f0a_story.html.

Lazarus, David. «Shadowy Data Brokers Make the Most of Their Invisibility Cloak». *Los Angeles Times* (Los Angeles), 5 noviem-bre 2019. https://www.latimes.com/business/story/2019-11-05 /column-data-brokers

LeDoux, Joseph E. *Synaptic Self: How Our Brains Become Who We Are.* Nueva York: Viking, 2002.

Lee, Jyh- An. «Forced Technology Transfer in the Case of China». *Boston University Journal of Science and Technology Law* 26, 2 (2020): 324-352.

Levenson, Jessica C., Ariel Shensa, Jaime E. Sidani, Jason B. Colditz y Brian A. Primack. «The Association between Social Media Use and Sleep Disturbance among Young Adults». *Preventive Medicine* 85 (2016): 36-41.

Levine, Harry Gene. «The Discovery of Addiction: Changing Conceptions of Habitual Drunkenness in America». *Journal of Substance Abuse Treatment* 2, n. 1 (1985): 43-57.

Levinson, Charles. «Through Apps, Not Warrants, "Locate X" Allows Federal Law Enforcement to track Phones». *Protocol*, 5 marzo 2020. https://www.protocol.com/government-buying-location-data.

Levy, Raymond. «Aging-Associated Cognitive Decline». *International Psychogeriatrics* 6, 1 (1994): 63-68.

Levy, Steven. «All Eyes on Google». *Newsweek*, 4 noviembre 2004. https://www.newsweek.com/all-eyes-google-125003.

———. *In the Plex: How Google Thinks, Works, and Shapes Our Lives.* Nueva York: Simon & Schuster.

Lewis, Kevin, Jason Kaufman, Marco Gonzalez, Andreas Wimmer y Nicholas Christakis. «Tastes, Ties, and Time: a New Social Network Dataset Using Facebook.com». *Social Networks* 30, n. 4 (2008): 330-342.

Lewis, Kyle y Benjamin Herndon. «Transactive Memory Systems: Current Issues and Future Research Directions». *Organization Science* 22, n. 5 (2011): 1254-1265.

Liang, Fan. «COVID-19 and Health Code: How Digital Platforms Tackle the Pandemic in China». *Social Media + Society* 6, n. 3 (2020): 1-4.

Liang Jun, Bianji. «Facial Recognition Used to Analyze Students' Classroom Behaviors». *People's Daily Online*, 19 mayo 2018. http://en.people.cn/n3/2018/0519/c90000-9461918.html.

Liddell, Henry George y Robert Scott. *Greek-English Lexicon (abridged)*. Oxford: Clarendon Press, 1929

Lillard, Angeline S. y Jennifer Peterson. «The Immediate Impact of Different Types of Television on Young Children's Executive Function». *Pediatrics* 128, n. 4 (2011): 644-649.

Lin, Liu yi, Jaime E. Sidani, Ariel Shensa, Ana Radovic, Elizabeth Miller, Jason B. Colditz, Beth L. Hoffman, Leila M. Giles y Brian A. Primack. «Association between Social Media Use and Depression among U.S. Young Adults». *Depression and Anxiety* 33, n. 4 (2016): 323-331.

Liu, Lizhi. «The Rise of Data Politics: Digital China and the World». *Studies in Comparative International Development* 56, n. 1 (2021): 45-67.

Liu, Xiaoyue, Xiao Lin, Ming Zheng, Yanbo Hu, Yifan Wang, Lingxiao Wang, Xiaoxia Du y Guangheng Dong. «Internet Search Alters Intra- and Inter-Regional Synchronization in the Temporal Gyrus». *Frontiers in Psychology* 9 (2018): 260.

Loades, Maria Elizabeth, Eleanor Chatburn, Nina Higson-Sweeney, Shirley Reynolds, Roz Shafran, Amberly Brigden, Catherine Linney, Megan Niamh McManus, Catherine Borwick y Esther Crawley. «Rapid Systematic Review: the Impact of Social Isolation and Loneliness on the Mental Health of Children and Adolescents in the Context of COVID-19». *Journal of the American Academy of Child and Adolescent Psychiatry* 59, n. 11 (2020): 1218-1239.

Loh, Kep Kee y Ryota Kanai. «Higher Media Multi-Tasking Activity Is Associated with Smaller Gray-Matter Density in the Anterior Cingulate Cortex». *PloS One* 9, n. 9 (2014): e106698.

——. «How Has the Internet Reshaped Human Cognition?». *The Neuroscientist* 22, n. 5 (2016): 506-520.

Lonergan, Alexandra R., Kay Bussey, Jasmine Fardouly, Scott Griffiths, Stuart B. Murray, Phillipa Hay, Jonathan Mond, Nora Trompeter y Deborah Mitchison. «Protect Me from My Selfie: Examining the Association between Photo-Based Social Media Behaviors and Self-Reported Eating Disorders in Adolescence». *The International Journal of Eating Disorders* 53, n. 5 (2020): 485-496.

«Lost in the Cloud: Google and the US Government». *Consumer Watchdog*, enero 2011. https://www.consumerwatchdog.org/report/lost-cloud-google-and-us-government.

Lovich, Deborah. «What Is the Metaverse and Why Should You Care?». *Forbes*, 11 mayo 2022. https://www.forbes.com

/sites/deborahlovich/2022/05/11/what-is-the-metaverse-and
-why-should-you-care/?sh=2adbccf02704.

Lozano-Blasco, Raquel, Alberto Quilez Robres y Alberto Soto
Sánchez. «Internet Addiction in Young Adults: a Meta-Analysis
and Systematic Review». *Computers in Human Behavior* 130
(2022): 107201.

Luby, J. y S. Kertz. «Increasing Suicide Rates in Early Adolescent
Girls in the United States and the Equalization of Sex Disparity
in Suicide: the Need to Investigate the Role of Social Media».
JAMA 2, n. 5 (2019): e193916.

Lukacs de Pereny, Miklos. «La tiranía de los algoritmos». En
Pandemonium ¿De la pandemia al control total?, editado por
Beltramo, Carlos y Carlos Polo Samaniego, 45-56. Front Royal:
Population Reserach Institute, 2020.

———. *Neo entes: Tecnología y cambio antropológico en el siglo 21.*
Ciudad de México: Kabod Ediciones, 2022.

Lyon, David. *Surveillance after September 11.* Malden: Polity Press,
2003.

Ma, Steven. «The Infinite Possibilities of Video Games». *Tencent*, 17
mayo 2021. https://www.tencent.com/en-us/articles/2201154.html.

Maguire, E. A., D. G. Gadian, I. S. Johnsrude, C. D. Good, J. Ashburner,
R. S. Frackowiak y C. D. Frith. «Navigation-Related Structural
Change in the Hippocampi of Taxi Drivers». *Proceedings of the
National Academy of Sciences* 97, n. 8 (2000): 4398-4403.

Maher, Sean. «Deep Fakes: Seeing and Not Believing». En *Deep Fakes*,
editado por Filimowicz, Michael, 1-22. Abingdon: Routledge,
2022.

Mai, Lisa M., Rainer Freudenthaler, Frank M. Schneider y Peter
Vorderer. «"I know You've Seen It!" Individual and Social Factors
for Users' Chatting Behavior on Facebook». *Computers in
Human Behavior* 49 (2015): 296-302.

Markoff, John. «Pentagon Plans a Computer System that Would Peek
at Personal Data of Americans». *The New York Times* (Nueva
York), 9 noviembre 2002. https://www.nytimes.com/2002/11/09
/us/threats-responses-intelligence-pentagon-plans-computer
-system-that-would-peek.html

Marlowe, F. «The Nobility Hypothesis: the Human Breast as an
Honest Signal of Residual Reproductive Value». *Human nature*
9, n. 3 (1998): 263-271.

Marshall, Aarian. «Alphabet's Plan for Toronto Depends on Huge
Amounts of Data». *Wired*, 24 junio 2019. https://www.wired.com
/story/alphabets-plan-toronto-depends-huge-amounts-data/.

Masi, Christopher M., Hsi-Yuan Chen, Louise C. Hawkley y John
T. Cacioppo. «A Meta-Analysis of Interventions to Reduce
Loneliness». *Personality and Social Psychology Review* 15, n. 3
(2011): 219-266.

Masiliauskas, Paulius. «How to Access WhatsApp in China in 2023». *Cybernews*, 16 diciembre 2022. https://cybernews.com /how-to-use-vpn/unblock-whatsapp-in-china/.

Matsueda, R. L. y K. Anderson. «The Dynamics of Delinquent Peers and Delinquent Behavior». *Criminology* 36, n. 2 (1998): 269-308.

Mauboussin, Michael J., Dan Callahan y Darius Majd. «The Incredible Shrinking Universe of Stocks». *Credit Suisse*, 22 marzo 2017. http://www.shareholderforum.com/access/Library/20170322_ Mauboussin-Callahan-Majd.pdf.

May, Arne, Bogdan Draganski, Christian Gaser, Volker Busch, Gerhard Schuierer y Ulrich Bogdahn. «Neuroplasticity Changes in Grey Matter Induced by Training». *Nature* 427, n. 6972 (2004): 311-312.

Maza, Maria T., Kara A. Fox, Seh-Joo Kwon, Jessica E. Flannery, Kristen A. Lindquist, Mitchell J. Prinstein y Eva H. Telzer. «Association of Habitual Checking Behaviors on Social Media with Longitudinal Functional Brain Development». *JAMA Pediatrics* 177, n. 2 (2023): 160-167.

McBride, Jason. «How the Sidewalk Labs Proposal Landed in Toronto: the Backstory». *Toronto Life*, 4 septiembre, 2019. https ://torontolife.com/city/how-the-sidewalk-labs-proposal-landed -in-toronto-the-backstory/.

McCallion, Jane. «10 Amazing DARPA Inventions». *ITPro*, 15 junio 2020. https://www.itpro.co.uk/technology/34730/10-amazing -darpa-inventions.

McClure, Samuel M., David I. Laibson, George Loewenstein y Jonathan D. Cohen. «Separate Neural Systems Value Immediate and Delayed Monetary Rewards». *Science* 306, n. 5695 (2004): 503-507.

McCoy, Jennifer y Benjamin Press. «What Happens When Democracies Become Perniciously Polarized?». *Carnegie Endowment for International Peace*, 18 enero, 2022. https://carnegieendowment .org/2022/01/18/what-happens-when-democracies-become -perniciously-polarized-pub-86190.

McDonell, Stephen. «China Allows Three Children in Major Policy Shift». *BBC News* (Londres), 31 mayo 2021. https://www.bbc .com/news/world-asia-china-57303592.

McKune, Sarah y Shazeda Ahmed. «The Contestation and Shaping of Cyber Norms through China's Internet Sovereignty Agenda». *International Journal of Communication* 12 (2018): 3835-3855.

McLuhan, Marshall. *Comprender los medios de comunicacion: las extensiones del ser humano*. Barcelona: Paidós, 2009.

McLuhan, Marshall y Bruce R. Powers. *La aldea global: transformaciones en la vida y los medios de comunicación mundiales en el siglo XXI*. Barcelona: Gedisa, 2015.

Melzer, Arthur M. «The Problem with the "Problem of Technology"». En *Technology in the Western Political Tradition*, editado por

Melzer, Arthur M., Jerry Weinberger y M. Richard Zinman, 287-321. Ithaca: Cornell University Press, 1993.

Menand, Louis. «What's So Great about Great-Books Courses?». *The New Yorker*, 13 diciembre 2021. https://www.newyorker.com/magazine/2021/12/20/whats-so-great-about-great-books-courses-roosevelt-montas-rescuing-socrates.

Mercado, Melissa C., Kristin Holland, Ruth W. Leemis, Deborah M. Stone y Jing Wang. «Trends in Emergency Department Visits for Nonfatal Self-inflicted Injuries among Youth Aged 10 to 24 Years in the United States, 2001-2015». *JAMA* 318, n. 19 (2017): 1931-1933.

Microsoft. *The Future Computed: Artificial Intelligence and Its Role in Society*. Redmond: Microsoft Corporation, 2018.

———. «Microsoft to Acquire Activision Blizzard to Bring the Joy and Community of Gaming to Everyone, across Every Device». *Microsoft News Center*, 18 enero 2022. https://news.microsoft.com/2022/01/18/microsoft-to-acquire-activision-blizzard-to-bring-the-joy-and-community-of-gaming-to-everyone-across-every-device/.

Millett, Kate. *Política sexual*. Madrid: Cátedra, 1969.

Miron, Oren, Kun-Hsing Yu, Rachel Wilf-Miron y Isaac S. Kohane. «Suicide Rates among Adolescents and Young Adults in the United States, 2000-2017». *JAMA* 321, n. 23 (2019): 2362-2364.

Mohsin, Maryam. «10 YouTube Stats Every Marketer Should Know in 2022». *Oberlo*, 17 mayo 2022. https://www.oberlo.com/blog/youtube-statistics.

Moisala, M., V. Salmela, L. Hietajärvi, E. Salo, S. Carlson, O. Salonen, K. Lonka, K. Hakkarainen, K. Salmela-Aro y K. Alho. «Media Multitasking Is Associated with Distractibility and Increased Prefrontal Activity in Adolescents and Young Adults». *NeuroImage* 134 (2016): 113-121.

Mojtabai, Ramin, Mark Olfson y Beth Han. «National Trends in the Prevalence and Treatment of Depression in Adolescents and Young Adults». *Pediatrics* 138, n. 6 (2016): 1.

Molina, Brett. «iPhone 13: Yes, People Still Wait in Line to Get the New iPhone». *USA Today*, 4 septiembre 2021. https://www.usatoday.com/story/tech/2021/09/24/iphone-13-here-consumers-line-up-get-apples-new-smartphone/5841673001/.

Moreno, Megan A., Lauren Jelenchick, Elizabeth Cox, Henry Young y Dimitri A. Christakis. «Problematic Internet Use among US Youth: a Systematic Review». *Archives of Pediatrics & Adolescent Medicine* 165, n. 9 (2011): 797-805.

Morris, Felicity. *The Tinder Swindler*. Reino Unido, Netflix 2022, https://www.netflix.com/dk-en/title/81254340.

Moscovitch, Morris, R. Shayna Rosenbaum, Asaf Gilboa, Donna Rose Addis, Robyn Westmacott, Cheryl Grady, Mary Pat McAndrews, Brian Levine, Sandra Black, Gordon Winocur y Lynn Nadel. «Functional Neuroanatomy of Remote Episodic, Semantic and

Spatial Memory: a Unified Account Based on Multiple Trace Theory». *Journal of Anatomy* 207, n. 1 (2005): 35-66.

Moss, Trefor. «Tesla to Store China Data Locally in New Data Center». *The Wall Street Journal* (Nueva York), 26 mayo 2021. https://www.wsj.com/articles/tesla-to-store-china-data-locally -in-new-data-center-11622015001.

Mueller, Milton. *Will the Internet Fragment? Sovereignty, Globalization and Cyberspace.* Cambridge: Polity Press, 2017.

Mulyadi, Seto, Wahyu Rahardjo y A. M. Heru Basuki. «The Role of Parent-Child Relationship, Self-Esteem, Academic Self-Efficacy to Academic Stress». *Procedia, Social and Behavioral sciences* 217 (2016): 603-608.

Mundy, P. y L. Newell. «Attention, Joint Attention, and Social Cognition». *Current Directions in Psychological Science* 16 (2007): 269-274.

Muñoz Iturrieta, Pablo. *Atrapado en el cuerpo equivocado: La ideología de género frente a la ciencia y la filosofía.* 2.ª ed. Ontario: Metanoia Press, 2020.

——. *Las mentiras que te cuentan, las verdades que te ocultan.* Ontario: Metanoia Press, 2021.

Murdock, Jason. «How to Do the Pillow Face Botox Filter on TikTok and Instagram». *Newsweek*, 3 marzo 2021. https://www .newsweek.com/tiktok-instagram-how-use-pillow-face-filter -cosmetic-surgery-botox-1579502.

Murgia, Madhumita y Yuan Yang. «Microsoft Worked with Chinese Military University on Artificial Intelligence». *Financial Times*, 10 abril 2019. https://www.ft.com/content/9378e7ee -5ae6-11e9-9dde-7aedca0a081a.

Murphy, Jessica. «Trudeau Vows to Freeze Anti-Mandate Protesters' Bank Accounts». *BBC News* (Londres), 15 febrero 2022. https ://www.bbc.com/news/world-us-canada-60383385.

Murray, Douglas. *The Madness of Crowds: Gender, Race and Identity.* Londres: Bloomsbury [en español, *La masa enfurecida: cómo las políticas de identidad llevaron al mundo a la locura.* Barcelona: Península, 2021].

Nahas, Marc, Sani Hlais, Chantal Saberian y Jumana Antoun. «Problematic Smartphone Use among Lebanese Adults Aged 18-65 Years using MPPUS-10». *Computers in Human Behavior* 87 (2018): 348-353.

Nartker, Andrew. «How We're Testing Project Starline at Google». *The Keyword*, 30 noviembre 2021. https://blog.google/technology /research/how-were-testing-project-starline-google/.

Neuman, Susan B. y Donna Celano. «Don't level the Playing Field: Tip It toward the Underdogs». *American Educator* 36, n. 3 (2012): 20-21.

——. *Giving Our Children a Fighting Chance: Poverty, Literacy, and the Development of Information Capital.* Nueva York: Teachers College Press, 2012.

Ngak, Chenda. «Then and Now: a History of Social Networking Sites». *CBS News*, 6 julio 2011. https://www.cbsnews.com /pictures/then-and-now-a-history-of-social-networking-sites/12/.

Nicas, Jack. «Apple's Compromises in China: 5 Takeaways». *The New York Times* (Nueva York), 17 mayo 2021. https://www.nytimes .com/2021/05/17/technology/apple-china-privacy-censorship .html.

Norwegian Consumer Council. «"Out of Control: How Consumers Are Exploited by the Online Advertising Industry"». Forbruker Rådet (Oslo: 2020). https://fil.forbrukerradet.no/wp-content /uploads/2020/01/2020-01-14-out-of-control-final-version.pdf.

Nowland, Rebecca, Elizabeth A. Necka y John T. Cacioppo. «Loneliness and Social Internet Use: Pathways to Reconnection in a Digital World?». *Perspectives on Psychological Science* 13, n. 1 (2018): 70-87.

O'Neil, Cathy. *Weapons of Math Destruction: How Big Data Increases Inequality and Threatens Democracy*. Nueva York: Crown Publishers, 2016.

O'Brian, Chris. «How Pixar Uses AI and GANs to Create High Resolution Content». *Venture Beat*, 17 julio 2020. https://venturebeat.com/business/how-pixar-uses-ai-and -gans-to-create-high-resolution-content/.

O'Brien, Kevin J. y Claire Cain Miller. «Germany's Complicated Relationship with Google Street View». *The New York Times* (Nueva York), 23 abril 2013. https://archive.nytimes .com/bits.blogs.nytimes.com/2013/04/23/germanys-com plicated-relationship-with-google-street-view/.

O'Neill, Eilis. «Seattle Sues Social Media ver Youth Mental Health». *NPR*, 16 enero 2022. https://www.npr.org/2023/01/16/114942 3335/encore-seattle-sues-social-media-over-youth-mental -health.

Oldham, Paul, Stephen Hall y Geoff Burton. «Synthetic Biology: Mapping the Scientific Landscape». *PloS One* 7, n. 4 (2012): e34368.

Oli, Swikar. «Canada's Public Health Agency Admits It Tracked 33 Million Mobile Devices during Lockdown». *National Post* (Toronto), 24 diciembre 2021. https://nationalpost.com/news /canada/canadas-public-health-agency-admits-it-tracked-33 -million-mobile-devices-during-lockdown.

Olson, Jay A., Dasha A. Sandra, Élissa S. Colucci, Alain Al Bikaii, Denis Chmoulevitch, Johnny Nahas, Amir Raz y Samuel P. L. Veissière. «Smartphone Addiction Is Increasing across the World: a Meta-Analysis of 24 Countries». *Computers in Human Behavior* 129 (2022): 107138.

Ophir, Eyal, Clifford Nass y Anthony D. Wagner. «Cognitive Control in Media Multitaskers». *Proceedings of the National Academy of Sciences* 106, n. 37 (2009): 15583-15587.

Orben, Amy y Andrew K. Przybylski. «The Association between Adolescent Well-Being and Digital Technology Use». *Nature Human Behaviour* 3, n. 2 (2019): 173-182.

Orlowski, Jeff. *El dilema de las redes sociales.* Estados Unidos, Netflix, 2020. https://www.thesocialdilemma.com/.

Ortega y Gasset, José. *La rebelión de las masas.* Barcelona: Planeta-Agostini, 1993.

Oster, Shai. «Chinese Gaming Billionaire Buys U.S. Gay Dating App Grindr». *Bloomberg,* 11 enero 2016. https://www.bloomberg.com/news/articles/2016-01-12/china-tech-billionaire-buys-control-of-us-gay-dating-app-grindr#xj4y7vzkg.

Osterhout, Lee, Andrew Poliakov, Kayo Inoue, Judith McLaughlin, Geoffrey Valentine, Ilona Pitkanen, Cheryl Frenck-Mestre y Julia Hirschensohn. «Second-Language Learning and Changes in the Brain». *Journal of Neurolinguistics* 21, n. 6 (2008): 509-521.

Oulasvirta, Antti, Tye Rattenbury, Lingyi Ma y Eeva Raita. «Habits Make Smartphone Use More Pervasive». *Personal and Ubiquitous Computing* 16, n. 1 (2012): 105-114.

Owens, Judith. «Insufficient Sleep in Adolescents and Young adults: an Update on Causes and Consequences». *Pediatrics* 134, n. 3 (2014): 921-932.

Pacheco, Gustavo. «Jerónimo, el joven que enseña marxismo en TikTok para derrocar a las fake news». *Milenio,* 13 septiembre 2020. https://www.milenio.com/virales/tik-tok-jeronimo-zarco-ensena-marxismo-comunismo.

Page, Vanessa. «What Is Amazon Web Services and Why Is It So Successful?». *Investopedia,* 12 agosto 2021. https://www.investopedia.com/articles/investing/011316/what-amazon-web-services-and-why-it-so-successful.asp.

Pandolfo, Nick. «As Some Schools Plunge into Technology, Poor Schools Are Left Behind». *The Hechinger Report,* 24 enero 2012. https://hechingerreport.org/as-some-schools-plunge-into-technology-poor-schools-are-left-behind/.

Papadopoulos, John K. «The Early History of the Greek Alphabet: New Evidence from Eretria and Methone». *Antiquity* 90, n. 353 (2016): 1238-1254.

Paradise, Andrew W. y Michael H. Kernis. «Self-Esteem and Psychological Well-Being: Implications of Fragile Self-Esteem». *Journal of Social and Clinical Psychology* 21, n. 4 (2002): 345-361.

Pascual-Leone, Alvaro, Amir Amedi, Felipe Fregni y Lotfi B. Merabet. «The Plastic Human Brain Cortex». *Annual Review of Neuroscience* 28, n. 1 (2005): 377-401.

Pasick, Adam y Tim Fernholz. «The Stealthy, Eric Schmidt-Backed Startup that's Working to Put Hillary Clinton in the White House». *Quarts,* 9 octubre 2015. https://qz.com/520652/groundwork-eric-schmidt-startup-working-for-hillary-clinton-campaign.

Pasquale, Frank. *The Black Box Society: the Secret Algorithms that Control Money and Information.* Cambridge: Harvard University Press, 2015.

Passifiume, Bryan. «Twitter Files explained, and What They Revealed about Tech Censorship». *National Post* (Toronto), 17 diciembre 2022. https://nationalpost.com/news/twitter-files-explained-and -what-they-revealed-about-tech-censorship.

Patalay, Praveetha y Suzanne H. Gage. «Changes in Millennial Adolescent Mental Health and Health-Related Behaviours over 10 Years: a Population Cohort Comparison Study». *International Journal of Epidemiology* 48, n. 5 (2019): 1650-1664.

Paul, Katie. «Eric Schmidt: Obama's Chief Corporate Ally». *Tech Transparency Project*, 26 abril 2016. https://www. techtransparencyproject.org/articles/eric-schmidt-obamas -chief-corporate-ally.

Paus, Tomáš. «Mapping Brain Maturation and Cognitive Development during Adolescence». *Trends in Cognitive Sciences* 9, n. 2 (2005): 60-68.

Pauw, Lisanne S., Disa A. Sauter, Gerben A. van Kleef, Gale M. Lucas, Jonathan Gratch y Agneta H. Fischer. «The Avatar Will See You Now: Support from a Virtual Human Provides Socio-Emotional Benefits». *Computers in Human Behavior* 136 (2022): 107368.

Peele, Stanton. «Addiction as a Cultural Concept». *Annals of the New York Academy of Sciences* 602, n. 1 (1990): 205-220.

Pentland, Alex. *Social Physics: How Social Networks Can Make Us Smarter.* Nueva York: Penguin Books, 2015.

Perez, Sarah. «Match Group Details Plans for a Dating "Metaverse", Tinder's Virtual Goods-Based Economy». *TechCrunch*, 3 noviembre 2021. https://techcrunch.com/2021/11/03/match -group-details-plans-for-a-dating-metaverse-tinders-virtual -goods-based-economy/

Petersen, K. U., N. Weymann, Y. Schelb, R. Thiel y R. Thomasius. «Pathological Internet Use – Epidemiology, Diagnostics, Co-Occurring Disorders and Treatment». *Fortschritte Der Neurologie Psychiatrie* 77, n. 5 (2009): 263-271.

Petrone, Paul. «The Skills Companies Need Most in 2019 – and How to Learn Them». *Linkedin*, 31 diciembre 2018. https://www .linkedin.com/business/learning/blog/top-skills-and-courses /the-skills-companies-need-most-in-2019-and-how-to-learn -them.

Pinto, Nick. «Google Is Transforming NYC's Payphones into a "Personalized Propaganda Engine"». *The Village Voice*, 6 julio 2016. https://www.villagevoice.com/2016/07/06/google-is-transfor ming-nycs-payphones-into-a-personalized-propaganda-engine/.

Platón. *Fedro.* Obras completas, vol. 2. Editado por Azcárate, Patricio de. Madrid, 1871.

———. *La República.* Diálogos. 15.ª ed. Ciudad de México: Editorial Porrúa, 2019.

Pontin, Mark Williams. «The Total Information Awareness Project Lives On». *MIT Technology Review* (26 abril 2006). https://www.technologyreview.com/2006/04/26/229286/the -total-information-awareness-project-lives-on/.

Postman, Neil. *La desaparición de la niñez*. Barcelona: Círculo de lectores, 1988.

Pozen, David E. «The Mosaic Theory, National Security, and the Freedom of Information Act». *The Yale Law Journal* 115, n. 3 (2005): 628-679.

Prada, Marta. *Educar sin pantallas*. Madrid: Oberon, 2022.

Prensky, Marc. «Digital Natives, Digital Immigrants Part 2: Do They Really Think Differently?». *On the Horizon* 9, n. 6 (2001): 1-6.

Press., The Associated. «Google Buys YouTube for $1.65 billion». *NBC News*, 9 octubre 2006. https://www.nbcnews.com/id/wb na15196982.

Primack, Brian A. M. D., Ariel M. A. Shensa, Jaime E. Sidani, Erin Whaite, Liu Yi Lin, Daniel Rosen, Jason Colditz, Ana Radovic y Elizabeth Miller. «Social Media Use and Perceived Social Isolation among Young Adults in the U.S». *American Journal of Preventive Medicine* 53, n. 1 (2017): 1-8.

Prodi, Paolo. *Il sacramento del potere: il giuramento politico nella storia costituzionale dell'Occidente*. Bologna: Il Mulino, 1992.

Pruccoli, Jacopo, Marta De Rosa, Lucia Chiasso, Annalisa Perrone y Antonia Parmeggiani. «The Use of TikTok among Children and Adolescents with Eating Disorders: Experience in a Third-Level Public Italian Center during the SARS-CoV-2 Pandemic». *Italian Journal of Pediatrics* 48, n. 1 (2022): 1-9.

Przybylski, Andrew K. «Electronic Gaming and Psychosocial Adjustment». *Pediatrics* 134, n. 3 (2014): e716-e722.

Purcell, Kristen, Lee Rainie, Judy Buchanan, Linda Friedrich, Amanda Jacklin, Clara Chen y Kathryn Zickuhr. «How Teens Do Research in the Digital World». *Pew Research Center*, 1 noviembre 2012. https://www.pewresearch.org/internet/2012/11/01/how-teens -do-research-in-the-digital-world/.

Qian, Junxi. «Deciphering the Prevalence of Neighborhood Enclosure Amidst Post- 1949 Chinese Cities: a Critical Synthesis». *Journal of Planning Literature* 29, n. 1 (2014): 3-19.

Radonjic, Alejandro. «Nuevo informe de Argentinos por la Educación: ¿Todos pasan?». *El Economista* (Buenos Aires), 15 junio 2022. https ://eleconomista.com.ar/actualidad/nuevo-informe-argentinos -educacion-todos-pasan-n54024.

Rajagopalan, Megha. «Period Tracker Apps Used by Millions of Women Are Sharing Incredibly Sensitive Data with Facebook». *BuzzFeed*, 9 septiembre 2019. https://www.buzzfeednews.com /article/meghara/period-tracker-apps-facebook-maya-mia-fem.

Ramakrishna, Akula y Gokare A. Ravishankar. *Serotonin and Melatonin: Their Functional Role in Plants, Food, Phytomedicine, and Human Health*. Boca Raton: CRC Press, 2017.

Ramaswamy, Vivek. *Woke, Inc.: Inside Corporate America's Social Justice Scam*. Nueva York: Center Street, 2021.

Raychoudhury, Pratiti. «What the Research on Social Media's Impact on Democracy and Daily Life Says (and Doesn't Say)». *Meta Newsroom*, 22 abril 2022. https://about.fb.com/news/2022/04/what-the-research-on-social-medias-impact-on-democracy-and-daily-life-says-and-doesnt-say/.

Read, Simon. «Gaming Is Booming and Is Expected to Keep Growing. This Chart Tells You All You Need to Know». *World Economic Forum*, 28 julio 2022. https://www.weforum.org/agenda/2022/07/gaming-pandemic-lockdowns-pwc-growth/

Real Academia Española. *Diccionario de la lengua española*. 23.ª ed. Madrid: RAE, 2014. https://dle.rae.es.

Redacción. «El absurdo reto viral pide que te rodees la cintura con un cable de auriculares para mostrar tu delgadez». *La Vanguardia* (Madrid), 27 febrero 2020. https://www.lavanguardia.com/cribeo/viral/20200227/473805883951/nuevo-reto-viral-pide-rodees-cintura-cable-auriculares-mostrar-delgadez-extrema-china-weibo.html.

———. «Quiénes son los uigures, la etnia que China está deteniendo en campamentos de reeducación». *BBC News Mundo*, 31 agosto 2018. https://www.bbc.com/mundo/noticias-internacional-45368245.

Reich, Sabine, Frank M. Schneider y Leonie Heling. «Zero Likes – Symbolic Interactions and Need Satisfaction Online». *Computers in Human Behavior* 80 (2018): 97-102.

Research and Markets. «China Home Appliances Markets, 2020–2026: Subsidy by the Chinese Government, Initiatives of Chinese Companies, COVID- 19 Impact». *PR Newswire*, 13 noviembre 2020. https://www.prnewswire.com/news-releases/china-home-appliances-markets-2020-2026-subsidy-by-the-chinese-government--initiatives-of-chinese-companies-covid-19-impact-301172898.html.

Retter, Emily. «Billionaire Tech Mogul Bill Gates Reveals He Banned His Children from Mobile Phones until They turned 14». *Mirror* (Londres), 27 junio 2018. https://www.mirror.co.uk/tech/billionaire-tech-mogul-bill-gates-10265298.

RFI. «Chinese Tech Giants Submit "Top Secret" Algorithms to Beijing Regulator». *RFI*, 16 agosto 2022. https://www.rfi.fr/en/science-and-technology/20220816-chinese-tech-giants-submit-top-secret-algorithms-to-beijing-regulator.

Rideout, Victoria y Michael B. Robb. *The Common Sense Census: Media Use by Tweens and Teens*. San Francisco: Common Sense Media, 2019.

Roberts, Katabella. «Major Texas University Blocks Students from Using TikTok on Network». *The Epoch Times*, 18 enero 2023. https://www.theepochtimes.com/major-texas-university-blocks-students-from-using-tiktok-on-network_4993371.html.

Rosenberg, Kenneth Paul y Laura Curtiss Feder. «An Introduction to Behavioral Addictions». En *Behavioral Addictions: Criteria, Evidence, and Treatment*, editado por Rosenberg, Kenneth Paul y Laura Curtiss Feder, 1-17. Nueva York: Academic Press, 2014.

Rosenberg, Morris. «The Association between Self-Esteem and Anxiety». *Journal of Psychiatric Research* 1 (1962): 135-152.

———. *Society and the Adolescent Self-Image*. Princeton: Princeton University Press, 1965.

Rosenthal, Richard J. y Suzanne B. Faris. «The Etymology and Early History of "Addiction"». *Addiction Research & Theory* 27, n. 5 (2019): 437-449.

Rosling, Hans «The Magic Washing Machine». *TedTalks*, 2010. https://www.ted.com/talks/hans_rosling_the_magic_washing_machine/transcript?language=en.

Roussi, Antoaneta. «Resisting the Rise of Facial Recognition». *Nature* 587, n. 7834 (2020): 350-353. https://www.nature.com/articles/d41586-020-03188-2.

Royal Society of Public Health. «Instagram Ranked Worst for Young People's Mental Health». *Royal Society for Public Health*, 19 mayo 2017. https://www.rsph.org.uk/about-us/news/instagram-ranked-worst-for-young-people-s-mental-health.html.

———. *Status of Mind: Social Media and Young People's Mental Health*. Londres: Royal Society for Public Health, 2017.

Rueger, Sandra Yu, Christine Kerres Malecki, Yoonsun Pyun, Chase Aycock y Samantha Coyle. «A Meta-Analytic Review of the Association between Perceived Social Support and Depression in Childhood and Adolescence». *Psychological Bulletin* 142, n. 10 (2016): 1017-1067.

Ruhenstroth, Miriam. «How Facebook Knows Which Apps you Use – and Why This Matters». *Mobilisicher*, 1 junio 2022. https://mobilsicher.de/ratgeber/how-facebook-knows-which-apps-you-use-and-why-this-matters.

Russell, Kyle. «Automatic Launches Its SDK, Turning the Car into an App Platform». *TechCrunch+*, 19 mayo 2015. https://techcrunch.com/2015/05/19/automatic-launches-its-sdk-turning-the-car-into-an-app-platform/.

Rutenberg, Jim. «Data You Can Believe In: the Obama Campaign's Digital Masterminds Cash In». *The New York Times* (Nueva York), 20 junio 2013. https://www.nytimes.com/2013/06/23/magazine/the-obama-campaigns-digital-masterminds-cash-in.html.

Salkin, Wendy S. «Loneliness as Epidemic». *Harvard Law*, 14 octubre 2016. https://blog.petrieflom.law.harvard.edu/2016/10/14/loneliness-as-epidemic/.

Sampasa-Kanyinga, Hugues y Rosamund F. Lewis. «Frequent Use of Social Networking Sites Is Associated with Poor Psychological Functioning among Children and Adolescents».

Cyberpsychology, Behavior and Social Networking 18, n. 7 (2015): 380-385.

San Bernardo de Claraval. *Tratado sobre el amor a Dios*. Bogotá: San Pablo, 1997.

Sarin, Aaron. «China in the Age of Surveillance». *Quillette*, 25 septiembre 2022. https://quillette.com/2022/09/25/china-in-the-age-of-surveillance/.

Schlosser, Schlosser. «I'm a Liberal Professor, and My Liberal Students Terrify Me». *Vox*, 3 junio 2015. https://www.vox.com/2015/6/3/8706323/college-professor-afraid.

Schmidt, Ulrike, Roger Adan, Ilka Böhm, Iain C. Campbell, Alexandra Dingemans, Stefan Ehrlich, Isis Elzakkers, Angela Favaro, Katrin Giel, Amy Harrison, Hubertus Himmerich, Hans W. Hoek, Beate Herpertz-Dahlmann, Martien J. Kas, Jochen Seitz, Paul Smeets, Lot Sternheim, Elena Tenconi, Annemarie van Elburg, Eric van Furth y Stephan Zipfel. «Eating Disorders: the Big Issue». *The Lancet Psychiatry* 3, n. 4 (2016): 313-315.

Schneider, Frank M., Britta Zwillich, Melanie J. Bindl, Frederic R. Hopp, Sabine Reich y Peter Vorderer. «Social Media Ostracism: the Effects of Being Excluded Online». *Computers in Human Behavior* 73 (2017): 385-393.

Scholz, Jan, Miriam C. Klein, Timothy E. J. Behrens y Heidi Johansen-Berg. «Training induces Changes in White-Matter Architecture». *Nature Neuroscience* 12, n. 11 (2009): 1370-1371.

Schreiber, Katherine y Heather A. Hausenblas. *The Truth about Exercise Addiction: Understanding the Dark Side of Thinspiration*. Nueva York: Rowman & Littlefield Publishers, 2015.

Schwab, Klaus. *La cuarta revolución industrial*. Barcelona: Debate, 2017.

Schwab, Klaus y Thierry Malleret. *COVID-19: El gran reinicio*. Nueva York: Forum Publishing, 2020.

Scola, Nancy y Alex Thompson. «Former Facebook Leaders Are Now Transition Insiders». *Politico*, 16 noviembre 2020. https://www.politico.com/news/2020/11/16/the-biden-teams-tug-of-war-over-facebook-436672.

Segrin, Chris. «Indirect Effects of Social Skills on Health Through Stress and Loneliness». *Health Communication* 34, n. 1 (2019): 118-124.

Sha, Peng y Xiaoyu Dong. «Research on Adolescents Regarding the Indirect Effect of Depression, Anxiety, and Stress between TikTok Use Disorder and Memory Loss». *International Journal of Environmental Research and Public Health* 18, n. 16 (2021): 8820.

Shaffer, Claire. «Hatsune Miku, Holographic Japanese Idol, Makes Her Coachella Debut». *Rolling Stone*, 3 enero 2020. https://www.rollingstone.com/music/music-news/hatsune-miku-coachella-933263/.

Shah, Syed Ghulam Sarwar, David Nogueras, Hugo Cornelis van Woerden y Vasiliki Kiparoglou. «The COVID-19 Pandemic: a Pandemic of Lockdown Loneliness and the Role of Digital Technology». *Journal of Medical Internet Research* 22, n. 11 (2020): e22287.

Sham, June. «Cost of Raising a Child». *Bankrate*, 4 agosto 2022. https://www.bankrate.com/insurance/life-insurance/cost-of -raising-a-child/.

Shanahan, Murray. *The Technological Singularity*. Cambridge: MIT Press, 2015.

Shapiro, Even. «The Metaverse Is Coming. Nvidia CEO Jensen Huang on the Fusion of Virtual and Physical Worlds». *TIME*, 18 abril 2021. https://time.com/5955412/artificial -intelligence-nvidia-jensen-huang.

Sharf, Zack. «Anthony Bourdain Doc Recreates His Voice Using Artificial Intelligence and 10-Plus Hours of Audio». *IndieWire*, 15 julio 2021. https://www.indiewire.com/2021/07 /anthony-bourdain-doc-artificial-intelligence-recreate-voice -1234651491/#!

Shaw, Martha y Donald W. Black. «Internet Addiction: Definition, Assessment, Epidemiology and Clinical Management». *CNS Drugs* 22, n. 5 (2008): 353-365.

Shen-Berro, Julian. «As Seattle Schools Sue Social Media Companies, Legal Experts Split on Potential Impact». *Chalkbeat*, 17 enero 2023. https://www.chalkbeat.org/2023/1/17/23554378/seattle -schools-lawsuit-social-media-meta-instagram-tiktok-youtube -google-mental-health.

Sherman, Lauren E., Minas Michikyan y Patricia M. Greenfield. «The Effects of Text, Audio, Video, and In-Person Communication on Bonding between Friends». *Cyberpsychology* 7, n. 2 (2013).

Shipman, Claire, Katty Kay y JillEllyn Riley. «How Puberty Kills Girls' Confidence». *The Atlantic*, 20 septiembre 2018. https://www .theatlantic.com/family/archive/2018/09/puberty-girls -confidence/563804/.

Silverstone, Peter H. y Mahnaz Salsali. «Low Self-Esteem and Psychiatric Patients: Part 1-The Relationship between Low Self-Esteem and Psychiatric Diagnosis». *Annals of General Hospital Psychiatry* 2, n. 1 (2003): 1-9.

Singer, Natasha. «Can't Put Down Your Device? That's by Design». *The New York Times* (Nueva York), 5 diciembre 2015, Technology, 4. https://www.nytimes.com/2015/12/06/technology/personaltech /cant-put-down-your-device-thats-by-design.html.

———. «Why Apple and Google's Virus Alert Apps Had Limited Success». *The New York Times* (Nueva York), 27 mayo 2021. https ://www.nytimes.com/2021/05/27/business/apple-google-virus -tracing-app.html.

Skinner, B. F. «Operant Behavior». *The American Psychologist* 18, n. 8 (1963): 503-515.

Sluis, Sarah. «Digital Ad Market Soars to $88 Billion, Facebook and Google Contribute 90% of Growth». *AdExchanger*, 10 mayo 2018. https://www.adexchanger.com/online-advertising/digital-ad-market-soars-to-88-billion-facebook-and-google-contribute-90-of-growth/.

Smith, Kirsten P. y Nicholas A. Christakis. «Social Networks and Health». *Annual Review of Sociology* 34, n. 1 (2008): 405-429.

Smith, Rebecca, Jessica Morgan y Claire Monks. «Students' Perceptions of the Effect of Social Media Ostracism on Wellbeing». *Computers in Human Behavior* 68 (2017): 276-285.

Snyder, Susan M., Wen Li, Jennifer E. O'Brien y Matthew O. Howard. «The Effect of U.S. University Students' Problematic Internet Use on Family Relationships: a Mixed-Methods Investigation». *PloS one* 10, n. 12 (2015): e0144005.

Soifer, Lydia H. «Development of Oral Language and Its Relationship to Literacy». En *Multi-Sensory Teaching of Basic Language Skills*, editado por Birsh, Judith y Suzanne Carreker, cap. 3. Baltimore: Paul H. Brooks, 2019.

Soo, Zen. «Parents in China Laud Rule Limiting Video Game Time for Kids». *The Associated Press*, 20 septiembre 2021. https://apnews.com/article/lifestyle-technology-business-health-games-ba88276e6f9089a3b9bc65fc19cc0880.

Sowell, Elizabeth R., Bradley S. Peterson, Paul M. Thompson, Suzanne E. Welcome, Amy L. Henkenius y Arthur W. Toga. «Mapping Cortical Change across the Human Life Span». *Nature Neuroscience* 6, n. 3 (2003): 309-315.

Sowell, Elizabeth R., Paul M. Thompson, Colin J. Holmes, Terry L. Jernigan y Arthur W. Toga. «In Vivo Evidence for Post-Adolescent Brain Maturation in Frontal and Striatal Regions». *Nature Neuroscience* 2, n. 10 (1999): 859-861.

Sparrow, Betsy, Jenny Liu y Daniel M. Wegner. «Google Effects on Memory: Cognitive Consequences of Having Information at Our Fingertips». *Science* 333, n. 6043 (2011): 776-778.

Spence, Jonathan D. *El palacio de la memoria de Matteo Ricci: un jesuita en la China del siglo XVI*. Barcelona: Tusquets, 2002.

Stanger, Allison. «Consumers vs. Citizens in Democracy's Public Sphere». *Communications of the ACM* 63, n. 7 (2020): 29-31.

Statista Research Department. «Tasa de penetración de redes sociales en América Latina y Caribe por país en enero de 2022». *Statista*, 23 junio 2022. https://es.statista.com/estadisticas/1073796/alcance-redes-sociales-america-latina/.

Statistics Canada. «Percentage of Injury Hospitalizations Due to Intentional Self-Harm, by Sex and Age Group, Canada, 2009-2010 to 2013-2014». *The Health of Girls and Women in Canada*, 2016. https://www150.statcan.gc.ca/n1/pub/89-503-x/2015001/article/14324/c-g/c-g13-eng.htm.

———. «Prevalente of Fair/Poor Mental Health and Mood Disorders, Female Population Aged 12 to 19, Canada, 2003 to 2014». *The*

Health of Girls and Women in Canada, 2016. https://www150
.statcan.gc.ca/n1/pub/89-503-x/2015001/article/14324/c-g/c-g10
-eng.htm.

Stein, Reed M., Hye Jin Kang, John D. McCorvy, Grant C. Glatfelter,
Anthony J. Jones, Tao Che, Samuel Slocum, Xi-Ping Huang,
Olena Savych, Yurii S. Moroz, Benjamin Stauch, Linda C.
Johansson, Vadim Cherezov, Terry Kenakin, John J. Irwin, Brian
K. Shoichet, Bryan L. Roth y Margarita L. Dubocovich. «Virtual
Discovery of Melatonin Receptor Ligands to Modulate Circadian
Rhythms». *Nature* 579, n. 7800 (2020): 609-614.

Steiner-Adair, Catherine. *The Big Disconnect: Protecting Childhood
and Family Relationships in the Digital Age*. Nueva York:
HarperCollins, 2013.

Stephenson, Neal. *Snow Crash*. Barcelona: Gilgamesh, 2017.

Stewart, Rebecca. «Facebook Spends on Ads to Celebrate the Role of
Its Communities in Lockdown». *The Drum*, abril 29, 2020. https
://www.thedrum.com/news/2020/04/29/facebook-spends-ads
-celebrate-the-role-its-communities-lockdown.

Stokel-Walker, Chris. «TikTok Wants Longer Videos—Whether You
Like It or Not». *Wired*, 21 febrero 2022. https://www.wired.com
/story/tiktok-wants-longer-videos-like-not/.

Stokes, Shane. «Zwift's Future Direction: a Doubling-Down on
Project Innovation and, Eventually, VR Headsets and AR».
VeloNews, 11 agosto 2022. https://www.velonews.com/gear/tech
-wearables/zwifts-future-direction-a-doubling-down-on-project
-innovation-and-eventually-vr-headsets-and-ar/.

Stone, Alex y Peter Wood. *China's Military-Civil Fusion Strategy*.
Montgomery: China Aerospace Studies Institute, 15 junio 2020.

Storm, Benjamin C., Sean M. Stone y Aaron S. Benjamin. «Using
the Internet to Access Information Inflates Future Use of the
Internet to Access Other Information». *Memory* 25, n. 6 (2017):
717-723.

Strauss, Valerie. «Why We Still Need to Study the Humanities in a STEM World». *The Washington Post* (Washington, D. C.), 18 octubre 2017. https://www.washingtonpost
.com/news/answer-sheet/wp/2017/10/18/why-we-still-need
-to-study-the-humanities-in-a-stem-world/.

Stupp, Catherine. «Fraudsters Used AI to Mimic CEO's Voice in
Unusual Cyber-Crime Case». *The Wall Street Journal* (Nueva
York), 30 agosto 2019. www.wsj.com/articles/fraudsters-use-ai-
to-mimic-ceos-voice-in-unusual-cybercrime-case-11567157402.

Swann, V. B. «Self-Verification: Bringing Social Reality into
Harmony». En *Psychological Perspectives on the Self*, editado
por Suls, J. y A. Greenwald, 33-66. Hillsdale: Lawrence Erlbaum,
1983.

Szell, Michael, Renaud Lambiotte y Stefan Thurner. «Multirelational
Organization of Large-Scale Social Networks in an Online

World». *Proceedings of the National Academy of Sciences* 107, n. 31 (2010): 13636.

Taibbi, Matt. «The American Press Is Destroying Itself». *Racket News*, 12 junio 2020. https://www.racket.news/p/the-news-media -is-destroying-itself.

Takahashi, Dean. «How Pixar Made Monsters University, Its Latest Technological Marvel». *Venture Beat*, 24 abril 2013. https://ventu rebeat.com/2013/04/24/the-making-of-pixars-latest-techno logical-marvel-monsters-university/.

——. «Nvidia CEO Jensen Huang Weighs In on the Metaverse, Blockchain, and Chip Shortage». *Venture Beat*, 12 junio 2021. https://venturebeat.com/games/nvidia-ceo-jensen-huang -weighs-in-on-the-metaverse-blockchain-chip-shortage-arm -deal-and-competition/.

Tau, Byron. «Academic Project Used Marketing Data to Monitor Russian Military Sites». *Wall Street Journal* (Nueva York), 18 julio 2020. https://www.wsj.com/articles/academic-project -used-marketing-data-to-monitor-russian-military-sites -11595073601.

——. «IRS Used Cellphone Location Data to Try to Find Suspects». *The Wall Street Journal* (Nueva York), 19 junio 2020. https://www .wsj.com/articles/irs-used-cellphone-location-data-to-try-to -find-suspects-11592587815.

——. «U.S. Government Contractor Embedded Software in Apps to Track Phones». *Wall Street Journal* (Nueva York), 7 agosto 2020. https://www.wsj.com/articles/u-s-government-contractor -embedded-software-in-apps-to-track-phones-11596808801.

Tau, Byron y Michelle Hackman. «Federal Agencies Use Cellphone Location Data for Immigration Enforcement». *Wall Street Journal* (Nueva York), 7 febrero 2020. https://www.wsj.com/articles /federal-agencies-use-cellphone-location-data-for-immigration -enforcement-11581078600.

Templado, Ivana, Gabriela Catri, Martín Nistal y Víctor Volman. «Evidencia sobre desigualdad educativa en la Argentina». *Argentinos por la Educación* (2021): 1-9.

Teo, Alan R., HwaJung Choi, Sarah B. Andrea, Marcia Valenstein, Jason T. Newsom, Steven K. Dobscha y Kara Zivin. «Does Mode of Contact with Different Types of Social Relationships Predict Depression in Older Adults? Evidence from a Nationally Representative Survey». *Journal of the American Geriatrics Society* 63, n. 10 (2015): 2014-2022.

Thaler, Richard H. y Cass R. Sunstein. *Nudge: Improving Decisions about Health, Wealth, and Happiness.* New Haven & Londres: Yale University Press, 2008 [en español, *Un pequeño empujón: el impulso que necesitas para tomar mejores decisiones sobre salud, dinero y felicidad.* Madrid: Taurus, 2009].

The NPD Group. «2022 Mobile Gaming Report». *NDP*, 2022. https ://www.npd.com/industry-expertise/video-games.

Theeke, Laurie A. «Predictors of Loneliness in U.S. Adults over Age Sixty-Five». *Archives of Psychiatric Nursing* 23, n. 5 (2009): 387-396.

Titlow, John Paul. «How Instagram Learns from Your Likes to Keep You Hooked». *Fast Company*, 7 julio 2017. https://www .fastcompany.com/40434598/how-instagram-learns-from -yourlikes-to-keep-you-hooked.

Tobin, Stephanie J., Eric J. Vanman, Marnize Verreynne y Alexander K. Saeri. «Threats to Belonging on Facebook: Lurking and Ostracism». *Social Influence* 10, n. 1 (2015): 31-42.

Tufekci, Zeynep. «The Road from Tahrir to Trump». *MIT Technology Review* 121, n. 5 (14 agosto 2018): 10-17.

Twenge, Jean M. *iGen: Why Today's Super-Connected Kids Are Growing Up Less Rebellious, More Tolerant, Less Happy–and Completely Unprepared for Adulthood–and What That Means for the Rest of Us*. Nueva York: Atria Books, 2018.

Twenge, Jean M., A. Bell Cooper, Thomas E. Joiner, Mary E. Duffy y Sarah G. Binau. «Age, Period, and Cohort Trends in Mood Disorder Indicators and Suicide-Related Outcomes in a Nationally Representative Dataset, 2005-2017». *Journal of Abnormal Psychology* 128, n. 3 (2019): 185-199.

Twenge, Jean M., Jonathan Haidt, Andrew B. Blake, Cooper McAllister, Hannah Lemon y Astrid Le Roy. «Worldwide Increases in Adolescent Loneliness». *Journal of Adolescence* 93, n. 1 (2021): 257-269.

Twenge, Jean M., Thomas E. Joiner, Gabrielle Martin y Megan L. Rogers. «Amount of Time Online Is Problematic if It Displaces Face-to-Face Social Interaction and Sleep». *Clinical Psychological Science* 6, n. 4 (2018): 456-457.

———. «Digital Media May Explain a Substantial Portion of the Rise in Depressive Symptoms among Adolescent Girls: Response to Daly». *Clinical Psychological Science* 6, n. 3 (2018): 296-297.

Twenge, Jean M., Thomas E. Joiner, Megan L. Rogers y Gabrielle N. Martin. «Increases in Depressive Symptoms, Suicide-Related Outcomes, and Suicide Rates among U.S. Adolescents after 2010 and Links to Increased New Media Screen Time». *Clinical Psychological Science* 6, n. 1 (2018): 3-17.

Twenge, Jean M., Zlatan Krizan y Garrett Hisler. «Decreases in Self-Reported Sleep Duration among U.S. Adolescents 2009–2015 and Association with New Media Screen Time». *Sleep Medicine* 39 (2017): 47-53.

Twenge, Jean M. y Gabrielle N. Martin. «Gender Differences in Associations between Digital Media Use and Psychological Well-Being: Evidence from Three Large Datasets». *Journal of Adolescence* 79, n. 1 (2020): 91-102.

Twenge, Jean M., Gabrielle N. Martin y Brian H. Spitzberg. «Trends in U.S. Adolescents' Media Use, 1976-2016: the Rise of Digital

Media, the Decline of TV, and the (Near) Demise of Print». *Psychology of Popular Media Culture* 8, n. 4 (2019): 329-345.

Twenge, Jean M. y Brian H. Spitzberg. «Declines in Non-Digital Social Interaction among Americans, 2003-2017». *Journal of Applied Social Psychology* 50, n. 6 (2020): 363-367.

Twenge, Jean M., Brian H. Spitzberg y W. Keith Campbell. «Less In-Person Social Interaction with Peers among U.S. Adolescents in the 21st Century and Links to Loneliness». *Journal of Social and Personal Relationships* 36, n. 6 (2019): 1892-1913.

Uncapher, Melina R. y Anthony D. Wagner. «Minds and Brains of Media Multitaskers: Current Findings and Future Directions». *Proceedings of the National Academy of Sciences* 115, n. 40 (2018): 9889-9896.

Valentino DeVries, Jennifer. «Google's Sensorvault Is a Boon for Law Enforcement. This Is How It Works». *The New York Times* (Nueva York), 13 abril 2009. https://www.nytimes.com/2019/04/13 /technology/google-sensorvault-location-tracking.html.

———. «Tracking Phones, Google Is a Dragnet for the Police». *The New York Times* (Nueva York), 13 abril 2019. https://www.nytimes .com/interactive/2019/04/13/us/google-location-tracking-police .html.

Vallerand, Robert J. *The Psychology of Passion: a Dualistic Model.* Nueva York: Oxford University Press, 2015.

Vanderbilt-Adriance, Ella y Daniel S. Shaw. «Conceptualizing and Re-Evaluating Resilience across Levels of Risk, Time, and Domains of Competence». *Clinical Child and Family Psychology Review* 11, n. 1-2 (2008): 30-58.

Varian, Hal R. «Beyond Big Data». *Business Economics* 49 (2014): 27-31.

———. «Computer Mediated Transactions». *The American Economic Review* 100, n. 2 (2010): 1-10.

Verduyn, Philippe, Oscar Ybarra, Maxime Resibois, John Jonides y Ethan Kross. «Do Social Network Sites Enhance or Undermine Subjective Well-Being? A Critical Review». *Social Issues and Policy Review* 11, n. 1 (2017): 274-302.

Victor, Christina R. y Keming Yang. «The Prevalence of Loneliness among Adults: a Case Study of the United Kingdom». *The Journal of Psychology* 146, n. 1-2 (2012): 85-104.

Vimont, Celia. «Should You Be Worried about Blue Light?». *American Academy of Ophthalmology*, 2021. https://www.aao .org/eye-health/tips-prevention/should-you-be-worried-about -blue-light.

Vincent, James. «99.6 Percent of New Smartphones Run Android or iOS». *The Verge*, 16 febrero 2017. https://www .theverge.com/2017/2/16/14634656/android-ios-market-share -blackberry-2016.

Vogels, Emily A., Risa Gelles-Watnick y Navid Massarat. «Teens, Social Media and Technology 2022». Pew Research (10 agosto 2022).

https://www.pewresearch.org/internet/2022/08/10/teens-social
-media-and-technology-2022/.

Wagner, Kurt «Donald Trump and Hillary Clinton Spent $81 Million
on Facebook Ads before Last Year's Election». *Vox*, 1 noviembre
2017. https://www.vox.com/2017/11/1/16593066/trump-clinton
-facebook-advertising-money-election-president-russia.

Wakabayashi, Daisuke. «Google Will No Longer Scan Gmail for Ad
Targeting». *The New York Times* (Nueva York), 23 junio 2017.
https://www.nytimes.com/2017/06/23/technology/gmail-ads
.html.

Wakefield, Jane. «The Rise of the Swedish Cyborgs». *BBC News*,
10 diciembre 2014. https://www.bbc.com/news/technology
-30144072.

Walters, Hailey y Therese A. Kosten. «Early Life Stress and the
Propensity to Develop Addictive Behaviors». *International
Journal of Developmental Neuroscience* 78, n. 1 (2019): 156-169.

Walton, Chris. «5 Reasons Why Amazon Go Is Already the Greatest
Retail Innovation of the Next 30 Years». *Forbes*, 1 marzo 2022.
https://www.forbes.com/sites/christopherwalton/2022/03/01/5
-reasons-why-amazon-go-is-already-the-greatest-retail-inno
vation-of-the-next-30-years/?sh=28cfc2ea1abc.

Wang, Yifan, Lingdan Wu, Liang Luo, Yifen Zhang y Guangheng
Dong. «Short-Term Internet Search Using Makes People Rely on
Search Engines when Facing Unknown Issues». *PloS One* 12, n.
4 (2017): e0176325.

Ward, Adrian F. «One with the Cloud: Why People Mistake the
Internet's Knowledge for Their Own». Doctoral Dissertation,
Harvard University, 2013. https://dash.harvard.edu/handle/1/11
004901

———. «Supernormal: How the Internet Is Changing Our Memories
and Our Minds». *Psychological Inquiry* 24, n. 4 (2013): 341-348.

Ward, Marguerite y Allana Akhtar. «Bill Gates and Steve Jobs
Raised Their Kids with Limited Tech — and It Should Have
Been a Red Flag about Our Own Smartphone Use». *Insider*,
15 mayo 2020. https://www.businessinsider.com/screen-time
-limits-bill-gates-steve-jobs-red-flag-2017-10.

Warren, Jillian. «This Is How the Instagram Algorithm Works
in 2022». *Later*, 21 junio 2022. https://later.com/blog/how
-instagram-algorithm-works/.

Warzel, Charlie. «Apps Are Revealing Your Private Information to Facebook And You Probably Don't Know It». *BuzzFeed*, 19 diciembre 2018. https://www.buzzfeednews.com/article/charliewarzel
/apps-are-revealing-your-private-information-to-facebook-and.

———. «The Loophole that Turns Your Apps into Spies». *The New
York Times* (Nueva York), 24 septiembre 2019. https://www
.nytimes.com/2019/09/24/opinion/facebook-google-apps-data
.html.

Wegner, Daniel M. «Transactive Memory: a Contemporary Analysis of the Group Mind». En *Theories of Group Behavior*, editado por Mullen, Brian y George R. Goethals, 185-208. Basel: Springer Nature, 1987.

Wegner, Daniel M. y Adrian F. Ward. «The Internet Has Become the External Hard Drive for Our Memories». *Scientific American*, 1 diciembre 2013. https://www.scientificamerican.com/article/the-internet-has-become-the-external-hard-drive-for-our-memories/.

Weinstein, Aviv y Michel Lejoyeux. «Internet Addiction or Excessive Internet Use». *The American Journal of Drug and Alcohol Abuse* 36, n. 5 (2010): 277-283.

Weisberg, Jacob. «Weisberg: in Defense of the Kindle». *Newsweek*, 20 marzo 2009.

Wells, Georgia, Jeff Horwitz y Deepa Seetharaman. «Facebook Knows Instagram Is Toxic for Teen Girls, Company Documents Show». *The Wall Street Journal* (Nueva York), 14 septiembre 2021. https://www.wsj.com/articles/facebook-knows-instagram-is-toxic-for-teen-girls-company-documents-show-11631620739.

Wilcockson, Thomas D. W., David A. Ellis y Heather Shaw. «Determining Typical Smartphone Usage: What Data Do We Need?». *Cyberpsychology, Behavior and Social Networking* 21, n. 6 (2018): 395-398.

Williams, K. D. «Ostracism: a Temporal Need-Threat Model». *Advances in Experimental Social Psychology* 41 (2009): 275-314.

Williams, Peter. *Social Process and the City*. Londres: Allen & Unwin, 1983.

Williams, Timothy. «Facial Recognition Software Moves from Overseas Wars to Local Police». *The New York Times*, 12 agosto 2015. https://www.nytimes.com/2015/08/13/us/facial-recognition-software-moves-from-overseas-wars-to-local-police.html.

Winkler, Alexander, Beate Dörsing, Winfried Rief, Yuhui Shen y Julia A. Glombiewski. «Treatment of Internet Addiction: a Meta-Analysis». *Clinical Psychology Review* 33, n. 2 (2013): 317-329.

Winner, Langdon. *Tecnología autónoma: la técnica incontrolada como objeto del pensamiento político*. Barcelona: Gustavo Gili, 1979.

«Wisconsin Company Three Square Market to Microchip employees». *BBC News*, 24 julio 2017. https://www.bbc.com/news/world-us-canada-40710051.

Wolf, Maryanne. *Proust and the Squid: the Story and Science of the Reading Brain*. Nueva York: Harper Perennial, 2008.

Wolf, Wouter, Ana Levordashka, Johanna R. Ruff, Steven Kraaijeveld, Jan-Matthis Lueckmann y Kipling D. Williams. «Ostracism Online: a Social Media Ostracism Paradigm». *Behavior Research Methods* 47, n. 2 (2015): 361-373.

Wood, Brittany, Mark S. Rea, Barbara Plitnick y Mariana G. Figueiro. «Light Level and Duration of Exposure Determine the Impact of Selfluminous. Tablets on Melatonin Suppression». *Applied Ergonomics* 44, n. 2 (2013): 237-240.

World Economic Forum. *New Vision for Education: Fostering Social and Emotional Learning through Technology*. Davos, 2016. https://www3.weforum.org/docs/WEF_New_Vision_for_Education.pdf.

Wynes, Seth y Kimberly A. Nicholas. «The Climate Mitigation Gap: Education and Government Recommendations Miss the Most Effective Individual Actions». *Environmental Research Letters* 12, n. 7 (2017): 74024.

Xiang, Nina. «Tiktok Parent ByteDance Follows Meta's Footsteps Down Risky Path Toward the Metaverse». *Forbes*, 26 abril 2022. https://www.forbes.com/sites/ninaxiang/2022/04/26/tiktok-parent-bytedance-follows-metas-footsteps-down-risky-path-toward-the-metaverse/?sh=7470a18b395e.

Yang, Jie. «The Politics of the Dang'an: Spectralization, Spatialization, and Neoliberal Governmentality in China». *Anthropological Quarterly* 84, n. 2 (2011): 507-533.

Yang, Yang Claire, Courtney Boen, Karen Gerken, Ting Li, Kristen Schorpp y Kathleen Mullan Harris. «Social Relationships and Physiological Determinants of Longevity across the Human Life Span». *Proceedings of the National Academy of Sciences* 113, n. 3 (2016): 578-583.

Yeboah, Stephanie. «Instagram Plastic Surgery Filters Gave Me the Face I'd Always Coveted – and that's Worrying». *Metro*, 9 febrero 2020. https://metro.co.uk/2020/02/09/instagram-plastic-surgery-filters-gave-me-the-face-id-always-coveted-and-thats-worrying-12165750/.

Yeykelis, Leo, James J. Cummings y Byron Reeves. «Multitasking on a Single Device: Arousal and the Frequency, Anticipation, and Prediction of Switching between Media Content on a Computer». *Journal of Communication* 64, n. 1 (2014): 167-192.

Young, Kimberly S. «Internet Addiction: the Emergence of a New Clinical Disorder». *Cyberpsychology & Behavior* 1, n. 3 (1998): 237-244.

———. «The Research and Controversy Surrounding Internet Addiction». *Cyberpsychology & Behavior* 2, n. 5 (1999): 381-383.

Young, Kimberly S., X.D. Yue y L. Ying. «Prevalence Estimates and Etiologic Models of Internet Addiction». En *Internet Addiction: A Handbook and Guide to Evaluation and Treatment*, editado por Young, Kimberly S. y Cristiano Nabuco de Abreu, 3-17. Hoboken: John Wiley & Sons, 2011.

Young-jin, Oh. «Korea Launches "Metaverse" Alliance». *The Korea Times* (Seoul), 18 mayo 2021. https://www.koreatimes.co.kr/www/tech/2021/05/133_308975.html.

Yu, Chen y Linda B Smith. «The Social Origins of Sustained Attention in One-Year-Old Human Infants». *Current biology* 26, n. 9 (2016): 1235-1240.

Yu, Xie. «Haier Bought GE Appliances for US$5.6 Billion. Now It's Working on Fixing It». *South China Morning Post* (Hong Kong), 23 octubre 2017. https://www.scmp.com/business/companies /article/2116486/chinas-haier-has-plan-help-continue-turn around-ge-appliances.

Yuan, Li. «Beijing Pushes for a Direct Hand in China's Big Tech Firms». *The Wall Street Journal* (Nueva York), 11 octubre 2017. https://www.wsj.com/articles/beijing-pushes-for-a-direct-hand -in-chinas-big-tech-firms-1507758314.

Z., Lanjun. «The Applications of Group Mental Therapy and Sports Exercise Prescriptions in the Intervention of Internet Addiction Disorder». *Psychological Science* 32, n. 3 (2009): 738-741.

Zeiler, Michael D. «Fixed and Variable Schedules of Response-Independent Reinforcement». *Journal of the Experimental Analysis of Behavior* 11, n. 4 (1968): 405-414.

———. «Fixed-Interval Behavior: Effects of Percentage Reinforce-ment». *Journal of the Experimental Analysis of Behavior* 17, n. 2 (1972): 177-189.

Zhang, Meng Xuan y Anise M. S. Wu. «Effects of Childhood Adversity on Smartphone Addiction: the Multiple Mediation of Life History Strategies and Smartphone Use Motivations». *Computers in Human Behavior* 134 (2022): 107298.

Zhang, Mi-Mi, Yan Ma, Lan-Ting Du, Ke Wang, Zhe Li, Weili Zhu, Yu-Hui Sun, Lin Lu, Yan-Ping Bao y Su-Xia Li. «Sleep Disorders and Non-Sleep Circadian Disorders Predict Depression: a Systematic Review and Meta-Analysis of Longitudinal Studies». *Neuroscience and Biobehavioral Reviews* 134 (2022): 104532.

Zhou, Feng, Christian Montag, Rayna Sariyska, Bernd Lachmann, Martin Reuter, Bernd Weber, Peter Trautner, Keith M. Kendrick, Sebastian Markett y Benjamin Becker. «Orbitofrontal Gray Matter Deficits as Marker of Internet Gaming Disorder: Converging Evidence from a Cross-Sectional and Prospective Longitudinal Design». *Addiction Biology* 24, n. 1 (2019): 100-109.

Zuboff, Shoshana. *The Age of Surveillance Capitalism*. Nueva York: PublicAffairs, 2019 [en español, *La era del capitalismo de la vigilancia*. Barcelona: Paidós, 2022].

———. «Toronto Is Surveillance Capitalism's New Frontier». *Toronto Life*, 4 septiembre 2019. https://torontolife.com/city /toronto-is-surveillance-capitalisms-new-frontier/.

ACERCA DEL AUTOR

Pablo Muñoz Iturrieta es doctor en Filosofía Política (Carleton University, Canadá), y posee un máster en Filosofía (The Catholic University of America), además de estudios en filosofía, teología y humanidades (lenguas clásicas y modernas). Es autor de varios libros, entre los que se encuentran *Atrapado en el cuerpo equivocado: la ideología de género frente a la ciencia y la filosofía* (2019), *The Meaning of Religious Freedom in the Secular Public Square* (2020) y *Las mentiras que te cuentan, las verdades que te ocultan* (2021). Ha dictado cursos y conferencias en prestigiosas universidades y en más de 125 ciudades de 20 países.